RUSSLAND
Oder
Weichsel
Krakau
Tarnow
Lemberg
Teschen
Kgr. Galizien und Lodomerien
Kaschau
Tschernowitz
Hzm. Bukowina
Kgr. Ungarn
(1872 Budapest)
Ofen
Pest
H-UNGARN
Gfsm. Siebenbürgen
Klausenburg
Donau
Szeged
Arad
Maros
Hermannstadt
Kronstadt
Mohács
Bacska
Theiß
Temeschwar
Banát
onien
Orschowa
RUMÄNIEN
SERBIEN
Sarajewo
Donau
egowina
Mostar
Sandschak
(1878 okkupiert)
0
100
200
300
km

Humbert Fink

Auf den Spuren des Doppeladlers

Humbert Fink

Auf den Spuren des Doppeladlers

Ein altösterreichischer
Bilderbogen

ECON Verlag
Düsseldorf · Wien · New York · Moskau

Für Ulrike und Gregor

Die Deutsche Bibliothek – CIP-Einheitsaufnahme

Fink, Humbert: Auf den Spuren des Doppeladlers: ein altösterreichischer Bilderbogen/Humbert Fink. – Sonderausg. 3. Aufl. – Düsseldorf; Wien; New York; Moskau: ECON Verl., 1994. ISBN 3-430-12788-2

Sonderausgabe
3. Auflage 1994

Lektorat: H. Dieter Wirtz, Mönchengladbach. Gesetzt aus der Bembo, Linotype. Satz: Lichtsatz Heinrich Fanslau, Düsseldorf. Papier: Papierfabrik Schleipen GmbH, Bad Dürkheim. Druck und Bindearbeiten: Pustet, Regensburg. Printed in Germany. ISBN 3-430-12788-2

Inhalt

Prager Spaziergänge

Das »U Kalicha« (»Zum Kelch«) in der Prager Neustadt ist eine jener bevorzugten (aber keinesfalls erstklassigen) Adressen, an denen der österreichische Gast neben einem schmackhaften Bier auch Erinnerungen an jenes Zeitalter vermittelt bekommt, als »Böhmen noch bei Österreich« war. Die Kellner des Bierlokals, das aus mehreren ineinander verschachtelten Räumen besteht, tragen Phantasieuniformen, die an die Zeit der Monarchie erinnern sollen. Kaiser Franz Joseph blickt in doppelter Ausfertigung, teils mürrisch und zum Teil merkwürdig unberührt oder auch fast wie entrückt, von seinen leicht verstaubt anmutenden Porträts auf ein Lokal, dessen Wände naive Bilder und Zitate aus einem der beispielhaften Werke der europäisch satirischen Literatur schmücken. Der brave Soldat Schwejk treibt hier nämlich sein doppelbödiges Unwesen. Und weil diese literarische Figur ohne den Nährboden der altösterreichischen Monarchie nicht vorstellbar gewesen wäre, schwebt auch unsichtbar und dabei doch allgegenwärtig jener Doppeladler über Bierdunst und Tabakqualm, der das heute fast schon vergessene Symbol eines untergegangenen Zeitalters ist.

»Der Kelch« war seinerzeit das Stammlokal des Schriftstellers Jaroslav Hašek, der übrigens ein gelegentlicher Faulpelz und notorischer Säufer gewesen sein soll. Den »Schwejk« zum Beispiel, das Buch also, das ihn weltberühmt machen sollte, konnte er nur noch einem Freund diktieren, jedoch nicht mehr selbst fertigstellen. Hašek, der auch in der Tschechischen Legion in Rußland gedient hatte (die vornehmlich aus Deserteuren der altösterreichischen k.u.k. Armee bestand), starb 1923. Da begann sein Schwejk, diese Inkarnation des Widerstandes gegen alles Altösterreichische und alles das, was durch den Doppeladler repräsentiert wurde, bereits mit seinem unaufhaltsamen Siegeszug um die

Welt. Man kann in Prag auch noch an anderen Schauplätzen den Spuren dieses klassischen Antimilitaristen und gerissenen Schlaubergers folgen, so etwa in der Wachkaserne der Garde oben auf dem Hradschin, wo damals österreichische Militärärzte den maroden Schwejk ziemlich rücksichtslos von seinen eingebildeten Krankheiten befreiten.

Im Prager »Kelch« aber, das mit dem historischen Bierlokal nur den Namen gemeinsam hat, weil der heutige »Kelch« ein paar Häuser entfernt vom alten Wirtshaus und Stammbeisl Hašeks etabliert wurde, im »Kelch« also konzentriert man sich aufs Geschäft mit der Nostalgie. Und aus Schwejk, dem Symbol des pfiffigen Tschechentums, das sich durch List, komödiantische Taschenspielertricks und gesunden Menschenverstand gegen die Schwerfälligkeit und blöde Gemeinheit des österreichischen Militärs durchsetzen konnte, ist ein touristischer Markenartikel mit fast beliebiger Punzierung geworden. Manchmal wird von den Kellnern ein uralter Leierkasten (der noch zur Originaldekoration des ursprünglichen Gasthauses gehört haben dürfte) zum Spielen gebracht. Manchmal irrt sich eine bierselige Touristengruppe im Zeitalter und singt sogenanntes deutsches Liedgut, was in dieser Umgebung besonders komisch wirkt, von der routinierten Mannschaft des »Kelch« jedoch emotionslos hingenommen wird.

Hingegen gar nicht mehr so recht funktionieren will die von Hašek inszenierte und seinem Helden auf den Leib geschriebene Feindseligkeit gegen alles Österreichische oder eigentlich Kakanische. Dieses andere, ältere und vor allem geistig bedeutungsvollere Österreich schält sich hier in der Prager Neustadt aus den Ablagerungen einer unglaublichen und beinahe auch unglaubwürdig gewordenen Vergangenheit. Es macht aus dem touristischen Allerweltskram, mit dem man das Lokal eingerichtet hat, tatsächlich überzeugende Versatzstücke eines ungemein farbigen, melodramatisch bewegten Zeitalters, das 1918 an sich selbst zugrunde gegangen ist – und Hašek mit seinem unsterblich gewordenen Schwejk ein Glanzlicht aufgesteckt hat.

Der Leierkasten stöhnt. Die Kellner wieseln herum. Das Gulasch dampft verführerisch und schmeckt dann enttäuschend. Und der alte Kaiser oben an der Wand schaut einfach zu.

Von ganz anderer Art und Qualität ist die Begegnung mit dem altösterreichischen Doppeladler auf dem ehemaligen Schlachtfeld von Kolin in Zentralböhmen, annähernd vierzig Kilometer östlich von Prag und verhältnismäßig schwer aufspürbar. Man entdeckt diesen Doppeladler, der wie ein riesiges und gänzlich unzeitgemäßes Bild über der leicht gewellten mittelböhmischen Ebene zu schweben scheint, erst im letzten Augenblick, wenn man sich durch die fette, schwarz glänzende Erde der scheinbar endlosen Äcker und das verfilzte Gestrüpp verwachsener Hecken gekämpft hat. Kaiser Franz Joseph hat Ende des 19. Jahrhunderts dieses gewaltige Denkmal beim Dorf Křečhoř zu Ehren seiner großen Vorfahrin Maria Theresia, des glücklichen (aber auch phlegmatischen) Grafen und Generals Daun und einer ganzen Reihe bravouröser Offiziere errichten lassen. Denn hier, ein paar Kilometer westlich von Kolin, konnten die Österreicher am 18. Juni 1757 den scheinbar unaufhaltsamen Vormarsch des Preußenkönigs Friedrich II. beenden, seiner sieggewohnten Armee eine recht empfindliche Niederlage beibringen und ein paar Tage später auch das von den Preußen belagerte Prag befreien.

Der Tag von Kolin wäre der Geburtstag der Monarchie, jubelte Maria Theresia überschwenglich in Wien, als sie die Nachricht von diesem ersten Sieg der Österreicher über den bis dahin unbezwingbaren Friedrich II. erreichte. »Daß auch dieser Held kann überwunden werden, hat uns der Sieg gelehrt. Die Österreicher Erden ist fruchtbar allezeit an Helden«, dichtete damals ein Unbekannter. Unter den Helden von Kolin befand sich auch jener Obrist Laudon, der gerade erst von der Militärgrenze im Hinterland der kroatischen Küste nach Böhmen gekommen war und der später einmal als Generalissimus des Kaisers Joseph II. Belgrad erobern und den Österreichern das Gefühl geben sollte, eine Militärmacht allerersten Ordnung zu sein.

Maria Theresia stiftete in Erinnerung an den Sieg von Kolin (das allerdings einige Kilometer vom Schauplatz dieser Schlacht entfernt ist) den »Militärischen Maria-Theresien-Orden«, der fortan zu den höchsten Auszeichnungen der Monarchie zählte.

Das kleine Dorf, das unterhalb der leicht ansteigenden Böschung liegt, auf der sich das gewaltige Denkmal mit dem krönenden Doppeladler erhebt, nannten die böhmischen Bauern Vitezov, was soviel wie Siegdorf heißt. Dafür gibt es in der alten Kirche von Křečhoř, der kleinen Ortschaft unmittelbar neben dem Schlachtfeld, von wo aus man über einen morastigen Pfad zum Denkmal kommt, noch einige verblichene Gedenksteine, die an das Wirken Altösterreichs in diesem böhmischen Bauernwinkel erinnern.

An die Opfer der Schlacht vom 18. Juni 1757 erinnert freilich – abgesehen vom Doppeladler – nichts mehr. Dabei war es eines der verlustreichsten Gefechte des 18. Jahrhunderts. Allein die Preußen hatten an diesem Tag annähernd zwanzigtausend Gefallene zu beklagen. Über die österreichischen Verluste fehlen nähere Angaben, aber auch sie müssen außerordentlich groß gewesen sein, denn es wurde hier, in unmittelbarer Nähe der alten Reichsstraße von Prag über Kolin weiter nach Brünn und Preßburg, mit ungewöhnlicher Erbitterung gekämpft. Einem gänzlich andersgearteten, weltberühmten Schauplatz, der mit der Präsenz Altösterreichs in Böhmen zu tun hat, begegnet man auf dem Hradschin, also auf der Prager Burg. Hier steht die Geschichte noch einmal wie in alten Bildern auf, entwickelt sie sich zwischen den alten Dekorationen buchstäblich zum Lehrbeispiel für die Verhaltensweisen in der Politik. Auch kann man sich angesichts der habsburgischen Königsgräber im gewaltigen Veitsdom daran erinnern, daß Prag über Jahrhunderte hinweg ein Zentrum der Casa d'Austria war. Jedenfalls war die Stadt (der Hradschin) bis zu Rudolf II. die bevorzugte Residenz der Habsburger, deren eher etwas enttäuschendes Grabmal vor dem Hauptaltar des Veitsdomes von einem dekorativen Eisengitter umgeben ist und in der Hauptsache aus einem dreiteiligen Marmorsarkophag besteht. Hier liegen Ferdinand I. (gest. 1564), dessen Gemahlin Anna, genannt die Jagellonin (die ihm als brillante Mitgift Ungarn und Böhmen mit in die Ehe gebracht hatte), und beider Sohn Maximilian II. (gest. 1576), während der Sohn Maximilians, nämlich Rudolf II., in einem völlig schmucklosen, fast ärmlich anmutenden Sarg in der sogenannten Königskrypta auf seine Auferstehung wartet.

Er, Rudolf, den seine Zeitgenossen den »Einsiedler auf dem Hradschin« nannten, war wohl eine der widerspruchsvollsten und auch rätselhaftesten Figuren der habsburgischen Familiengeschichte. Als er am 20. Jänner 1612 in Prag starb (geboren wurde er 1552 in Wien), sollen sich seine Verbindlichkeiten auf mehr als dreißig Millionen Gulden belaufen haben. Das ist eine unglaubliche Summe, wenn man weiß, daß dieser Kaiser des Heiligen Römischen Reiches Deutscher Nation und König von Böhmen und Ungarn sowie Erzherzog von Österreich beträchtliche Einkünfte aus seinem Privatbesitz, aus den Erträgnissen, die ihm durch die Krone vermittelt wurden, aus Maut- und Zollgebühren sowie aus der legendären Judensteuer erzielte. Aber weil Rudolf exaltierte Neigungen hatte, die ungemein kostspielig waren, zerfloß ihm das Geld buchstäblich unter den Händen. Alchimisten, Astrologen, Sammler von obskuren Antiquitäten und Raritäten, Künstler und Scharlatane bevölkerten die Prager Burg und lagen Rudolf ein halbes Leben lang auf der Tasche. Er wäre so arm gewesen, daß er sich nicht einmal einen ordentlichen Sarg leisten konnte, flüsterte mir einmal ein Prager Freund zu, mit dem ich in die Krypta hinabgestiegen war, um vor der letzten Ruhestätte Rudolfs ein paar nachdenkliche Augenblicke zu verweilen.

Die Böhmen liebten ihn. Sie nannten ihn »den guten Herrn«, weil sie bald erkannt hatten, daß sie unter diesem Kaiser keinen Eroberungskrieg, keine sündteuren Feldzüge (die durch maßlose Steuern finanziert werden mußten) zu befürchten hatten. Rudolf war, sofern das für einen habsburgischen Fürsten des 17. Jahrhunderts überhaupt zutreffen konnte, ein friedfertiger Mensch, weder eroberungssüchtig noch gewalttätig, was ihn in den Augen deutscher Historiker immer ein wenig minderwertig aussehen ließ. Dazu kam, daß er alles andere als ein stattlicher Mann war. Er war untersetzt, korpulent, hatte ein breitflächiges Gesicht mit einer platten Nase und den charakteristischen dicken Habsburgerlippen. Angeblich litt er an notorischen Magenbeschwerden. Außerdem soll er von seinem Vater Maximilian II. die Syphilis geerbt haben, während ihm seine Mutter, eine spanische Habsburgerin (Maria), Tochter des Kaisers Karl V., ihre manchmal unerträgliche Hysterie und ihre fast krankhafte Schwermut vermacht hatte.

War es da ein Wunder, wenn Rudolf sich eher zu den schönen Künsten und den Geheimnissen der Alchimie hingezogen fühlte als zu den Geschäften der Politik? Manchmal kann man in gehässigen Abhandlungen heute noch lesen, daß er homosexuell gewesen wäre, was allerdings kaum zugetroffen haben kann angesichts seiner langjährigen Geliebten Katharina Strada, Tochter seines Buchhändlers, eines Italieners, der ihm kostbare Erstausgaben und exquisite Drucke besorgen mußte. Mit dieser Katharina hatte er immerhin sechs Kinder (zu einer Verehelichung mit irgendeiner Fürstentochter konnte er sich nicht entschließen). Das beeindruckte ihn freilich weit weniger als jene Gerüchte, die man dem damals hochberühmten Rabbi Löw nachsagte. Dieser Jude soll nämlich imstande gewesen sein, aus Lehm und einigen wenigen präparierten Organen eine Kunstfigur zu schaffen, einen Golem. Rudolf, der den Rabbi verehrte und des öfteren mit ihm zusammentraf, soll sich selbst an solchen verrückten Schöpfungsakten versucht haben, wobei er sich eines Tages mit Leichengift infizierte, woran er dann auch gestorben sein soll. Die offizielle Todesursache war allerdings eine Wassersucht, hervorgerufen durch eine chronische Nierenentzündung. Andere Berichte nennen das Delirium tremens als Anlaß für sein Sterben; getrunken hatte dieser merkwürdige Kaiser in der Tat recht viel.

Rudolf war auch der erste Habsburger, der sich (im Herbst des Jahres 1600) selbst umbringen wollte (mit einem Degen), was aber mißlang. Außerdem war er von seinem Kammerdiener Philipp Lang in hohem Maße abhängig. Das allein sorgte schon deshalb, vor allem in den habsburgischen Ländern, für große Aufregung, weil Lang Jude war, zwar ein getaufter und von Rudolf zum Kaiserlichen Rat beförderter, aber eben doch ein Israelit und außerdem, wie man damals sagte, ein Hexer. Dafür hielt sich Rudolf keinen Hofnarren, unterstützte den italienischen Maler Giuseppe Arcimboldi, der menschliche Porträts malte, indem er Früchte, Fische und Vögel zu einem Ganzen komponierte, und war fähig, eine altgriechische Skulptur um 34000 Gulden anzukaufen, die dann im 19. Jahrhundert, weil man plötzlich an ihr eine kleine Beschädigung entdeckte, um ganze 50 Kreuzer versteigert wurde.

Rudolfs Sarg in der Tiefe der Krypta des Veitsdomes ist von solcher Bescheidenheit, daß er fast schon armselig wirkt. Niemals würde man vermuten, daß hier das Gebein eines der sonderbarsten Habsburger ruht. Etwas verwirrt steigt man wieder zum Kirchenschiff empor.

Wenn man nun gegenüber dem Südportal des Veitsdomes den sogenannten Königstrakt der Burg betritt, erreicht man zuerst den in seinen Ausmaßen gigantischen Wladislawschen Saal. Dieses wahrscheinlich bemerkenswerteste und auch beeindruckendste Beispiel repräsentativer Architektur auf der Prager Burg verfügt über eine Länge von mehr als sechzehn Metern und erreicht eine Höhe von dreizehn Metern. Die Fundamente reichen bis tief in den Felsen des Burgberges hinab. Das ermöglichte seinerzeit jede Art von Lustbarkeit oder auch, vor allem während der Zeit Rudolfs II., die Verwandlung des Saales für eine Antiquitätenmesse. Noch im 16. Jahrhundert fanden hier Turniere statt, wobei die Teilnehmer auf ihren geschmückten Pferden über die »Reiterstiege« mit ihrem kunstvollen Gewölbe vom Burghof bis in den Saal gelangten. Auch von einem Pferdeballett, an dem an die hundert Pferde teilgenommen haben sollen, wird berichtet. Und schließlich inszenierte man unmittelbar nach dem Osterfest 1743 im Wladislawschen Saal die glanzvollen und freilich auch recht kostspieligen Feierlichkeiten zu Ehren Maria Theresias, als sie im Veitsdom zur Königin von Böhmen gekrönt wurde.

Unmittelbar an den Wladislawschen Saal anschließend liegen die ehemaligen Königsgemächer, der Ludwigstrakt, einst Wohnräume, später den bürokratischen Erfordernissen der habsburgischen Verwaltung geopfert. Hier war die legendäre Böhmische Kanzlei untergebracht. Und wenn man heute aus den Fenstern dieser Räume hinabblickt in die Tiefe des Burggrabens und des dahinter- oder eigentlich darunterliegenden »goldenen« Prag (über das sich die blaugrauen Dunstschwaden der Auto- und Industrieabgase legen), dann erhält man eine Vorstellung von den Ängsten, welche die Opfer des Prager Fenstersturzes am 23. Mai 1618 während ihres unfreiwilligen Fluges hinab in den Burggraben durchgemacht haben müssen. Das Bewußtsein, daß sie Akteure (oder Opfer) eines Spektakels von welthistorischer Bedeutung waren, kann ihnen kaum ein Trost gewesen sein.

Es war viel Zündstoff notwendig gewesen, damit es zu dieser eher kuriosen Explosion lange unterdrückter Wut kommen konnte. Die protestantischen Stände in Böhmen hatten damals auf die ihnen zugesicherte Religionsfreiheit gepocht, zu der sich Rudolf II. drei Jahre vor seinem Tod, im Juli 1609, bereiterklärt hatte. Aber in Wien dachte man jetzt nicht mehr daran, einstmals abgegebene Versprechungen einzuhalten. Der Bau protestantischer Gotteshäuser in den Städten Böhmens wurde untersagt, in einer Bergwerkssiedlung namens Klostergrab am Fuße des Erzgebirges mußte eine bereits fertiggestellte Kirche gesperrt werden. Schließlich war die Empörung des protestantischen Adels so groß, daß man sich in Prag zu einer Protestversammlung traf. An die hundert Herren unter der Leitung des Grafen Jindrich Matthias Thurn bildeten eine Delegation, die am 23. Mai 1618 bei den Statthaltern der Habsburger auf dem Hradschin vorsprach, und zwar in der Böhmischen Kanzlei, in jenen Räumlichkeiten also, die unmittelbar an den riesigen Wladislawschen Saal anschließen und heute eher den Eindruck einer leeren, etwas düsteren bürgerlichen Wohnung machen.

Im Verlauf dieser Vorsprache, die noch verhältnismäßig gesittet begonnen hatte, kam es mit den habsburgischen Verwaltern und Beamten zu einem dramatischen Wortwechsel, der damit endete, daß man die Grafen Wilhelm Slavata und Jaroslav von Martinitz sowie den gänzlich unbeteiligten Sekretär Fabritius kurzerhand aus den Fenstern des Amtszimmers hinab in den Burggraben warf.

Die drei Märtyrer der habsburgischen Politik überlebten den Fenstersturz unbeschädigt. Fabritius, der auf Martinitz gefallen war, entschuldigte sich dafür sogar beim Grafen in aller Form, bevor er davonlief. Auch die beiden Herren konnten, obwohl man ihnen noch einige Schüsse nachschickte, unbehelligt entkommen. Graf Slavata erzählte später in seinen »Denkwürdigkeiten«, daß die »allerseligste Jungfrau Maria mit ihrem Mantel den Herrn in den Lüften erhalten und auf die Erde getragen« hätte; diese hübsche Geschichte fand seinerzeit viel Anklang.

Der Prager Fenstersturz vom Mai 1618 war das auslösende Moment für einen der schrecklichsten europäischen Kriege, den man später einmal den »Dreißigjährigen« nennen sollte. Er entvölkerte halb Deutschland und brachte den habsburgischen Ländern, aber vor allem Böhmen unendlich viel Elend und Leid.

Die erste Schlacht dieses Krieges fand dann natürlich auch in Prag statt, eigentlich im Weichbild der Stadt, wo damals der protestantische Kurfürst Friedrich von der Pfalz residierte, nachdem die Habsburger vor der aufgebrachten Wut der Protestanten abgezogen waren. Ihm gaben die Prager den Spottnamen »Winterkönig«, was eigentlich nicht der Wahrheit entspricht, weil Friedrich von der Pfalz auch einen Sommer lang regierte, ohne jedoch auch nur eine einzige politische Entscheidung zu treffen, die den aufständischen Böhmen genützt hätte. Im Herbst 1620 marschierte jedenfalls eine kaiserliche Armee unter dem Kommando des Herzogs Maximilian von Bayern gegen Prag, und zwar von Pilsen her, also aus dem Westen kommend.

Man rückte so langsam vor, daß man mehr als vierzehn Tage brauchte, um endlich am 8. November 1620 den protestantischen Verteidigern von Prag in offener Feldschlacht gegenüberzustehen.

Der Schauplatz mutet heute ziemlich nichtssagend an. Er liegt in unmittelbarer Nähe zur Ausfahrt in Richtung Prager Flughafen, war zuletzt, als ich ihn aufsuchte, von zähem, dichtem Nebel bedeckt und von einigen Vergnügungsbuden (Discos) begrenzt, die mit ihrem billigen, desolaten Aussehen in einem merkwürdigen Kontrast zur historischen Bedeutung dieses Geländes stehen. Im Hintergrund erstrecken sich die auch schon brüchig gewordenen Mauern des Schlosses Stern. Das ist ein Landhaus oder eine Villa oder vielleicht doch mehr ein Lusthaus, das der kunstsinnige Erzherzog Ferdinand von Tirol, ein Sohn Kaiser Ferdinands I., erbauen ließ, um hier mit seiner schönen Gemahlin, der Augsburger Patriziertochter Philippine Welser, einen passablen Standort für seine böhmischen Aufenthalte zu haben. Dazu gehörte seinerzeit auch ein Tiergarten, von dem heute nur noch die Umfassungsmauern stehen. Und genau vor diesen Mauern fand das statt, was die Historiker die »Schlacht am Weißen Berg« nennen, am »Weißen Berg« deshalb, weil der kleine Hügel, auf dem sich das alles befindet, so heißt.

Die Schlacht selbst war alles andere als eine Schlacht, auch wenn sie das Schicksal der Protestanten in Böhmen und des Prager Winter- und Gegenkönigs Friedrich von der Pfalz entschied. Angeblich dauerte das Gefecht überhaupt nur eine knappe halbe Stunde – dann war auch schon wieder alles vorbei. Der »Winterkönig« floh Hals über Kopf, die Habsburger bemächtigten sich wieder Böhmens und nützten ihren Triumph weidlich aus.

Übrigens war das der erste größere Auftritt eines Brabanter Edelmannes, der sich Johann Tserclaes von Tilly nannte und General und Katholik war. Auf diesem schmalen, steinigen, von rostbrauner Erde bedeckten Feld vor den Toren Prags (oder vor den Mauern eines Tiergartens) erfocht er als kommandierender Offizier der Kaiserlichen seinen ersten Sieg. Dem sollten noch zahlreiche andere im Auftrag und im Namen des Hauses Habsburg folgen, bis aus dem unbekannten Offizier der berühmte Marschall Tilly wurde.

Es gibt nicht wenige Tschechen, die heute noch davon ausgehen, daß mit dem Scharmützel vor den Mauern des Schlosses Stern, mit diesem eher kuriosen halbstündigen Gefecht, das alle Hoffnungen der protestantischen Böhmen auf Glaubensfreiheit und Selbstverwaltung zunichte machte, alles Unheil begonnen hat. Damals krallte sich der habsburgische Doppeladler, wie er etwa nach dem Entwurf eines Baukünstlers namens Weinzettel im Jahre 1898 über den schwarzbraunerdigen Feldern Mittelböhmens als Erinnerung an die Schlacht von Kolin errichtet wurde oder wie er einem in Prag vom Gewölbe der Teynkirche bis zum Dachfirst des alten Zollamtsgebäudes begegnet ... damals also krallte sich dieses Wappentier der ältesten Dynastie Europas endgültig in Böhmen fest und beanspruchte soviel demütige Aufmerksamkeit und untertänigen Gehorsam für sich, daß daraus im Verlauf der Jahrhunderte mit ihren wechselseitigen österreichisch-böhmischen Beziehungen jene Feindseligkeit erwuchs, die im 20. Jahrhundert dann in offenen Haß umschlagen sollte.

Es entließ jedenfalls, wenn man es mit einem modernen Ausdruck beschreiben möchte, Ferdinand II., in dessen Auftrag und Namen die Schlacht am Weißen Berg geschlagen wurde, Prag und damit Böhmen aus der Geschichte und degradierte es zur Provinz zweiter Ordnung. Die tschechische Sprache, bis zum 8. November 1620 dem Deutschen gleichrangig und gleichwertig, wurde jetzt systematisch zurückgedrängt. Wer dokumentieren wollte, daß er mit den verräterischen Protestanten nichts zu schaffen hatte, sondern ein guter Katholik und treuer Untertan der Habsburger war, sprach natürlich Deutsch. Es wurden (worin die Österreicher schon immer einzigartig waren) Kommissionen gebildet, welche die Rekatholisierung Böhmens mit allen Mitteln, auch mit barbarischen, durchsetzten. Der einheimische Adel wurde entmachtet, vielfach auch enteignet. Mehr als hundertzwanzigtausend Böhmen und Mährer, darunter nicht nur halsstarrige Tschechen, wurden aus ihrer Heimat vertrieben, Opfer ihrer Treue zu einem Glauben, dem sie eher vertrauten als dem düsteren und pompösen katholischen Zeremoniell.

Einen Schauplatz gibt es übrigens in Prag, an dem man die Ereignisse von damals, komprimiert zu einem Augenblick von exzessiver Grausamkeit, auch heute noch schaudernd nachvollziehen kann. Hier begreift man allerdings auch die Verhältnismäßigkeit aller historischen Sternstunden. Denn dieser Schauplatz, das Rathaus am Altstädter Ring, ist heute weniger wegen seiner Geschichte, sondern der weltberühmten astronomischen Uhr wegen, welche die Front des Altstädter Rathauses schmückt, ein begehrter Anziehungspunkt für den internationalen Tourismus.

Den Altstädter Ring, Mittelpunkt der Prager Altstadt, hat man immer schon das Herz der Stadt genannt. Es ist das ein Platz, der sich in leichter Krümmung um das Rathaus schmiegt, das aus dem 14. Jahrhundert stammt und dessen architektonische Gestaltung von beispielhafter Schönheit ist. Besonders bemerkenswert sind dabei das reich dekorierte Hauptportal sowie die plastisch herausgearbeiteten Wappen Böhmens an den benachbarten Fenstern. Einige der großen Entscheidungen, welche die Prager Biographie mitgeprägt haben, sind hier oder doch in unmittelbarer Nähe gefallen: so zum Beispiel im Herbst 1918 nach dem Zusammenbruch der Donaumonarchie, als Präsident Masaryk nach seiner Rückkehr aus dem Exil auf dem Altstädter Ring von einer tausendköpfigen Menge jubelnd begrüßt wurde; 1945 war es sein Nachfolger Beneš, der sich hier feiern ließ; und drei Jahre später, am 25. Februar 1948, war es der damalige Ministerpräsident Klement Gottwald, der ausgerechnet vom Balkon des ehemaligen Palais Kinsky (das gegenüber dem Altstädter Rathaus liegt) den Pragern die Machtübernahme durch den Kommunismus beibrachte.

Schon eher mit unserer Geschichte zu tun hatte jene weiße Mariensäule auf dem weiten Platz gegenüber dem Rathaus, die nach dem Sieg der Kaiserlichen über den »Winterkönig« am Weißen Berg errichtet worden war. Sie wurde am 8. November 1918, also am Jahrestag dieses Ereignisses und gleichzeitig am Ende der Donaumonarchie, von einer wütenden Menge buchstäblich in Stücke gerissen.

Das vielleicht einschneidendste Ereignis (vor allem auch aus österreichischer Sicht) auf diesem Platz fand wohl am 21. Juni 1621 statt. Die in schlichtem Weiß gehaltene Jahreszahl und siebenundzwanzig ebensolche Kreuze, eingelassen ins Pflaster des Altstädter Ringes, erinnern an jenes Blutgericht der Habsburger, das die Selbständigkeit der Länder der böhmischen Krone beendete und Prag und Böhmen zu Provinzen der habsburgischen Monarchie machte. Dieses Blutgericht war die drakonische Antwort Kaiser Ferdinands auf den Prager Fenstersturz, auf den protestantischen Widerstand eines Teils des Adels und des Bürgertums, und es war auch eine der ersten furchteinflößenden Gesten der katholischen Gegenreformation. Nach diesem 21. Juni 1621 sollte Prag, sollte Böhmen nie mehr so sein wie vorher. Es war die entscheidende Zäsur in der Geschichte des Zusammenlebens von Deutschen und Tschechen in Böhmen.

Ein zeitgenössisches Flugblatt, das damals in ganz Böhmen vertrieben wurde, berichtete anschaulich über diese Massenhinrichtung, die nicht ohne ein gewisses düsteres Zeremoniell vor sich ging: »Auf dem Altan neben der aufgerichteten Bühne sind die kaiserlichen Richter samt der drei Prager Städte Ratsverwandte gesessen, die drei kaiserlichen Richter aber haben hernach einen nach dem anderen zur Wallstatt auf die Bühne begleitet, daselbst hat ein verkappter Herrendiener ein Kruzifix gesteckt, dabei die Verurteilten auf ein schwarzes Tuch niedergekniet und ihre auferlegte Lebensstrafe mit großer Geduld ausgestanden haben. Unter während der Exekution aber hat man zu allernächst an der Wallstatt beim Fußvolk, welches samt der Reiterei die Bühne in einer Ordnung umgeben und eingeschlossen hatten, auf etliche Trommeln dermaßen geschlagen, daß keiner sein eigenes Wort hören noch vernehmen konnte.«

Man begann die Exekution mit einem Grafen Schlick, dem ein Diener den seidenen Rock und das schwarze Wams vom Leib entfernte, während der Delinquent selbst ein Gebetbuch umklammerte, bis ihm vom Henker »der Kopf geschwind abgehauen« wurde. Dann mußte der Diener die rechte Hand des Getöteten auf den Richtblock legen, »welche der Nachrichter auch abgehauen und neben dem Haupt in seine Verwahrung genommen«, während der enthauptete Leib von den Dienern des Grafen entgegengenommen werden durfte.

Eine besonders blutrünstige Art der Hinrichtung hatte man einem Herrn Doktor Jessenius, einem recht gelehrten, mit wissenschaftlichen Argumenten die Vorteile des Protestantismus verteidigenden Mann zugedacht, wohl weil man glaubte, daß die Macht des Geistes und der Sprache stärker wäre als die der Waffen. Jedenfalls wurde ihm »die Zunge mit einem Zänglein herausgezogen«, wie das dem Flugblatt zu entnehmen ist, bevor das Fallbeil des Henkers niedersauste. »Hat also der Pragerische Nachrichter vierundzwanzig Personen enthauptet und solches mit vier Schwertern verrichtet, mit dem ersten hat er elf, mit dem andern fünf und mit den übrigen zweien Schwertern acht justificiert, auch nie einen Fehlstreich getan, sondern allwegen den Kopf geschwind abgehauen.«

Bleiben noch drei Abgeurteilte, denen die Gnade eines raschen Schwerthiebes nicht zuteil wurde, sondern die man, ihre Hände auf dem Rücken zusammengebunden, am Rathaus aufknüpfte, und zwar an einem Balken, den man aus einem der Fenster herausschob und so beschwerte, daß er zwei Leichname zugleich tragen konnte.

Dieses Schauspiel auf dem Altstädter Ring hatte schreckliche Konsequenzen. Jetzt wurde Böhmen zwar befriedet und wurde so katholisch, wie das im Zuge der Gegenreformation überhaupt nur vorstellbar war, aber die Wunden, die hier dem böhmischen Stolz geschlagen worden waren, vernarbten über die Jahrhunderte nicht. 1918, im November, als die Monarchie zerbrach, stürzten die Tschechen nicht nur die habsburgische Mariensäule neben dem Hus-Denkmal (das immerhin 1915 auf dem Platz vor dem Altstädter Rathaus enthüllt worden war), sondern zerstörten auch alle Doppeladler, derer sie habhaft wurden und die sie als ein Symbol der Unterdrückung empfunden hatten.

Heute scheint das alles fast schon wieder vergessen zu sein. Heute flaniert es sich ganz gemütlich über den Altstädter Ring. Das monströse Hus-Denkmal, die siebenundzwanzig weißen Kreuze im Pflaster sind zum beliebten Rendezvousort geworden. Die astronomische Uhr am Rathaus, auch schon bald sechshundert Jahre alt (allerdings immer wieder renoviert und rekonstruiert), lockt mit ihrem stündlich einsetzenden Totentanz Touristen und Einheimische an. Und im Hintergrund dieser schönen Dekoration, von stattlichen Bürgerhäusern und prachtvollen Adelspalästen eingekreist, erinnert die gotische Teynkirche (darin noch ein Doppeladler existiert) daran, daß sie das Grabmal des berühmten Astronomen Tycho de Brahe (gest. 1601) enthält. Sein Ruhm überstrahlte ganz Europa, so daß es nur eine Frage der Zeit war, bis Rudolf II. diesen ungewöhnlichen Mann (er war Däne) nach Prag locken konnte. Angeblich war er nicht nur ein exzellenter Wissenschaftler, sondern auch ein großer Säufer vor dem Herrn, der immer wieder einmal, wenn er zu lange im Wirtshaus hockte, in handfeste Raufhändel verwickelt wurde, die ihm eines Tages auch sein gerades Nasenbein kosteten. Übrigens bezahlte ihm Rudolf II. auch einen Gehilfen. Und dessen Name war Johannes Kepler.

In der Teynkirche werden auch zwölf Köpfe von Hingerichteten aufbewahrt, die Opfer des Prager Blutgerichtes vom 21. Juni 1621 waren, wobei diese Reliquien des protestantischen Widerstandes gegen die katholischen Habsburger »an einem verborgenen Orte ganz heimlich begraben wurden«, wie das ein zeitgenössischer Chronist berichtete.

Schließlich findet sich hier auch noch das Grab (und zwar unter der Orgelempore) jenes Simon Abeles, eines zwölfjährigen Judenknaben, der im September 1693 vor den frommen Insistierungen seiner Eltern zu den Jesuiten geflüchtet sein soll, wo er sich taufen ließ. Aber dann vertraute er sich doch wieder seiner jüdischen Verwandtschaft an, was für ihn verhängnisvoll sein sollte. Am 21. Februar 1694 starb er nämlich durch die Hand seines Vaters. »Aus dem Altstädter Rathause wurde er mit wunderbarem Leichenprunk unter einzigartigem Zusammenlauf und gerührter Teilnahme des Volkes getragen und hier beigesetzt am letzten März 1694«, erzählt eine Inschrift im nördlichen Seitenschiff der Teynkirche.

Im böhmischen Schicksalsteppich sind viele österreichische, habsburgische Fäden mitverwoben, was im Prag von heute vielleicht nicht immer auf den ersten Blick deutlich wird. Denn die Ressentiments, die sich bei den Tschechen bis zum November 1918 angesammelt hatten, entluden sich dann mit explosiver Kraft und erzeugten, indem sie das Überlieferte, über Jahrhunderte hinweg Gewachsene zu zerstören suchten, neue Anlässe für einen radikalen Chauvinismus, auf den die deutsche Minderheit mit ebensolcher Heftigkeit reagierte. Allein der heutige Wenzelsplatz, mit dem Prag sich, wie das ein kluger Kopf einmal meinte, als europäische Hauptstadt ankündigte, war damals, als er noch Roßmarkt genannt wurde (was er ursprünglich auch war, nämlich ein Ort, an dem Pferde aufgetrieben und gehandelt wurden), ein ständiger Schauplatz für die Inszenierung nationaler Leidenschaften. Es war gerade so, als ob das, was mit dem Prager Fenstersturz und der Schlacht am Weißen Berg begonnen hatte (nämlich die Bestrafung Böhmens für seine Halsstarrigkeit in Glaubensfragen), jetzt auf nationaler Ebene und mit umgekehrten Vorzeichen fortgesetzt werden sollte. »In den dreißiger Jahren [des 19. Jahrhunderts] kamen die Roßmarktparaden in Schwung«, heißt es in einem alten Prager Stadtführer, den natürlich ein deutschösterreichischer Autor verfaßt hat. Und diesen Aufmärschen, bei denen sich die Prager Tschechen von Habsburg zu emanzipieren versuchten, folgten dann »im achtundvierziger Jahr die Festmessen vor der Wenzelstatue. In den sechziger Jahren blühten die Fahnenweihen und die Massenpromenaden zum heiligen Wenzel, die ihre Spitze gegen die Deutschen kehrten.«

Die Massen hörten damals nicht auf die Stimme der Vernunft

eines František Palacky, der im Jahre 1839 von den böhmischen Ständen als Historiker angestellt worden war, eine erste kritische Geschichte seines Vaterlandes schrieb und auch als Politiker eine bedeutsame Rolle spielte. Palacky schrieb einmal: »Wahrlich, existierte der österreichische Kaiserstaat nicht schon längst, man müßte im Interesse Europas, im Interesse der Humanität selbst sich beeilen, ihn zu schaffen.«

Aber das war die Ausnahme. Die tschechischen Böhmen mochten den deutschen Böhmen die vielen Jahre der eingebildeten oder tatsächlichen Diskriminierung und Unterdrückung nicht verzeihen, die in der Folge des Prager Fenstersturzes und des Blutgerichtes am Altstädter Ring aus Böhmen ein zweitklassiges Land machten. Daran änderte auch die Großzügigkeit nichts, mit der sich die großen böhmischen Adelsfamilien, die selbstverständlich habsburgisch infiziert waren, in Prag einrichteten, hier ihre Stadtpalais bauten und jenen soliden bis gelegentlich legendären Reichtum zur Schau stellten, den sie im Dienste des Hauses Habsburg erworben hatten. Diese böhmischen Herren waren mächtig genug, um manchmal auch dem Kaiserhaus in Wien Schwierigkeiten zu machen. Ernst Trost hat das anschaulich gemacht, als er schrieb: »Sie waren übernational, kaiserlich, aber das Land hier hatte sich ihrer bemächtigt. Sie radebrechten immer dann tschechisch, wenn sie mit den Kaisern unzufrieden waren. Sie überzogen das Land mit jener delikaten Barockglasur ihrer Parks und Schlösser. Sie lieferten dem Reich Staatsmänner und Feldherren, kultivierte und gelehrte Persönlichkeiten. Und rings um die kaiserliche Burg ließen sie ihre Paläste sprießen, als ob es darum ginge, dem Kaiser fast drohend zu zeigen, wer die wirklichen Herren im Lande seien.«

Die Namen, die in diesem Zusammenhang zu nennen wären, füllten einen altösterreichischen Adelskalender und reichten von den Clam-Gallas und Czernin über die Lobkowitz, Nostitz, die Thun und Schwarzenberg bis zu Wallenstein, dessen prachtvolles Stadtpalais direkt unterhalb des Hradschin seinerzeit, als es gebaut wurde, hundertsechzig Bürgerhäuser kostete. Sie mußten nämlich abgerissen werden, um Platz zu schaffen für die architektonische Großmannsucht des Friedländers.

Aber es gingen auch viele wichtige kulturelle, geistige Impulse von diesen böhmischen Granden aus, deren Treue zum Haus Habsburg letztlich ebenso unbestreitbar war, wie ihre Leistungen für das Land Böhmen unbestritten sein sollten. Es war beispielsweise der altösterreichische Franz Anton Reichsgraf von Nostitz-Rieneck, der Ende des 18. Jahrhunderts von einem deutschen Nationaltheater (wie es Lessing so kategorisch gefordert hatte) auch in Prag träumte und sein ganzes Vermögen einsetzte, um diesen Traum zu verwirklichen. 1781 begann man mit dem Bau des später als Ständetheater (heute Tyl-Theater) bezeichneten Hauses, wobei sich bald herausstellte, daß der kunstliebende Reichsgraf seine materiellen Möglichkeiten doch etwas überschätzt hatte. Die böhmischen Stände mußten das Unternehmen vor dem Zusammenbruch retten. 1783 war der Bau jedenfalls fertig und wurde mit Lessings »Emilia Galotti« eröffnet. Eine erste Vorstellung in tschechischer Sprache fand dann übrigens erst zwei Jahre später statt.

Dieses Ständetheater, das zuletzt, als ich es im Spätwinter und Frühjahr 1991 aufsuchte, von Baugerüsten umklammert und fast nicht zu erkennen war, lieferte am 29. Oktober 1787 den damals durchaus noblen Schauplatz für die Welturaufführung von Mozarts »Don Giovanni«. Daran erinnert heute noch eine etwas verstaubte Gedenktafel rechts vom Haupteingang. Überhaupt haben die Prager seinerzeit das bessere Gespür für dieses musikalische Genie gehabt als die Wiener, wovon auch die sogenannte Bertramka zeugt, ein kleines, romantisches Landhaus im ehemaligen Vorort Smichov, dessen erster Eigentümer Bertram geheißen hatte und das dann ins Eigentum des Musikerehepaares Duschek überging. Mozart war bei den Duscheks (Josefine Duschek war eine hervorragende Sängerin) ein gern gesehener Gast, arbeitete hier 1787 an seinem »Don Giovanni« und fühlte sich in Prag, wo er manchmal auch im Gasthof »Zu den drei Löwen« logierte, wesentlich glücklicher und gleichsam wohlgelitten, wie er das in Wien kaum oder nicht mit dieser Herzlichkeit erfahren hatte. Das Landhaus draußen in Smichov ist heute ein Teil des Nationalmuseums und eine Mozart-Gedenkstätte, die allerdings gerade von österreichischen Besuchern eher selten aufgesucht wird.

Was das Ständetheater angeht, das man nach einem ziemlich unbedeutenden tschechischen Autor später dann Tyl-Theater nannte, so ist es ein Teil des Nationaltheaters und soll nach seiner Wiedereröffnung (deren genauer Termin alljährlich von neuem verschob wird) dem klassischen Schauspiel dienen. Den »Don Giovanni«, der seinerzeit von den Pragern äußerst freundlich aufgenommen worden war, wird man hier jedenfalls nicht mehr zu hören bekommen.

Es bleibt der Doppeladler, dem, wie es Ernst Trost vor Jahren schon ausdrückte, in Prag zwar die Flügel gestutzt wurden, dessen kräftigen Krallen die Prager aber auch heute noch nicht ganz entkommen sind. Diese Stadt ist nämlich altösterreichisch (und damit international) auf eine Weise, die gar nichts mit nationaler Eigenbrötlerei zu tun hat oder mit diesem ärgerlichen Hochmut, der die Wurzeln dessen verleugnet, woraus sich eine Stadt, ein Land, eine Gesellschaft entwickelt. Als ich das erste Mal auf den Hradschin kam, begab ich mich in die Obhut eines Führers, der die etwas ermüdende Angewohnheit hatte, alle architektonischen Erläuterungen mit Hinweisen auf die jeweiligen Bauherren zu versehen, und der immer wieder den Namen Maria Theresias nannte – das selbst bei jenen Bauwerken, die von Ferdinand I. errichtet worden waren (Belvedere und der Königliche Garten), also rund zweihundert Jahre vor der Zeit Maria Theresias. Aber tatsächlich war sie es dann, die den gründlichen Ausbau der Prager Burg anordnete, und das zu einem Zeitpunkt, als die Habsburger längst schon wieder in Wien residierten. Die Prager Burg, wie sie sich heute dem Besucher darbietet (nüchtern, von unpersönlicher, beamtenmäßiger Korrektheit, aber von außerordentlicher, städtebaulicher Wirkung, wie der Kunsthistoriker Erich Baumann meinte), ist also eine ebensolche übernationale altösterreichische Hinterlassenschaft wie der Hradschinplatz mit dem wuchtigen Palais Schwarzenberg, dem Erzbischöflichen Palais und dem frühbarocken Palais Toskana, während das Palais Czernin alle Dimensionen zu sprengen scheint, was sich sowohl in der Baumasse als auch in der Wirkung ausdrückt. Mit diesem Palast hat das alte Österreich sich in Prag sein vielleicht kolossalstes, bemerkenswertestes Denkmal errichtet (heute ist hier das tschechoslowakische Außenministerium untergebracht). Allerdings sollte man hinzufügen, daß die Familie Czernin, die an diesem Riesenbau finanziell fast verblutete, eigentlich nie wirklich in diesem Palast gewohnt hat.

Den Pragern ist der altösterreichische Doppeladler noch in anderer Hinsicht unvergeßlich geblieben. Denn mit dem vehementen Einsetzen der habsburgischen Gegenreformation veränderte sich auch das Bild der Stadt. Hussitische Askese und protestantische Nüchternheit hatten seit dem ersten Drittel des 17. Jahrhunderts keine Daseinsberechtigung mehr im habsburgisch-katholischen Prag mit seinem barocken Überschwang. Jene fast schon mythische Heiligenverehrung und vollkommene Hinwendung zur frommen Katholizität, wie sie den Habsburgern immer eigentümlich war, prägten Prag, veränderten es, schenkten ihm mit zahllosen Kirchen, Kuppeln und Heiligenstatuen ein neues Aussehen und machten aus dieser Stadt, deren Bewohner heute nicht sonderlich gläubig sind, ein Zentrum der katholischen Welt. Das Geheimnisvolle, Zauberhafte, Mysteriöse der Religion, wie es in allen habsburgischen Ländern zum Ausdruck kam, hat sich hier in einer Architektur erhalten, die wie ein Denkmal Habsburgs anmutet, das zwar von Staub und Spinnweben überzogen ist, das aber immer noch eine gewisse Wirkung auf die Menschen ausübt, heute vielleicht stärker als noch vor ein paar Jahren. Man ist wieder bereit, zu den Wurzeln zurückzukehren, sich der starken Bindung zu entsinnen, die einst zur Casa d'Austria bestanden hat, ohne daß man deshalb auch nur im entferntesten daran denken würde, die errungene Selbständigkeit aufzugeben. Aber der Haß, der so lange die Böhmen in Prag gequält und sie in ein deutsch-österreichisches und in ein tschechisches Lager gespalten hat, ist heute verschwunden.

An böhmischen Quellen

Bad Königswart (Lázně Kynžvart) liegt im äußersten Nordwesten Böhmens, benachbart dem wesentlich berühmteren Marienbad, umschlossen von dunkelgrünen, oftmals nebelverhangenen Wäldern, durch die der Tau in riesigen Tropfen rollt. Die Grenze zu Deutschland ist nahe, Bayreuth befindet sich etwa auf gleicher Höhe. Und das Metternichsche Schloß, das der italienische Architekt Nobile für den damaligen Staatskanzler Österreichs und Kutscher Europas, Clemens Wenzel Fürst Metternich, innerhalb von sechs Jahren (1833–1839) anstelle eines älteren Herrensitzes aus dem 17. Jahrhundert errichtete, sollte zum Denkmal klassizistischer Baukunst und altösterreichischer Präsenz in diesem Teil der Monarchie werden.

Dreiflügelig, einstöckig, mit weitem Ehrenhof, die Mittelfassade in Empire gehalten, flankiert von einem (einstmals) stattlichen Wirtschaftshof, einer Brauerei und einem adretten Dianatempelchen, umrahmt von einem (ehemals) prachtvollen Garten im englischen Stil . . . so dokumentierte dieses Schloß des ersten Diplomaten Europas (der Österreich auf dem Wiener Kongreß zum führenden Staat des Kontinentes gemacht hatte) Rang und Bedeutung seines Eigentümers. Alles um ihn herum erzeuge eine behagliche Stimmung, notierte Metternich einmal in sein Tagebuch, das er auch in Königswart führte. Den Ort (seit 1623 im Besitz der Familie Metternich) hatte er übrigens 1822 zum Heilbad und Luftkurort für Lungenkranke gemacht. Auch eine Tonwarenfabrik begründete er und ermöglichte dadurch einen unerhörten wirtschaftlichen Aufschwung.

Heute verhindern schlecht oder gar nicht geflickte Schlaglöcher in den Straßen, eine offen zur Schau getragene Schäbigkeit des Daseins und die tiefreichende Desolatheit des Ortsbildes jede Erinnerung an jenes Zeitalter, als hier, nicht zuletzt durch das Vorbild und Beispiel der Familie Metternich, der Aufstieg in die erste Reihe der böhmischen Heilbäder gelungen war. Bad Königswart ist in des Wortes tragischer Bedeutung zu Lázně Kynžvart geworden. Und es dürfte wohl Jahre dauern, bis die zögernd versuchte Neuordnung erste brauchbare Ergebnisse zeigen wird.

Das liegt vielleicht daran, daß der Ort einen erschütternd verlotterten Eindruck macht. Die im Hintergrund recht steil ansteigenden, dicht bewaldeten Hügel umklammern und erdrücken ihn. Und die leicht gewellte, vielfach von Sprüngen und Rissen unterbrochene Ebene, die sich nach Bayern hinüberzieht, ist verfilzt und wirkt chaotisch. Man kann sich jedenfalls nur schwer vorstellen, daß hier einmal einer der attraktivsten Kurorte der Monarchie existiert haben soll. Aber die Vergangenheit ist in Bad Königswart ohnedies so gut wie spurlos verschwunden. Die ehemalige Synagoge, eine der ältesten Böhmens (15. Jahrhundert), wurde 1938 niedergebrannt. Vom jüdischen Friedhof haben sich die wüsten Flüche der Nazis und das Wehklagen der nach Theresienstadt verschleppten Opfer erhalten. Das Bad und die einstige Tonwarenfabrik harren einer Wiedererweckung, die kaum vorstellbar ist. Und im früher einmal europaweit berühmten Schloß sind die Verwüstungen schlichtweg herzergreifend. Man renoviert zwar, häuft gelegentlich Schuttberge auf, verlagert anfallenden Müll von einer Seite auf die andere, erzielt aber kaum nennenswerte Fortschritte. Nur der Name Metternichs prangt immer noch in dicken, großen Lettern auf der Fassade über dem Haupteingang. Im Schloßhof spielten zuletzt, als ich nach Königswart kam, Ziegen meckernd zwischen den Schutthaufen.

Dieses Metternichsche Schloß liegt etwas unterhalb des Marktfleckens, umgeben vom feuchten, üppigen Grün einer verwilderten Parklandschaft. Noch vor einem runden Vierteljahrhundert konnte man es besichtigen, stand es auf dem touristischen Programmangebot des offiziellen staatlichen Reiseunternehmens der Tschechoslowakei, war der Zutritt zum Museum (das eigentlich ein Raritätenkabinett war) mit seinen Kuriositäten und kulturhistorisch bemerkenswerten Schaustücken ohne weiteres möglich. Mehr als hunderttausend Besucher wurden damals durch die verschiedenen Räume geschleust und hatten Gelegenheit, Metternichs private Sammlungen zu besichtigen, unter denen sich neben mancher Lächerlichkeit (eine Locke Maria Theresias, ein Haarbüschel Napoleons, die Spielkarten des Feldmarschalls Radetzky) und mancher Frivolität auch die eine oder andere historische Rarität befand. In späterer Zeit kamen übrigens einige Nachlässe zur Metternichschen Sammlung dazu, darunter jener von Alexandre Dumas. Als Kustos hatte Metternich auf Anraten Goethes den gewesenen Scharfrichter von Eger (der durch die Liberalisierung der altösterreichischen Gerichtsbarkeit arbeitslos geworden war) angestellt, einen Mann namens Carl Huss, der ungeachtet seiner dubiosen beruflichen Vergangenheit von zartester Empfindung gewesen sein muß. Seine Liebhabereien waren so absonderliche wie die Quacksalberei und so anstrengende wie das Sammeln von Kuriositäten aller Art, wodurch er sich prachtvoll in das Ambiente der Metternichschen Selbstdarstellung einfügte. Huss war sehr gebildet, verfaßte auch eigene literarische Texte, widmete sich mit Hingabe der Wappenmalerei und war fraglos einer der Hauptanziehungspunkte für viele Reisende, die Schloß Königswart aufsuchten. Er starb 1838.

Auch Adalbert Stifter hatte gewisse Beziehungen zu Königswart. Er war einige Zeit Hauslehrer der Kinder Metternichs in Wien, kannte den böhmischen Schauplatz aber durch gelegentliche Besuche und beschrieb ihn in seinem Roman »Nachsommer«.

Heute ist das alles vorbei und vergessen. Zerschlagene Fensterscheiben, zersplitterte Fensterstöcke, geborstenes, braungelbes Mauerwerk, das wie von Geschwüren bedeckt ausschaut, verwüstete Treppenaufgänge und viele andere Spuren einer vollkommenen Verwahrlosung bezeugen das Ende einer großen Illusion. Was hier zugrunde geht, hat übrigens auch mit Österreich zu tun (das in Königswart einmal beheimatet war), als es sich auf dem Höhepunkt seiner Macht befand. Denn von hier aus formulierte Metternich das Alphabet des habsburgischen Selbstverständnisses, von hier aus dirigierte er Europas Diplomaten und Fürsten. Und hier verrottet heute eine Welt, die wir alle längst verloren haben.

Die Kuriositäten und Raritäten des gewesenen Scharfrichters Huss und Metternichs sowie die angekauften Sammlungen berühmter Zeitgenossen des Staatskanzlers sollen übrigens, wie man mir in Marienbad erzählte, ausgelagert und auf verschiedene Schlösser Böhmens aufgeteilt worden sein. Also muß man nach Pilsen und anderswohin reisen, um eine Lyra Beethovens besichtigen zu können oder jene Pantoffeln zu bewundern, die Papst Gregor XVI. bei seiner feierlichen Krönung der größeren Bequemlichkeit wegen getragen hatte.

Ebenfalls auf Reisen muß man sich begeben, wenn man das Grab Metternichs aufspüren will. Plass, heute Plasy, liegt in einer Talmulde, umgeben von erdfarbenen Hügeln mit dünnem, gleichsam ausgefranstem Baumbestand, über den unaufhörlich der Qualm hinwegzieht, der den unvermeidlichen Fabrikschloten Nordböhmens entströmt. Plass, zwanzig Autominuten nördlich von Pilsen, ist auch einer jener Schauplätze eines größeren und weitgehend vergessenen Österreich, das wieder zu entdecken wäre. Hier befindet sich mit der sogenannten Metternich-Gruft in der desolaten Wenzelskirche die letzte Ruhestätte des ehemaligen Staatskanzlers Metternich (1773 bis 1859), der auf dem Höhepunkt seines vielfach angefeindeten Ruhmes einer der mächtigsten und auch gefürchtetsten Männer Europas war. Tatsächlich hielt er die Zügel der Macht in seinen Händen, und gerade in Böhmen gibt es immer wieder Schauplätze für jene politischen Tragödien und Tragikomödien, in denen er diese Macht lustvoll ausspielte.

Die Wenzelskirche ist Bestandteil eines in seinen Dimensionen großen, seinem baulichen Zustand nach jedoch reichlich herabgewirtschafteten Schlosses, das ursprünglich ein Zisterzienserkloster war. 1785 war es säkularisiert worden, 1826 hatte es Metternich käuflich erworben, wobei er vor allem die ehemalige Prälatur, einen herrschaftlichen Bau aus dem Beginn des 18. Jahrhunderts, als Wohnschloß benutzte. Hier ist heute ein Internat untergebracht, während im ehemaligen Konvent, der nach einem Entwurf Dientzenhofers erbaut worden sein soll, ein »Museum der Revolution« auf Besucher wartet, was als eher zynische Geste auf Metternich (der unter anderem das Selbstbestimmungsrecht der Völker bekämpfte) begriffen werden könnte.

Aber die unübersehbaren Bauschäden (das Hauptgebäude war einst rosafarben und weiß bemalt, ist jetzt nur noch völlig verschmutzt), die allenthalben feststellbaren Spuren einer fast verächtlichen Gleichgültigkeit diesem Schauplatz gegenüber, die sich in einer rasch fortschreitenden Zerstörung der baulichen Substanz ausdrückt – das alles läßt irgendwelche Emotionen über den politischen Baumeister eines untergegangenen Großösterreich (und ebenso hartnäckigen wie erfolgreichen Gegners Napoleons) kaum aufkommen. Man wandert ein wenig verwirrt durch die weitläufigen Anlagen, blickt ratlos auf gefährdete Fresken und Deckengemälde, durch die armdicke Sprünge laufen, und wundert sich über die Teilnahmslosigkeit der Menschen, die an dieser Grabstätte Metternichs achtlos vorbeihasten.

An der zumeist verschlossenen Kirchentür der Wenzelskirche hängen einige vergilbte, unleserliche Anschläge. Unter einem billigen Druck der Muttergottes, der an einem verwitterten Holzkreuz neben der Kirchentür angebracht ist, hat man einige frische Blumen in eine Art Blechbüchse gesteckt. Direkt gegenüber lärmt eine Fabrik, fahren Lastkraftwagen vor, werden Kisten entladen. Der Widerspruch könnte nicht grausamer sein.

Eine Frau, die mich längere Zeit beobachtet hatte, wie ich vor der verschlossenen Kirchentür stand, deutete meine Anwesenheit richtig. Metternich, sagte sie und wies auf die Kirche. Ich nickte. Metternich kaputt, sagte sie und lachte. Ich stierte auf die Flecken im brüchigen Gemäuer und kam mir unsäglich überflüssig vor.

Im Gegensatz zu Bad Königswart oder Plass befindet sich Marienbad auf dem Weg zur Besserung. In den Wäldern rundum wütet zwar der Baumtod, verzweifelt kaschiert durch immer neue Schlägerungen, und die Dörfer, durch die man fährt, wenn man von Südosten her, etwa aus Pilsen, nach Marienbad kommt, sehen aus, als hätten sie die Krätze. Über die Landschaft (darin viele Fischteiche und Tümpel mit putzigen Enten) wälzen sich schwere, braungelbe Wolken, die aus Fabrikschloten kommen. Die Verwahrlosung hat hier in manchen Fällen ein Ausmaß angenommen, daß mit der Trauer auch Zorn spürbar wird. Und erst in Marienbad ahnt man, daß Veränderung angesagt ist, daß manches anders, besser werden soll, wird an manchen Einzelbeispielen der noch nicht gänzlich verblichene Charme einer Architektur feststellbar, zu der das Adjektiv charmant noch am besten paßt.

Marienbad (Marianske Lažne), das heute rund zwanzigtausend Einwohner zählen dürfte, war schon im 16. Jahrhundert für die Heilkraft seiner Quellen zumindest der einheimischen Bevölkerung bekannt. In einer Topographie Böhmens aus dem Jahre 1788 kann man nachlesen: »Im vorigen Jahrhundert entdeckte man hier unter sechzig Gesundbrunnen eine sonderbar gesunde Salzquelle... heutzutage trifft man noch in hiesiger Gegend dreißig teils gesalzene, teils ungesalzene Quellen. Kaiser Ferdinand ließ die drei vortrefflichen Salzquellen durch einige Ärzte untersuchen, und man fand heraus, daß hieraus das beste und reinste Salz verfertigt werden könnte.«

Aber es dauerte dann doch noch einige Zeit, bis auf diesen ersten habsburgischen Anstoß hin weitere nutzbringende Konsequenzen folgten. Ein Hindernis auf dem Weg zum weltberühmten Kurort war zweifellos die furchterregende, düstere Landschaft, in welcher sich die schwefelhaltige Hauptquelle verbarg. Josef Nehr, der Arzt des nahe gelegenen Prämonstratenserstiftes Tepl, dessen Äbte gleichsam als Hausherren dieser Gegend auftreten konnten, erzählte Ende des 18. Jahrhunderts von Bergen, Tälern, Wasserrissen und Sümpfen, die bloß »Furcht, Widerwillen und Abscheu erregten«. Und im Tonfall eines Verzweifelten, der noch nichts weiß von der Zauberkraft propagandistischer Prospekterzählungen, berichtete Nehr: »Außer einer alten hölzernen, dem Einsturz drohenden Hütte, in der zwei eiserne, zur Bereitung des im Kreuzbrunnen reichlich enthaltenen Glaubersalzes bestimmte Kessel auf einem Herde eingemauert standen, und einer gleichfalls hölzernen, rohen, uralten Einschränkung des Kreuzbrunnens fand und sah man nichts, was Menschenhände gemacht hätten.«

Man braucht heute nur ein wenig in der Umgebung Marienbads zu suchen, um jener frustrierenden, einschüchternden Wildnis zu begegnen, von der die ersten Zeugen des Aufstieges dieses Kurortes so beeindruckend berichteten. Immer noch liegt mancher kleine Urwald oberhalb der Bäder, buckeln dunkle, wuchtige Steine durchs verfilzte Gelände, pfeift ein scharfer Wind über die kahlen Anhöhen und ist das Gelände so weglos, so unübersichtlich, so menschenfeindlich und düster, daß es doch ziemlich erstaunt, gerade hier ein Zentrum des europäischen Kurbetriebes anzutreffen.

Dabei begann es eher mühsam. 1755 wurde die Hauptquelle entdeckt, 1812 gründeten der Arzt Nehr und der Tepler Abt Karl Kaspar Reitenberger offiziell die erste Badeanstalt, wo vorher bereits die böhmischen Bauern im sogenannten Stink (wie man die reichlich übelriechende Quelle nannte) badeten und ihre Krankheiten kurierten. Man planierte das rauhe, weitgehend unzugängliche Sumpfgelände, gestaltete eine hübsche Parklandschaft und begann mit sieben Gästehäusern, wo in der ersten offiziellen Saison des Jahres 1815 immerhin gezählte 187 Gäste genug damit zu tun hatten, das Holz für die Badeöfen selbst zu schlägern, die Zubereitung der Mahlzeiten zu besorgen und daneben auch noch nach Möglichkeit ausgiebig zu kuren.

Denn in der Frühzeit Marienbads ging es tatsächlich rustikal zu. »Mir war, als befände ich mich in den nordamerikanischen Wäldern, wo man in drei Jahren eine Stadt baut«, notierte Goethe etwas konsterniert, als er 1820 erstmals in die allmählich zivilisiert anmutende Wildnis kam, wo merkwürdige Gestalten einem sonderbaren Kult huldigten.

Aber der allmählich einsetzende Erfolg gab den Pionieren der ersten Stunde recht. Schon wenige Jahre nach seiner ersten kritischen Äußerung (1823 schrieb Goethe seine »Marienbader Elegie«) war der längst zum Stammgast böhmischer Badefreuden gewordene Geheimrat und Poet aus Weimar so angetan von den möglichen Freuden Marienbads, daß er an seinen Sohn und dessen Gemahlin in einem ausführlichen Brief manches verräterische Detail ausplauderte: »Marienbad ist die Stätte eines extemporierten Tagesinteresses, wo im Wirbel der verschiedenen Elemente sich ein gewisses Irrsal bewegt, das die Übel vermehrt, von welchen man sich befreien möchte.«

Hier wird an Ulrike von Levetzow erinnert, an dieses blutjunge, wahrscheinlich süße und begehrenswerte Geschöpf, dessen Zauber der alternde Goethe so vollkommen erlegen war, daß der Vierundsiebzigjährige tatsächlich und in aller Form (Goethe schrieb einen herzergreifenden Brief, über den sich nur Dummheit und Selbstgefälligkeit lustig machen können) bei der Mutter um die Hand der Siebzehnjährigen anhielt. Auch der gichtgebeugte, ehrwürdige Großherzog aus Weimar erschien bei der Witwe Amalie von Levetzow und legte für den seltsamen Brautwerber ein gutes, hohes Wort ein, was die Gräfin in verzweifelte Verlegenheit brachte, jedoch nichts an der diskreten Ablehnung des ehrenvollen Antrages änderte.

Aber nicht nur Goethe nutzte die flirrende, elektrisierende Atmosphäre des sich ungestüm entwickelnden Kurortes und balzte drei verrückte Marienbader Sommer lang um die hübsche Ulrike, bis der Gedemütigte und notgedrungen Entsagende schließlich jene Verse schrieb, die »Marienbader Elegie«, die ihm ein wenig literarische Genugtuung und dem Schauplatz seiner erotischen Niederlage Weltruhm brachten. Auch Frederic Chopin, elf Jahre nach der greisenhaften Wollust des Dichterfürsten hier in Marienbad mit einer leidenschaftlichen Landsmännin vorübergehend vereint, mußte erfahren, daß Marienbad nicht der geeignete Schauplatz ist, um einer dauerhaften Beziehung teilhaftig zu werden. Noch während ihn die Geliebte stürmisch umarmte, dachte sie an einen anderen. Und kaum hatte er die junge Polin (vorübergehend, wie er meinte) verlassen, flog sie schon einem Dichter an den Hals.

Marienbad, aus einer wüsten, urweltlich anmutenden Landschaft geboren, wurde bereits im ersten Drittel des 19. Jahrhunderts zu einem der mondänsten und welthaltigsten Badeorte der altösterreichischen Monarchie. Kühne Eisenkonstruktionen und die architektonischen Keckheiten und Extravaganzen eines großbürgerlichen Zeitalters, das vor allem von Wien aus immer neue und kräftige Impulse erhielt, füllten das langgestreckte Tal, das sich tief in die Buckel, Schluchten und Höhen des Kaiserwaldes hineinschob. Palais, Großgasthäuser, Luxushotels und Brunnenanlagen entstanden, die aus der böhmischen Waldeinsamkeit eine Nobelabsteige jenes habsburgischen Publikums machten, das eine wahrhaft verlorene Generation war, ohne daß man auch nur im entferntesten an die Möglichkeit des eigenen Unterganges dachte. Franz Joseph, Altösterreichs penibler Wegbereiter in den Abgrund, pflanzte hier Bäumchen, traf sich mit Englands Edward VII., gewährte im Klebelsberger Palast, der heute ein eher biederes Sanatorium mit beliebiger Kundschaft ist, dem freudig herandrängenden böhmischen Adel und einigen auserwählten Kapitalisten aus den frühen Dynastien der nordböhmischen Industriegesellschaft unverbindliche Audienzen und schenkte Marienbad jenes franzisco-josephinische Wohlwollen, ohne das in diesen Jahrzehnten keine Gemeinde und erst recht kein Kurort existieren konnten.

Richard Wagner kam nach Marienbad, komponierte, spazierte, trank das bittere Wasser, kurte mit dieser welthaltigen Zerstreutheit, die angeblich jeden großen Geist auszeichnet, und überlegte allen Ernstes, sein Festspielhaus oberhalb des Zentralbades zu errichten. Der Plan scheiterte, weil er keine österreichischen Geldgeber fand. Dafür spielte Johann Strauss im alten Casino (Kursaal) so gewaltig auf, daß die Marienbader Gesellschaft (die ein kompaktes Spiegelbild der altösterreichischen Gesellschaft war) sich wie verrückt danach drängte, dieser allgemeinen musikalischen Besessenheit zu erliegen. Wiener Baumeister kamen und veredelten, verösterreicherten, was noch einen böhmischen Anstrich hatte. Und der Dichter Friedrich Hebbel notierte: »Übrigens macht ein besuchter Badeort einen Eindruck wie ein Jahrmarkt, der in einer kleinen Stadt abgehalten wird. Viele Menschen drängen sich in einem kleinen Raum, und jedem sieht man's an, daß er nicht zu bleiben gedenkt.« Anschließend reduzierte Hebbel den Mythos von Marienbad auf das, was alle Welt bewogen haben mochte, in diese gewesene Wildnis zu kommen, nämlich auf die Praktiken einer gelungenen Verdauung, was sich übrigens im offiziellen »Reisehandbuch für Böhmen« aus dem Jahre 1882 so anhört: »Eines großen Rufes erfreut sich Marienbad in Bezug auf die Heilung von schwermütigen, hypochondrischen Personen, besonders solchen, bei denen die Verstopfung vorherrscht.«

Im nahen Stift Tepl, das die Mönche 1950 verlassen mußten und erst 1990 wieder beziehen durften, was für die Substanz der Bauwerke und die darin enthaltenen Kostbarkeiten eine Katastrophe bedeutete, in Tepl also, wo praktisch alles begonnen hatte, hängen im Vorraum zur Bibliothek zwei Porträts. Sie zeigen Maria Theresia und ihren kaiserlichen Gemahl, den Lothringer Stephan. Und obgleich das alte Prämonstratenserstift heute fast einer Ruine gleicht, jedenfalls in einem unglaublich verwahrlosten Zustand ist, der im grellen Gegensatz zum wieder reaktivierten und von Neubauplänen geschüttelten Marienbad steht, ahnt man doch, daß hier in Tepl die eigentlichen Wurzeln des benachbarten Weltruhms zu finden sind; und daß die Bindungen zum alten Österreich, die in Marienbad heute eher gelockert und fast wie beiläufig anmuten, in Wahrheit viel stärker sind, als es den Anschein hat. »Man denke sich eine verwüstete, finstere, ganz menschenlose Einöde, in welcher einzig wilde Tiere, Holzfrevler, Raubschützen und Räuber zu hausen schienen«, hatte noch zu Beginn des 19. Jahrhunderts der Arzt der Mönche, Nehr, geklagt, als er den Schauplatz des zukünftigen Marienbades beschrieb. Daraus ist einer jener altösterreichischen Goldgräberstädte geworden, die ihren eigenen Ruhm überdauert haben und die heute noch von jener Substanz zehren, die sie sich in einem glücklicheren Zeitalter angeeignet haben.

Die etwas verspielte, auch filigrane oder eigentlich auf adrette Weise verschnörkelte Architektur der Badeanstalten und Labestationen verbirgt sich in Franzensbad hinter weitläufigen Parkanlagen, einer erstaunlichen Fülle von weißrindrigen Birken, die wie zarte Farbtupfer auf der grüngemusterten Landschaft liegen, und hinter einem Stadtbild, das man ohne Übertreibung eine verträumte Idylle altösterreichischen Zuschnitts nennen könnte. Vierundzwanzig größere und mehrere kleinere kalte Quellen sorgen in dieser einstigen Moorlandschaft (von der sich reizvolle, ursprüngliche Reste außerhalb der Ortschaft erhalten haben), die von abgerundeten, abgeschliffenen Gesteinskuppen eingegrenzt wird, für jene Anziehungskraft, die jetzt, da private Investitions- und Gewinnmöglichkeiten wieder zum wirtschaftlichen Alltag Böhmens gehören, bald ihre Früchte tragen sollte. Immerhin hat schon ein so kundiger Mann wie Paracelsus zu Beginn des 16. Jahrhunderts den »Egerer Säuerling« als besonders heilkräftig bei Frauenleiden gepriesen, was zuerst nur die Einheimischen genossen und erst im Verlauf des 18. Jahrhunderts und endgültig im frühen 19. Jahrhundert der Allgemeinheit zugänglich gemacht wurde. Im 18. und vor allem im 19. Jahrhundert hat man das

Wasser, abgefüllt in originell gestaltete Tonflaschen, in viele europäische Länder versandt.

Dabei stand am Anfang der Entwicklung von Franzensbad eine kuriose Rebellion, nämlich jene der Wasserträgerinnen aus Eger. Der Stadtphysikus von Eger (das nur wenige Kilometer entfernt liegt), Bernhard Vinzenz Adler, der später zum ersten Franzensbader Badearzt avancierte, hatte in dem damals noch Schlada genannten Dorf die ergiebigste Quelle neu fassen lassen und dafür gesorgt, daß die erwartete Klientel ohne besondere Schwierigkeiten des heilenden Wassers teilhaftig wurde. Aber Adler hatte die Rechnung ohne die Wasserträgerinnen aus Eger gemacht, die bis dahin einen einträglichen Nebenerwerb darin gefunden hatten, daß sie das Wasser an der Quelle in Kannen abfüllten und zu den kränkelnden Damen in die nahe Stadt schleppten. Damit sollte es jetzt vorbei sein. Denn nun spekulierte man damit, an Ort und Stelle einen Badebetrieb aufzuziehen, wie das in Marienbad und Karlsbad auch geschah.

Aber am 18. August 1791 fielen an die »vierhundert bis fünfhundert Weibspersonen aus der Stadt, zum Teil mit Seitengewehren bewaffnet«, über die neuerrichteten Anlagen her und demolierten sie so gründlich, daß es aussah, als hätten die Hunnen an der Quelle gewütet, wie ein Augenzeuge später entsetzt berichtete.

Zu jener Zeit hielt sich gerade Kaiser Leopold II. in Prag auf, wo er zum König der böhmischen Länder gekrönt wurde. Adler erwirkte eine Audienz beim Kaiser, erzählte von den Vorfällen und erreichte, daß er die allerhöchste Erlaubnis zur Einrichtung einer Badeanstalt erhielt. Im August 1793 feierte man die offizielle Eröffnung des Kaisers Franzensbades, wie man den Ort (der vorerst nur aus einigen Badehütten und allerdings auch aus einer Reihe von Bauplätzen bestand) nach jenem habsburgischen Monarchen benannte, der soeben als Nachfolger Leopolds inthronisiert worden war. Der junge Kurort, der bis 1852 zu Eger gehörte und dessen Quellen und Kureinrichtungen noch bis 1914 Eigentum der Stadt Eger waren, erhielt auch ein Wappen, wobei man voll Dankbarkeit an den unermüdlichen Dr. Adler dachte und sich als Wappenzeichen einen Adler mit Äskulapstab erwählte, was in diesem Fall eine besonders sinnige Kombination ergab.

Man ging in Franzensbad – das selbstverständlich auch von Goethe auf- und heimgesucht wurde und wo er 1808 eine stürmische Affäre mit einer Dame namens Sylvie Ziegesar hatte – den nämlichen Weg wie in Marienbad oder Karlsbad, das heißt, man verschrieb sich jener neoklassizistischen Architektur, die in einem hübschen, beeindruckenden Kontrast zur eher ärmlichen Landschaft stand. Und man war so modern, so sehr auf der Höhe der Zeit, daß man (obgleich von der Größe her eher unbedeutend) durchaus am gesellschaftlichen Leben jenes Zeitalters teilhaben konnte, was die bedeutende österreichische Dichterin Marie Ebner-Eschenbach zu ihren ebenso köstlichen wie intelligenten Episteln »Aus Franzensbad« animierte. »Die heurige Saison hat eine ebenso glänzende als gewählte Gesellschaft hier versammelt, man kann nicht leicht mehr schöne Frauen auf einer kurzen Strekke begegnen wie jetzt in Franzensbad auf dem Wege zwischen Franzens- und Salzquelle.« Aber dann heißt es: »Die Frauen selbst spielen jedoch nicht die Hauptrolle, diese übernimmt ihre Garderobe. Das eleganteste Negligé zieht des Morgens im Brunnen die meisten Blicke auf sich, das geschmackvollste Kleid trägt nachmittags den Sieg davon ... Hier führen die Damen den Vorsitz im Gericht über die Schönheit.«

Das sind freilich Reminiszenzen an eine untergegangene Welt, die heute längst schon keine Gültigkeit mehr hat. Wer jetzt nach Franzensbad kommt, macht das fraglos seiner Gesundheit zuliebe und weil ihm nach langem Warten endlich von der zuständigen Krankenkasse eine Kur verschrieben wurde. Mondän, pittoresk, lasziv, beherrscht von exzessiver Eitelkeit und durchtränkt vom Charme, den die Reichen und Schönen dieser Welt angeblich in so überreichem Maße besitzen, ist hier gar nichts mehr. Franzensbad, das immer als bescheidene Verwandte gegen die größeren, prunkvolleren, berühmteren Bäder Karlsbad und Marienbad ankämpfen mußte, liegt wie ein verwunschener Schauplatz hinter den Birkenschonungen und den Mooren der Landschaft rund um Eger und wartet auf seine Auferstehung, die ihm wieder jenen bevorzugten Rang geben sollte, den es in der Zeit der altösterreichischen Monarchie zweifellos eingenommen hatte.

Sankt Joachimsthal ist das vierte der berühmten böhmischen

Bäder, die ihren wirtschaftlichen Aufstieg während des österreichischen Zeitalters hatten und sozusagen unterm Flügelschlag des Doppeladlers groß wurden. Dabei ist Sankt Joachimsthal in mehr als einer Hinsicht doch auch wieder eine Ausnahme, was nicht nur mit seiner geographischen Situation zu tun hat. Eigentlich gehört es schon zum Bereich des Erzgebirges und besitzt im übrigen auch nicht jene Welthaltigkeit, jene gelockerte, gleichsam nonchalante Art der Selbstdarstellung, wodurch sich vor allem Karlsbad und Marienbad auch nach Jahrzehnten kommunistischer Diktatur immer noch auszeichnen.

Sankt Joachimsthal heißt heute Jáchymov, ist verwaltungstechnisch dem Kreis Karlsbad zugehörig und liegt oberhalb der einstigen Bergwerksstadt Schlackenwerdt (heute Ostrov) tief im Erzgebirge. Ursprünglich, und zwar im frühen 16. Jahrhundert, gab es hier einen Ort namens Konradsgrün, was sich doch recht sonderbar anhört angesichts einer düsteren, schroffen Landschaft, die abweisend und fast grimmig anmutet. Johannes Mathesius, ein Schüler Luthers, der hier das reformatorische Evangelium mit Leidenschaft verkündete und unter anderem dafür sorgte, daß in Sankt Joachimsthal die erste protestantische Kirche der Welt errichtet wurde, gründete auch eine Lateinschule, die bald überregionales Ansehen besaß.

Überhaupt war Sankt Joachimsthal damals ein Ort, an dem das Wissen der Welt auf musterhafte Weise gelehrt wurde. So bedeutende Männer wie der Arzt und Naturforscher Georg Agricola, der Kirchenlieddichter Nikolaus Hermann oder der Musiker Isaac Hasler wirkten hier, was dieser Schatzkammer Böhmens, wie man das Tal seiner reichen Silbervorkommen wegen nannte, nur zum Vorteil gereichte. Ein Graf Schlick (dessen Familie das benachbarte Schlackenwerdt als Hauptsitz beanspruchte, eigentlich aus Eger stammte und im 18. Jahrhundert in Prag jenes Tyl-Theater finanzierte, wo Mozarts »Don Giovanni« welturaufgeführt wurde, und daran materiell verblutete), ließ hier 1518 den ersten Silbertaler schlagen. Damit tauchte der Begriff Taler überhaupt erstmals in der Geschichte des europäischen Münzwesens auf. Sankt Joachimsthal wurde zur königlichen Bergstadt und zur zweitgrößten Stadt Böhmens. Immerhin waren mehr als zehntausend Bergleute in den verschiedenen Silber-, Blei-, Kupfer- und Kobaltgruben tätig, was der Stadt bis zum Dreißigjährigen Krieg einen unerhörten Reichtum und eine enorme Anziehungskraft vermittelte.

Heute gibt es noch einige ehemals stattliche Gewerkenhäuser, die allerdings schon dem Verfall preisgegeben sind und doch noch im Niedergang Selbstbewußtsein und verblichenen Reichtum demonstrieren. Der einstige Münzhof (1534–1546), vierflügelig und einstöckig, soll angeblich ein Museum enthalten, das die Geschichte des Bergbaues und auch die Entwicklung des Badewesens in Sankt Joachimsthal dokumentiert. Allerdings habe ich es nie geöffnet vorgefunden. Das ist wohl eines jener zahllosen Potemkinschen Dörfer Böhmens und Mährens, welche die Darstellung einer Kulturgeschichte vortäuschen, deren Schönheit und Reichtum (und deren altösterreichische Wurzeln) durch vier Jahrzehnte marxistischer Herrschaft gründlich zerstört wurden. So muß man sich an die (gleichfalls meist verschlossene) Joachimskirche halten, die eine Stiftung der Grafen Schlick war (1534–1540), an eine edle Dreifaltigkeitssäule und an andere Details, von denen man noch die einstige Bedeutung der Stadt ablesen kann. Dazu gehören auch die aufgelassenen Stollen und Industrieanlagen, in denen seit den vierziger Jahren des 19. Jahrhunderts die Uranpechblende abgebaut und verarbeitet wurde.

Und wieder ist es das alte Österreich, das hier eine maßgebliche Rolle spielte. Im Jahre 1896 hatte der Wissenschaftler Becquerel die Radioaktivität des Abhubmaterials bestätigt. In Paris experimentierte Madame Curie mit dem Material, das ihr tonnenweise von der österreichischen Regierung zur Verfügung gestellt wurde und das es ihr ermöglichte, im Jahre 1900 den neuen Grundstoff Uran zu entwickeln.

Die neuentdeckte Radioaktivität wurde in Sankt Joachimsthal auch medizinisch genutzt. Bereits 1906 gab es mit der Madame-Curie-Quelle ein vielbesuchtes Heilbad, dem noch weitere Bäder und Sanatorien folgten. Gleichzeitig wurde auch die Förderung des Uranerzes pausenlos vorangetrieben, wobei es vor allem nach dem Zweiten Weltkrieg und der Übernahme der Gruben durch die Sowjetmacht zu barbarischen Szenen kam.

Sankt Joachimsthal ist heute eine Stadt mit zwei Gesichtern. Der eigentliche Ort mit seinen historischen Bauwerken und dem müden, verstaubten Charme eines ehemals hochbedeutsamen Industriezentrums erstreckt sich oberhalb des weltberühmten Radiumbades und wirkt grau und unansehnlich. Im Hintergrund erheben sich die Mauern des ältesten Uranbergwerkes der Welt, der Hütte Concordia, wo unter den Kommunisten Tausende von Arbeitssklaven unter unvorstellbaren Bedingungen die Pechblende aus dem Berg schlugen und verarbeiteten. Über die Zahl der Toten und fürs Leben Verstümmelten gibt es keine näheren Angaben, aber sie muß erschreckend hoch gewesen sein.

Sankt Joachimsthal ist jedenfalls kein Ort, an dem man fröhlich und unbeschwert sein könnte. Zuviel an düsterer Erinnerung und Erfahrung liegt über der Stadt, die heute nur noch als Kurbad Karriere machen will. Die neuen Hotel- und Sanatoriumsbauten verdrängen allmählich das Alte, ohne daß die Erinnerung an die abenteuerliche und zuletzt schreckliche Biographie dieser Stadt erlöschen könnte.

In Karlsbad (Karlovy Vary, aber selbst im heutigen Böhmen hält man sich an den altgewohnten deutschen Namen, der ein Markenzeichen von unverwechselbarer Prägung ist) kann man sich von der düsteren Beengtheit Sankt Joachimsthals und der ländlichen Idylle Franzensbads erholen und neue Perspektiven gewinnen. Lediglich Marienbad mag mit Karlsbad wetteifern, was das Weltläufige, Elegante, vielleicht auch etwas Großspurige angeht, obgleich in beiden Kurorten die Ideologie eines Marx, eines Lenin ihre ziemlich trostlosen Spuren hinterlassen hat. Im übrigen hat sich Karlsbad im Verlauf der Jahrhunderte dieser einen schmalen Schlucht, durch welche die Tepl fließt, auf so umfassende Weise bemächtigt, daß spätestens mit dem Beginn des Ersten Weltkrieges, mit dem Ende des altösterreichischen Zeitalters jede Entwicklung abgeschlossen war. Was danach kam, konnten nur geringfügige Veränderungen sein, halbherzige Retuschen oder absurde Eingriffe in eine ebenso raffinierte wie allmählich gewachsene Stadtarchitektur, die sich den landschaftlichen Gegebenheiten hervorragend angepaßt hat.

Natürlich gibt es am Anfang von Karlsbad eine Legende. Sie hat mit jenem Kaiser Karl IV. zu tun, dem die Böhmen heute noch ein freundliches Andenken bewahren und der einst durch eine Hundemeute, die während einer Hetzjagd versehentlich ins heiße Wasser des Teplflusses geraten war, auf dieses Phänomen des warmen und wohl auch heilenden Wassers aufmerksam wurde. Er soll dann sehr rasch dafür gesorgt haben, daß in der unwirtlichen Schlucht einige Brunnen und Badehütten errichtet wurden, was der dadurch entstehenden Ansiedlung den Titel einer königlichen Stadt und dazu den Namen Kaiser-Karls-Bad eintrug. Das alles wird sich wohl in der zweiten Hälfte des 14. Jahrhunderts abgespielt haben, womit erwiesen wäre, daß Karlsbad das älteste der bekannten böhmischen Bäder ist.

Im 15. Jahrhundert befand sich Karlsbad dann für mehr als zehn Jahre in der Pfandherrschaft der Grafen Schlick, die sich in Schlakkenwerth und Sankt Joachimsthal ein Vermögen aus den Silbergruben und unter den Prägehammern der Münzwerkstätten zusammengeholt hatten, bis schließlich auch hier die für ganz Böhmen übliche Entwicklung einsetzte und das bald in Mode gekommene Heilbad so österreichisch und habsburgisch wurde wie jede andere böhmische Stadt. Wobei weniger die politische als vielmehr die medizinische Seite der Karlsbader Biographie bemerkenswert erscheint, denn immerhin hatte schon im Jahre 1522 ein heilkundiger, gelehrter Mann, nämlich der Magister Wenzel Payer, die wesentlichen medizinischen Wirkungen des Sprudelwassers erforscht und erfaßt. Payer hatte darauf sogar einen Vers gemacht, der sozusagen zum Wahlspruch Karlsbads werden sollte: »Das Karlsbad heilt Dir, wenn es wo gebricht: Darm, Magen, Leber, Galle-Stein, Niere, Zucker, Gicht.«

Das war nun in der Tat eine umfassende Litanei, auf der sich Ruhm und Wohlstand der Bürger dieses wundersamen Bades errichten ließen. Der regsame Magister Payer ging noch einen Schritt weiter und verschrieb zu den Badekuren zusätzliche Trinkkuren. Tatsächlich war es dann aber erst der berühmte Karlsbader Kurarzt David Becher, der in der zweiten Hälfte des 18. Jahrhunderts die Trinkkuren als gleichberechtigte Möglichkeit zu und neben den Badekuren (die manchmal wahre Roßkuren waren) einführte. Jene schöne Philippine Welser zum Beispiel, Gattin des österreichischen Erzherzogs Ferdinand und seinerzeit Ursache eines handfesten Skandals an den europäischen Fürstenhöfen, weil sie als Bürgerliche allzu hoch hinauf geheiratet hatte, sie also, die immer nur als die »schöne Welserin« bezeichnet wurde, mußte ihrer angegriffenen Galle wegen täglich bis zu sechs Stunden in den warmen Quellen aushalten. Das war zweifellos eine Strapaze, an der möglicherweise die kranke Galle der »schönen Welserin« Gefallen fand, jedoch nicht andere Organe der bedauernswerten Patientin, die sich schon mehr als Fisch denn als menschliches Wesen vorgekommen sein muß.

David Becher, der ein tüchtiger Arzt und praktisch denkender Menschenfreund gewesen sein muß, hat aber nicht nur die wesentlich bequemeren Trinkkuren obligatorisch gemacht und dadurch dem Badeort einen unerhörten Aufschwung vermittelt, sondern er war auch mitverantwortlich für das Entstehen eines köstlichen Gebräus, dem die Bezeichnung Magenbitter nicht ganz gerecht wird. Eines Tages (die Geschichte spielte im frühen 19. Jahrhundert) kam der englische Leibarzt einer vermögenden Londoner Familie, die in Karlsbad zur Kur weilte, mit allen Zeichen der Aufregung zum örtlichen Apotheker gelaufen und forderte ihn dringend auf, aus einer Reihe von ganz bestimmten Kräutern (die Liste legte der Arzt anbei) ein Elixier zu brauen. Angeblich hörte Becher von dieser Geschichte, studierte gleichfalls die Liste der Kräuter (mindestens zwanzig verschiedene müssen es gewesen sein) und machte sich gleichfalls daran, daraus ein Getränk zu mixen. So entstand der Becherovka, der heute wohl der populärste, schmackhafteste Apéritif oder Verdauungsschnaps aller Tschechen und Slowaken ist und in keinem Restaurant, das etwas auf sich hält, fehlen darf. Die Karlsbader selbst nennen ihn in Anspielung auf die zwölf heißen Glaubersalzquellen »die dreizehnte Quelle«, was ungefähr den Reichtum andeutet, der durch die Erzeugung und den Vertrieb dieses Kräuterschnapses über Karlsbad gekommen ist.

Aber neben diesem Magen- und Verdauungsschnaps gab (und gibt) es in Karlsbad auch noch eine andere Einnahmequelle, die man in einem so berühmten Kurort nicht ohne weiteres vermuten würde. Das sind die Porzellanfabriken, von denen jene der altösterreichischen Dynastie Moser (inzwischen ist natürlich alles längst verstaatlicht) die berühmteste und wohl auch ertragreichste gewesen sein mag. Das Glas, das diese Hütten verließ, nannte man mit berechtigtem Stolz »Glas der Könige«, während Moser als »König des Glases« apostrophiert wurde. Allerdings sind das nicht die einzigen Glashütten und Porzellanfabriken im Raum Karlsbad. Der Boden des Egerlandes enthält nämlich das begehrte Kaolin in besonderer Fülle und seltener Reinheit, was neben der in Nordböhmen reichlich vorhandenen Braunkohle die wichtigste Voraussetzung für jene Schmelzvorgänge ist, die am Anfang jeder Glas- und Porzellanfabrikation stehen. Begonnen wurde hier damit Ende des 18. Jahrhunderts, also verhältnismäßig spät, während zuvor die Aufbereitung von Zinn (was man in Karlsbad am wenigsten vermuten würde) für eine wirtschaftliche Blüte gesorgt hatte. In Elbogen (berühmt geworden Goethes wegen), Falkenau und in Karlsbad selbst war die Zinngießerei schon im 15. Jahrhundert weit verbreitet. Schlaggenwald, nur ein paar Kilometer von Karlsbad entfernt, war überhaupt ein Zentrum der Förderung und auch Verarbeitung von Zinn und Wolframerz.

Was die Porzellanfabriken angeht, so befinden sie sich in Karlsbad außerhalb der eigentlichen Kurzone in jenen Stadtteilen, deren häßliche Tristesse nichts vom architektonischen Reichtum und der artifiziellen Vielfalt des Kurbades verrät. Die Mosersche Porzellanmanufaktur zum Beispiel, die auch heute noch (oder heute erst recht wieder) von vielen Laufkunden aufgesucht wird, die sich an interessanten Ausstellungsobjekten delektieren können, liegt an der Ausfallstraße nach Eger. Heute erinnert allerdings nicht mehr viel an die altösterreichischen Wurzeln dieses berühmten Vorzeigebetriebes Karlsbads.

Dabei ist das alte Österreich, ist der Doppeladler immer noch allgegenwärtig. Das Restaurant »Zur schönen Königin« am linken Teplufer, nur ein paar Schritte nach dem weltberühmten Hotel Pupp, verfügt über eine Art Galionsfigur, wie sie berühmter und charakteristischer nicht mehr sein kann. Es handelt sich um Maria Theresia, die seinerzeit dieses Haus ihrem »oberen Korsettmacher« schenkte und den braven Mann auch zum k.k. Steuereinnehmer von Karlsbad ernannte, was den gesellschaftlichen Aufstieg seiner Familie garantierte. Später wurde hier ein Kaffeehaus etabliert, das sich des Zulaufes der vornehmen Kundschaft erfreuen durfte und dessen tüchtige Eigentümer sogar Hoflieferanten wurden, wodurch einmal mehr die engen Verbindungen mit Wien legitimiert wurden.

Was das »Pupp« angeht, das heute das ist, was man wohl einen alten, dringend renovierungsbedürftigen Kasten nennt, so war es über Generationen hinweg das berühmteste Hotel Karlsbads. Gegründet hatte es der österreichische Zuckerbäcker Johann Georg Pupp, der 1775 nach Karlsbad gekommen war und hier das sogenannte Bechersche Lusthaus erwarb, dazu auch noch den Sächsischen Saal kaufte (der aus dem Jahre 1701 stammte), eine Art Kursalon, wo genau wie im Becherschen Lusthaus die Karlsbader Prominenz zu verkehren pflegte. Die kluge Rechnung Pupps ging auf. Das noble Publikum blieb den beiden Etablissements treu, die er überdies großzügig aus- und umbaute und zu einem vierstöckigen Grandhotel vereinte, das bald zur ersten Adresse Karlsbads wurde und wo unter anderem auch Österreichs Kaiser Franz Joseph regelmäßig abstieg, wenn er den Kurort besuchte.

Übrigens hat man Franz Joseph zuliebe im Jahre 1888 in aller Eile den Bahnhof von Karlsbad als Provisorium errichtet. Damit war die Bahnlinie nach Marienbad fertiggestellt, Franz Joseph konnte in Karlsbad auf dem provisorischen Bahnhof die devoten Grußadressen der Honoratioren entgegennehmen, und Karlsbad selbst war um eine weitere Eisenbahnverbindung reicher geworden. Das Provisorium freilich mußte dann rund hundert Jahre halten. Erst vor wenigen Jahren wurde der alte Bahnhof abgerissen.

Allerdings ist Franz Joseph nicht allzu gern nach Karlsbad gekommen. Er bevorzugte Marienbad. Und was den abgerissenen k.u.k. Bahnhof der Kurstadt angeht, den sogenannten Unteren Bahnhof, so fehlt jetzt das Geld für den Neubau, der, wie die Karlsbader meinen, auch deshalb so kostspielig wäre, weil man in den Bahnhof auch eine Busstation integrieren wolle. Und es gibt nicht wenige Bürger, die allen Ernstes dem alten Fachwerkbau nachtrauern. Immerhin hätte das alte Bahnhofsgebäude im Verlauf der Jahre Dutzende Filmfirmen nach Karlsbad gelockt, da es eine prachtvolle authentische Dekoration für eine ganz bestimmte Art von Filmen abgegeben hätte, erzählte mir eine Bibliothekarin, die sich der Erforschung des alten Karlsbad verschrieben hat.

Aber es gibt immer noch genug Altösterreichisches zu entdekken, auch wenn jenes Etablissement »Zum Weißen Löwen« nicht mehr existiert, wo Fürst Metternich abzusteigen pflegte, wenn er hier gemeinsam mit den Bevollmächtigten der deutschen Staaten im August 1819 jene Beschlüsse ausarbeitete (oder sie den anderen Politikern diktierte), die als Karlsbader Beschlüsse ein Zeitalter der Reaktion einleiteten. Pressezensur, radikale Einschränkung der Universitätsrechte, Auflösung der Burschenschaften und Polizeigesetze, die aus dem alten Österreich tatsächlich einen Spitzel- und Polizeistaat machten, wurden hier in Karlsbad erdacht und unverzüglich politisch verankert. »Mein Karlsbader Kind ist böse, es schlägt und beißt, es wird vielen schlechten Leuten und noch mehr Narren derbe Hiebe versetzen«, verteidigte Metternich seine (also die Karlsbader) Beschlüsse gegen manchen zaghaften Einwand.

Heute erinnert nichts mehr an dieses Ereignis. Das erstaunt immerhin etwas angesichts der Tatsache, daß Karlsbad buchstäblich übersät ist mit Denkmälern und Gedenktafeln jeder Art, von denen vor allem ein mürrischer Beethoven auffällt, der in gebückter Haltung und mit unendlich verdrossenem Gesicht von seinem Marmorsockel auf die Kurgäste blickt, die gebührend beeindruckt an diesem Denkmal vorbeiwandern. Selbstverständlich gibt es auch ein Smetana Denkmal, ein Schiller Denkmal, eine Goethe Büste (neben Erinnerungstafeln) und mit dem sogenannten Posthof etwas außerhalb des Kurzentrums eine schöne Erinnerungsstätte an Antonin Dvořak, der hier, wo heute vornehmlich deutsche Bustouristen ihr Einheitsmenü verzehren, die Uraufführung seiner Komposition »Aus der Neuen Welt« miterleben durfte. Ein Hotel im Stadtzentrum ist in dieser Hinsicht noch einen Schritt weitergegangen und hat seine Bettwäsche mit den Anfangstakten dieser symphonischen Dichtung bedruckt.

Seinerzeit, also noch in der Monarchie, war Karlsbad ein Eldorado für schrullige Einzelgänger, verrückte Einfälle und originelle

Ideen. Die Entstehungsgeschichte des legendären Hotels Pupp ist ein schönes Beispiel dafür. Denn jener Zuckerbäcker Johann Georg Pupp, mit dem 1775 alles angefangen hatte, war zwar geschickt genug gewesen, um sich eine vermögende Braut anzulachen, vermochte aber letztlich doch nicht den Widerstand eines ältlichen Schwesternpaares zu brechen, das ausgerechnet jenes Haus besaß, das als Mittelstück seines geplanten Grandhotels vorgesehen war. Ein jahrelanger Krieg zwischen den streitbaren Schwestern und Pupp war die Folge. Und heute noch erzählt man sich in Karlsbad schmunzelnd die verschiedenen Nadelstiche und kleinen Boshaftigkeiten, die man seinerzeit einander antat. Erst der Tod der beiden Schwestern erlaubte es Pupp, seine hochfliegenden Pläne zu verwirklichen.

In diesem Zusammenhang sollte man auch an die Entstehungsgeschichte des mächtigen Hotels Imperial erinnern. Ein reicher Gast, der jahrelang im »Pupp« abgestiegen war und dabei stets das nämliche Appartement bewohnt hatte, mußte eines Tages wegen Überfüllung mit einem anderen, reichlich gewöhnlichen Zimmer (wie er fand) vorlieb nehmen. Aus Ärger darüber gründete er eine Aktiengesellschaft, die oberhalb des Kurzentrums an der Panoramastraße das Hotel Imperial errichtete. Aber entweder war die Hotelanlage viel zu groß geraten, oder es mangelte an einem guten Management – jedenfalls gelang es den Betreibern nie, das »Imperial« in die schwarzen Zahlen zu bringen. Und der Plan des erzürnten Gastes, dem »Pupp« eine mörderische Konkurrenz auf den Hals zu hetzen, mißlang gründlich. Jetzt ist das »Imperial« schon seit vielen Jahren ein Sanatorium, und nichts erinnert mehr daran, daß es zur Zeit seiner Erbauung (1910–1912) das modernste und größte Hotel Mitteleuropas war.

Auch mit dem Namen Mozart verbindet sich in Karlsbad einiges an Erinnerung und Erfahrung. So wurde zum Beispiel 1787 jenes Steinhaus, das als Nachfolge einer gewöhnlichen Holzbude den theaterbesessenen Karlsbadern und deren Gästen als Stätte des gehobenen Amüsements dienen sollte, mit »Figaros Hochzeit« eröffnet. Und auf dem »Neuen Friedhof« an der Prager Straße findet sich ein Grab mit den Initialen Wolfgang Amadeus Mozart (gest. 1844), wobei es sich selbstverständlich nicht um den genialen Komponisten handelt, sondern um dessen Sohn, der sich in Ermangelung eines hinreichenden Talents (er komponierte mit herzlich wenig Erfolg) die Vornamen seines verehrten Vaters angeeignet hatte. Er starb in Karlsbad und erhielt hier auch ein hübsches Grab, das aber heute, wie mir erzählt wurde, leer ist, weil man die sterblichen Überreste dieses Sohnes vor Jahren exhumiert und nach Österreich gebracht hat.

Das heutige Stadttheater, 1886 erbaut, stammt von den beiden altösterreichischen Theaterarchitekten Fellner und Helmer, enthält Deckenbilder der Gebrüder Klimt (deren Mutter eine Karlsbaderin war) und zählt fraglos zu den schönsten neobarocken Bauten Böhmens.

Heinrich Laube, Burgtheaterdirektor zu Wien, nannte Karlsbad einmal das millionenfach verkleinerte Spiegelbild und damit das Schachbrett Europas. Wenn man die Gästeliste inspiziert, die eigentlich so gut wie alle Zelebritäten eines untergegangenen Zeitalters aufweist, dann gewinnt dieser Ausspruch einiges an Überzeugungskraft. Franz Josephs Auftritt mit Katharina Schratt im »Pupp« zählte noch zu den diskreteren Sensationen (die Schratt wurde von den Karlsbadern fast ein wenig geschnitten, dafür verehrte man Elisabeth, die »Sissy«, nach der man auch das berühmte Elisabethbad benannte), obgleich man heute immer noch mit dem sogenannten Kaiserappartement im »Pupp« (Zimmer Nummer 167, im ersten Stockwerk gelegen) ausgiebig Reklame macht.

Auch schon Wallenstein hat die Vorzüge Karlsbads kennen- und schätzengelernt, als er auf dem Höhepunkt seiner Macht mit einer Armada von rund hundert Wagen in die Stadt einzog und sie kurzerhand für sich und sein Gefolge beschlagnahmte. Ein Gemälde im Karlsbader Heimatmuseum stellt recht eindrucksvoll die Szenen dieses gloriosen Einzugs dar, und man kann sich unschwer das Entsetzen der Bürger vorstellen, denen diese Art von Einquartierung reichlich unangenehm war. Dabei hätten sie sich im Verlauf der Zeit daran gewöhnen müssen, daß sie allein schon ihrer Bäder wegen immer wieder von den Mächtigen und Berühmten auf- und manchmal auch heimgesucht wurden. Kaiser Karl VI. regierte von Karlsbad aus einmal anderthalb Monate lang sein Reich; Zar Peter der Große durchstöberte die Werkstätten der

Karlsbader nach brauchbaren Ideen für sein entwicklungsbedürftiges Reich; die berühmten Generäle Laudon, Harrach und Pappenheim genossen hier neben der Wohltat des heilenden Wassers auch die bewundernden oder bloß scheuen Blicke der Bürger; selbstverständlich machte auch Prinz Eugen dem Ort seine Aufwartung, quartierten sich hier Maria Theresia und ihr Sohn Joseph II. ein, errötete auf der Karlsbader Promenade die damals noch hübsche und kokette Maria Ludovica, wenn ihr Goethe artige Komplimente machte, während Franz I., ihr Gemahl und Österreichs Kaiser, die Huldigungen der Honoratioren gnädig entgegennahm und im übrigen auch in Karlsbad nichts an seinem gewohnten Rhythmus änderte, der völlig darauf abgestimmt war, daß er, Franz, des Reiches erster und gewissenhaftester Bürokrat sein durfte.

Als Fürst Bismarck in Karlsbad zur Kur weilte, hatten ihm die Ärzte einer ärgerlichen Reizung seiner Stimmbänder wegen absolutes Redeverbot erteilt. Fürst Blücher, den die Preußen bewundernd ihren »Marschall Vorwärts« nannten, der Sieger von Waterloo, beklagte lauthals sein Elend, daß er immer nur Wasser zu trinken bekäme. Theodor Körner, todkrank, aber leidenschaftlich und von hinreißendem Patriotismus beseelt, schrieb einen Hymnus auf Karlsbad. Und natürlich waren auch Schiller, Beethoven (der sich überhaupt viel in den böhmischen Ländern aufhielt), Richard Wagner, Brahms, eine Unzahl von Erzherzögen und andere Angehörige der kaiserlichen Familie sowie Fürst Nikita von Montenegro für eine mehr oder weniger ausgiebige Kur in Karlsbad, von dem Goethe immerhin einmal gesagt hatte, daß er nur in drei Städten leben möchte, nämlich in Rom, Weimar und Karlsbad. Und er, der zwischen 1785 und 1823 wohl der berühmteste Stammgast des noblen Kurortes war und dessen stürmische Entwicklung zur ersten Badestadt der altösterreichischen Monarchie aus gleichsam intimer Nähe miterlebte, brachte seine Zuneigung auf den Punkt, als er einmal sagte: »Alles, was mich interessiert und mir Freude macht, kann ich hier finden und treiben.« Wobei man kein Zyniker sein muß, um an die vielen kleinen und größeren Affären zu erinnern, die sich Goethe in Karlsbad leisten durfte und deren berühmteste (und für ihn allerdings auch folgenschwerste) bekanntlich jene unvollendete mit Ulrike von Levetzow war, die ihm schließlich sogar den gewohnten Aufenthalt in Karlsbad verleidete.

Eine der sozusagen klassischen Erinnerungsstätten an Goethe im Raum Karlsbad ist Elbogen (oder, wie man es heute nennt, Loket), malerisch auf einer Granitschleife hoch oberhalb des Egerflusses gelegen, nur ein paar Autominuten von Karlsbad entfernt. Es war ehemals ein berühmtes Zentrum der Porzellanherstellung (an der vor allem die österreichischen Gebrüder Haidinger mit ihrer 1815 errichteten Porzellanfabrik großen Anteil hatten), aber auch königliche Grenzfeste, Sitz der luxemburgischen Könige (womit wir schon tief in der böhmischen Geschichte verstrickt wären), ein martialisch befestigter Ort also, der nicht zufällig den Beinamen »Schlüssel Böhmens« erhielt. Zuletzt, als nach dem in Nordböhmen seinerzeit allmächtigen Schlickschen Geschlecht die habsburgischen Österreicher kamen, war Elbogen auch ein Gefängnis, nämlich seit 1795, denn die Burg, die Elbogen umklammert und beinahe erdrückt, galt stets als uneinnehmbar. Spitzweg, der Maler, hat hier eine Unzahl von Motiven für seine romantischen Bilder gefunden. Und Goethe hat es gar siebenmal nach Elbogen gezogen. Davon geben im Gasthof »Zum weißen Roß« am drittelkreisförmigen, unregelmäßig angelegten Marktplatz ein reichlich naiv gearbeitetes Gemälde und eine Gedenktafel Kundschaft, das heißt, das Gemälde beschäftigt sich mit jenem 28. August 1823, an dem Goethe hier gemeinsam mit Ulrike von Levetzow seinen 74. Geburtstag feierte, wobei der Altersunterschied ihn bekanntlich nicht im mindesten daran hinderte, recht begehrliche Blicke auf das Mädchen zu werfen. Angeblich hat man bis vor ein paar Jahren im »Weißen Roß« noch jenes Menü bestellen können, das damals aufgetragen wurde (seinen Geburtstag pflegte Goethe mit größerem Aufwand und hübschem Zeremoniell zu feiern), was man sich heute nur schwer vorstellen kann, wenn man die vernachlässigte Wirtschaft, das indolente Verhalten des Kellners und den Schmutz sieht, der dieses berühmte Einkehrgasthaus buchstäblich entstellt.

Jedenfalls hat sich seit Goethes Zeiten hier einiges verändert, und zwar weniger das Interieur, das Ambiente als die Menschen, die mit der Verpflichtung, die ihnen an einem solchen Ort von historischer Bedeutung auferlegt wird, nicht mehr fertig werden. Am Ortsausgang von Elbogen, wenn man auf der alten Verbindungsstraße in Richtung Karlsbad fährt, steht ein Denkmal Goethes. Es ist in schwarze Plastiktücher eingeschlagen. Und das hat seinen guten Grund. Denn dem Denkmal fehlt seit Jahren der Kopf. Sowohl in Karlsbad als auch in Elbogen selbst erzählte man mir, daß es höchstwahrscheinlich Zigeuner gewesen wären, die diesen Frevel begangen hätten. Denn Elbogen, das bis 1945 eine rein deutsche Ortschaft war, wurde nach dem Krieg mit Zigeunern aus der Ostslowakei neu besiedelt. Das würde dann vielleicht auch manche Barbarei erklären, deren Spuren das alte, schöne, stimmungsvolle Stadtbild mit seinen Barockbrunnen, Aussichtsterrassen und Türmen verunzieren.

Allerdings gibt es, was den abgeschlagenen Kopf Goethes angeht, auch noch eine andere Version. Demnach soll man diesen Frevel nur deshalb begangen haben, weil man den Dichterfürsten ausgerechnet für Klement Gottwald hielt, den kommunistischen Ministerpräsidenten und Reformator Böhmens.

Was Goethe betrifft, so sollte man auch den nahegelegenen Ort Engelhaus erwähnen (Andelska Hora), wo der Meister gemeinsam mit dem Großherzog Karl August von Weimar und der Familie Herder 1786 seinen 37. Geburtstag feierte und das gleichfalls den Schlick und später allerdings den Czernin gehörte. Eine wildromantische Burgruine (während in Elbogen die Burg noch gut erhalten ist) krönt den verwahrlost anmutenden Ort.

In Elbogen ist auch jene Version der Legende des Hans Heiling beheimatet, die in der Marschner-Oper mit ihren Undine-Motiven recht bühnenwirksam zur Geltung kommt. Ein junger Bauernsohn verliebt sich in eine Nixe, die in den Wassern der wildrauschenden Eger lebt, und will ihre Geheimnisse erfahren. Das geht so lange gut, bis der Bursche ein höchst irdisches Mädchen zu seiner Geliebten macht und es sogar heiraten will. Am Tag der Hochzeit entsteigt die Nymphe den Fluten, verflucht die Menschen und läßt den ganzen Hochzeitszug zu Stein erstarren.

Daran wird man erinnert, wenn man jenen Meteorstein betrachtet, der einst aus dem Weltall auf Elbogen herabgeflogen kam und angeblich direkt in den Burgbrunnen gefallen sein soll. Allerdings ist es seit Jahren schon so gut wie unmöglich, das in der Burg eingerichtete Museum zu besichtigen, das neben einem berühmten Egerländer Kachelofen auch eine Gesteinssammlung von Goethe enthält.

Gleichfalls nur ein paar Autominuten von Karlsbad entfernt liegt Heinrichsgrün, das heute Jindřichovice heißt. Das ist eine alte Bergstadt am Fuße des Erzgebirges, die ursprünglich dem Kloster Tepl, später den Grafen Schlick und schließlich den Nostitz (bis 1945) gehörte. Das Schloß von Heinrichsgrün, vierflügelig, zweistöckig, flankiert von zwei Türmen, diente im Ersten Weltkrieg als Gefangenenlager. Annähernd vierzigtausend Serben, Russen und Italiener waren hier untergebracht und bauten die berühmten (heute berüchtigten) Chemiewerke von Falkenau auf sowie die Braunkohle ab, die im Tagbergbau gewonnen wird. Heute erinnert nichts mehr daran, daß sich Österreich hier billige Sklaven gehalten hat – höchstens die völlig verwüstete, mondähnliche Landschaft nördlich von Falkenau (Sokolov), in der diese armen Leute, die damals täglich zwölf Kilometer weit zu ihren Arbeitsplätzen marschieren mußten, wie die Verrückten herumwühlten. Auf diese Weise entstand eines der industriellen Zentren Nordböhmens. Heute verfluchen es die Menschen wegen der aggressiven Luft und der schlechten Umweltbedingungen wegen.

Auch in Karlsbad ängstigt man sich vor den Folgeerscheinungen einer maßlosen Industrialisierung. Man hat sich nur mühsam an den paradoxen Gedanken gewöhnt, daß man eigentlich mitten in einem der größten Industriegebiete Europas liegt, umgeben von chemischen und petrochemischen Werken und abhängig von der Braunkohle, dem Segen und Fluch Nordböhmens. Man habe den ganzen Kurbezirk, also praktisch das Zentrum der Kurstadt, nur deshalb zur Fußgängerzone erklärt, damit durch die unvermeidlichen Erschütterungen des Schwerverkehrs nicht die Quellen versiegten, erzählte man mir. Das ändert aber gar nichts daran, daß überfüllte Autobusse und schwerbeladene Lastkraftwagen nach wie vor durch diesen Fußgängerbezirk rollen.

Im Park des Thermalbades hat man im Mai 1990 eine Gedenktafel für jene Amerikaner enthüllt, die bei der Befreiung Karlsbads im Frühling 1945 gefallen waren. Shirley Temple, einst ein Kinderstar und jetzt die amerikanische Botschafterin in Prag, war anwesend. Das alles war immerhin eine Überraschung, denn mehr als vierzig Jahre lang durften es nur die russischen Streitkräfte gewesen sein, welche Böhmen befreit hatten. Aber auch in anderer Hinsicht änderte sich in den vergangenen Jahren einiges in Karlsbad. Die Menschen besinnen sich wieder auf die altösterreichischen Namen, sagen Alt-Fischern, Alt-Rohlau und Mayerhöfen, wenn sie von den verschiedenen Stadtvierteln sprechen. Und sie hoffen auf die neuen Gesetze, welche die Privatisierung ehedem beschlagnahmten und verstaatlichten Eigentums ermöglichen, studieren die Börsenkurse und lassen wieder die Spekulanten herein, ohne deren fragwürdige Betriebsamkeit ein Neuanfang anscheinend nicht möglich ist. Bald dürfte es wieder so weit sein, daß Goethes Tagebucheintragung wie jene vom 20. Juli 1806 durchaus auch der Realität von heute (wenn auch unter geänderten Vorzeichen) entsprechen könnte: »Am Sprudel, am Neubrunn. Mit Fürst Reuß über die gegenwärtigen politischen Verhältnisse. Mit dem Landgrafen von Hessen über Urgeschichte und Gang der Menschheit. Mit Voght über die höheren Ansichten und woraus sich das Einzelne herleitet. Der Fürstin Narischkin auf der Promenade vorgestellt. Regnerisches Wetter. Bei der Hoheit zur Tafel. Scherzhafter Ernst über Mineralogie und allerlei Wissenschaftliches. Mit Graf Lepel und Voght spazieren. Das Gespräch fort- und die Thesen weiter durchgesetzt. Visite bei der Feldmarschallin von Kalckstein. Kurze Promenade. Brief von Madame Bethmann.«

Natürlich ist das heutige gesellschaftliche Leben in Karlsbad unendlich weit von solchen Maßstäben entfernt. Es hat nicht einmal jene anmutige, auch oberflächliche Verspieltheit erreicht, als hier noch österreichische Erzherzöge und Wiener Kommerzialräte mit ihren prachtvoll ausstaffierten Gemahlinnen die Promenade auf und ab lustwandelten und im »Pupp« hagere Hofräte und pensionierte Generäle voll scheuer Andacht an jenem Appartement vorüberstrichen, das einst von seiner kaiserlichen Hoheit benutzt worden war. Das alles wird in dieser Uniformierung, auf diese einmalige Art und Weise auch nicht wiederkommen. Dazu ist zuviel passiert, haben die Menschen zu viele Veränderungen mit sich geschehen lassen müssen. Man sieht auch außerhalb der Kurzone (wo man sich um ein einigermaßen adrettes Stadtbild bemüht) viel Herabgekommenes, Verbrauchtes, Schäbiges, das eine bedrückende Vorstellung vom Leben nach marxistischen Grundsätzen vermittelt.

Es wird gewiß länger als eine Generation dauern, um diese Trostlosigkeit vergessen zu machen. Aber man sollte sich daran erinnern, daß Karlsbad seit dem Untergang der altösterreichischen Monarchie nur immer wieder Nachteile und wirtschaftliche Rückschläge erfahren hat. Als Hitler 1938 im überfüllten Stadttheater zu den Karlsbadern redete (eine dieser verführerischen Reden, in denen alles das versprochen wurde, was dann nicht eingehalten werden konnte), da soll ganz Karlsbad in Begeisterung schier ertrunken sein, auch die Tschechen, weil auch sie an einen neuen Aufschwung glaubten.

Aber dann kam der Krieg, kam das fürchterliche Ende, kam die Vertreibung der Deutschen, kamen auch nach Karlsbad die Zigeuner und die Errungenschaften der marxistischen Weltrevolution. Davon erholt man sich nicht so rasch. Und deshalb wird es noch lange dauern, bis in Karlsbad wieder einmal ein bedeutender Mann erheiternde Gesellschaftsnotizen à la Goethe wird machen können.

Wo Wallenstein starb

Immer wenn ich in den vergangenen Monaten von Marienbad nach Eger fuhr, kam ich natürlich auch zu jener Straßenkreuzung, die von den Einheimischen als Ypsilon bezeichnet wird. Hier splittert sich der Verkehr von Deutschland nach Prag, Karlsbad, Teplitz einerseits und nach Marienbad, Pilsen andererseits auf. Eine Tankstelle liegt an dieser Kreuzung; und, etwas abseits und von einigen Bäumen flankiert, ein Denkmal für jene Amerikaner, die 1945 beim Einmarsch in Böhmen gefallen sind. Eher bescheiden, unansehnlich und in jedem Fall leicht zu übersehen gibt es auch noch einen altersgrauen Stein, der Ende des 19. Jahrhunderts hier von österreichischen Ingenieuren in die böhmische Erde versenkt worden war. Denn hier, so meinte man damals, befinde sich die geographische Mitte Europas. Und die österreichischen Behörden ließen sich das auch dann nicht ausreden, als rundum neue Mittelpunkte entdeckt, errechnet, mit Gedenksteinen verziert wurden. Jedenfalls hat der altösterreichische Stein von der Kreuzung Ypsilon bei Eger den Vorzug, an die erste errechnete, ausgemessene Mitte Europas zu erinnern.

In Eger (Cheb) mißt man diesem Umstand heute kaum noch irgendeine Bedeutung bei. Hier hat man genug andere Eigentümlichkeiten, auf die man stolz und manchmal sogar ein wenig hochmütig verweisen kann. Die Stadt trage einen ganz eigentümlichen Charakter, notierte die Fürstin Melanie Metternich 1836, nachdem sie erstmals von ihrem Schloß im nahen Bad Königswart aufgebrochen und in die Stadt Wallensteins und des legendären Scharfrichters Carl Huss gekommen war: »Alles hat ein fremdartiges Gepräge: die Häuser, die Verzierungen, die Kleider der Bewohner.« Was der Fürstin hier so nachhaltig aufgefallen war, machte tatsächlich das Besondere und Unverwechselbare dieser einstigen Reichsstadt aus. Geprägt von den Hohenstaufern, durch drei Reichstage sozusagen geadelt und stets eher dem deutschen Westen als dem böhmischen Osten zugewandt und verpflichtet, war Eger immer auf seine Unabhängigkeit bedacht gewesen und verfiel dann doch mit seiner von Friedrich Barbarossa aufgebauten Kaiserpfalz dem österreichischen Doppeladler, ohne daß es dadurch eigentlich eine österreichische Stadt wurde.

Dabei wurde Eger unter Rudolf von Habsburg eine freie Reichsstadt, aber es dauerte dann bis zum Jahr 1787, daß Eger (bis dahin immer westlich, das heißt deutsch orientiert) dem Erzbistum Prag überantwortet wurde. Allerdings beharrten Egers Lokalpolitiker hartnäckig auf einem Sonderstatus, den sie aus ihrer Vergangenheit, ihrer historischen Entwicklung ableiteten, ohne daß ihnen irgendwelche Vorrechte oder Privilegien zugestanden worden wären. Jedenfalls verweigerten sie sich den habsburgischen Anforderungen, sandten auch keine Abgeordneten in den böhmischen Landtag und führten sich auf, als lebten sie allein, völlig auf sich gestellt, im westlichsten Randbezirk Böhmens und damit Österreichs. Das alles konnte selbstverständlich dennoch nicht verhindern, daß sie in einer ganz normalen, etwas betulichen, arbeitssamen, fleißigen altösterreichischen Kreisstadt lebten.

Goethe, der in diesen Landstrichen gleichsam als eine Art Hausdichter, als ständiger Biograph unterwegs war, nannte die Egerer einmal ein wackeres, abgeschlossenes Völklein. Und damit traf er gewiß den Nagel auf den Kopf. Denn alles, was man von den deutschen Egerern hört (also nicht von den heutigen Bewohnern, die sich aus Tschechen, zugewanderten Zigeunern, aber auch Tschechen aus der Ukraine und der Slowakei zusammensetzen), verweist auf eine gewisse Sturschädeligkeit, auf eine gelegentlich erstaunliche Hartnäckigkeit und eine tiefverwurzelte Heimattreue. Sie waren immer die Außenseiter unter den verschiedenen Völkern Böhmens, aber Außenseiter, die etwas aus ihrem Schicksal zu machen verstanden, wovon allein schon die ehemals stattlichen Vierkanthöfe mit den kunstvoll aufgesetzten und gearbeiteten Fachwerkgiebeln ein schönes Zeugnis ablegen. Leider existieren nur noch wenige dieser architektonischen Beispiele für den unbeugsamen Stolz und den Fleiß einer Minderheit, die sich mitten im weltläufigen Badebetrieb westböhmischer Kurorte und am Rande eines der großen europäischen Industriezentren doch eine eigene, unverwechselbare Welt aufbaute.

Ein wichtiges Zeugnis für die Bedeutung Egers in der Vergangenheit ist der längliche, etwas abschüssige Marktplatz mit seinen Patrizierhäusern aus sechs Jahrhunderten, gewiß eines der eindrucksvollsten europäischen Stadtbilder, das von der fränkischen Gotik über das böhmische Barock bis zu neoklassizistischen Einfügungen aus der alten Monarchie reicht. Heute benötigt man freilich schon ein wenig Phantasie, um sich die ganze Schönheit, den ungebrochenen Reiz dieser Häuserfront vorstellen zu können. Denn die übliche Stumpfheit der Farben, die heillose Verwahrlosung des überlieferten Reichtums und eine alle Bereiche des täglichen Lebens erfassende Trostlosigkeit oder Gleichgültigkeit haben dem prachtvollen Bild von einst arg zugesetzt.

Etwas Merkwürdiges passiert. Man hat diese fast ein wenig heimelig anmutende Kulisse im Blick, erkennt die berühmte Kramergasse mit den ineinander verschachtelten Häusern aus dem 16. und 17. Jahrhundert, wo Wallensteins Ende wie eine Stegreifkomödie auf einer Pawlatschen inszeniert wurde, man entsinnt sich des ausgestopften Pferdes Wallensteins, das im Museum als fragwürdiger Blickfang dienen soll, und auch die ehemalige Apotheke kann man sich ganz gut vorstellen, die der kranke Generalissimus dringend benötigte, um sich an ihren Tinkturen und Salben zu laben. Aber das alles bleibt auf eine seltsame Weise tot oder irgendwie unwirklich, es trägt nicht im mindesten dazu bei, daß man die historische Bedeutung dieses Schauplatzes begreifen und daraus irgendwelche Schlüsse ziehen könnte. Schiller logierte seinerzeit, als er Studien für seine Wallenstein-Trilogie betrieb, in dem Haus neben dem Neuen Rathaus, recherchierte also vor Ort. Goethe, wer sonst, trieb sich hier herum. Unter Karl IV. gab es in der Stadt schreckliche Ausschreitungen gegen die Juden, die damals auf eine stattliche Gemeinde verweisen konnten. Emil Škoda, der Begründer der großartigen Škodawerke, die Böhmens Aufstieg zur führenden mitteleuropäischen Industrielandschaft begründet haben, kommt aus Eger; auch der Baumeister Balthasar Neumann; und Konrad Henlein, Lehrer und Chefideologe der

Sudetendeutschen Partei. Aber das alles fließt an einem ab wie murmelndes Wasser, es benetzt kaum die Oberfläche, dringt nicht durch die Haut. Und es dauert einige Zeit, bis man begreift, warum in Eger die Geschichte wie ein Wechselbalg in der Luft hängt, nicht mit der erschauten Wirklichkeit zusammenpaßt und nur ein Anachronismus ist, der hoffnungslos verwirrt.

Denn alles, was man über diese Stadt im Kopf hat, was noch zusätzlich an Information dazukommt, stimmt nicht mit der Realität überein.« Es ist die Geschichte einer deutschen Stadt. Es sind die Biographien von deutschen (österreichischen) Menschen, mit denen man sich auseinandersetzt, deren Spuren man aufsucht, verfolgt, nachvollzieht. Auch die Dekoration entspricht weitgehend noch diesen Vorstellungen. Nur das Personal irritiert, führt sich auf, als wäre es auf der falschen Bühne, straft das mittelalterlich anmutende Stadtbild im Zentrum Lügen. Das Personal kommt aus einer anderen Abteilung, man könnte auch sagen, aus einer anderen Welt.

Eines der wichtigsten Dokumente der Egerer Stadtgeschichte ist jenes Rollenbuch für ein Fronleichnamsspiel, das im 14. und 15. Jahrhundert auf dem Marktplatz aufgeführt wurde. Heute wird es im Germanischen Museum in Nürnberg als kostbare Rarität aufbewahrt. Damals, vor nunmehr rund fünf-, sechshundert Jahren, verwandelten sich die angesehensten Bürger der Stadt und ausgewählte Lateinschüler für ein paar Tage in biblische Gestalten, schlüpften sie in Rollen, mit denen sie sich mühelos identifizieren konnten. Und noch zu Beginn des 20. Jahrhunderts, nämlich 1908, begann man im österreichischen Eger mit Wallenstein-Festspielen, die den unerhörten Vorzug besaßen, daß sie sowohl vor den originalen Kulissen stattfinden als auch von Schauspielern gestaltet werden konnten, die durchaus imstande waren, sich intellektuell und emotional mit dem Inhalt des Stückes gewissermaßen zu solidarisieren. Wallenstein war ein Teil der deutschen, österreichischen Geschichte, die biblischen Figuren, die man im Mittelalter ins Zeitgenössische transferierte, waren den Menschen vertraut von Kindheit an. Aber wäre es nicht lächerlich, wenn tschechische Komödianten ein Wallenstein-Festspiel aufführten? Und ist es nicht irgendwie absurd, wenn Menschen, die nicht die geringste Beziehung zur mehr als neunhundertjährigen Biographie dieser Stadt haben, vor der fränkischen Gotik, dem böhmischen Barock, der mittelalterlichen Rathausfront plötzlich an einer ganz neuen Geschichte zu arbeiten beginnen, die mit dieser großartigen Dekoration nichts gemeinsam hat?

Manche Frage schießt einem durch den Kopf, wenn man unterwegs ist zwischen Rolandsbrunnen und Dudelsackpfeiferbrunnen, zwischen dem Patrizierhaus der Familie Pachelbel, dem Herkulesbrunnen und dem Stöckl. Man bewegt sich durch ein Bühnenbild, dem die dazugehörenden Akteure fehlen. Und in kaum einer anderen böhmischen, mährischen Stadt (von ganz wenigen Beispielen abgesehen) ist das Gefühl so stark, in einen Irrgarten geraten zu sein oder sich einer Scheinwelt ausgeliefert zu fühlen, die eine Wirklichkeit nur vortäuscht.

Daran ändern übrigens auch die Kolonnen von bundesrepublikanischen oder ostdeutschen Besuchern nichts, die neuerdings über den Marktplatz marschieren und aus Eger vor allem an den Wochenenden zumindest eine gemischtsprachige Stadt machen. Es sind Fremde in einer fremd gewordenen Stadt.

Egers wichtigstes Datum ist zweifellos der 25. Februar 1634. Es kann hier im Nordwesten Böhmens bitterkalt werden. Frostklirrende Nächte im Winter sind keine Seltenheit. Und noch im April, im Mai fällt die Temperatur unter die Null-Grad-Grenze. Also mag man annehmen, daß es auch in jener schicksalshaften Nacht empfindlich kalt gewesen ist in Eger, als sich im beschlagnahmten Pachelbelhaus am Unteren Marktplatz Wallensteins Schicksal vollzog. Wolf Adam Pachelbel, selbstbewußter, intelligenter Bürgermeister der Stadt, war 1628 ins Unglück gestürzt, als er auf Glaubensfreiheit bestand, während die katholische Gegenreformation schon über Böhmen herfiel. Er selbst wurde eingekerkert, dann des Landes verwiesen. Sein Vermögen wurde eingezogen. Und sein Haus am Unteren Marktplatz in Eger wurde öffentliches Gut.

So kam's, daß Wallenstein (dem wenige Tage zuvor schon die treuesten Freunde oben in der Burg ermordet worden waren) in einem Egerer Bürgerhaus sein Ende kommen sah, das er freilich selbst verschuldet hatte, weil er zu ehrgeizig gewesen war, zu hochmütig und wohl auch zu habgierig in seinem unbezähmbaren Drang nach immer mehr Eigentum, Macht, Ansehen. Es war ihm vorhergesagt worden, daß er so schmählich enden würde. In den Sternen stand's geschrieben. Wallenstein glaubte daran – und glaubte auch wieder nicht. Nicht einmal die Ermordung seiner engsten Freunde konnte seinen Stolz brechen, seine Furcht so maßlos werden lassen, daß er sich zur lebensrettenden Flucht entschlossen hätte. Gerüchte über den mörderischen Haß des habsburgischen Kaisers in Wien tat er lächelnd ab. Schon des öfteren hatte es Reibereien zwischen Ferdinand II. und seinem recht selbstbewußten, manchmal auch selbstherrlichen Feldherren gegeben. 1630 bereits war es zu einem offenen Konflikt gekommen. Damals hatte Ferdinand auf Drängen der deutschen Fürsten, deren Eifersucht gegen den erfolgreichen und schon allmächtigen Wallenstein gefährliche Formen angenommen hatte, den Oberstkommandierenden der katholischen Truppen abgesetzt. Wallenstein hatte sich wütend, gedemütigt auf seine böhmischen Güter zurückgezogen – und war dann doch sogleich wieder zur Stelle gewesen, als der Kaiser ihn holte. Ohne Wallenstein, so schien's zumindest, war der katholischen Sache kein Glück beschieden.

Aber die Zahl seiner Feinde war schon zu groß. Und er selbst zu unbekümmert, zu übermütig, zu verwöhnt von seinen Erfolgen, als daß er ernsthaft an die Möglichkeit einer Niederlage geglaubt hätte. Was Wallenstein wirklich wollte, war der Frieden. Er selbst war gichtkrank, litt auch an der Malaria, hatte Schwierigkeiten mit seinem angegriffenen Magen. Da machten der Marsch ins Feldlager, das hitzige Leben auf den Kriegsschauplätzen, die infamen Intrigen zwischen den Mächtigen keine besondere Freude mehr. Kontakte mit dem protestantischen Feind wurden ihm nachgesagt. Seine Nachsichtigkeit den böhmischen Rebellen gegenüber, die sich nicht der katholischen Gegenreform und der habsburgischen Gewalt beugen wollten, erregte in Wien mißtrauisches Aufsehen. Und der Kapitän seiner Leibgarde, Octavio Piccolomini, wurde am Wiener Hof mit einem Geheimplan Wallensteins vorstellig, der die Zerschlagung des habsburgischen Imperiums vorsah. Das war entscheidend für den Sturz Wallensteins.

Dennoch waren die schottischen und irischen Offiziere, die

dann tatsächlich als Mörder des Generalissimus auftreten sollten, keineswegs die offiziellen Rächer Habsburgs. Ferdinand hatte überhaupt keinen Auftrag zur Eliminierung seines gefährlichsten Gegners gegeben. Allerdings war das Proskriptionspatent, das der Kaiser am 18. Februar erlassen hatte, eine unverhüllte Aufforderung zur Ermordung Wallensteins, dessen »meineidige Treulosigkeit und barbarische Tyrannei, dergleichen nicht gehört noch in Historiis zu finden ist«, lautstark angeklagt wurden. Es war der Freibrief für einen Totschlag, der dem Kaiser die peinliche Lästigkeit einer Gefangennahme Wallensteins und eines langwierigen Prozesses abnehmen sollte. Die Ermordung jener wenigen Offiziere, die dem Friedländer noch treu geblieben waren, war als eine Art Generalprobe gedacht. Wallenstein ignorierte das Menetekel. Er glaubte an seinen Stern.

Dann, in der Nacht vom 25. auf den 26. Februar, spielte sogar die Natur mit. Ein schweres Unwetter ging über Eger nieder, als die Verschwörer sich daranmachten, den Willen des Kaisers, der offiziell nie eindeutig geäußert worden war, jetzt auf möglichst diskrete Weise zu erfüllen. Es war am frühen Abend, gegen neun Uhr vielleicht, als der Obrist Butler, der Kommandant der Attentäter, alle Vorbereitungen als abgeschlossen betrachtete. Das Pachelbelsche Haus war umstellt, alle Ausgänge bewacht, ein Entkommen war nicht mehr möglich.

Was dann geschah, war Anlaß für eine Fülle von Geschichten. Ein kaiserlicher Hauptmann namens Deveroux, ein Ire französischer Abstammung, ein erfahrener, freilich auch hitzköpfiger Haudegen, stürmte mit sechs Mann das Pachelbelsche Haus, wobei es allerdings nicht viel zu stürmen gab, denn Widerstand gegen diesen Überfall regte sich kaum. Es war gegen elf Uhr nachts, als die Verschwörer endlich jenen Raum betraten, in welchem sich Wallenstein aufhielt, angeblich mitten im Zimmer stehend, hochaufgerichtet, aschfahl im Gesicht, die Stirn schweißglänzend. Das zitternde Licht einer einzigen Fackel erleuchtete nur ungenügend die Szene.

Wallenstein begriff auf der Stelle, was ihn erwartete. Und er bat sogleich um Gnade, als er seine Mörder erblickte. Er, der mächtigste Mann des Kaisers, vielleicht sogar mächtiger als Ferdinand, zitterte jetzt um sein Leben, bettelte, bot Schätze an, wenn man ihn bloß verschonte. Doch Pardon wurde nicht mehr gegeben. Alles lief, abgesehen von Wallensteins jetzt schon krächzendem Flehen, völlig lautlos und wie eine perfekt einstudierte Übung ab, jeder Handgriff saß, jede Bewegung war wohlberechnet. Eine Partisane (das ist ein langer, zweischneidiger böhmischer Spieß, wie er gelegentlich auch zur Sauhatz verwendet wurde) durchbohrte den Leib des Feldherrn, der mit einem Aufschrei zusammenbrach, sich noch einmal krümmte und dann endgültig auf den Boden stürzte. Wallenstein war innerhalb weniger Augenblicke tot.

Die Verschwörer hatten es eilig. Sie wickelten den Leichnam in einen Teppich, wandten sich unverzüglich zur Flucht, eilten die Treppe hinab, wobei der Kopf des Getöteten, der aus der Teppichrolle ein wenig herausragte, bei jeder einzelnen Stufe mit einem polternden Geräusch aufschlug. In einem Flugblatt, das schon wenige Tage später erschien und in ganz Böhmen Verbreitung fand, wurde dem Ermordeten noch allerlei Zaubrisches nachgesagt: »Man sagt, daß er sterbend mit seiner Seele also großen Dampf ausgespien, wie es diejenigen tun, so gewaltig Tabak trinken und Mund und Kehle voll haben, und daß der Leichnam mit heftigem Getöse niedergefallen sei, als ob ein großes Geschütz abgefeuert worden wäre. Auf dieses streuten die Soldaten aus, der Teufel selber hätte ihn darniedergeworfen, um mit ihm Abrechnung zu halten.«

In einem übertragenen Sinn war das wohl auch zutreffend. Denn diese blutige Nacht von Eger bescherte manchem Kaisertreuen ein unerwartetes Vermögen. Wallensteins Gegner waren es, die jetzt zur großen Abrechnung schreiten konnten und dabei vom Kaiser, der herzlich froh war, daß er von Wallenstein befreit worden war, nach Kräften unterstützt wurden. Die Hatzfeld, Colloredo, Clam-Gallas und Clary-Aldringen, erbitterte, unversöhnliche Feinde Wallensteins, teilten sich seine Güter auf. Deveroux, der Anführer der Mordbuben von Eger, mußte sich hingegen mit einem Trinkgeld in der Höhe von 40 000 Gulden begnügen, während Octavio Piccolomini, der Kaiser Ferdinand zuerst die verräterischen Pläne Wallensteins enthüllt hatte, immerhin mit der

Marschallwürde, der Herrschaft Nachod und runden 100 000 Gulden belohnt wurde.

Heute verharren die Besucher der Stadt voll gespannter Aufmerksamkeit am Unteren Marktplatz vor dem kleinen, geduckten, aber stämmig den Platz abschließenden Pachelbelschen Haus, in dem das Ereignis vom 25. Februar 1634 stattgefunden hat. Dadurch war Eger sozusagen mit einem Schlag in den Mittelpunkt des allgemeinen Interesses gerückt worden. Ein Mord von solchen Dimensionen hinterläßt deutliche Spuren. Und er lockt schließlich auch jene Touristen an, die neues Leben in eine alte Stadt bringen sollen. Allerdings wird es wohl noch ein paar Jahre dauern, bis sich die Devotionalienindustrie Wallensteins wieder bemächtigen und für brauchbare Umsätze sorgen wird.

Dafür hat man in Eger Balthasar Neumann fast völlig vergessen. Lediglich neben dem Südportal der Erzdekanalkirche Nikolaus und Elisabeth, die im 13. Jahrhundert entstand und um die Mitte des 15. Jahrhunderts einen Umbau erfuhr, erinnert eine Gedenktafel an diesen bedeutenden Baumeister (1687 bis 1753), der als Sohn eines Tuchmachers zuerst die Geschütz- und Glockengießerlehre durchmachte, bevor er eher zufällig zur Baukunst kam. 1709, anläßlich der Reparatur eines recht komplizierten Wasserspiels, soll sich Neumann so geschickt angestellt und soviel Begabung gezeigt haben, daß man ihn nach Würzburg gehen und dort studieren ließ. Es war der Rat der Stadt Eger, der ihm diese intensive Beschäftigung mit Geometrie, Architektur und Feldmesserei durch ein Stipendium ermöglichte. So begann der steile Aufstieg des Balthasar Neumann zu einem der großen Baukünstler in der ersten Hälfte des 18. Jahrhunderts, zu einer glänzenden Karriere, die den Sohn Egers allerdings von seiner Heimatstadt fortführte. Erst nach Jahrzehnten konnte sich der längst hochberühmt gewordene Barockarchitekt bei seiner Heimatgemeinde dadurch bedanken, daß er für den dringend notwendigen Neubau der Kirchtürme von St. Nikolaus Entwürfe anfertigte, und zwar »ohne Kostenersatz«, wie er ausdrücklich feststellte, »nur um meine patriotische Schuldigkeit bezeugen zu können«.

Im Schatten des Erzgebirges

Früher einmal, noch in der altösterreichischen Monarchie, sagte man, daß die Engel nur auf Geigen spielten, die aus dem Erzgebirge kämen. Die Ursache dafür wäre nicht bloß der reine, vollkommene Klang dieser Instrumente, sondern daß sie von den ärmsten und hilfsbedürftigsten aller Untertanen des Kaisers stammten. Tatsächlich blieb den Bewohnern des Erzgebirges nach dem allmählichen Versiegen der Kupfer-, Zinn- und Silberminen, aus denen ein paar Generationen lang solider Wohlstand geschürft worden war, gar nichts anderes übrig, als neben der Spitzenklöppelkunst, der sie mit Eifer nachgingen, auch noch mit ihren selbstgefertigten Instrumenten etwas Geld zu verdienen. In Pressnitz zum Beispiel, das in den siebziger Jahren unseres Jahrhunderts durch einen Stausee überflutet wurde, war es der Bürgermeister Ignaz Walter, der gegen Ende des 18. Jahrhunderts Dutzende von Harfenisten ausbildete, die dann in alle Welt gingen, um sich dort ihren Unterhalt zu verdienen. 1811, als die Stadt von einer Feuersbrunst heimgesucht wurde, schickten Pressnitzer Musikanten so viel Geld aus allen Ländern Europas in ihre Heimatstadt, daß man die niedergebrannte Stadt innerhalb weniger Monate wieder aufbauen konnte. Und im Jahre 1813 waren es Pressnitzer Musikanten, die im nahen Komotau den dort zur Allianz gegen Napoleon versammelten Monarchen von Österreich, Rußland und Preußen ein musikalisches Ständchen darboten.

Oskar Stütz schrieb 1924 in seinen Notizen über das Erzgebirge: »Es war ein mächtiger Anreiz für die Bewohner der früheren Bergstädte Pressnitz, Sonnenberg, Kupferberg und der Nachbarorte Reischdorf, Dörnsdorf und Köstelwald, sich der Musik zuzuwenden, wenn sie sahen, wie so mancher und so manche mit vollem Geldbeutel heimkehrten. Anfangs reiste man nur ins Land, das ist das Gebiet, das der Erzgebirgler von seinen Bergen aus sieht, um, wie in der Zeit des Weltkrieges, Mehl als Lohn heimzubringen. Bald aber kam man weiter in das innere Böhmen, nach Ober- und Niederösterreich, Tirol, Sachsen, Bayern, später nach Ungarn, Siebenbürgen, Serbien, Rumänien und Bulgarien. Das ersparte Geld wurde in Goldmünzdukaten eingewechselt, was den Gesellschaften den Namen ›Goldländler‹ eintrug. Natürlich blieb es nicht bei der Harfe, bald kamen auch Violine, Viola, Guitarre und Flöte und es wurde insbesondere der Gesang gepflegt ... So waren schon um das Jahr 1855 Musikgesellschaften in Rußland, in der Türkei, in Kleinasien, Griechenland, Palästina und Ägypten. Andererseits fanden leistungsfähige Kapellen in der Schweiz, in Frankreich und in Schweden Verdienst.«

Der Mittelpunkt des Instrumentenbaues befand (und befindet) sich in Luby und Kraslice oder, wie sie bis 1945 geheißen haben, in Schönbach und Graslitz im westlichen Erzgebirge. Von da ist es nur noch ein Katzensprung hinüber ins deutsche Klingenthal, das mit einer ähnlichen Tradition aufwarten kann. Noch im 17. Jahrhundert war diese Gegend ein Zentrum des Bergbaus gewesen, wobei vor allem das verhältnismäßig nahegelegene Sankt Joachimsthal für seine ergiebigen Silbervorkommen und auch für die Prägung von Münzen berühmt war. Mehr als zweitausend Bergleute fanden damals allein in Graslitz Arbeit und Brot. Aber schon gegen Ende des 17. Jahrhunderts, als immer weniger Erz aus den taub gewordenen Minen gefördert werden konnte, war diese Zahl auf knappe fünfzig geschmolzen. Die Not kehrte ein im ganzen Erzgebirge, der Hunger wurde zum ständigen Gast, und wer konnte, ging in die Fremde, um sich irgendwie durchzuschlagen. Bald durchstreiften Hausierer und auch Bettler aus dem Erzgebirge die ganze Monarchie.

Aber dann nahmen die Menschen ihr Schicksal selbst in die Hand. Sie waren wortkarg, bedächtig, mißtrauisch und zäh, geprägt von dieser rauhen Landschaft, die von den berühmten böhmischen Bädern wie Karlsbad, Franzensbad oder Marienbad gegen Norden zu ansteigt und über der es öfter einen verhängten Himmel und Nieselregen als fröhlichen Sonnenschein gibt.

Jedenfalls gab es bereits um die Mitte des 17. Jahrhunderts in Graslitz einige Geigenbauer, die, als sie die Heimat wegen ihres protestantischen Glaubens verlassen mußten, ins Sächsische, nach Klingenthal und Marktneukirchen, auswanderten. Von den Graslitzern aber sollte man bald sagen, daß sie mit einem Musikinstrument auf die Welt kämen. Denn schon 1778 soll wieder ein gewisser Joseph Simon Anger in Graslitz Musikinstrumente hergestellt haben und sie quer durch Böhmen und auch hinüber ins Fränkische und Bayrische verkauft haben. Und noch früher, nämlich 1666, waren im benachbarten Schönbach (Luby) die Geigenbauer ans Werk gegangen, was der kleinen Stadt bald den Ehrentitel eines böhmischen Cremona eintrug. In der zweiten Hälfte des 19. Jahrhunderts errichteten dann die österreichischen Behörden eine Fachschule für Musikinstrumente (für Instrumentenbauer), die bald wie die Geigen aus Schönbach, die Blasinstrumente aus Graslitz in ganz Europa Anerkennung fand und die heute noch existiert. In Graslitz wurde überdies 1827 die erste Mundharmonika konstruiert, eignete man sich auch Kenntnisse in der Spitzenklöppelerzeugung an und erwarb man sich auf diese Weise einen redlichen Wohlstand, der die einstmals bettelarmen Erzgebirgler zu angesehenen Bürgern machte. Immerhin konnten sich 1883 mehr als vierhundert Betriebe zur ersten Genossenschaft zusammenschließen, die ihre Produkte durch einen eigenen Vertrieb in halb Europa auf den Markt brachte.

Vieles hat sich seit damals gründlich verändert. Die Deutschen wurden vertrieben, Zigeuner haben sich der leeren Häuser bemächtigt. Das Leben hat einen anderen Klang, eine andere Färbung angenommen. Nur die Geigen, die Blasinstrumente werden immer noch (wenngleich auf neuen Maschinen) nach der alten Art produziert.

Eine Ortschaft dicht an der Grenze zu Deutschland, der höchstgelegene Ort des ganzen Erzgebirges, Gottesgab (Boži Dar), was eine besonders kühne Namensgebung für eine so armselige und geduckte Ansammlung von eher ärmlichen Häusern ist, dieses Gottesgab also darf den Ruhm für sich beanspruchen, ein altes Zentrum des Spitzenklöppelns zu sein, einer Kunst, die eigentlich in ganz anderen Regionen (etwa an den Küsten der Nordsee) beheimatet ist. Man kommt nach Gottesgab, wenn man die Straße von Sankt Joachimsthal weiter bergaufwärts fährt, begleitet von düsteren Wäldern, die sich allmählich lichten und in eine fast baumlose Almlandschaft übergehen, die dem ständig blasenden Wind so gut wie schutzlos ausgesetzt ist. Hier, in einer langgestreckten Mulde unterhalb des mehr als zwölfhundert Meter hohen Keilberges, drängen sich die Häuser dieser alten Ortschaft, von der 1723 die Beamten einer k.k. Kommission einen ziemlich kritischen Bericht nach Wien an ihre vorgesetzte Dienststelle übermittelten. »Gottesgab ist ein Ort in den äußersten Grenzen des Königreiches Böhmen«, heißt es in dieser Mitteilung, »in rauhesten Wäldern gelegen [von denen sich heute kaum noch eine Spur erhalten hat, wie man wohl hinzufügen muß], wo gar kein Kraut wächst, kein Schlehen, kein Dornstrauch, kein Hafer. Man weiß überhaupt von dem Sommer nichts. Diese hiesige Gegend liegt gemeiniglich acht Monate lang unter dem Schnee, der in manchen Gegenden durch den heftigen Sturmwind auf viele Ellen aufgehäuft wird, zudem stoßen oft dermaßen dichte Nebel, daß vielmal auch die Mittagszeit einer finsteren Nacht gleicht. Hierauf folgt, daß sich die Reisenden sehr oft verirren, den Weg verfehlen und elend im Schnee erfrieren müssen.«

Eine solche Beschreibung war kaum dazu angetan, das Interesse der königlich-kaiserlichen Behörden oder möglicher Investoren zu wecken, obgleich es immer schon eine Verbindung hinüber ins Sächsische gegeben hatte. Auch der Schmuggel blühte naturgemäß an einer solchen Grenze, wo hüben und drüben die Armut hauste. Und es war auch hier wie in Graslitz, Schönbach oder in anderen Orten des Erzgebirges vor allem der Tatkraft und dem unverdrossenen Optimismus einer einzelnen Person zu verdanken, daß das allgemein herrschende Elend zumindest in seinen gröbsten Ausmaßen eingeschränkt werden konnte. Denn einer Frau namens Barbara Uttmann, der man später den rühmenden Beinamen »Mutter des Erzgebirges« schenkte, gelang es, den Klöppelsack auch auf diesen rauhen Höhenzügen heimisch zu machen, was den Menschen zumindest jenes Mindestmaß an Heimarbeit einbrachte, welches die Bewältigung der Existenz ermöglichte. Dazu kam auch hier die Begabung fürs Musikalische, fanden sich Gruppen, die weit ins alte Reich ausschwärmten und bei Hochzeiten, Kindstaufen und Begräbnisfeierlichkeiten aufspielten, so daß manches Geldstück ins notleidende Erzgebirge geschickt werden konnte.

Gottesgab kann außerdem noch auf zwei bedeutende Persönlichkeiten verweisen. Die eine ist der Heimatdichter und Volkssänger Anton Günther, der seinerzeit in diesen Gegenden Böhmens eine allseits geachtete, beliebte Persönlichkeit war. Sein Grab (er starb in Gottesgab 1937), an der Mauer des Friedhofes unweit der Grenze gelegen, wird immer noch viel besucht, vor allem von ausgewanderten (oder geflüchteten, vertriebenen) Erzgebirglern, die in Anton Günther auch heute noch eine authentische Stimme ihrer verlorenen Heimat bewundern. Die andere bedeutende Persönlichkeit, deren Anwesenheit man sich in Gottesgab rühmen darf, ist Martin Luther, der 1542 auf dem Weg zu seinem Schüler und Freund Mathesius, der in Sankt Joachimsthal tätig war, hier in einem Gasthof Unterkunft fand. Dieser Gasthof steht noch (wenngleich mehrfach restauriert), heißt »Grünes Haus«, befindet sich direkt an der Straße nach Deutschland und verfügt neben Hinweistafeln auf den Aufenthalt Luthers und auch des Kurfürsten von Sachsen über eine teilweise recht gediegene, historisch und volkskundlich bemerkenswerte Ausstattung, die über andere Mängel dieses Etablissements (die aber überall in Böhmen und Mähren derzeit noch zu den traurigen Selbstverständlichkeiten des Alltags gehören) hinwegsehen läßt. Das alles ändert freilich gar nichts daran, daß man Gottesgab (das von sich behauptet, das höchstgelegene Städtchen Mitteleuropas zu sein) als eher düsteren, abweisenden Ort in Erinnerung behält. Man kann sich auch heute noch gut vorstellen, wie die Not hier die Menschen gebeugt und genügsam gemacht hat, auch gefügig und demütig einem Schicksal gegenüber, das mit ihnen nicht gerade sanft umgesprungen ist.

In einer alten Beschreibung der Landschaft des Egertals zwischen Karlsbad und Kaaden, die gleichsam unterhalb des eigentlichen Erzgebirges liegt und den Übergang bildet zur sanften, üppigen Ebene südlich des Egerflusses, heißt es unter anderem: »Man gelangt nach Pürstein, dem Meran des Erzgebirges, das als Sommerfrische sich mit Recht eines ausgezeichneten Rufes erfreut. Neben Pürstein nimmt das schmucke Städtchen Klösterle als

Sommerfrische eine hervorragende Stelle ein. Da entzückt auf steilen Ufern das alte Thunsche Schloß mit herrlichem Park, das Rathaus und die herrlichen Kirchen locken zur Besichtigung. Auch mit einer köstlichen Heilquelle ist Klösterle gesegnet, der stärksten Lithiumquelle Böhmens. Dieses gottgesegnete, wunderselige Egertal findet seinen glänzenden Abschluß mit der stolzen uralten Egerstadt Kaaden.«

So sah der Betrachter während der österreichischen Monarchie diesen eher unbekannten Teil Böhmens, der zwar auch damals schon industriell genutzt wurde (im nahen Komotau kam es 1912 zu den ersten größeren Arbeitsniederlegungen Altösterreichs), aber noch nichts von jener verlotterten, verbrauchten Atmosphäre besaß, wie sie hier heute fast alltäglich ist. Wer nach Perštejn kommt (wie Pürstein jetzt heißt) oder sich in Klasterec (Klösterle) aufhält, wird vergeblich nach jenen romantischen Spuren fahnden, die einst diesen Teil des Egertals ausgezeichnet haben. Und ähnlich verhält es sich mit Kaaden (Kadan), das einst seiner bedeutenden (und noch unter Maria Theresia ausgeführten) Befestigungen wegen in der ganze Monarchie berühmt war und dessen Klöster (Minoriten und Franziskaner) eine Fülle von kultur- und kunsthistorischen Kostbarkeiten enthielten.

Heute ist, wenn man von der nahen Hauptverbindungsstraße nach Kaaden kommt, eine große Kirchenanlage, die sich jetzt als Ruine ausweist, sozusagen der Auftakt zur Begegnung mit dieser Stadt, deren zentraler Ringplatz zu den schönsten, eindrucksvollsten seiner Art in ganz Böhmen zählt. Er ist nur unter einigen Schwierigkeiten erreichbar, weil er saniert wird, was auch immer das bedeuten mag. Aber zuerst entdeckt man nur umgestürzte Denkmäler, eingeschwärzte, hoffnungslos verwitterte, von der aggressiven Luft Nordböhmens angegriffene Statuen aus Sandstein. Ein Stadtpark, dessen leuchtendes, knalliges Grün einen grellen Kontrast zu den dunklen Farben der vernichteten Statuen bildet, sorgt für eine passende Umrahmung. Im Hintergrund stehen verwahrloste Häuser, die vor langer Zeit einmal stattliche Villen gewesen sein müssen.

Wenn man in Kaaden den Hinweisen eines Stadtführers folgt und die verschiedenen Sehenswürdigkeiten dieser Stadt (die ausnahmslos aus der Zeit der Monarchie stammen) systematisch aufsuchen will, gerät man bald in Verlegenheit. Denn zuviel ist bereits zerstört oder befindet sich in einem solchen Zustand der Verwahrlosung, daß einstige Schönheit und Bedeutung der verschiedenen Schaustücke kaum noch auszumachen sind. Von den alten Festungsanlagen sind zwar noch wesentliche Teile erhalten, aber auch sie dämmern buchstäblich ihrem endgültigen Zusammenbruch, ihrem Zurücksinken in die böhmische Erde entgegen. Wirklich imponierend ist das Rathaus aus der zweiten Hälfte des 14. Jahrhunderts mit seiner zweistöckigen Fassade und einigen bemerkenswerten Zubauten aus späterer Zeit. Auch einige alte Häuser auf dem Ringplatz, der nach den Sanierungsarbeiten gewiß wieder zu den schönsten Plätzen Böhmens zählen wird, beeindrucken durch ihre architektonische Gediegenheit und den Reichtum ihrer Fassaden, soweit man das heute noch feststellen kann.

Unmittelbar nach Kaaden, wenn man in Richtung Saaz (Žatec) und der dort sich ausdehnenden Ebene weiterfährt, beginnen die stählernen Signale der Starkstromleitungen, die hier das ganze Land wie mit einem riesigen Spinnennetz überziehen. Am Horizont erheben sich die Türme kalorischer Kraftwerke (die ausnahmslos mit der schlecht verwertbaren nordböhmischen Braunkohle gefüttert werden), die aus der Landschaft zu Füßen des Erzgebirges ein wüstes, denaturiertes Stück Erde gemacht haben. Es dürfte kaum bekannt sein, daß die Anfänge dieses gewaltigen Industriezentrums, das sich von Eger bis Teplitz-Schönau und weiter nach Aussig erstreckt, noch in der altösterreichischen Monarchie gelegen waren, als ein begeistertes Großbürgertum, aber auch der böhmische Adel hier die ersten Voraussetzungen für das Entstehen einer gigantischen und zugleich erschreckenden Industrielandschaft schufen.

Was Saaz angeht, so gibt es auch hier einen Stadtpark mit üppigem Grün und einer Dschungelhaftigkeit, die etwas von den gärtnerischen Leidenschaften der Böhmen verrät. Der imposante Stadtplatz wird (wie könnte es anders sein) renoviert. Einige der gotischen bis barocken Häuser verfügen jedenfalls über eine neue farbige Fassade; nur die große Dreifaltigkeitssäule verbirgt sich hinter rußigem Schwarz. Einige verwitterte deutsche Namenszüge, Inschriften an manchen Hauswänden, erinnern an die Zeit vor 1945, als Saaz eine vorwiegend deutsche Stadt war.

Durch Jahrhunderte wäre hier alles unverändert geblieben, schrieb vor Jahrzehnten der sudetendeutsche Schriftsteller Josef Mühlberger. »Aus dem unabsehbaren Feldermeer und dem harten Gewirr des Hopfengestänges ragt, auf einem Felsknoten, die Stadt Saaz« – das weckt Erinnerungen an eine untergegangene, verlorene Welt, die so, wie der Dichter sie einst gesehen hat, schon längst nicht mehr existiert. Nicht wegzudenken aber ist Saaz aus der deutschen Kultur, der Literatur, denn hier lebte und wirkte um 1600 der Stadtschreiber, Notar und Schulmann Johannes, der Autor des großen Streitgesprächs »Der Ackermann und der Tod«, das am Beginn der neuhochdeutschen Literatur steht. Es war dabei gewiß kein Zufall, daß dieser Text gerade in dieser Stadt entstanden ist, denn Saaz war zu jener Zeit (seit dem ausgehenden 15. Jahrhundert) eine bedeutende Schulstadt, in der den böhmischen Kindern die Geheimnisse der Weisheit (das nützliche Wissen um die Bewältigung des Lebens) beigebracht wurden. Johannes, der kein gebürtiger Saazer war (sondern aus dem Dorf Schüttwa bei Bischofteinitz stammte), hat mit diesem Epos der deutschen Literatur jedenfalls einen hinreißenden Prolog geschrieben. Selbstverständlich begegnen wir hier auch noch einmal Goethe, der über Saaz, das neben seinen Hopfenkulturen auch seiner Gurken wegen weitum berühmt war, artige Komplimente machte und es mit den schönsten fränkischen Städten verglich. Man braucht wohl nicht erst zu betonen, daß solche Vergleiche heute unmöglich wären.

Von Saaz nach Komotau ist es ein Katzensprung. Man braucht nur den steil aufragenden, bewaldeten und im Industriedunst halbverborgenen Hügeln des Erzgebirges entgegenzufahren, um in die Stadt der Lobkowitz und des Deutschen Ordens zu kommen, obwohl sich von beiden nur eine Art Echo in Böhmen gehalten hat. Aber tatsächlich befand sich hier (seit 1252) eine Kommende des Deutschen Ritter-Ordens und eroberten die Lobkowitz in der Zeit des wilden Hasses zwischen Protestanten und Katholiken in Komotau eine führende Position, indem sie besonders unnachsichtig gegen Andersdenkende und Ketzer vorgingen.

Eines ihrer Schlösser, Schloß Rothenhaus (Červeny Hradek) bei Komotau, wurde zum Tribunal gegen dreizehn protestantische Würdenträger Böhmens umfunktioniert, was dem Verursacher dieses Blutgerichtes freilich wenig Glück brachte. Popel von Lobkowitz geriet nämlich bald nach diesem grausamen Schauspiel, das seine Vormachtstellung in Nordböhmen festigen sollte, mit Kaiser Rudolf II. in Streit, wurde nach Elbogen verbannt und fand dort nach dreizehnjähriger Haft den Tod durch den Henker.

Wie bedeutend oder wie berühmt Komotau einst war und wie ausschließlich es eine deutsch-österreichische Stadt war, mag ein Sprichwort verdeutlichen, das während der Monarchie zum geflügelten Wort in ganz Nordböhmen wurde: »Überall gibt es Menschen, nur in Komotau sind es Deutsche!«

Die Komotauer (Franz Joseph Ritter von Gerstner, 1756–1832 wäre zu erwähnen, genialer Wegbereiter der Budweiser Pferdeeisenbahn, der ersten Schienenbahn auf dem Kontinent, und Begründer und erster Direktor des Polytechnischen Instituts an der Prager Universität, der angeblich auf dem Komotauer Friedhof begraben sein soll, dessen Grabstätte ich aber nicht finden konnte), die Komotauer also waren aber auch für ihren Stolz, ihr Selbstbewußtsein und ihre Unnachgiebigkeit berühmt, ja eher berüchtigt. Im Jahre 1912 kam es hier in den Fabriken und im Erz- und Braunkohlenrevier zu den ersten großen Streikbewegungen Altösterreichs. Immerhin dauerte es zweiundzwanzig Tage, bis dieser Streik, der damals für ungeheure Bestürzung im Bereich der Monarchie und darüber hinaus sorgte, niedergeschlagen werden konnte. 1918, nach dem Zusammenbruch der Monarchie, wehrte man sich verzweifelt und erbittert gegen einen von den Siegermächten diktierten Anschluß an die neue tschechoslowakische Republik. Und 1932 kam es neuerlich im ganzen Revier zu Streiks, wobei auch politische Motive eine Rolle spielten und schließlich Militär eingesetzt werden mußte, um die aufrührerischen Arbeiter wieder zur Vernunft zu bringen.

Komotau ist zweifellos eine Stadt mit einer bedeutenden, vielfach auch dramatischen Vergangenheit. Es fällt allerdings schwer, sich heute noch an die bewegten Phasen dieser Biographie zu erinnern, denn auch hier wie überall im Schatten des Erzgebirges ist der Niedergang allgemein erkennbar. Er ist so augenscheinlich, daß kein Platz mehr bleibt für historische Reminiszenzen.

Im nahen Dux (heute Duchcov) wehrte man sich lange Zeit mit einer fast heroisch anmutenden Beharrlichkeit, die letztlich jedoch nutzlos war, gegen das abscheuliche Schicksal etwa des benachbarten Brüx, nämlich in jenem riesigen Krater zu verschwinden, den der Tagbergbau hier verursacht hat. Die Braunkohle ist's, die am Fuße des Erzgebirges für jene Verheerungen und Verstümmelungen sorgt, die aus diesem Teil Nordböhmens eine Mondlandschaft gemacht haben.

Das Ende für Dux ist absehbar. Schon sind die Bewohner jener Häuser, die am Rand der immer näher kommenden Riesengrube stehen, ausgesiedelt worden. Schon präsentiert sich ein ganzer Stadtteil als Ruine. Schon bersten die Scheiben, bröckeln die Fassaden ab, zerbrechen die Mauern. Dahinter dehnt sich ein kleiner Teich mit Schwänen und Enten darauf, täuscht eine Idylle vor, die in Wahrheit nicht mehr existiert, und kokettiert eine mehrfarbige Häuserfront mit einer schöneren Zukunft.

Das Schloß, Mittelpunkt der Stadt und ein touristischer Anziehungspunkt allerersten Ordnung, ist »aus betriebstechnischen Gründen« wieder einmal geschlossen. Dafür hat man seinen Fassaden etwas Farbe zukommen lassen, während die martialischen Statuen in der üblichen Schwärze dieser Gegend verharren müssen. Giacomo Casanova, Weltmann, Diplomat, Abenteurer und literarisch ambitionierter Liebhaber, hat hier als Bibliothekar (1785–1798) gewirkt oder, wie er es begriff, gefront. Er starb in diesem Schloß, wo es heute noch einen Casanova-Gedenkraum gibt, der jedoch derzeit nicht zugänglich ist. Casanovas Grab soll sich an unbekannter Stelle auf dem sogenannten Alten Friedhof befinden. Aber mehr als eine verwitterte Gedenktafel hat sich nicht erhalten.

Es ist so gut wie unmöglich, heutzutage eine Verbindung herzustellen zwischen jener Welt, in der ein gichtgekrümmter venezianischer Abenteurer, der freilich auch eine der schillerndsten und interessantesten Figuren des 18. Jahrhunderts war, sich durch den Schloßpark von Dux und seine eigene provinzielle Existenz quälte, und der Welt von heute, die ein kaum noch gebrauchsfähiges

Provisorium ist. Die Gegenwart macht die Erinnerung daran, daß ein Charakter wie Casanova in dieser entlegenen böhmischen Provinz reichlich unglücklich gewesen sein muß, fast unerträglich.

Daran ändert auch eine recht huldvolle oder einschmeichelnde Beschreibung des Waldsteinschen Schlosses aus dem vorigen Jahrhundert nichts, in der es unter anderem heißt: »Die Kunstschätze dieses Schlosses sind höchst interessant und lassen sich um so reizender genießen, da sich hier nicht alles ... nur der strengen Wissenschaft und Vollständigkeit des Systems wegen befindet...« Tatsächlich existiert im Schloß eine bedeutende Stilmöbelsammlung, auch eine wertvolle Porzellansammlung, die beide freilich – so wie der Casanova-Gedenkraum – nur selten (wann eigentlich?) der Öffentlichkeit zugänglich gemacht werden.

Ein kurioser Nachtrag wäre noch der Hinweis auf Walther von der Vogelweide, dem die ehrgeizigen Duxer zwar ein Denkmal gestiftet, dessen Duxer Heimatschein aber nie aufgefunden wurde. Alle Behauptungen, die in diese Richtung zielen, dürften wohl nur eine Legende sein.

Aber die riesigen Maschinen, die zwischen Brüx und Dux den Abbau der böhmischen Braunkohle besorgen, sind Realität. Sie fressen sich Tag und Nacht durch die Erde, weiten die großen, gähnenden Gruben aus, die an eine Mondlandschaft erinnern, und machen das Leben auch in Dux zu einer Existenz auf Abruf. Angeblich sollen noch Hunderte Millionen Tonnen dieser Braunkohle vorhanden sein (vieles davon unter den Fundamenten von Dux), die darauf warten, abgebaut zu werden. Was Österreich angeht, so kann es den eher fragwürdigen Ruhm für sich beanspruchen, bereits im 19. Jahrhundert mit dem Abbau der Kohle und der Industrialisierung Nordböhmens begonnen zu haben.

Der schöngeistige Salon des alten Österreich war zweifellos Teplitz-Schönau, dem die Enthusiasten sogar den Ehrentitel »Salon Europas« verliehen haben. Teplitz ist heute allerdings nur noch ein Schatten seiner selbst. In einem zart gegliederten Talkessel am nordöstlichen Rand des Erzgebirges gelegen, möglicherweise das älteste Weltbad Böhmens, das früher einmal mit seinen heißen Quellen gegen Rheuma und alle möglichen Nervenerkrankungen eingesetzt wurde, durchsetzt von viel leuchtendem, verheißungsvollem Grün, signalisiert die Stadt mit ihren Fabrikschloten und Industriebauten den längst stattgefundenen Einbruch des industriellen Zeitalters. Einige immer noch hübsche, architektonisch wohlgelungene Beispiele dafür, wie man in der sogenannten altösterreichischen Gründerzeit gebaut hat, ein kupferfarbenes Schloß, das hinter Baugerüsten verborgen ist, ein Bade- und Kurbezirk, in dem es nach chemischen Substanzen und schlecht verbrannter Braunkohle riecht, demonstrieren den allmählichen Niedergang dieses Salons zur beliebigen Industriestadt. Trotzdem sind einstige Schönheit und Bedeutung noch vorstellbar, gibt es noch Stadtviertel, in denen der Wohlstand von einst, der gute Geschmack eines soliden, begüterten Bürgertums unverwischbare Spuren hinterlassen haben.

Begonnen hat es in Teplitz mit einem Kloster der Benediktinerinnen (1160), dem als nächster wichtiger Schritt auf dem Weg zur »kleinen Weltstadt« die Ausnutzung der heißen Quellen folgte (16. Jahrhundert) und schließlich, nach dem Schrecken des Dreißigjährigen Krieges, der auch Nordböhmen nicht verschonte, der Aufstieg zum »Bad der Kurfürsten«. Im Siebenjährigen Krieg, der zwischen dem Preußen Friedrichs II. und Maria Theresias Österreich ausgefochten wurde (und dem natürlich wieder Nordböhmen als wichtiger Schauplatz dienen mußte) wurde Teplitz zur österreichischen Lazarettstadt, was möglicherweise den Patriotismus der Bürger so sehr animierte, daß sie gar nicht mehr anders konnten, als immer wieder für Österreich Partei zu ergreifen. In den Napoleonischen Kriegen war Teplitz ein Zentrum des Widerstandes gegen den französischen Eroberer, und 1813 kam es hier zum Abschluß der folgenschweren Allianz zwischen Österreich, Preußen und Rußland, und zwar im Schloß, das wie so oft in Böhmen und Mähren derzeit und auch für die nächsten Jahre nicht zugänglich ist, da man es renoviert und saniert.

In Teplitz aber regierten nach dem Napoleonischen Zwischenspiel die Musen, die schönen Künste, die geistvollen Menschen, Goethe und Beethoven etwa. Sie hatten hier ihr anekdotisch aufgewertetes Zusammentreffen, wobei der grimmige Wiener (der eigentlich aus Bonn kam) dem geschmeidigen Dichterfürsten den Gruß verweigerte, weil er ihn für einen »Fürstenknecht« hielt. In

Wahrheit hatte Goethe in Teplitz nur einen einzigen ernsthaften Flirt mit der Macht. Ihr Name war Maria Ludovica, und sie war (die damals noch recht reizvolle) Gemahlin des österreichischen Kaisers Franz.

Die Aufzählung der erlauchten und berühmten Namen, die in Teplitz Station gemacht und dabei der Stadt, dem sanft akzentuierten Talkessel, der ganzen Gegend ein typisch österreichisches Gepräge verliehen haben, muß vor allem den Namen des Fürsten Ligne enthalten; er hatte als Diplomat, schöngeistiger Charakter und Freund aller bedeutenden Zeitgenossen in Teplitz einen Stammsitz – das immer noch prachtvolle, klassizistisch anmutende kleine Palais »Zum Fürsten von Ligne«. Und Joseph, nachmaliger Kaiser und wenig glücklicher Reformator Österreichs, traf sich, als er von seiner Mutter Maria Theresia nach dem vorzeitigen elenden Tod seiner ersten Frau Isabella immer wieder auf Brautschau geschickt wurde, in Teplitz mit der spröden, aber braven Kunigunde von Sachsen; sie kam als mögliche Gemahlin des habsburgischen Thronerben ein paar Augenblicke lang in Frage, weniger ihrer eigenen Vorzüge, sondern nur Sachsens wegen, das sich einer aufblühenden Wirtschaft erfreute und ein angenehmer Bissen für das ausgehungerte Österreich gewesen wäre.

Selbstverständlich suchte der russische Zar Peter, den man den Großen genannt hat, auf seiner Rundreise durch Böhmen auch Teplitz auf. Mozart war hier zu Gast. Und 1812 starb hier der emsige Wanderer und Schriftsteller Seume, einer der ersten Reiseschriftsteller der neueren deutschen Literatur, dessen Fußmarsch nach Sizilien bei seinen Zeitgenossen Aufmerksamkeit erregte; um sein Grab kümmerte sich die Freifrau Elisa von der Recke, die sich zuvor schon als behutsame Freundin Casanovas ausgewiesen hatte und also eine herzensgute, wenngleich auch etwas exaltierte Person gewesen sein dürfte, die sich berühmter Männer annahm, wenn sie den Tod vor Augen hatten.

1813 dann – längst schon hatten die Fürsten Clary-Aldringen dieses altösterreichische Kleinod einer wohlhabenden Stadt und natürlich auch das Schloß übernommen, wo sie bis 1945 residieren sollten – kam es hier endlich zu jenen Verhandlungen, die dem Treiben Napoleons unwiderruflich ein Ende bereiten sollten. Der russische Zar Alexander I., Preußens König Friedrich Wilhelm und Österreichs Franz I. vereinigten sich zu jener Allianz, deren einziges erklärtes Ziel die Vernichtung Napoleons und die Aufhebung der französischen Vorherrschaft war. Das rückte Teplitz endgültig in den Rang einer Konferenzstadt von internationaler Bedeutung und sorgte für einen weiteren Zustrom wichtiger, auch eitler, zumeist wohlhabender und in jedem Fall interessanter Persönlichkeiten.

Den Höhepunkt seines Ruhmes als »Salon Europas« erlebte die Stadt wohl in den Jahren zwischen 1815 und 1835, als buchstäblich jeder, der etwas auf sich hielt oder für etwas gehalten werden wollte, was er sich selbst hartnäckig einbildete, in die Stadt kam, um hier wenigstens so lange zu kuren, zu schwätzen, zu promenieren, aufzufallen, bis er endlich von allen jenen wahrgenommen wurde, die für die vermeintliche Unsterblichkeit einer ganz bestimmten Gesellschaftsschicht sorgten. Künstler bildeten dabei den preiswerten Aufputz, Chopin etwa, der allgegenwärtige Liebhaber und Romantiker aus Polen; oder Richard Wagner, der überall dort auftauchte, wo es mondän zuging und er sicher sein konnte, auf einen möglichen Mäzen zu stoßen; Liszt durfte dabei nicht fehlen. Auch tschechische Persönlichkeiten wie der Künstler Manés oder der Historiker und Politiker Palacky hielten sich für längere Zeit in Teplitz auf. Das Stadttheater baute man zum größten deutschen Provinztheater aus, und auf einer Rampe vor dem sogenannten Alten Rathaus wandelte man ein Denkmal, auf welchem seinerzeit Kaiser Joseph gethront hatte, in eine Erinnerungsstätte für Mozart um, von der heute freilich auch nur noch ein reichlich angegriffenes, eingeschwärztes Fries mit Relieffiguren erhalten ist.

In Schönau, wo sich der hübschere oder reizvollere Badebezirk befindet (und es übrigens auch noch ein Kaiserbad gibt), wurde 1842 Julius von Payer geboren. Er war der Entdecker des Franz-Joseph-Landes im eisigen Nordmeer, ein Bergsteiger und Künstler von einigem Rang, der 1915 in Veldes (heute Bled) in Krain starb. Heute ist dieser Mann, der seinerzeit für Österreichs Ruhm unendlich viel getan hat, wohl längst schon in Vergessenheit geraten.

Teplitz wurde freilich auch von Katastrophen nicht verschont. So hatte man zum Beispiel bereits um die Mitte des 19. Jahrhunderts den fortschreitenden Bergbau (den Abbau der Kohle, das Schürfen nach Erzen) als permanente Bedrohung der heißen Quellen empfunden. Auch die vielen Gewerbe- und Industriebetriebe, die sich im ganzen Talkessel ansiedelten, paßten nicht ins schöne Porträt einer reinen und womöglich mondänen Bade- und Kurstadt. Und tatsächlich versiegten im Februar 1879 innerhalb von wenigen Stunden alle Teplitzer Quellen. Wahrscheinlich hatten die Bergleute die Quellen unabsichtlich angezapft, so daß sie einen anderen Verlauf nahmen. Nur im benachbarten Schönau sprudelte das Wasser nach wie vor aus der Erde.

Es dauerte dann einige Zeit, bis das Wasser auch in Teplitz wieder mit der ursprünglichen Kraft aus der Erde schoß. Aber der Zauber des Bades war gebrochen. Von jetzt an begriff man die Stadt, die so lange ein geistiges und kulturelles Aushängeschild der alten Monarchie gewesen war, vor allem als ein Zentrum der Industrie, des Gewerbes, des Handels. Und ihr Niedergang als gesellschaftliches und kulturhistorisches Aushängeschild einer ganz bestimmten Lebensart begann.

Nennenswert wäre noch Bilin (Bilina), dessen Schloß ein Besitz der Lobkowitz war, ein paar Kilometer westlich von Teplitz gelegen, heute gleichfalls vom Braunkohletagebau und der Montanindustrie gezeichnet, aber auch immer noch ein wichtiges Bad für die Heilung von Nierenleiden und alle Erkrankungen der Atmungs- und Verdauungsorgane. Das sehenswerte Rathaus wurde in den Jahren 1908 bis 1911 anläßlich des Kaiserjubiläums (Franz Joseph) vom Wiener Architekten Schmied erbaut. Und im schönen Park (schon 1828 angelegt) findet sich ein Denkmal des Badearztes und Geologen Franz Ambros Reuß (1761–1830) sowie seines Sohnes August Emanuel Ritter von Reuß, die beide unendlich viel für den Aufschwung Bilins zum ehemals recht brauchbaren und gutbesuchten Kurbad geleistet haben.

Aber das ist schon wieder Geschichte, hat nichts mehr mit der Gegenwart zu tun, die hier im ganzen nordböhmischen Industriebezirk unterhalb des Erzgebirges vor allem damit beschäftigt ist, alles Vergangene, über Generationen hinweg organisch Gewachsene und kulturell Wertvolle auf eine Weise zu nivellieren, daß von der ursprünglichen Schönheit nicht mehr viel übrigbleibt. Der Doppeladler, der einmal auch für diese Gegend beherrschend war, hat zwischen Teplitz und Eger wohl vor langer Zeit schon seine Bedeutung verloren.

Dem Erzgebirge schon entfremdet oder nur noch von einem blassen Schatten, einer Ahnung dieser bewaldeten Hügelkuppen und windumwehten Hochebenen gestreift, liegt das ehemals bewundernswerte Leitmeritz (Litoměřice) als eine »Stadtgegend, so abgeschieden, so seltsam still in ihrer Menschenleere, als schliefen hier die lebenden Wesen und hätte die Zeit ihre Geltung verloren«, wie das Alfred Kubin einmal ausdrückte, der große Sohn dieser altösterreichischen Handels- und Marktstadt an der Elbe, der hier 1877 zur Welt kam. Dabei war Leitmeritz immer ein Ort der Fröhlichkeit, von dem im ausgehenden Mittelalter schon gesagt wurde, daß man Glück haben müßte, wenn man daraus ohne rechtschaffenen Rausch entkommen könnte. Das spielte wohl auf die Weingärten und Hopfenfelder an, welche seinerzeit die Stadt in üppiger Menge umgaben, die dann im warmherzigen, sinnenfrohen böhmischen Barock der Leitmeritzer Stadtarchitektur ihren prachtvollen Niederschlag hatten, ihr schönes Spiegelbild, von dem sich freilich nicht viel erhalten hat.

Ich war eines Tages von Reichsstadt über Böhmisch Leipa und Leitmeritz an die Elbe gefahren, die Ahnung des Erzgebirges sozusagen im Blut, aber vorerst noch mit jenen Spuren des alten Österreich beschäftigt, die gleichsam als unverlierbare Wegmarken die Straßen ins nördliche Böhmen begleiten. An manchen Zeichen und Chiffren der ehemaligen deutschen Siedler war ich vorbeigekommen, hatte die eigenartige Form der alten Bauernhäuser rund um Böhmisch Leipa bestaunt (soweit sie noch existiert), war an der Landstraße nach Leitmeritz auf ein Gasthaus »Zur Stadt Salzburg« gestoßen (verwittert, mehrfach übertüncht, aber noch ganz gut lesbar) und empfand dann in Leitmeritz den Schmerz, den eine verschüttete, zerstörte Kultur verursacht, deren Tod endgültig ist.

Jenseits der Elbe, die hier schon von respektabler Breite ist, ein paar Kilometer in Richtung Prag, veränderte sich die Welt auf unheimliche Weise. Theresienstadt (Terezin) tauchte auf, schälte sich aus dem herbstlich verfärbten Buschwerk, das an den Ufern der Elbe, an den Böschungen des Egerflusses, der hier in die Elbe mündet, wuchs. Kaiser Joseph II. hat hier im Jahre 1780 (im Todesjahr seiner Mutter Maria Theresia) eine der größten Festungen der Monarchie anlegen lassen und die kleine, heute noch kunstvoll wirkende Stadt mit ihren Offiziershäusern, Kantinen, Verwaltungsgebäuden, Mannschaftsquartieren, die vom dunklen Ziegelrot der eigentlichen Festungswerke umklammert werden, nach seiner Mutter benannt. Theresienstadt, schachbrettartig angelegt, sollte die heftige Vorliebe der Preußen für österreichisches Staatsgebiet eindämmen, sollte Preußens König Friedrich II. davor zurückhalten, immer wieder von Sachsen, aus Schlesien einzubrechen ins Böhmische, wobei man die Einmündung des Egerflusses in die Elbe geschickt ausnützte, um Theresienstadt zur stärksten Festung Böhmens zu machen. Zumindest bildete man sich das ein. Wirklich umkämpft, belagert, gestürmt wurde die Festung nämlich nie.

»Ich wußte nicht, daß Theresienstadt ... eine alte historische Anlage war, benannt nach Maria Theresia«, schrieb der Schweizer Dichter Max Frisch 1947. »Um das ganze Städtlein ziehen sich die hohen und schweren Wälle aus rötlichem Ziegelstein, ebenso ein breiter Graben mit allerlei Unkraut und Wasser, das in braunen Tümpeln versumpft. Außerhalb der kleinen Stadt, die als Ghetto diente, befindet sich das Fort: das eigentliche Todeslager.«

Am allmählichen Niedergang des Hauses Habsburg (und damit am Zugrundegehen des alten Österreich) hat diese Festung, die sich später einen so abscheulichen Ruf erworben hat, nichts ändern können. 1888 wurde sie mangels eines brauchbaren Gegners, der Theresienstadt hätte angreifen können, aufgehoben. Nur noch eine kleine Garnison blieb zurück, deren Soldaten vorzugsweise für die Bewachung der politischen Gefangenen eingesetzt wurden, die jetzt (bis 1918) in Theresienstadt in schwerer Haft gehalten wurden. Der mit Abstand berühmteste dieser Gefangenen war wohl Gavrilo Princip, der als Mörder des österreichischen Thronfolger-Ehepaares Franz Ferdinand und Sophie in Sarajewo, das ein auslösendes Moment für den Ersten Weltkrieg war, gleichsam unsterblich wurde.

Dann während der sogenannten Protektoratszeit, als das österreichische Böhmen längst zu existieren aufgehört hatte und auch der Staat der Tschechen und Slowaken nur noch eine Chimäre war, kamen (1942) die Helfershelfer und Henkersknechte des nationalsozialistischen Regimes. Theresienstadts düsterste, schmachvollste Zeit begann. Es wurde zum Konzentrationslager für Tausende, Zehntausende von Juden, vor allem aber der kulturellen Prominenz der böhmischen Länder, die (deutschsprachig und der altösterreichischen Tradition verpflichtet) hier systematisch ausgerottet wurde. Die Gedenkstätte, die an das vielfache Grauen von damals erinnert, ist von berührender Eindringlichkeit.

»Das Ganze«, schrieb Max Frisch 1947, »vermischt die Merkmale einer Fabrik, einer Hühnerfarm und eines Schlachthofes ... Durch das sogenannte Todestor, eine Art von Tunnel, kommen wir zu einem Massengrab von siebenhundert Menschen; später benutzte man die Öfen einer nahen Ziegelei. Hier steht der Galgen, ein einfacher Balken mit zwei Haken, wo die Häftlinge sich selber den Strick einhängen mußten, und darunter zwei hölzerne Treppenböcke. Unweit von dem Galgen, dessen einfache Machart fast lächerlich ist, findet sich der Platz für die reihenweisen Erschießungen; vorne ein Wassergraben, der die Schützen und die Opfer trennt, und hinten eine gewöhnliche Faschine, damit die Erde, welche die Kugeln fängt, nicht mit der Zeit herunterrutscht.«

Es gibt viele berührende Situationsberichte aus und über Theresienstadt. Als Deutscher, als Österreicher hat man Mühe, mit der Scham, mit dem Zorn, mit allen diesen widerstreitenden Gefühlen fertig zu werden, die hier aufkommen. An die Deutschen, die nach 1945 in diesem Konzentrationslager »schlimmer als Tiere« (aus einem Augenzeugenbericht) gehalten wurden, erinnert freilich nichts mehr. Dabei sind in Theresienstadt nach 1945 Tausende von Sudetendeutschen von ihren tschechischen Bewachern zu Tode gequält worden. Oder sie verhungerten. Oder sie gingen freiwillig in den Tod. Nur Sieger haben Denkmäler. Den Besiegten bleibt höchstens die Gnade des Vergessens.

Am schlesischen Zaun

Wenn man einen Blick auf die Landkarte des nördlichen Böhmen, der mährischen Grenzregion zu Polen wirft, dann ist Zakupy, wie Reichstadt heute heißt, schon noch ein schönes Stück von jenem ehemaligen Hofzaun des Reiches entfernt, den Maria Theresia einmal ins Gespräch gebracht hat, als sie in Anlehnung an die Raubzüge Friedrichs II. klagte: »Den Zaun hat er mir gelassen, den Garten hat er mir genommen!« Damit meinte sie den Verlust Schlesiens, das 1742 von Friedrich II. in einen großen preußischen und in einen wesentlich kleineren österreichischen Teil zerschnitten wurde. Den Habsburgern blieb nur Nebensächliches, etwa Jägerndorf, Teschen oder Troppau, während das reiche Schlesien plötzlich preußisch wurde.

Davon ist Reichstadt, geographisch betrachtet, doch um Etliches entfernt. Und dennoch liegt es in einem übergeordneten Sinne am Beginn jener Linie, die weiter über Reichenberg und Königgrätz in Richtung mährisches Kohlen- und Industrierevier verläuft, die zu den am meisten umkämpften, am heftigsten verteidigten Grenzen des alten Österreich gehörte und wo sich die Biographie dieses untergegangenen Reiches manchmal die merkwürdigsten Kapriolen erlaubte. Selbstverständlich wäre es völlig überflüssig, noch einmal zu betonen, daß in allen diesen zitierten Städten und Landschaften vornehmlich deutsche Österreicher siedelten, die deutsche Sprache Umgangs- und Amtssprache war und der altösterreichische Doppeladler eine Bedeutung besaß, von der man im Inneren Österreichs mitunter gar keine richtige Vorstellung hatte.

Nach Reichstadt kommt man, wenn man die Straße, die von Eger über Karlsbad und Dux nach Teplitz und Aussig führt, weiter nach Osten verfolgt, bis man etwa in der Mitte zwischen Tetschen und Reichenberg scharf nach Südosten abbiegen muß. Nach

Reichstadt kommt man aber auch, wenn man über Prag nordwärts über Melnik und dann über Böhmisch Leipa in das alte Bauern- und Textilland am Rande der österreichischen Monarchie fährt. In Reichstadt selbst, auf dem eher kleinen Marktplatz, empfängt eine gewaltige barocke Dreifaltigkeitssäule (1708) mit deutscher Inschrift den Besucher: »Wir beten einen Gott in drei Personen an.« Zuvor schon kann man zwischen geduckten Bauernhäusern mit eigentümlicher Architektur an hoffnungslos verwahrlosten Wegzeichen und Gedenksteinen die deutschsprachigen Anrufungen einer verlorenen (vertriebenen) Generation entziffern. Immerhin siedelten die Deutschen hier jahrhundertelang, bis sie 1945, nach dem ruhmlosen Ende des sogenannten Dritten Reiches, zu häufig schuldlosen und auch ahnungslosen Opfern des Hasses der Tschechen auf alles Deutsche wurden.

Nach Reichstadt kommt man vor allem des Schlosses wegen, das um die Mitte des 16. Jahrhunderts errichtet (von einem Obersthofmeister namens Zdislaw Berka von Dauba), später, nämlich 1683, durch Julius Franz Fürst von Sachsen-Lauenburg umgebaut und schließlich unter den Kolowrat in seine heutige Form gebracht wurde. Bauernaufstände im 18. Jahrhundert mögen die Lust der aristokratischen Besitzer an diesem exponierten Bauwerk gedämpft haben, so daß es 1788 an die Familie eines Wollfabrikanten namens Leitenberger verkauft wurde. Diese mußte aber schon wenige Jahre später froh sein, einen drohenden Bankrott durch den Verkauf des Schlosses und der dazugehörenden riesigen Parkanlagen abwenden zu können. So kamen 1805 die toskanischen Habsburger in den Besitz von Reichstadt, und 1820 wurde der ebenso unglückliche wie jung verstorbene Sohn Napoleons (und dessen österreichischer Gemahlin, die Erzherzogin Marie Louise) mit der bis dahin gar nicht existierenden Würde eines Herzogs von Reichstadt einer mehr als zweifelhaften Auszeichnung oder Ehrung für würdig befunden. Eigentlich war es ein peinlicher Affront, der wohl nur deshalb ohne Folgen blieb, weil Napoleons Sohn bald an der Schwindsucht starb.

Das Schloß befindet sich heute in einem beklagenswerten Zustand. Es wird seit Jahren eher zögernd (Geldmangel) renoviert und erstickt beinahe unter der schwarzen Patina, die durch die aggressive Luft (chemische Abgase) verursacht wird. Zuletzt sollen, wie mir erzählt wurde, tschechoslowakische Wehrdienstverweigerer (die es aber unter dem kommunistischen Regime offiziell nicht gab), welche in einer Art Strafkompanie zusammengefaßt waren, sowie russische Truppen hier untergebracht gewesen sein. Heute schiebt man den Russen die Schuld am katastrophalen Aussehen des Schlosses in die Schuhe. Dabei war es ein ehemals gewiß prachtvoller Renaissancebau mit kräftigen barocken Stilelementen. Die Habsburger (toskanische Linie) haben seinerzeit einiges an materieller und ideeller Investition in dieses Bauwerk getätigt, wo auch immer wieder politische Konferenzen von höchster Wichtigkeit stattgefunden haben oder die verwirrende bis schreckliche habsburgische Familiengeschichte ihre Spuren hinterließ. Nach dem Revolutionsjahr von 1848 diente das Schloß als vorübergehender Alterssitz des abgedankten Kaisers Ferdinand, bevor er endgültig auf den Prager Hradschin übersiedelte. Im Jahre 1876 kam es hier zu einem Geheimtreffen Kaiser Franz Josephs mit dem russischen Zaren, wobei die Annexion Bosniens und der Hercegovina durch Österreich diplomatisch vorbereitet und abgesichert wurde.

Und am 1. Juli 1900, an einem »strahlend schönen Sonntag«, heiratete in der frühbarocken Franziskuskapelle des Reichstädter Schlosses der österreichische Thronfolger Franz Ferdinand seine geliebte (jedoch bei weitem nicht standesgemäße) Sophie Chotek, die einer alten Prager Familie angehörte, deren Stammhaus oberhalb der Moldau neben dem Hradschin steht. Die Einwohner der Marktgemeinde mögen an jenem bedeutungsvollen Tag gejubelt haben, bewegt von einer Aufregung, die wohl verständlich war angesichts des Umstandes, daß der nach dem Kaiser wichtigste Angehörige des Hauses Habsburg ausgerechnet hier seine Hochzeit feierte. Franz Joseph freilich sandte lediglich ein höfliches Telegramm mit der gleichzeitigen Erhebung der Braut in den Fürstenstand, was für Sophie, geborene Chotek, zumindest die größten Peinlichkeiten beim Umgang bei Hofe mildern sollte. Und Franz Ferdinand, der Thronfolger, der nicht erst durch die unorthodoxe Wahl seiner Braut eine gewisse Eigenwilligkeit demonstriert hatte, unterdrückte nur mühsam seine Enttäuschung darüber, daß so gut wie alle wesentlichen Mitglieder des Hauses Habsburg dieser Hochzeit demonstrativ ferngeblieben waren. Es vollzog auch nicht einer der fürsterzbischöflichen Granden des Reiches die Zeremonie, sondern ein schlichter Gemeindepfarrer namens Hikisch.

Übrigens hat auch der Komponist Christoph Willibald Gluck einen Teil seiner Jugend in Reichstadt verlebt. Sein Vater, hierorts 1747 verstorben, war Forstmeister der Schloßjagd.

Es sind jedenfalls alte, heute schon halbvergessene Geschichten, denen man gelegentlich nachspüren sollte, weil in ihnen ein Teil unserer Gegenwart wurzelt. Und weil sie uns daran erinnern, daß Wesentliches gerade an den Rändern des alten Reiches passierte.

Nur den Zaun hätte er ihr gelassen, während ihr der Garten geraubt worden wäre, klagte also Maria Theresia über ihren Intimfeind Friedrich II., nachdem dieser den größten Teil des reichen, industriell aufblühenden, wirtschaftlich ungemein soliden Schlesien eingestreift hatte. Habsburgisch blieb neben Jägerndorf und Teschen lediglich Troppau (heute Opava), das am anderen Ende dieser imaginären Linie liegt, welche die am hitzigsten und heftigste umstrittene Nordgrenze des alten Österreich darstellten.

Ein deutsches Juwel mit wienerischem Schuß nannte man Troppau noch in den dreißiger Jahren unseres Jahrhunderts. Als das mährische Graz hatte man es Ende des vorigen Jahrhunderts charakterisiert. Der deutsche Gelehrte und Literat August von Scholtis schrieb: »Troppau ist schön, wie etwa nur Freiburg im Breisgau schön ist. Der ganze schlesische Gau hier ähnelt frappant dem Breisgau im Schwabenland.« Älteste Urkunden bezeichnen neben Prag auch Troppau als einen der ersten Schauplätze des Wirkens jener ausgewählten und selbstbewußten Aristokratie, die als Deutscher Ritter-Orden einige Jahrhunderte deutsche Ostpolitik betrieben hatte und die dann in Schlesien bald nach dem Jahre 1200 seßhaft geworden war. Seit 1224 gab es hier das Magdeburger Stadtrecht, was auf eine starke, regelmäßige Besiedlung aus dem Niederdeutschen hinweist. In diesem Zusammenhang sollte man vielleicht daran erinnern, daß es noch in den dreißiger Jahren einige Linguisten und Historiker (oder eigentlich Heimatkundler) gegeben hat, die diese Art der Niederdeutschen Besiedlung des

Gebietes rund um Troppau ausgerechnet mit der Legende vom »Rattenfänger von Hameln« in Verbindung brachten. Und das würde bedeuten, daß ein vifer, vielleicht sogar zauberkräftiger Bursche Tausende von abenteuerlustigen Menschen vom Rhein und aus Niedersachsen fortlockte in eine unbekannte Ferne, die sich allerdings bald als ein Paradies herausstellen sollte.

Um dieses Paradies wurde dementsprechend hartnäckig gekämpft. Preußens Raubzüge waren wohlberechnet und letztlich auch erfolgreich, so daß beim sogenannten Breslauer Frieden (1742) eine völlig neue Grenzziehung vonnöten war. Als deren erbarmungswürdigstes Ergebnis kam ein österreichisches »Restschlesien« heraus, dessen Hauptstadt und Regierungssitz Troppau wurde. Das war für die Troppauer zwar nicht unbedingt neu, denn schon 1261 hatte der Přemyslide Ottokar II., der von einem slawischen Großreich bis an die Ufer der Adria geträumt hatte, das Troppauer Gebiet von Mähren abgetrennt und zu einem eigenständigen Fürstentum erhoben, und vom Jahre 1614 an war Troppau als böhmisches Kronlehen den Fürsten Liechtenstein zugeordnet worden. Aber diesmal – und vor allem unter dem Eindruck der Niederlage gegen Preußen – war die Situation doch etwas anders. Man hing gewissermaßen in der Luft. Man war nicht schlesisch, nicht böhmisch, nicht mährisch. Man war ... ja, österreichisch auf eine gleichsam internationale Art und Weise. Und daraus gedachte man auch etwas zu machen.

»Die kleine Stadt enthält erstaunlich viele schöne und bequeme Häuser, die Konferenz ist daher gut bewohnt. Die Troppauer sind ganz stolz über den Lärm, den sie in der Welt machen, sie sind erstaunter noch als ich, der ich doch selbst nicht wenig erstaunt bin, mich hier zu finden«, schrieb Fürst Metternich, Österreichs allmächtiger Staatskanzler, am 20. Oktober 1820 in sein Tagebuch. Die von ihm erwähnte Konferenz war ein Zusammentreffen der wichtigsten Repräsentanten der Heiligen Allianz, die über eine politische und militärische Einwirkung auf das Königreich beider Sizilien zu befinden gedachten, dessen König zum Vortrag nach Troppau geladen worden war.

Aber dieser König ließ etwas auf sich warten. Währenddem erkundete Metternich die Verhältnisse in und um Troppau und kam dabei zu recht bemerkenswerten Ergebnissen. »Der Troppauer Boden ist so fett und weich wie Butter, man panscht darin herum wie in einem Chocoladen-Gefrorenen«, beschrieb er recht anschaulich die Eigenarten des Troppauer Geländes, »daher den Stadtbehörden eine ganz gute Idee eingefallen ist. Da man vor keiner Tür hinaus kann, ohne bis zu den Knien einzusinken, so hat der Magistrat einige tausend Bretter, eines hinter das andere, auflegen lassen. Es ist ein schmaler, aber recht bequemer Steig, den der Kongreß, die Stadtdamen, ihre Courmacher und sonstige Bürger täglich betreten. Nach ein und derselben Richtung hin geht es leidlich, nicht aber so, wenn man sich begegnet. Kaiser Alexander geht täglich auf diesen Brettern spazieren. Alle ihm entgegenkommenden Männer liegen natürlich im Kote, während er selbst vor jeder ihm begegnenden Frau sich in den Kot wirft, wenn sie ihm nicht schon zuvorgekommen ist.«

Es muß tatsächlich reichlich amüsant gewesen sein, mitansehen zu dürfen, wie die Noblen und Mächtigen jener Zeit durch den Schlamm der Troppauer Straßen wateten, nur um einander ein paar Augenblicke der Höflichkeit zu gewähren. Daß diese Erde, die den Diplomaten so viel Nachteiliges und Metternich so manche erfreuliche Beobachtung ermöglichte, ungemein fruchtbar war und die Bauern dieser Gegend zu wohlhabenden Leuten machte, versteht sich von selbst. Dazu kamen die Erträge aus dem Handel, den man unverdrossen und eilfertig nach allen Himmelsrichtungen betrieb, was aus der kleinen, etwas behäbigen, vielleicht sogar spießbürgerlichen Stadt schon etwas hermachte. Und dazu muß man sich auch noch die Anstrengungen des Adels vorstellen (allen voran die Liechtenstein), gemeinsam mit der hohen Geistlichkeit im 16., 17. und 18. Jahrhundert jene Adelspaläste und Gotteshäuser zu bauen oder mustergültig auszustatten, daß sie der behäbigen, bürgerlichen Handelsstadt ein durchaus repräsentatives Aussehen verliehen. Jener Kongreß, von dem gerade die Rede war und der wie alle Veranstaltungen dieser Art ohnedies nur zu einem vorläufigen Ergebnis kommen sollte, tagte zum Beispiel in den Renaissance- und Barockbauten der Herrengasse, wo sich die stattlichen Adelspaläste auch den Tanzvergnügungen der hohen Herrschaften öffneten. Und im Konventsgebäude der Minoriten trafen sich drei Jahrhunderte lang (vom 16. bis zum 19. Jahrhundert) immer wieder die Stände.

Ein sorgfältig recherchierender Augenzeuge und Heimatschriftsteller, Ernst Schremmer, schrieb über das Troppau von einst: »Das obere Ende der Herrengasse zierte ein Teil der Anlagen, die man an der Stelle der alten Befestigungen errichtet hatte. Das Kaiser-Joseph-Denkmal mußte auf Befehl der tschechoslowakischen Regierung nach dem Ersten Weltkrieg entfernt werden. An seine Stelle setzte man das Schiller-Denkmal, vor dem – bis zum Verbot – die deutschen Gymnasiasten und Realschüler jeden 9. November des Dichters gedachten. Heute steht da ein wenig schöner Leuchtbrunnen, herrscht farblose Geschäftigkeit, wo einst nach österreichischer Art der Bummel der städtischen Jugend war.«

Heute zerreißt's einem tatsächlich fast das Herz, wenn man nach Troppau kommt, das jetzt endgültig Opava heißt und dicht an der tschechisch-polnischen Grenze liegt. Erst nach 1945 hätte man aus Troppau eine tschechische Stadt machen können, lese ich in einem Handbuch. Man merkt's auf Schritt und Tritt. Diese Stadt muß früher einmal etwas unendlich Leichtes, auch Beschwingtes besessen haben. Manches architektonische Detail animiert noch unter der Last heutiger Verhältnisse zum spontanen Applaus. Als »weiße Stadt« hat man es früher einmal, in der österreichischen Epoche, bezeichnet. Das Troppauer Theater, angesiedelt am sogenannten Oberring (heute: Námešti 1. Maj) hatte Platz für neunhundert Besucher, war berühmt im ganzen deutschen Sprachraum und empfing einen Rudolf Forster, Erich Kunz, Hans Hotter oder Jürgen Fehling auf seiner Bühne. Auch Franz Stoß, Doyen aller Wiener Theaterlieblinge, verbrachte hier glückliche Tage und schwärmte von seinen Auftritten im Theatercafé, das manchem Mimen wenigstens vorübergehend zur zweiten Heimat wurde. Das vorwiegend deutsche Publikum war theaternärrisch, fachkundig und stets darum bemüht, auch kulturell auf der Höhe der Zeit zu sein. Troppau war nicht irgendeine beliebige altösterreichische oder, später, sudetendeutsche Provinzstadt. Es war etwas Außerordentliches. Und es war gewiß kein Zufall, daß man das Theater bereits 1750 gegründet hatte und daß es seit damals alle drei Spielgattungen in seinem Programm hatte, was in jenem interessanten Jahr 1820, als sich hier die europäische Diplomatie zu einem ihrer zahlreichen Kongresse traf, den Troppauern manche gute Nachrede eintrug. Immerhin waren auch Fürsten und Hoheiten nicht abgeneigt, dem Charme einer nach Troppau engagierten Balletteuse vorübergehend zu erliegen.

Troppau war aber nicht nur eine weitum gerühmte Theater-, sondern auch eine wahrhaftig exzellente Schulstadt. Es waren die Jesuiten, die hier zuerst eine Lateinschule begründeten (berühmt sollte später einmal die mehr als hunderttausend Bände umfassende Gymnasialbibliothek werden, die im Minoritenkomplex untergebracht war) und die dann, und zwar auf direkte Intervention des Generalissimus Wallenstein, ein Gymnasium einrichteten, das für das damals österreichische Schlesien beispielhaft werden sollte. Es war auch kein Zufall, daß einige bedeutende Persönlichkeiten der alten Monarchie dieser Schule ihre ersten Abenteuer auf der Suche nach einer geistigen Existenz verdankten – so etwa Gregor Mendel, der Verhaltensforscher, oder Hans Kudlich, der sogenannte Bauernbefreier, oder der bekannte Architekt und Sezessionist Joseph Maria Olbricht und dann auch der Autor eines bekannten und vielbenutzten Lateinlexikons, Joseph Stowasser, an den sich heute noch mancher Lateinschüler mit einem Seufzer der Dankbarkeit erinnern wird.

Man übertreibt also nicht, wenn man Troppau – das heute längst schon wie abgeschnitten am Rande seiner europäischen Existenz und seiner Möglichkeiten liegt – als eine altösterreichische Kulturstadt allererster Ordnung bezeichnet. Eine weitere Garantie für die Berechtigung, diesen ehrenvollen Beinamen tragen zu dürfen, war das Schlesische Landesmuseum, das noch Ende des 19. Jahrhunderts von Johannes von Liechtenstein ins Leben gerufen worden war und sehr rasch einen ausgezeichneten Ruf zu verteidigen hatte. Nach dem Zweiten Weltkrieg, der für Troppau in mehrfacher Hinsicht eine fast apokalyptische Katastrophe bedeutete, wurde dieses 1945 schwer beschädigte Museum weitgehend renoviert (nicht ganz so unglücklich wie das Theater, das heute an einen schrecklichen Betonkasten erinnert), ohne daß der alte Glanz wiederhergestellt werden konnte.

Troppau war also wirklich etwas Außerordentliches – und das gewiß auch schon zu Beethovens Zeiten. Dieser ließ hier im Jahre 1811 in der berühmten Heiliggeistkirche (der zweiten Pfarrkirche der Stadt) seine C-Dur-Messe aufführen und war über die Ungeschicklichkeit des Dirigenten so erbost, daß er dem armen Mann schließlich den Taktstock aus der Hand riß und das Dirigat selbst übernahm. Beethoven war damals verhältnismäßig oft im Troppauer Land, und zwar als Gast des kunstsinnigen Fürsten Karl Lichnowsky.

Das bringt uns nach Schloß Grätz (heute Hradec), ein paar Kilometer südlich von Troppau auf einem Hügel gelegen und mit roten Ziegelmauern wuchtig die Ebene beherrschend. Ein zweites Schloßgebäude (mit einem säulengeschmückten klassizistischen Portal) steht etwas im Hintergrund und ist seit Jahren schon Schauplatz einer so langsam voranschreitenden Renovierung, daß mir ein dort beschäftigter Polier (nachdem er mich mehrmals im Verlauf einiger Jahre gesehen und begrüßt hatte) einmal erklärte, die Wiederherstellung dieses Bauwerkes würde »uns alle überleben«. Er meinte damit, wir würden es wohl nicht mehr erleben, das Schloß endlich wieder allgemein zugänglich zu sehen.

Hier also, wo die Fürsten Lichnowsky ein ebenso gastfreies wie kunstfreundliches Haus hatten, war Beethoven oft zu Gast. Während der Napoleonischen Feldzüge soll er einmal von einquartierten französischen Offizieren beleidigt worden sein, die ihn wie einen beliebigen Musikanten aufforderten, ihnen etwas Vergnügliches vorzuspielen. Bis nach Troppau eilte der maßlos Erzürnte, unterm Arm die Partitur der noch gar nicht fertiggestellten Apassionata ... so wird's jedenfalls erzählt. In Beethovens »Pastorale« freilich hat die Landschaft rund um Schloß Grätz, um Troppau ihren musikalischen Niederschlag gefunden.

Übrigens war auch mancher andere berühmte Musiker im Verlauf der Jahrzehnte häufiger und gerngesehener Gast auf Schloß Grätz, so etwa Franz Liszt, an den eine Büste im ersten, im vorderen Schloß erinnert, die man aus rätselhaften Gründen ins Innere des Gebäudes verbannt hat, sowie Paganini, der Teufelsgeiger. Auch Karl Kraus und Golo Mann standen in enger Beziehung zu den Fürsten Lichnowsky und hielten sich für längere Zeit immer wieder im Schloß auf, das mit seinen kostbaren Kunstschätzen aus mehr als zwei Jahrhunderten ein Wallfahrtsziel für alle Kunstfreunde sein könnte und ein signifikantes Beispiel für die altösterreichische Tradition eines wohlüberlegten und geistig fundierten Mäzenatentums darstellt.

Die Zeit und die Verhältnisse haben diesen Zauber europäischer Kultur freilich vertan und verdorben, so wie der Zungenschlag der Troppauer Gesellschaft von einst, ein fast makelloses Schönbrunner Deutsch mit leisem böhmisch-schlesischen Einschlag, verweht und vergessen ist. Troppau heißt heute Opava. Und es ist grau und stumpf geworden.

Bruntal, Krnov, dazwischen die Oppa, seit langem schon Grenzfluß zu Polen, zumindest die kurze Wegstrecke zwischen Krnov und der Stadt Opava, dazu ein paar schmale, vielfach geflickte Sträßlein, auf denen sich Pferdegespanne, Ochsenkarren, aber kaum Autokolonnen fortbewegen können, und viel dunkelgrüner Wald, manchmal von kunstvoll wirkenden Lichtungen unterbrochen, in denen es ausschaut, als hätte ein Orkan darin gewütet – das alles ist ein Teil des einstmals österreichischen Schlesien, das Preußens König Friedrich II. seiner Intimfeindin Maria Theresia großmütig überantwortet hat. Und bis auf den Umstand, daß Krnov früher einmal Jägerndorf und Bruntal Freudenthal und Opava natürlich Troppau geheißen hat und daß außerdem die verheerenden Kriegsschäden von 1945, als es hier zu schweren Kämpfen zwischen den stürmisch angreifenden sowjetrussischen Verbänden und den zurückflutenden Deutschen gekommen war, weitgehend behoben oder zumindest so weit ausgebessert sind, daß man sie nur noch als vernarbte Wunden im jeweiligen Stadtbild ausmacht, ist alles gewissermaßen beim alten geblieben.

»Sanft schaukelt die Straße auf dem Rücken des Hochlandes hügelauf, hügelab. Die in flachen Talmulden geborgenen Dörfer liegen weit auseinander, dazwischen dehnen sich dämmerige Forste und von Fluren und Äckern bedeckte Hochflächen.« So beschrieb vor nunmehr rund einem Vierteljahrhundert eine aufmerksame und einfühlsame Autorin dieses ehemalige österreichische Schlesien. Und so ist es auch heute noch. Wenn man erst einmal die Hügel, die nördlich von Olmütz die mährischen von den schlesischen Ebenen trennen, überwunden hat, beginnt eine ganz eigentümliche Art der Idylle. Rauch kräuselt sich träge aus windschiefen Kaminen. In den Dörfern scheint die Zeit stillzustehen. Katzen kauern am Wegrand, Bächlein hüpfen hurtig hangabwärts, aus den Wiesen, die wie ein Lidschatten in den grünen Wald übergehen, duftet es eher herb.

Und wenn man sich Freudenthal nähert, der letzten Stadt vor Jägerndorf und der Grenze zu Polen, hat man wohl die Geschichte vom theaternärrischen Handwerksmeister Krones im Kopf. Dieser schloß eines Tages und gänzlich unvermutet seine gutgehende Werkstätte ab, tat seine beiden Kinder (eines davon hieß Therese und sollte als Therese Krones bald weitum Berühmtheit erlangen) auf einen vollbepackten Karren und zog mit ihnen über die Lande, schauspielernd, hungernd, frierend, ein Besessener, dem in einer ungarischen Kleinstadt die kindliche Therese ausgerechnet von Ferdinand Raimund fortengagiert wurde. Sie ging nach Wien, brachte es dort zu explosionsartig über sie und ihr Leben hereinbrechenden Erfolgen und schließlich zu einem frühen Tod – eine Kerze, die an beiden Enden gleichzeitig brannte und deren Nachruhm doch unverlierbar blieb. Vom theaternärrischen Vater freilich verlor sich die Spur.

Immer noch gibt es in Freudenthal das Therese-Krones-Geburtshaus (sie lebte von 1801 bis 1830), und zwar auf dem regelmäßig gegliederten, fast rechteckigen Hauptplatz, was aber bei weitem nicht der wichtigste Anziehungspunkt dieser in einer Mulde gelegenen Stadt ist, die den von Süden her kommenden Besucher mit drei, vier mächtig qualmenden Fabrikschloten empfängt. Denn unweit des Hauptplatzes befindet sich das sogenannte Hochmeisterschloß (ich nehme an, daß es auch heute noch so oder wieder so heißt), eine ursprünglich gotische Burg, die ihren entscheidenden Ausbau um das Jahr 1600 erfuhr. 1621 erwarb es jedenfalls der Hoch- und Deutschmeister des Deutschen Ordens, Erzherzog Karl, ein Bruder Kaiser Ferdinands II. Das bedeutete, daß von damals an Freudenthal von der Welt der »Ordensleute im weißen Mantel, den ein großes schwarzes Kreuz über dem linken Oberarm ziert« (Lilian Schacherl) beherrscht wurde. Im Jahre

1806, als Napoleon den Ritterorden in Deutschland verbot, wurde der Ordenssitz nach Freudenthal verlegt, das Schloß ausgebaut, zum bedeutenden repräsentativen Zentrum des Deutschen Ritter-Ordens gemacht und erfuhr um das Jahr 1900 unter dem Erzherzog Eugen eine weitere Komplettierung. Nach dem Zusammenbruch der Monarchie bemächtigte sich die junge tschechoslowakische Republik des Schlosses, was aber vom Haager Internationalen Gerichtshof, den der Orden angerufen hatte, aufgehoben wurde. Erst die Nationalsozialisten erledigten 1939 die ganze Angelegenheit auf ihre Weise. Sie beschlagnahmten einfach das Schloß, das heute teils als Bibliothek und Galerie, teils als Unterkunft für verschiedene Behörden dient. Ein Museum, das gleichfalls im Schloß angesiedelt ist, soll auch eine Therese-Krones-Gedächtnisstätte enthalten, ist aber derzeit nicht zugänglich. Übrigens wurde der letzte in Freudenthal residierende Hochmeister des Deutschen Ritter-Ordens 1945 nach Wien ausgewiesen, das auch heute noch der Hauptsitz dieses Ordens ist.

Ich war zuletzt, von Olmütz kommend, am frühen Morgen, so etwa zwischen sieben und acht Uhr, langsam in Freudenthal eingefahren, noch den harzigen Geruch der Wälder, die feuchte Üppigkeit des dunkelgrünen Mooses und die lautlose Abgeschiedenheit eines scheinbar gänzlich aus der lärmenden Welt gefallenen Landstrichs in der Erinnerung, so daß mich die rufenden, fröhlichen Scharen von Schulkindern, die durch die Straßen Freudenthals eilten, völlig überrumpelten. Es muß wohl eine Schulstadt sein, welche die Jugend, die in den tiefen Wäldern und verwinkelten Tälern rundum heranwächst, gebieterisch anzieht. Das weckt auch Erinnerungen an früher, als Freudenthal, das einst (im 13. Jahrhundert)) eine Bergstadt mit Magdeburger Recht war, ein Zentrum sein konnte für den Erz-, Silber-, Gold- und Kupferbergbau dieser Gegend.

Nach Jägerndorf sind es dann nur noch ein paar Kilometer, eine abenteuerlich gewundene, so gut wie menschenleere Straße, die durch einen der verborgensten Winkel Nordmährens oder Südschlesiens führt, durch altösterreichisches Land jedenfalls, über das einst der Doppeladler seine machtvollen Schwingen ausbreitete. Jägerndorf selbst, das auf eine wechselhafte Geschichte verweisen darf, gibt sich bürgerlich, honett und adrett. Die Kriegsschäden hat man, soweit sich das beurteilen läßt, größtenteils beseitigt. Aber es fällt schwer, heute noch daran zu glauben, daß es hier einmal die drittgrößte Fabrik der altösterreichischen Doppelmonarchie gegeben hat (es war eine Textilfabrik) oder daß seine Textil- und Webstuhlfabriken die Stadt zum österreichischen Manchester gemacht haben (so nannte man Jägerndorf tatsächlich noch gegen Ende des vorigen Jahrhunderts) oder daß die Qualitätsstoffe, die hier erzeugt wurden, ihrer Konsistenz und Brauchbarkeit wegen weit über die Grenzen Altösterreichs hinaus begehrt und berühmt waren. Auch eine Orgelfabrik (deren Eigentümer nach der gewaltsamen Vertreibung 1945 nach Vorarlberg gingen) besaß internationalen Ruf. Das durfte man wohl auch von den Likören feststellen, die in einer Jägerndorfer Likörfabrik gebraut und destilliert wurden, darunter der legendäre »Altvater Gessler« oder der »Jägerndorfer«.

Man geht durch die Fußgängerzone der Stadt, die zugleich das Zentrum ist, und versucht vergeblich, die Gedanken zu ordnen, die durch den Kopf fliegen. Mit den slawischen Přemysliden hatte es begonnen, dann kamen die mährischen Markgrafen, später die Ansbacher. Der große Streit zwischen Protestanten und Katholiken führte auch hier, wo sich Fuchs und Has' gute Nacht zu sagen scheinen, zu radikalen Veränderungen. Die Habsburger beschlagnahmten 1622 das Gebiet, verkauften es an den Fürsten Carl von Liechtenstein, der ohnedies bereits das benachbarte Herzogtum von Troppau besaß. Und die Liechtenstein blieben auch, sorgten gemeinsam mit ehrgeizigen, klugen Bürgern dafür, daß im Verlauf der folgenden Jahrhunderte Wohlstand einzog in Jägerndorf. Durch die Preußen wurde es dann von den schlesischen Stammländern getrennt und war lange Zeit ein ständig bedrohtes Grenz-, Aufmarsch- und Gefechtsgebiet für Preußen und Österreicher. Es mutet beinahe wie ein Wunder an, daß sich aus solchen Verhältnissen eine Industrie entwickeln konnte, die mit unbedeutenden Heimwerkstätten begann und bald eine der wichtigsten Leinen- und Tuchproduktionen Altösterreichs ermöglichte.

Vieles davon ist nur noch Erinnerung. Anderes wurde auf eine

Weise modernisiert und rationalisiert, daß jegliche (wahrscheinlich ohnedies falsche) Romantik altösterreichischer Textilerzeugung verlorengegangen ist. Der Bahnhof, einst einer der wichtigen Verkehrsknotenpunkte im österreichischen Schlesien, mutet seltsam verödet an. Und in leeren Fabrikanlagen wuchert hüfthoch das Gras. Dafür kann man in der Stadt, die bis 1945 fast ausschließlich von Deutschen bewohnt worden war, manchem dunkelhäutigen, fremdländischen Antlitz begegnen, hört man immer wieder das scharfe, schrille Idiom osteuropäischer Zigeuner, die von den tschechoslowakischen Behörden hier angesiedelt wurden, um die Lücken wieder aufzufüllen, die nach der Deutschenaustreibung von 1945 entstanden waren. Knappe fünf Kilometer südöstlich Jägerndorfs liegt Lobenstein (Uvalno), ein stilles, dunkles Dorf an der Oppa. Hier ist 1823 Hans Kudlich (gest. 1917 in Hoboken, USA) zur Welt gekommen. Kudlich, dessen Geburtshaus noch steht (es ist die Nummer 21), während zum Beispiel auf dem Dorffriedhof alle deutschen Gräber eingestampft wurden, brachte es zum Reichsratsabgeordneten, dessen Antrag auf Aufhebung des bäuerlichen Untertänigkeitsverhältnisses in der Monarchie eine unerhörte Sensation war. »Die Reichsversammlung möge beschließen«, lautete dieser Antrag, »von nun an ist das Untertänigkeitsverhältnis samt allen daraus entspringenden Rechten und Pflichten aufgehoben, vorbehaltlich der Bestimmung, ob und wie eine Entschädigung zu leisten sei.«

Es kam zu stürmischen Auseinandersetzungen im Wiener Reichsrat. Schließlich wurde Kudlichs Antrag am 7. September 1848 als Gesetz angenommen. Allerdings mußte Kudlich, nachdem bereits am 7. März 1849 der Reichsrat im mährischen Kremsier aufgelöst wurde, Hals über Kopf aus Österreich fliehen. Er ging nach den USA, während in seiner Heimat über ihn das Todesurteil wegen Hochverrats verkündet wurde.

Die Urnen mit der Asche Kudlichs und seiner Frau befinden sich auf dem nahen Wachberg in der sogenannten Kudlichwarte. Denn 1925, also Jahre nach dem einsamen Tod des Bauernbefreiers in Hoboken (1917), erlaubten es die tschechoslowakischen Behörden, diese Reliquien eines mühsam erkämpften sozialen Fortschritts aufzunehmen.

Über Troppau hinaus, immer nach Osten zu, nach Ostrau und ins sogenannte Kohlenrevier, kommt man in eine Industrielandschaft, die im krassen Gegensatz steht zur verborgenen, verhaltenen Idylle der bäuerlichen Gegenden um Freudenthal und Jägerndorf. Gustav Freytag, ein deutscher Romancier des 19. Jahrhunderts, der seinerzeit vielgelesene Milieuromane geschrieben hat, konnte Ostrau (Ostrava) noch in aller harmlosen Putzigkeit und Bürgerlichkeit darstellen: »Ostrau ist eine kleine Kreisstadt unweit der Oder, bis nach Polen hinein berühmt durch ihr Gymnasium und süße Pfefferkuchen, welche dort noch mit einer Fülle von unverfälschtem Honig gebacken werden.«

Damals, als Gustav Freytag sich ausgerechnet Ostrau als Schauplatz für seine brav-bürgerlichen Romanhelden erwählt hatte, wurde hier längst schon nach der berühmten schlesischen Steinkohle gegraben, hatte der österreichische Bankier Samuel Rothschild alle Schürfrechte aufgekauft und einige Millionen in das Geschäft seines Lebens investiert. Auch die Grafen Wilczek waren an der Erschließung der bereits 1763 entdeckten Kohlevorkommen beteiligt. Und schließlich gründete 1828 der Olmützer Erzbischof, der Erzherzog Rudolf Johann, hier das erste Stahlwerk, das dann gleichfalls von Samuel Rothschild übernommen wurde. Dazu kam, daß 1847 die Kaiser-Ferdinand-Nordbahn über Brünn und Olmütz bis nach Ostrau geführt wurde und 1862 die sogenannte Montanbahn zwischen Ostrau und Michalkowitz in Betrieb genommen werden konnte. Selbstverständlich war auch daran der allmächtige, allgegenwärtige Samuel Rothschild beteiligt.

Ostrau, das heute eine gesichtslose, graue, verlottert anmutende Industriegroßstadt ist, die sich immer noch ausdehnt und immer wieder neue Trabantenstädte erzeugt, diese Stadt also muß seinerzeit eine faszinierende Ausstrahlung besessen haben. Menschen aus allen Ecken und Winkeln der Monarchie drängten sich hier auf verhältnismäßig engem Raum um die barbarischen Futtertröge der Industrie, wobei man an einer einzigen Zahl erkennen kann, wie sehr sich die Verhältnisse in dieser schlesischen Grenzgegend verändert haben. Denn ursprünglich war Ostrau eine Stadt der Tuchmacher, ähnlich wie Jägerndorf, Freudenthal.

Noch in den dreißiger Jahren des 19. Jahrhunderts zählte man mehr als neunzig solide, wohlhabende Textilerzeuger. Im Jahre 1880 aber existierte nur noch ein einziger in der gänzlich veränderten Stadt.

Was man in diesem Zusammenhang gleichfalls gern übersieht, ist die Tatsache, daß Ostrau einst eine wichtige Grenzfestung der Österreicher gegen die Preußen war. Von den Festungsanlagen aus dem 18. Jahrhundert hat sich natürlich keine Spur erhalten. Ebenso ist das ehemalige Deutsche Theater, das eine wichtige und bei den Schauspielern beliebte Anlaufstation war, längst schon eine tschechoslowakische Allerweltsbühne geworden. Lediglich im Stadtteil Schlesisch-Ostrau existiert als Ruine jene im 13. Jahrhundert gegründete Burg, die eine wichtige Schutzfunktion für den vielbegangenen, vielbefahrenen Handelsweg hinauf nach Krakau eingenommen hatte. Ihre letzten privaten Eigentümer waren die Wilczek, die ihren Stammsitz auf Burg Kreuzenstein bei Wien hatten.

August Scholtis, der aus dieser Grenzlandschaft stammte, hat einmal die Besonderheiten des mährisch-schlesisch-polnischen Grenzraumes eingehend beschrieben: »Statistisch läßt sich hier überhaupt nicht arbeiten, denn das Volkstum dieser schlesischen Mährer, beziehungsweise mährischen Schlesier liegt weder auf den Zungen noch etwa in den Lungen ... Diese Union bildete eine Front von zweihundert Kilometern, in diese Front prallte der mährische Keil, um stecken zu bleiben. Hier versiegte die Kolonisation der beiden Slawenapostel Methodius und Cyrillus, genau an derselben Stelle, wo später der alte Fritz seine preußisch-schlesische Grenze zog. Hier stoßen sich die Dinge eng im Raume ... « Und an anderer Stelle schrieb Scholtis (der Text stammt aus den dreißiger Jahren) davon, daß die Firmenschilder dreisprachig wären (tschechisch, polnisch und natürlich deutsch) und daß der Kampf auf allen Seiten mit härtester Entschlossenheit geführt werde – nämlich der Kampf um die Erhaltung des jeweiligen Volkstums.

Aber das ist lange vorbei. Der Grenzzaun Maria Theresias führt heute durch eine fast völlig slawisierte Region. Und nur zögernd und mit starken Abstrichen möchte man jenes schöne Urteil nacherzählen, das im Jahre 1809 der Freiherr vom Stein gefällt hat: »In diesem Land herrscht Gutmütigkeit, gesunder Menschenverstand, Frömmigkeit; dieses nebst Wohlstand, Reichtum an Naturprodukten und ein mildes Klima macht den Aufenthalt angenehm.« – Aber das war einmal. In den letzten zweihundert Jahren hat sich zuviel verändert, ist manches auf eine Weise anders geworden, daß man ehemals deutschösterreichische Städte wie Troppau, Jägerndorf, Freudenthal oder Ostrau nur mühsam zu identifizieren vermag.

Den Abschluß dieser historischen Grenzzaunregion bildet dann das Teschener Ländchen, das – von den Beskiden, dem Oder- und Weichselbogen und der Biala, einem schmalen, heute hoffnungslos verschmutzten Fluß, akkurat eingegrenzt – seinerzeit manche Eigenart besaß, die es unverwechselbar sein ließ. Teschen, der Hauptort, jetzt eine gesichtslose Grenzstadt mit dem schwer auszusprechenden Namen Český Těšin, Eisenbahnknotenpunkt seit den Tagen, da Samuel Rothschild hier das Regiment führte und aus einer schönen Wildnis ein wohlorganisiertes industrielles Chaos schuf, Teschen also wurde vom Jahre 1653 bis zum Untergang der Monarchie von Lehensträgern des Hauses Habsburg verwaltet. Der berühmteste und für Wien bedeutsamste war dabei zweifellos jener Herzog Albert von Sachsen-Teschen, der nicht nur eine Tochter Maria Theresias ehelichte, nämlich Marie Christine (die ihrerseits in einer kuriosen Beziehung stand zu Isabella, der ersten Gemahlin des nachmaligen Kaisers Joseph), sondern dem auch die Einrichtung einer der berühmtesten graphischen Sammlungen der Welt zu danken ist – nämlich jene der Albertina in Wien. Der Herzog, der ein vernünftiger, auch sparsamer und zukunftsorientierter Mensch gewesen sein dürfte, verwandte die nicht unbeträchtliche Mitgift seiner Braut für diese spektakuläre Investition in Kunst, die dem Hause Habsburg und später der Republik Österreich zumindest soviel Ruhm einbrachte, wie man Gewinne aus den Kohlegruben und Eisenwerken des österreichischen Schlesien gezogen hatte

Und noch ein historischer Hinweis sollte Teschen ins rechte altösterreichische Licht rücken. Im Jahre 1779 wurde hier jener törichte Bayerische Erbfolgekrieg erfolgreich zu Ende verhandelt, der den Habsburgern und den Wittelsbachern nur Scherereien und Verluste und zudem die Peinlichkeit einbrachte, daß halb Europa über die beiden Streithähne lachte, die nicht wußten, wie sie einander aufs Kreuz legen sollten.

Teschen ist eine Grenzstadt, das heißt, die polnisch-tschechoslowakische Grenze verläuft mitten durch die Stadt. Sie teilt den älteren, sehenswerteren Teil den Polen zu und überläßt das Neue, nur scheinbar Moderne, in Wahrheit unerhört Trostlose den Tschechen, die hier noch immer nicht genau wissen, ob sie sich als Mährer oder als Schlesier fühlen sollen.

Früher einmal war das eindeutig zu klären. Draußen auf dem Land gab es Hunderte von deutschen Dörfern. Die Städte in dieser Grenzregion waren gleichfalls überwiegend deutsch. Erst nach den Hussitenkriegen wurde das deutsche Patriziertum etwas zurückgedrängt, verschwanden die sogenannten Freibauern zugunsten slawischer Neusiedler. Der österreichische Merkantilismus fand hier durch die Tätigkeit der Grafen Wilczek Einlaß, die, den großen Eisenmangel in der Monarchie geschickt ausnutzend, in der ersten Hälfte des 18. Jahrhunderts die ersten Schürfversuche unternahmen. Aber auch deutsche Textilarbeiter (allesamt österreichische Untertanen) sorgten für einen soliden Wohlstand in Teschen, das dann vor allem im 19. Jahrhundert wie Ostrau oder Jägerndorf einen unerhörten Aufschwung nahm. »Was etwa in Teschen um 1900 zur Gesellschaft zählte«, schreibt Karl Jering, »waren Offiziere der starken [österreichischen] Garnison, Fabrikherren und wohlhabende Kaufleute, die zahlreiche Beamtenschaft, die Ärzte, Rechtsanwälte, Ingenieure. Die große Heimatliebe dieser Schicht konnte jedoch nicht darüber hinwegtäuschen, daß ihre Fühlung mit der Grundbevölkerung gering blieb, daß sie auf Gedeih und Verderb dem Staate verhaftet war, dem sie weitgehend ihre Existenz verdankte und daß sie der systematischen Offensive des Tschechentums nichts entgegenzusetzen hatte als ihre Treue und Verbundenheit zur Monarchie.«

Man kann sich mit einigem Einfühlungsvermögen vorstellen, wie das Leben in dieser ehemaligen altösterreichischen Grenzregion ausgesehen haben mag: die Feiern zu Kaisers Geburtstag, die Fronleichnamsprozessionen, das Korsett einer unbedingten, sozusagen staatserhaltenden Genügsamkeit, für die der magische Zauberer in Schönbrunn, der Kaiser, das vielbewunderte Vorbild gab; und dazu die traditionellen Aufmärsche, Bälle, Festlichkeiten der in Garnison liegenden Truppen, die das Rückgrat dieses Staates bildeten, von dessen Unerschütterlichkeit man hier schon lange nicht mehr überzeugt war, aber an den man voll blinder Liebe glaubte.

Troppau, Jägerndorf, Freudenthal, Ostrau, Teschen (um nur die wichtigsten Namen zu nennen) haben in der Geschichte der Monarchie ihre Rolle gespielt. Hier entstand, entwickelte sich auch der scheinbare Widerspruch zwischen landschaftlicher Idylle, weltabgeschiedener Romantik und den brutalen Forderungen einer Industrialisierung, die sich wie im böhmischen Bäderbezirk mit ihren chemischen Werken, Maschinenfabriken und gigantischen Mondlandschaften (entstanden durch den Tagbergbau) in die Idylle hineinfraß und sie zerstörte. Und wie in Böhmen drüben hat auch hier am Grenzzaun Maria Theresias die Kultur immer eine bedeutende Rolle gespielt, war sie eine Art Regulator der Spannungen und sozialen wie politischen Unterschiede und konnte sie (etwa auf Schloß Grätz) Zentren von internationalem Rang bilden.

Erinnerung an Königgrätz

Monate später, als schon alles vorbei war, die Toten (soweit aufgefunden) längst bestattet, die Verwundeten (sofern sie überlebten) nach Prag, Preßburg und Wien transportiert, die politischen Konsequenzen gezogen waren, kam der Kaiser an den Schauplatz jener Tragödie, die Österreich zutiefst verändern sollte. In der kleinen Kirche von Chlum, der am 3. Juli 1866 durch eine preußische Granate der Turm buchstäblich zerfetzt worden war, hielt Franz Joseph jetzt am Allerseelentag eine Art Totenwache. Annähernd fünfundvierzigtausend Mann hatte seine Armee an jenem unglückseligen Sommertag verloren. Und nichts mehr war am Abend jenes 3. Juli 1866 so, wie es vorher scheinbar gewesen war. Österreich hatte vor den Toren der alten Festungsstadt Königgrätz (Hradec Králové) nicht nur eine Schlacht (gegen die besser ausgebildeten, besser ausgerüsteten und besser motivierten Preußen Bismarcks), sondern auch endgültig seinen Anspruch auf die führende Position innerhalb des Staatenbundes aller Deutschen verloren.

Die Anteilnahme der Herrscher an den Folgen dieser Schlacht war eine völlig unterschiedliche. Der österreichische Kaiser kam Monate später nach Königgrätz. Preußens König Wilhelm I. fuhr bereits am Nachmittag des 4. Juli von Horitz nach Sadowa, also über die zentralen Schauplätze der Schlacht, deren letzte Zuckungen er noch spürte. Auf der Höhe von Chlum nahm er an den Leichenfeierlichkeiten für zwei verdienstvolle preußische Offiziere teil. Unterwegs traf er dann den verwundeten österreichischen General Ludwig von Gablenz, der sich als Unterhändler des österreichischen Oberkommandos auswies und beauftragt war, wegen eines ordentlichen Waffenstillstandes zu verhandeln. Wenig später erreichte Gablenz das preußische Hauptquartier und dort Prinz Friedrich Karl, der den Österreicher erstaunt fragte: »Braucht Ihre

Armee denn wirklich einen Waffenstillstand?« Worauf General von Gablenz die später berühmt gewordene Antwort gab: »Mein Kaiser hat keine Armee mehr, sie ist so gut wie vernichtet.«

Aber dieser Kaiser ließ sich damals nicht auf dem Schlachtfeld blicken, mied Königgrätz und den Anblick seiner gedemütigten, erschöpften, mutlosen Soldaten und Offiziere. Er ließ sogar zu, daß der Oberstkommandierende der österreichischen Armee, Generalfeldzeugmeister Benedek, ein Veteran aus den Italien-Feldzügen, wo er sich seinerzeit noch unter Radetzky bewährt hatte, einer beispiellosen Verleumdungs- und Vernichtungskampagne ausgesetzt wurde. Österreichs Erzherzöge, die der Nordarmee zugeteilt gewesen waren, und eine österreichische Militärbürokratie, die nur im Intrigieren genial und in der Verleumdung unliebsamer Konkurrenten großartig war, mußten nun geschont werden. Alle, die an Königgrätz mitschuldig gewesen waren, wurden jetzt dekoriert, befördert, belobigt, nur Benedek, das gehorsame Opfer einer unfaßbaren Staatsräson, blieb von diesem höhnischen Jubel gänzlich ausgeschlossen. »Man hatte ihn der öffentlichen Schande ausgeliefert«, schreibt Gordon Craig in seinem informativen Buch über die Schlacht von Königgrätz, »um die Aufmerksamkeit von jenen Aspekten des Regimes abzulenken, die für die Niederlage von Königgrätz in höherem Maße die Verantwortung trugen als er. Es gab in seinem Leben Augenblikke, in denen er sich gegen die tragische Rolle, die ihm zugefallen war, auflehnte; aber er bezwang sein Gefühl und hielt das gegebene Wort bis zu seinem Tod im Jahre 1881.«

Benedek starb in Graz, ein längst gebrochener Mann, ein spätes Opfer Königgrätz' oder eigentlich jener Hofkamarilla, die sich, nachdem sie die Niederlage von Königgrätz mitverursacht hatte, feige davonmachte und jenen Mann opferte, der wahrscheinlich am wenigsten für die Katastrophe dieses 3. Juli 1866 verantwortlich war.

Heute scheint das alles, was damals Mitteleuropa von einem Tag zum anderen veränderte und Österreich gleichsam auf den Kopf stellte, keine Bedeutung mehr zu haben. Chlum, Sadowa, Swiepwald, Rosberitz nordwestlich von Königgrätz im Bereich der alten Reichsstraße hinauf nach Reichenberg (Liberec) – Schauplätze, über die längst die Zeit hinweggegangen ist und auf denen Österreich damals sein Schicksal verspielt hat ... oder doch die wenigen Chancen, sich als Großmacht fühlen zu dürfen.

Das Gelände ist hier wellig, leicht hügelig, und von den Anhöhen hat man einen weiten Blick ins nordostböhmische Land. Zahlreiche Gedenksteine, verwitterte Tafeln und Kreuze erinnern an ein Heldentum, das heute unverständlich anmutet. Ein Gutsherr aus dieser Gegend, Johann Ritter von Liebig, stiftete sogar einen Obelisk den »heldenmutigen Kriegern Österreichs und Sachsens«, die hier unterm konzentrierten Feuer der preußischen Zündnadelgewehre ihr Leben ließen. Dabei hätten auch die Österreicher durchaus mit dieser modernen Waffe kämpfen können. Nikolaus Dreyse, der Erfinder dieser für die damaligen Verhältnisse erstaunlichen und mörderischen Waffe, hatte sie zunächst den Militärs in Wien angeboten und war dann erst, nachdem Österreich kein Interesse an seiner Erfindung gezeigt hatte, nach Berlin gegangen. Dort hatte man ihn gleichsam mit offenen Armen empfangen und sich seines Gewehrs (womit ein geübter Schütze mindestens dreimal schneller feuern konnte als mit den bisherigen Waffen) mit Freuden bemächtigt.

Dabei war Benedek schon lange vor Königgrätz bewußt geworden, daß er mit der ihm zur Verfügung stehenden Armee die Preußen nicht würde besiegen können. Ludwig von Benedek, Sohn eines ungarischen Arztes, sah die Mängel in Organisation und Führung in der Armee, schrieb Stephan Vajda. Und in einem Memorandum, das bereits im Februar 1866 dem kaiserlichen Hof übermittelt wurde, präzisierte der Feldzeugmeister: »Alte, schwache oder bequem kommandierende Generale oder höhere Kommandanten überhaupt sind absolut von Übel, und ich kann am Ende meiner Soldatenlaufbahn nur lebhaft wünschen und bis zur Sekkatur wiederholen, unser allergnädigster Kaiser und König möge ehebaldigst Mitleid und Nachsicht Seines edlen Herzens überwinden und in den höheren Chargen Allerhöchst Seiner Armee gründlich aufräumen.«

Aber Franz Joseph dachte nicht daran, die Armee einer gründlichen Erneuerung zu unterziehen. Außerdem hatte gerade erst am 24. Juni die sogenannte Südarmee unter dem Kommando des Erzherzogs Albrecht bei dem norditalienischen Weiler Custozza im Vorfeld der österreichischen Verteidigungslinie von Peschiera und Mantua die italienischen Streitkräfte vernichtend besiegt. Daß es zwischen den Piemontesen und Sarden einerseits und den Preußen andererseits gewaltige Unterschiede gab, was ihre militärische Qualifikation betraf, wollte, konnte man in Wien nicht einsehen. Auch der Umstand, daß Feldzeugmeister Benedek, der ein halbes Leben auf den norditalienischen Kriegsschauplätzen verbracht hatte, in Böhmen am falschen Platz eingesetzt war, beunruhigte den kaiserlichen Hof kaum. Seine geradezu flehentlichen Bitten, ihn abzusetzen und wieder nach Italien zurückzusenden, wurden geflissentlich übergangen.

Dann kam es zu den ersten Gefechten mit den preußischen Truppen. Soor, Skalitz, Münchengrätz, Gitschin waren Namen, die sich den österreichischen Patrioten bald aufs unangenehmste einprägen sollten. Denn überall wurden die Österreicher zurückgedrängt, erlitten sie Niederlagen, welche die kommende Katastrophe immer deutlicher machten. Benedek sandte ein verzweifeltes Telegramm an den Kaiser: »Bitte Euer Majestät dringend, um jeden Preis Frieden zu schließen. Katastrophe für Armee unvermeidlich.« Der erfahrene Soldat hatte begriffen, was den Erzherzögen und auch der Hofkamarilla verborgen geblieben war, daß nämlich die militärische Situation in Böhmen unhaltbar geworden war.

Aber Wien antwortete lediglich mit einer Gegenfrage: »Frieden zu schließen unmöglich. Ich befehle, wenn unausweichlich, Rückzug in größter Ordnung anzutreten. Hat eine Schlacht stattgefunden?«

Später würde man sagen, daß es gar nicht Kaiser Franz Joseph gewesen wäre, der dieses Antworttelegramm formuliert hätte, sondern sein Generaladjutant Franz Folliot Graf von Creneville, der ein hartnäckiger Verfechter der Angriffspolitik war, das heißt, er wollte die Preußen unter allen Umständen auf dem Schlachtfeld besiegen und damit die Politik Bismarcks gegenstandslos machen. Immerhin war Österreich in alle von Bismarck aufgestellte Fallen beinahe blindlings hineingetappt, hatte es ahnungslos am schleswig-holsteinschen Manöver teilgenommen, wo es im sogenannten Dänischen Krieg den Preußen bei der Abrundung ihrer Einflußsphäre behilflich gewesen war. Die beiden Herzogtümer Schleswig und Holstein wurden im August 1865 auf der Gasteiner Konferenz den beiden Siegermächten zugesprochen, wobei Österreich mit dem fernen und fremden Holstein belohnt werden sollte, was ebenso skurril wie unsinnig war.

Denn bereits ein Jahr später enthüllte sich den völlig überraschten, weil auf schreckliche Weise ahnungslosen Österreichern die geniale, verschlungene Politik Bismarcks. Plötzlich, am 7. Juni 1866, rückten preußische Truppen in Holstein ein – das von einigen wenigen österreichischen Beamten rücksichtsvoll bis gar nicht verwaltet wurde –, weil angeblich die Bevölkerung von der bedrückenden Fremdherrschaft der Österreicher befreit werden mußte. Vorher schon, nämlich am 8. April, war zwischen Preußen und dem erstarkenden Königreich Italien ein unmißverständlich gegen Österreich gerichtetes Abkommen unterzeichnet worden. Nun wandte sich Wien an den Deutschen Bundesrat in Frankfurt und forderte die Mobilisierung aller deutschen Fürstentümer, Königreiche und Staaten gegen den notorischen Unruhestifter Preußen. Und genau das war es, was Bismarck gewollt hatte. Es lieferte ihm nämlich den Vorwand, Österreich den Krieg zu erklären. Viel zu spät erkannte man in Wien, welche schrecklichen Fehler man begangen hatte. Im letzten Augenblick versicherte man sich noch der Neutralität Frankreichs, allerdings um den Preis Venedigs. Venedig sollte in jedem Fall (also gleichgültig, wie der sich abzeichnende Krieg ausging) an Italien fallen, was dann ja auch geschah.

Vorbei und verweht. Der Vorhang ist über die Ereignisse von damals längst gefallen, auch und gerade in Königgrätz, auf den Anhöhen der Schlachtfelder, dort, wo einst der patriotische Herr von Liebig den gefallenen Helden ein protziges Denkmal gestiftet hatte, das heute auch schon verwittert ausschaut. Oben in Reichenberg hatten die Liebig früher einmal ihr Vermögen gemacht – von bettelarmen Tuchmachergesellen zu nobilitierten Multimillionären brachten sie's. Gegen Ende des 19. Jahrhunderts holten sie Wiener Architekten ins Nordböhmische, wo dann in Reichenberg eine Handelskammer, ein Gewerbemuseum, ein Rathaus und selbstverständlich auch ein Theater erbaut wurden, ganz im Stil der neoklassizistischen Baukunst, wie sie damals in Mode war und auch den fernen Provinzstädten am Rande der riesigen Monarchie einen Hauch von bedeutendem Zentralismus schenkte.

Hier im Vorfeld von Königgrätz war es eben ein Obelisk, ein steinernes Denkmal für die gefallenen Offiziere und Soldaten, für das ein Mitglied der honorigen Liebig-Dynastie seine Geldtasche öffnete. Aber es war nur noch eine hilflose Geste, die am Ausgang des Dramas selbst nichts mehr ändern konnte. Helmuth Graf von Moltke, Mitglied des preußischen Generalstabs, genialer Kopf einer militärischen Maschinerie, gegen welche die unglücklichen Österreicher kein probates Mittel wußten, sandte wenige Tage nach der Schlacht an seine Frau einen Brief, darin es unter anderem heißt: »Gestern auf der Tour hierher fuhren wir über das Schlachtfeld, noch Tags zuvor waren Verwundete aufgelesen worden. Die toten Österreicher und Sachsen lagen mehrenteils noch unbeerdigt. Man war beschäftigt, große Gruben zu graben, und hatte Massen Leichen dahin geschleppt. Die Brandstätten von sieben Dörfern rauchten noch, und in den stehengebliebenen Häusern lag alles voll Verwundeter. Lange Wagenzüge führten die Leichtblessierten zurück.«

Szenen aus der Hölle. Momentaufnahmen vom Ende einer Schlacht, die zugleich das Ende einer Ära bedeutete. Nach Königgrätz würde Österreich nie mehr so sein, wie es davor gewesen war. Nach Königgrätz mußte auch dem engagiertesten Patrioten bewußt geworden sein, daß diese Monarchie nur noch auf Abruf existierte.

Vorbei und verweht. Im Ossarium inmitten der Hügel von Chlum schimmert das Gebein der unbekannten Toten. Im kleinen Museum (seit 1936) gibt es die üblichen Erinnerungsstücke, Devotionalien aus dem Ramschladen der Geschichte, darunter auch ein Porträt Benedeks. Wahrscheinlich hätte auch ein bedeutenderer oder bloß glücklicherer Feldherr als dieser biedere Soldat gegen das Glück und Genie des Preußen Moltke (des wahren Siegers von Königgrätz) nichts ausrichten können. Österreichs Uhr war schon vor den ersten Schüssen von Chlum und Sadowa abgelaufen. Nach Königgrätz begann jedenfalls der unaufhaltsame Abstieg Österreichs zur Mittelmäßigkeit.

Aber das Ende der Schlacht bedeutete noch nicht das Ende des Grauens, die Niederlage erfuhr noch einen ebenso skurrilen wie schrecklichen Epilog. Denn als der Festungskommandant von Königgrätz die anfangs noch einigermaßen geordneten Scharen der geschlagenen Österreicher (man sprach später von rund hunderttausend Mann) auf Königgrätz zukommen sah, das mit seinen befestigten Bollwerken am Zusammenfluß von Elbe und Adler eigentlich uneinnehmbar sein sollte, da ließ er alle Schleusen, welche das Wasser der beiden Flüsse stauten, öffnen, so daß das gesamte Vorfeld der Festung überflutet wurde. Dieser Festungskommandant, ein Generalmajor namens Weigl, befürchtete nämlich einen preußischen Angriff, der ins allgemeine Chaos gezielt und so eine erfolgreiche Verteidigung der Stadt unmöglich gemacht haben würde. Also riskierte er lieber das Leben der zurückflutenden Soldaten. Einer von ihnen, der allerdings anonym blieb, dessen Schilderung jedoch von den meisten Historikern und Publizisten, die sich dieses Ereignisses angenommen haben, übernommen wurde, beschrieb die erschütternden Szenen, die sich im Vorfeld von Königgrätz abspielten, mit einfachen Worten: »Die Wasserwerke waren geöffnet worden und die quer hinübergehenden Soldaten sahen sich ... plötzlich in ein immer tiefer anschwellendes Wassermeer versetzt. Hunderte ertranken. Auf dem engen Wege drängte sich nun alles zusammen, Kanonenfuhrwerke stürzten um, die fliehenden Soldaten der italienischen Regimenter schossen ihre Gewehre ab, kurz, es war wie beim Übergang über die Beresina.«

Tatsächlich begannen die verzweifelten Soldaten, die hinter sich die näherrückenden Preußen vermuteten und jetzt unversehens von den rasch ansteigenden Fluten des gewaltig schäumenden Wassers eingeschlossen waren, gegen die Wälle der Festung zu feuern. Hunderte kletterten die Palisaden empor und benahmen sich ganz so, als wären sie angreifende Sturmtruppen, die eine feindliche Stellung erobern müßten. Tausende versanken hilflos im Schlamm, kamen nicht weiter, irrten ziellos durch die hereinbrechende Nacht. Und der famose Generalmajor Weigl kam überhaupt erst gegen halb elf Uhr nachts auf die Idee, die bis dahin verschlossenen Stadttore zu öffnen und die geschlagene, demoralisierte und heillos dezimierte Armee in die Stadt einzulassen.

Käme man im längst tschechisch gewordenen Hradec Králové heute noch auf die Idee, daß sich hier eine der wahrhaft großen Tragödien der alten Monarchie abgespielt hat? Einst war das eine Leibgedingstadt der böhmischen Königinnen, später ein Zentrum der Hussiten, seit dem Jahre 1660 Bischofssitz. Ende des 18. Jahrhunderts wurden die barocken Festungsanlagen ausgebaut, neue Bastionen angelegt, wurde auch Neu Königgrätz gegründet, wo man die Bevölkerung jener Stadtteile ansiedelte, die zum Zwecke des Festungsausbaus abgerissen wurden. Und spätestens seit den verlustreichen Kriegen gegen die Preußen, als Friedrich II. immer wieder nach Böhmen griff und sich Schlesiens bemächtigte, wurde Königgrätz so etwas wie ein altösterreichischer Eckpfeiler der gefährdeten Monarchie, wurde es eine der wichtigsten Bastionen der Casa d'Austria und damit eine zutiefst österreichische Stadt.

Manches davon ist noch sichtbar, mehr bloß noch spürbar. Da ist der großartige Marktplatz, ein Paradebeispiel böhmischer Stadtkultur, mit seinen gotischen bis barocken Bürgerhäusern, von denen viele freilich in einem erbarmungswürdigen Zustand sind. Aber man ist hier um Revitalisierung bemüht, will das übernommene Kulturgut erhalten, investiert zumindest in die Fassaden, die in bunter Vielfalt erglänzen. Beachtenswert ist die himmelwärts stürmende Mariensäule aus dem Beginn des 18. Jahrhunderts, eine der höchsten Böhmens, angeblich fast zwanzig Meter hoch; eindrucksvoll die Kathedrale zum heiligen Geist, dahinter die verwinkelte Altstadt mit Laubenhäusern und dem berühmten Weißen Turm aus dem Jahre 1574 mit der zweitschwersten Glocke Böhmens; bedeutend auch die Bischöfliche Residenz, die jetzt, nach dem Verschwinden des atheistischen Kommunismus, wieder an Bedeutung gewinnt und Königgrätz wie schon einmal, nämlich in der Monarchie, in den Rang einer Kirchenstadt rückt.

Immer wieder stößt man auch auf Überreste der alten österreichischen Befestigungen, auf Mauerwerk, dem gewissermaßen die Patina großer Geschichte zugewachsen ist, obgleich man sich angesichts der Schlacht von Königgrätz doch fragen sollte, was hier wohl groß oder bedeutend gewesen sein kann. Benedeks telegraphische Vollzugsmeldung an seinen obersten Kriegsherrn, an den Kaiser Franz Joseph, begann immerhin mit den lapidaren Worten: »Vorgestern schon besorgte Katastrophe der Armee heute vollständig eingetreten.« Die Verluste allein der Österreicher beliefen sich auf fast sechstausend Tote, mehr als siebeneinhalbtausend Verwundete, von denen viele in den Tagen darauf ihren Wunden erlagen, und mehr als siebentausend Vermißte, wobei die Mehrzahl dieser Vermißten keinesfalls als Deserteure am Leben geblieben war, sondern einfach unerkannt, nicht identifiziert an Ort und Stelle verscharrt wurde. Rund zweiundzwanzigtausend Österreicher gingen in Gefangenschaft. Die Verluste der Preußen waren im Vergleich dazu verhältnismäßig gering.

Benedek wurde sofort seines Kommandos enthoben, vom Dienst suspendiert und entging nur mit Mühe einem Gerichtsverfahren. Das Oberkommando über die nunmehr vereinigten Nord- und Südarmeen übernahm Erzherzog Albrecht. In Wien, das in Verteidigungsbereitschaft versetzt wurde, rechnete man ganz allgemein mit dem Einmarsch der Preußen. Immerhin drangen sie bis Mitte Juli bis Hollabrunn und auch bis in die unmittelbare Nähe von Preßburg vor, so daß es eigentlich nur noch einer letzten energischen Anstrengung bedurft hätte, um die preußischen Voraustruppen bis ins Weichbild der Stadt heranzuführen. Eine energische Gegenwehr wäre kaum noch möglich gewesen.

Aber am 26. Juli 1866 wurde im südmährischen Nikolsburg (heute Mikulov) ein Vorfrieden geschlossen, dessen verschiedene Bestimmungen endgültig am 23. August in Kraft traten, als man in Prag den Friedensvertrag unterzeichnete. Bismarck zeigte sich großmütig. Er wollte Österreich nicht zerstören, sondern es lediglich aus dem Konkurrenzkampf um die Vormachtstellung in Deutschland entfernt sehen. Und das war mit der Schlacht von Königgrätz eindeutig gelungen. Jetzt stimmte Franz Joseph der Auflösung des Deutschen Bundes zu und akzeptierte damit die endgültige Zweitklassigkeit Österreichs im Konzert der deutschen Völker, wo die Preußen nun unbestritten die erste Geige spielten und Bismarck seine Pläne eines zukünftigen größeren deutschen Kaiserreiches verwirklichen konnte. Was Italien, den Erzfeind im Süden, anging, so schloß Österreich, erschöpft und gedemütigt durch Königgrätz, am 3. Oktober 1866 mit diesem jungen Königreich Frieden. Venedig und Venetien wurden endgültig italienisch.

Und der abgedankte Kaiser Ferdinand, der 1848 in Olmütz zugunsten seines Neffen Franz, der jetzt als Franz Joseph regierte, auf den habsburgischen Thron verzichtet hatte, kommentierte in Prag, wo er auf dem Hradschin seinen Alterssitz hatte, die Ereignisse mit einem einzigen Satz: »Na also, so gut hätt' ich's auch getroffen!«

Zwischen Pilsen und Budweis

Scharf pfeift der Wind ums südböhmische Hluboká, das früher einmal Frauenberg geheißen hat. Die Moldau, die durch die irgendwie unaufgeräumt wirkende Landschaft ein paar anmutige Pirouetten dreht, trägt im Winter Halsbänder aus knisterndem, splitterndem Eis. Das Schloß oben auf einer kleinen Felsenbarriere, weithin sichtbar und auf intensive Art mit seinen weißen Mauern aus einem dunklen Hintergrund gleichsam hervorleuchtend, tritt fast gebieterisch in die sanfte Melancholie Südböhmens ein. Im 13. Jahrhundert war Hluboká (Frauenberg) eine königliche Burg, im 16. Jahrhundert wurde es zu einem Renaissanceschloß umgebaut, um die Mitte des 19. Jahrhunderts gab ihm der Wiener Architekt Franz Beer sein heutiges Aussehen. Damals wurde Frauenberg auch mit den wertvollsten Kunstschätzen aus den Sammlungen des Hauses Schwarzenberg ausgestattet, was ihm bis auf den heutigen Tag seine einmalige Position unter den zu Museen umgewandelten Schlössern Böhmens verleiht.

Immer auch saßen Deutsche auf diesem Schloß; oder eigentlich österreichische Patrioten, Träger großer Namen, Schöpfer bedeutender Leistungen; zuletzt die Schwarzenberg, die erst nach 1945 den Tschechen weichen mußten.

Da war zum Beispiel Felix Schwarzenberg (1800–1852), erster Ministerpräsident des damals noch blutjungen Kaisers Franz Joseph! Er hatte es vom schneidigen Kavallerieoffizier zum weltgewandten Kavalier und listenreichen Politiker gebracht. In der Lombardei hatte er noch unter dem legendären Radetzky gedient. Später war er als Diplomat bis nach Petersburg, Lissabon, London, Paris und Brasilien gekommen. In Olmütz, wohin Kaiser Ferdinand, den manche Historiker als Kretin denunzieren, mit dem kaiserlichen Hof vor den Revolutionswirren in Wien geflüchtet war, wurde Schwarzenberg nach dem Rücktritt Ferdinands und der Ernennung Franz Josephs zum Nachfolger am 19. Oktober 1848 zum Ministerpräsidenten ernannt. Und als Ministerpräsident strebte er danach, den Ländern des Deutschen Reiches ein einheitliches, ungeteiltes Österreich als moralisches Vorbild und politische Vormacht voranzustellen.

Diese Vereinigung hätte ein Reich von (damals) siebzig Millionen Menschen erbracht, wäre in mehr als einer Hinsicht ein brauchbares Modell für ein später zu schaffendes vereintes Europa gewesen und war – wie alle großen Utopien – von Beginn an zum Scheitern verurteilt. Manche Historiker belächeln deshalb heute Felix Schwarzenberg und bezeichnen seinen Habsburg-Patriotismus, der aber gar nichts anderes war als eine durchaus brauchbare, wenngleich etwas altmodische Liebe zu seinem Vaterland Österreich, als erzkonservativ. Aber niemand kann bestreiten, daß er dem Haus Österreich bis zum letzten Atemzug die Treue gehalten hat. Als er starb (er brach zusammen, als er sich für einen Galaball ankleidete, zu dem er mit der Ehefrau eines Gardeoffiziers verabredet war), weinte sein Kaiser. Und Franz Grillparzer schrieb ihm eine berührende Grabinschrift. Dann wurde er, der Österreich zu neuer, bis dahin kaum vorstellbarer Größe heranführen wollte, rasch und gründlich vergessen.

Auch auf Hluboká, dem einstigen Frauenberg im Norden von Budweis, gut einsehbar von der Straße hinauf nach Pilsen, denkt man kaum noch an diesen ersten Ministerpräsidenten Franz Josephs. Das Schloß (1948 von den Tschechen übernommen) ist längst in ein Museum umgewandelt, das sich mit seinen prunkvollen Exponaten ein wenig seltsam ausnimmt inmitten der herabgewirtschafteten Wirklichkeit Südböhmens. Auch von einem Vorgänger Felix Schwarzenbergs, dem Fürsten Joseph Adam, der ein begeisterter Parteigänger der österreichischen Erzherzogin Maria Theresia war, ist auf Frauenberg heute nicht mehr die Rede. Er war vor allem für die Ausstattung von Krumau südlich von Budweis verantwortlich, schuf aber auch eine Einrichtung, die viele Jahrhunderte überdauert hat, nämlich einen Pensionsfonds für die Angestellten und Mitarbeiter des Hauses Schwarzenberg. Er wurde 1765 ins Leben gerufen und hatte Bestand bis zum Jahre 1945.

An die Stelle der Deutschen, die nach 1945 aus Frauenberg vertrieben wurden, sind tschechische Neusiedler gekommen, darunter auch ostslowakische Zigeuner, denen Österreichs Geschichte naturgemäß nichts bedeutet. Auf Fragen nach der größeren Vergangenheit ihrer neuen Heimat antworten sie ausweichend oder gar nicht. Und daß Österreich auch in diesem südböhmischen Schloß ein paar unzerstörbare Wurzeln hat, können (wollen) sie sich nicht vorstellen.

Früher einmal (mindestens bis 1945) absolvierte die tschechische Jugend im nahen Budweis (Česke Budéjovice) ihren abendlichen Korso vor dem Hotel »Sonne«, das es heute noch gibt. Das geschah auf dem riesengroßen Marktplatz mit dem berühmten Samsonbrunnen (um 1720), einem Platz (er heißt Ringplatz), der selbst für die großzügigen böhmischen Verhältnisse eine erstaunliche Dimension besitzt. Die Deutschen wiederum promenierten vor dem Hotel »Glocke«, das gleichfalls noch existiert und der »Sonne« genau gegenüberliegt. Heute befindet sich das führende Hotel der Stadt etwas außerhalb des Zentrums, ist ein plump anmutendes Hochhaus, und auf dem Parkplatz vor den Autos mit ausländischen Kennzeichen drücken sich Kinder und Halbwüchsige herum, die ungeniert und recht routiniert betteln oder irgendwelche skurrile Dienste anbieten. Auf dem Ringplatz aber verraten die hübschen Laubengänge einstige Schönheit und ehemaligen Wohlstand dieser Stadt, die ganz allgemein als das Tor Südböhmens zur Welt betrachtet wurde und 1265 von Ottokar II. gegründet worden war.

Reich wurde die Stadt durch den Handel, durch Warenzölle, Stapelrechte und Mautgebühren. Später garantierte auch ein eigenes Erzlager manches Vermögen. Und schließlich kam noch die Schiffahrt dazu. Im Jahre 1550 wagte sich das erste Salzschiff mit 125 Kufen Salz von Budweis die Moldau abwärts bis nach Prag. Salz wurde damals mit Gold aufgewogen. Und der Budweiser Schiffbaumeister Adalbert Lanna, dem man sogar den Ehrentitel »Großadmiral der Moldau« verlieh, führte in den zwanziger Jahren des 19. Jahrhunderts ganze Geschwader von Flößen aus Fichtenholz aus dem Böhmerwald über Budweis bis nach Prag und Hamburg, wo es als Bauholz ungemein begehrt war. Als gestandener und erfolgreicher Unternehmer war er später dann an der Errichtung der Prager Kettenbrücke mitbeteiligt. Ein anderer österreichischer Unternehmer, der aus dem niederösterreichischen Aspern stammende Architekt Joseph Hardtmuth, veranlaßte seine Erben, eine von ihm gegründete Bleistiftfabrik nach Budweis zu verlegen. Das hatte mit dem Graphit zu tun, das am Rande des Böhmerwaldes gefunden wurde (unweit der Ortschaft Mugrau). Aus der ursprünglichen Hardtmuth-Fabrik aber entstand die Weltmarke »Koh-i-noor«. Teilweise arbeitet man heute noch nach Methoden (und zwar durchaus erfolgreich), die von den altösterreichischen Begründern dieses Unternehmens eingeführt wurden.

Manchmal bediente man sich in Budweis auch ungewöhnlicher, recht origineller Methoden, um entstandene Verluste auszugleichen und neuen Gewinn zu machen. Nach dem Dreißigjährigen Krieg zum Beispiel, unter dem auch Budweis sehr gelitten hatte, organisierte die Geistlichkeit der Stadt eine regelrechte Bettelreise – zuerst nach Südböhmen und dann auch durch die Länder Österreichs –, um das notwendige Geld für den Wiederaufbau der abgebrannten Stadtpfarrkirche hereinzubekommen. Ein anderes Wahrzeichen der Stadt, der Schwarze Turm, ein freistehender, mächtiger Glockenturm mit einem Umgang, stammt vornehmlich aus der zweiten Hälfte des 18. Jahrhunderts und wirft als ein düsterer Zeigefinger Gottes seinen Schatten auf den Ringplatz. Am berühmtesten aber dürfte doch wohl das Budweiser Bier sein, eines jener Produkte, das alle Strömungen und Ideologien unbeschadet und auch unverändert überstanden hat und sich heute wie seit vielen Jahrzehnten außerordentlichen Zuspruchs erfreut.

Und dann gab es in der altösterreichischen Zeit natürlich auch noch die Budweiser Pferdeeisenbahn, zwischen 1824 und 1832 von Urfahr in Oberösterreich hinauf bis nach Budweis erbaut, ein rein österreichisches Unternehmen, für das in erster Linie der aus dem nordböhmischen Komotau gebürtige Franz Joseph (später Ritter von) Gerstner und sein Sohn Franz Anton verantwortlich waren. Diese Pferdeeisenbahn war die erste Schienenbahn auf dem Kontinent und sorgte für einen enormen wirtschaftlichen Aufschwung der Bier- und Handelsstadt. Sie existierte bis 1871.

Es gibt noch genügend Spuren, die an dieses Wunderding österreichischen Erfindungsgeistes und böhmischer Beharrlichkeit erinnern.

Schon 1807 hatte sich eine »Böhmische hydrotechnische Privatgesellschaft« gebildet und den Bau eines Donau-Moldau-Kanals ernsthaft überlegt. Dieser Gesellschaft legte Franz Joseph Gerstner (1756–1832) seinen weitgehend ausgereiften Plan eines Eisenschienenweges vor, auf dem von Pferden gezogene Wagen zwischen Urfahr und Budweis verkehren sollten. 1822 ging deshalb sein Sohn Franz Anton, Ingenieur, tatkräftig und allem Neuen aufgeschlossen, nach England, um dort die neueste Entwicklung auf dem Gebiete der Verkehrstechnik zu studieren. Und schon 1825 wurde mit dem Bau der Trasse vom böhmischen Budweis aus begonnen, wobei man sich nach wie vor nicht auf die Kraft der Dampfmaschine, sondern auf die Stärke von Zugpferden verlassen wollte, die ab dem 1. August 1832 den regelmäßigen Personen- und Güterverkehr zwischen Budweis und Urfahr ermöglichen sollte.

Die schweren klobigen Wagen, die von den Pferden über die ausgebaute Trasse (und dabei auch über einige schwindelerregende Brücken) gezogen wurden, hießen Hannibal und Bohemia, Victoria und Schnellsegler, Nestor und Courier. Das Publikum wurde in Anschlägen und Rundschreiben dringend davor gewarnt, den »Bahndamm zu seinem Vergnügen als Spazierweg zu benützen«. Und dann hieß es auch noch: »Obschon die Eisenbahn nicht die Bestimmung hat, zu einem Spaziergang zu dienen, indem sie allein zu dem Zweck erbaut ist, Personen und Wagen mit ihren Wägen darauf zu führen, so will man doch Niemand des Vergnügens berauben, auf der Bahn spazieren gehen zu dürfen; man findet aber für notwendig, da weder Wagen noch Pferde die Bahn verlassen können, Jedermann zu ersuchen, denselben zur rechten Zeit auszuweichen, bei Begegnung der Stell- und Transportwägen sich von der Bahn zu entfernen und den Transport ruhig vorbeiziehen zu lassen. Insbesondere werden Eltern darauf aufmerksam gemacht, ihren Kindern das Nachlaufen und Besteigen der vorbeifahrenden Eisenbahnwägen strenge zu untersagen, weil die Eisenbahn-Unternehmung sich gegen jede Verantwortlichkeit verwahrt, wenn durch Nichtbeachtung dieser Vorschrift und demnach durch eigene Schuld irgend Jemand sich ein Unglück zuziehen sollte.«

Es haben sich also die Bürokraten und Aktionäre dieser »k.k. privilegierten ersten Eisenbahn-Gesellschaft« – deren Züge, gezogen von wuchtig daherstampfenden Rössern, durchs Oberösterreichische und Südböhmische rollten – sehr wohl gegen mögliche Unannehmlichkeiten abzusichern gewußt. Andererseits war man bemüht, den Reisenden einiges an Gemütlichkeit anzudienen, wovon heute noch Spuren vornehmlich an der österreichisch-tschechischen Grenze, so etwa am südlichen Ortsrand von Kerschbaum, zu sehen sind. Hier kann man nämlich noch ein langgestrecktes, fast schloßähnliches Haus sehen, von dessen in gelblichem Farbton gehaltenen Fassaden der Verputz abblättert, das einst, mit Stallungen für die Vorspannpferde und einem Restaurant ausgestattet, als Rast- und Umspannstation gedient hatte.

Es hat freilich – und das scheint das wahrhaft Österreichische an dieser ersten Schienenbahn des Kontinents gewesen zu sein – viele Hindernisse auf dem Weg zum Erfolg gegeben, der noch dazu von den alsbald überall aufkommenden Dampfeisenbahnen gefährdet wurde. Es wehrten sich die Fuhrwerker gegen die Pferdeeisenbahn, es kam zu Aufständen mancher Anrainergemeinden, wo man dem »Teufelszug« gründlich mißtraute. 1832 starb auch der Senior des Unternehmens, Franz Joseph von Gerstner, der sich als erster Direktor der technischen Hochschule in Prag einen Namen gemacht hatte. Andere Eisenbahngesellschaften (inzwischen hatte sich ja die »englische Erfindung« auf dem Kontinent durchgesetzt) verschärften den Konkurrenzkampf. Aber Franz Anton Gerstner, der später wie sein Vater gleichfalls geadelt wurde, überwand alle Hindernisse. Überall in der Monarchie fauchten schon die Dampfbahnzüge. Nach Budweis hingegen trabten immer noch die schweren Pferde, rollten die hochbepackten Wagen über die Schienen, was sich auf einer Teilstrecke im Südböhmischen bis in den Dezember 1872 hinein hartnäckig hielt. Zumindest der Warenverkehr rentierte sich bis zu diesem Zeitpunkt.

Heute gibt es (bis aufs Wiener Eisenbahnmuseum) so gut wie keine brauchbaren Erinnerungen mehr an diese altösterreichische Wundereisenbahn nach Budweis. Nur ein paar Wanderwege im Mühlviertel, nur ein massives, aber schon herabgewohntes Gebäude in Kerschbaum sind geblieben; dazu ein kurzes Stück des alten Schienenstranges unmittelbar neben der alten Reichsstraße nach Budweis, und zwar auf böhmischem Boden ein paar Kilometer hinter der Grenze; und schließlich in Budweis selbst, in der Linzer Vorstadt, eine alte Haltestelle.

Budweis war für die Böhmerwäldler einst das Tor zur Welt, schreibt eine Kennerin der Situation, eine Baronin Herzogenberg. Und wenn auch heute vor allem im Stadtzentrum ganze Straßenzüge, an deren Fassaden man noch die ehemaligen deutschen Bezeichnungen entziffern kann, von Zigeunern übernommen wurden, so hat sich der einstige österreichische Einfluß doch in manchen Belangen behaupten können; so zum Beispiel am alten Rathaus am Ringplatz (1720 bis 1727 erbaut), das mit seinen beiden stattlichen Portalen, dem Wappen der Stadt und der drei Kronländer sowie einer Reihe abgebildeter allegorischer Tugenden ein hübsches Porträt der verflossenen Zeit liefert. An solchen Reminiszenzen ändert auch nichts, daß man aus dem ehemaligen Deutschen Haus, das seinerzeit den deutschen Kulturverbänden zur Verfügung gestanden war, ein allgemeines Städtisches Kulturhaus gemacht hat. Der Doppeladler hat in dieser Stadt dennoch ein paar Chiffren und Zeichen hinterlassen, die untilgbar sind.

In diesem Zusammenhang sollte man ein paar Anmerkungen machen, die möglicherweise nicht mehr ganz zeitgemäß sind, die aber doch das Porträt dieser südböhmischen Landschaft abrunden und ihren Charakter sowie die Eigenart ihrer Menschen besser erklären. Denn rund um Budweis und vor allem in der Grenzregion zu Österreich gibt es eine Reihe von Wallfahrtsorten (von denen die meisten den kommunistischen Atheismus der vergangenen Jahre mehr oder weniger gut überstanden haben), die ein beredtes Zeugnis ablegen für den tiefverwurzelten Katholizismus der ländlichen Bevölkerung. Dabei war diese Gläubigkeit nicht auf den böhmischen Bereich allein beschränkt, sondern grenzüberschreitend in des Wortes bestem Sinne.

So gibt es zum Beispiel Maria Trost bei Brünnl (Dobra Voda), einen vormals vielbesuchten Wallfahrtsort, der auf eine Erscheinung zurückgeht, die einem Bauernburschen namens Matthias Egidi zuteil wurde. Das geschah im Jahre 1701. Der brave Bauernbursche erbaute mit Hilfe seiner Freunde eine Kirche, und die Quelle, aus der das heilende Wasser fließt, das dem Schauplatz seine besondere Bedeutung verleiht, wurde sorgfältig eingefaßt. Später errichtete man auch Brunnenschalen und große, barocke Gitter, alles Dinge, die das Erstaunen und Entzücken der Pilger hervorriefen, die alljährlich zu Zehntausenden herbeiströmten, darunter auch viele Prozessionen aus Österreich. In der Hauptsache war es das Fest Mariä Himmelfahrt, das Maria Trost zum Mittelpunkt der Gläubigen beider Länder machte.

Auch in anderen Kirchen im Weichbild der Stadt Budweis wurde (oder wird) dieser besondere Wasserkult feierlich begangen, standen Brunnen den Pilgern zur Verfügung, aus denen sie das kostbare, weil geweihte und heilende Wasser schöpfen konnten. Und es waren vor allem um die Mitte des 18. Jahrhunderts, als immer neue Wallfahrtskirchen entstanden, österreichische und böhmische Wallfahrer, die aus dieser sanften, leicht gewellten, ungemein idyllischen Landschaft eine Art Paradies des Glaubens machten. Schweinitz, Gutwasser, Gratzen, Strobnitz, Maria Trost waren Namen, die jedem ordentlichen Katholiken diesseits und jenseits der Landesgrenze (die keine Staatsgrenze war) durchaus geläufig waren.

Eine Art Kontrapunkt zu Budweis stellt Pilsen dar, seinerzeit eine halb tschechische, halb deutsche Stadt und in allen Fragen der Bierologie der einzige ernsthafte Konkurrent der südböhmischen Bischofsstadt. »Das treffliche Pilsner Bier«, schrieb ein Chronist im Jahre 1876, »im Augenblick vielleicht das gesündeste, wohlschmeckendste und goldglänzendste auf dem Kontinent, hat der halb tschechischen Stadt an der Mies und Radbusa zu einem Renomée verholfen, welches zu ihrer Größe und Bevölkerungsziffer außer allem Verhältnis steht.« Die Budweiser, die solche Propaganda mit Argwohn verfolgten, verweisen freilich auf ein Ereignis, das den Ruhm Pilsens als lebhafte Industrie- und Gewerbestadt in Frage stellen sollte. Als nämlich Kaiser Franz Joseph einmal Pilsen besuchte, wurde eine Triumphpforte errichtet, deren krönender Höhepunkt eine Blumengirlande war, darin die Worte »Lange weile in unseren Mauern«, was besagen sollte, daß man den Kaiser für eine möglichst lange Zeit bei sich zu haben wünsche. Aber dem Gärtner, der diese Arbeit ausführte, passierte ein Mißgeschick. Er schrieb die beiden ersten Worte zusammen, so daß plötzlich ein »Langeweile in unseren Mauern« dem verdutzten Kaiser entgegenblühte.

Mit solchen Anekdoten pflegen sich die Budweiser gegen die Pilsner zu wehren, was freilich keinen Sinn ergibt, da jedes der beiden ohnedies weltberühmten Biere seine Anhänger hat. Andererseits können die Pilsner auf die Škodawerke verweisen, die hier lange Zeit eine der hauptsächlichen Waffenschmieden des alten Österreich waren, wie man das damals nannte. Denn hier entstanden alle die Kanonen und martialischen Waffen, mit denen Österreichs Armeen in den Ersten Weltkrieg zogen. Hier kam es auch frühzeitig schon zu arbeitsrechtlichen Auseinandersetzungen und Arbeitsniederlegungen. Aber alle diese Geschichten, Vergleiche, Anekdoten gehören einem anderen Zeitalter an.

Und wenn die Budweiser seinerzeit nach Maria Trost pilgerten, so fuhren die Pilsner nach Nepomuk, dem Geburtsort des berühmten tschechischen Heiligen, nämlich jenes heiligen Nepomuk, der lieber in den Tod ging (den er in diesem besonderen Fall in den Fluten der Moldau fand), als das Beichtgeheimnis zu verraten, und dessen Statue an fast allen Brücken Böhmens, aber auch Oberösterreichs zu finden ist.

Geschichten aus dem Böhmerwald

In Krumau (Česky Krumlov), etwa dreißig Kilometer hinter der Grenze zum oberösterreichischen Mühlviertel gelegen, hat die Zeit längst schon aufgehört, irgendeine Bedeutung zu haben. Krumau sei bloß deshalb verwirrend, weil es auf zwei Halbinseln in der Moldau liege, hat einmal ein Besucher fachkundig festgestellt und dabei mit Nachdruck auf den quadratischen Marktplatz in der Mitte der Stadt und die fast kreisrunde Schleife der Moldau verwiesen, die nur einen engen, einem Flaschenhals ähnlichen Zugang zur Stadt erlaube. Und andere Autoren berichten voll Anteilnahme von den alten Häusern der Stadt, von denen viele aus dem 16. Jahrhundert stammen, was dem Gesamteindruck eine Patina verleihe, die unwiederholbar sei. »Es empfiehlt sich zu jeder Zeit ein Bummel kreuz und quer durch die schmalen Gassen. Fast jedes Haus ist malerisch und eigenartig«, schreibt Johanna Baronin Herzogenberg und unterdrückt dabei mit vornehmer Gelassenheit ihr Erstaunen oder sogar Entsetzen über die Verwüstungen, die das Stadtbild fast zugrunde gerichtet haben.

Im Sommer zum Beispiel füllen zwar jeden Tag von neuem in- und ausländische Besucher die Stadt, deren architektonische Noblesse und Individualität früher einmal gerühmt wurden, als Krumau ganz selbstverständlich eine altösterreichische Provinz- und Kulturstadt war (mit allen häßlichen Begleitumständen, die vorkommen, wenn in der Provinz Kultur passiert), aber tatsächlich bedeutete das Jahr 1945 auch für Krumau eine vernichtende Zäsur, die nicht mehr wettgemacht, ausgemerzt werden konnte. Damals wurden die Deutschen (es waren österreichische Böhmerwäldler) ausgesiedelt, vertrieben, umgebracht. Die malerische Stadt wurde zu einer verlassenen Bühne mit völlig nutzlosen Kulissen. Später kamen Zuwanderer, vornehmlich aus dem Osten der Slowakei, Zigeuner, Heimat- und Obdachlose, die angesichts der architektonischen Substanz und des Reichtums an historischen Dekorationen völlig ratlos waren – oder auch unbekümmert und gleichgültig. Es war schließlich nicht ihre Sache, etwas zu erhalten, das nicht ihrem Lebensgefühl entsprach und auch nicht mit ihrem Lebensrhythmus übereinstimmte.

Wieder ein paar Jahre später, als auch das kommunistische Regime allmählich zu begreifen begann, daß Fremdenverkehr etwas unendlich Bedeutungsvolles, weil Gewinnbringendes sein kann, begann man damit, das verwüstete Kleinod, das seinen neuen Eigentümern unter den Händen verdarb, wenigstens ansatzweise zurechtzuschminken. Aber der Verfall war schon zu weit fortgeschritten. Das böhmische Salzburg, wie es früher eigentlich genannt wurde (auch das berühmte Rothenburg wurde als Beispiel zitiert), dämmert heute in seiner ganzen verführerischen, aber wohl schon morbiden Schönheit einem unaufhaltsamen Untergang entgegen.

Egon Schiele, dessen Mutter aus Krumau stammte, hat hier Wurzeln zu schlagen versucht. Aber Österreichs großer Maler und Zeichner, der 1918 an der Grippe verstarb, scheiterte an der moralischen Entrüstung einer prüden Krumauerin, die es als sittlich anstößig gefunden hatte, daß der Maler seine damalige Lebensgefährtin als Aktmodell benutzte. Sie denunzierte ihn beim Pfarrer, dieser leitete die Denunziation weiter, Schiele wurde die Miete des von ihm benutzten Hauses untersagt, er wurde sozusagen der Stadt verwiesen. Moral und Anstand, wie sie in der Provinz erkannt werden, hatten gesiegt. Heute erinnert (abgesehen von einigen großartigen Gemälden Schieles) gar nichts mehr an die Anwesenheit des Malers in der südböhmischen Märchenstadt. Auch Rainer Maria Rilke, der Krumau Ende des 19. Jahrhunderts seine literarische Aufmerksamkeit erwiesen und einen ebenso einfühlsamen wie schmeichelhaften Essay über die Stadt geschrieben hat, bedeutet den Krumauern längst nichts mehr. Wenn eine Landschaft erst einmal von ihrer eigenen Geschichte abgeschnitten ist, wie das mit Böhmen durch die Vertreibung der Deutschen geschah, verliert sie jeden Bezug zu ihrer Vergangenheit. Die Menschen, die heute in Krumau leben, haben eine andere Biographie als die Stadt.

Deshalb können sie auch mit dem Namen Joseph Lederer nichts anfangen. Er war Wiener und ein Maler. Um die Mitte des 18. Jahrhunderts schuf er dem Fürsten Joseph Adam Schwarzenberg einen sogenannten Maskensaal in dessen Schloß, das sich auf steilem Felsen über der Moldau erhebt und die alte Stadt buchstäblich beherrscht. Dieser Maskensaal ist ein großartiges Beispiel gemalter Architektur, belebt von Figuren aus der Commedia dell'Arte, die hier einen einfallsreich inszenierten Jahrmarkt der Eitelkeiten aufführen. Das andere, echte Theater findet sich hinter dem Burggraben, wurde gleichfalls um die Mitte des 18. Jahrhunderts eingerichtet, und zwar von den beiden Wiener Künstlern Johann Wetschel und Leo Merckel, und ist ein typisches Barocktheater mit immer noch funktionierender Maschinerie, eine kulturhistorische Rarität europäischen Ranges.

Was die Burg (oder das Schloß) angeht, die erstmals um die Mitte des 13. Jahrhunderts erwähnt wurde und die auf unübersehbare Weise das Stadtbild beherrscht oder es eigentlich sogar erdrückt, so befand sie sich zuerst (nach dem Aussterben ihrer Erbauer, der Witigonen) im Besitz der Rosenberger, eines berühmten südböhmischen Geschlechtes, später auch der steirischen Eggenberg und zuletzt (bis 1947) der Schwarzenberg. Ihnen, den Schwarzenberg, ist der grundlegende Umbau der Anlage zu einem der beispielhaften Barock- und Rokokoschlösser Böhmens zu danken, wobei die Fülle der kostbaren Ausstellungs- und Dekorationsstücke von wertvollen Gobelins bis zu einer Prunkkutsche reichte, die anläßlich der Krönung Maria Theresias zur böhmischen Königin angefertigt wurde. Eine andere berühmte Kutsche ist jene, die im Jahre 1638 Johann Anton von Eggenberg bis nach Rom brachte, wo er in diplomatischen Diensten tätig sein sollte. Auffallend sind auch die zahlreichen fünfblättrigen Wappenrosen, die man überall im Schloß vorfindet und die ans längst ausgestorbene (und seinerzeit hierorts wirklich allmächtige) Geschlecht der Rosenberger erinnern. Diese stattliche Burg mit der Bellaria, dem Schloßgarten, der einprägsamen Mantelbrücke, die über einen tiefen Taleinschnitt von einem Felsenband zum anderen führt und in drei Arkadenstockwerken angelegt ist, sowie mit dem Schloßtheater, einer Winterreitschule, einem Freilichttheater und einem imposanten Kaskadenbrunnen verrät jedenfalls sehr viel vom Reichtum und der formenden Kraft jener südböhmischen Fürstenfamilien, die nicht nur viel Geld, sondern auch ein hohes Maß an Intelligenz und Einfallsreichtum in ein solches Domizil steckten. Heute ist die Burg selbstverständlich eine der hauptsächlichen Attraktionen Krumaus und überdies auf ihre unnachahmliche Weise eine Art Visitenkarte des alten Österreich.

Übrigens gibt es auch in Wien, und zwar im Kunsthistorischen Museum, eine einprägsame Erinnerung an Krumau. Es ist die Plastik einer Bauernmadonna aus dem Mittelalter. Ursprünglich befand sie sich wohl in der Schloßkapelle, geriet von dort in bürgerliche Hände und um das Jahr 1910 auf abenteuerlichen Umwegen nach Wien.

Einer ganz andersgearteten Welt begegnet man, wenn man auf den Spuren Adalbert Stifters durch den Böhmerwald fährt. Das Geburtshaus Stifters, der in Oberplan (Horni Plana) am 23. Oktober 1805 als Sohn eher kleinbürgerlicher Eltern zur Welt kam, wirkt durchaus adrett, wenngleich man das kleine, bescheidene Haus am Ortsrand (die deutschsprachige Inschrift darauf stammt noch aus dem 19. Jahrhundert) fast übersehen könnte. Es liegt, wenn man von der nahen österreichischen Grenze kommt, rechts neben der Hauptstraße, ist ein paar winzigen Schrebergärten und einigen Zinskasernen im Stil der sechziger Jahre benachbart und vermittelt einen Hauch undefinierbarer Melancholie, der aber dieser ganzen dunklen, waldreichen, stillen Landschaft an den Ufern der Moldau anhängt. Vielleicht hat es auch damit etwas zu tun, daß in den Ortschaften des Böhmerwaldes viele Häuser wie schlechtsitzende Kleider wirken.

Im Geburtshaus Stifters ist ein ansprechendes Museum eingerichtet, das zuletzt, als ich dort war (einige Monate nach der sogenannten sanften Revolution), noch den Prinzipien kommunistischer Kulturpolitik gehorchte. Vermittels eines Tonbands wurde man mit den Maximen marxistisch-leninistischer Indoktrinierung vertraut gemacht, was die junge Frau, die damals (auch heute noch?) als Aufseherin fungierte, nicht weiter kümmerte. Das und der Umstand, daß sie kaum der deutschen Sprache mächtig war, wirkte ausgerechnet in Stifters Geburtshaus doch etwas merkwürdig. Immerhin war dieser bedeutende österreichische Schriftsteller (und recht passable Maler) einer der großen Sprachkünstler der deutschen Literatur, so daß man in einem grenznahen Museum, das ihm und seinem Werk gewidmet ist (und in einem Gebiet, das bis 1945 so gut wie rein deutsch war), doch eine etwas sprachkundigere und literarisch interessiertere Kraft anstellen sollte.

In und an der Kirche von Oberplan erinnern einige Grabinschriften nachdrücklich daran, daß hier einst Österreich war, österreichische Menschen lebten. Später, hinauf nach Krumau, demonstrierten verwüstete, blinde Bildstöcke einen Atheismus, der wohl zu lange und zu nachdrücklich auf die Menschen eingewirkt hat. Drei barocke Heiligenstatuen, die sich an einen verkrüppelten Baum am Straßenrand schmiegen, stammen noch aus der altösterreichischen Zeit. Manchmal glaubt man, Stifters Stimme zu hören – oder eigentlich nicht seine Stimme, deren Tonfall ja unbekannt ist, sondern seine Worte, seine Beschreibungen des Böhmerwaldes, seine Bilder zu sehen, wie man sie aus seinen Büchern kennt.

Alles wird vom böhmischen Wald beherrscht, auch die Erinnerung an Stifter. An den Ufern des gewaltigen Stausees, den die Moldau hier an der Grenze bildet, liegt Friedberg (Frymburk), nur ein paar Kilometer von Oberplan entfernt und Schauplatz einer langen, jedoch vergeblichen Werbung Stifters um Fanny Greipel. Sie bevorzugte einen Sekretär, heiratete ihn, zog fort ins oberösterreichische Wels und starb nach dreijähriger Ehe.

Später dann kommt Hohenfurth (Vyšši Brod) mit seinem einstmals berühmten Zisterzienserkloster. Von hier aus wurden große Teile des Böhmerwaldes gerodet, kolonisiert, zivilisiert. Das Kloster wurde 1950 nach fast fünfhundertjähriger Existenz enteignet und zum staatlichen Kulturbesitz erklärt. In einer Broschüre, die noch aus der Zeit der kommunistischen Diktatur stammt, kann man nachlesen, was nach Meinung der damaligen Machthaber die Ursache der Enteignung war: »Einige Klosterinsassen beteiligten sich im Jahre 1938 und teilweise auch nach 1945 an staatsfeindlichen Umtrieben, so daß dem Orden das Kloster enteignet und 1950 zu staatlichem Kulturbesitz erklärt wurde.« Man darf wohl annehmen, daß jetzt, da sich die Verhältnisse auch in Böhmen so grundlegend verändert haben, das Kloster von Hohenfurth seinen ursprünglichen Eigentümern wieder überantwortet wird. Zuletzt (Sommer 1990) erzählten jedenfalls zerschlagene Fensterscheiben und abbröckelnder Verputz von einer gewissen Gleichgültigkeit der öffentlichen Stellen, die doch für die Erhaltung dieses europäischen Kulturdenkmals verantwortlich sind.

Übrigens ist Hohenfurth, mit Villen und Landhäusern in jenem verblichenen altösterreichischen Stil, der jetzt wieder in Mode zu kommen scheint, eine Gründung der Rosenberg, jenem gefürsteten Geschlecht, dem wir bereits in Krumau begegnet sind und das hier lange Zeit seine Grablege hatte. Sie waren es auch, die aus dem Bayerischen Zisterziensermönche holten und ihnen so viel an Rechten und Möglichkeiten einräumten, daß hier eines der großen Rodungsklöster des südlichen Böhmerwaldes entstehen konnte. Heute kann man noch Sakristei und Kapitelsaal des Klosters als vollendete Beispiele einer frühen Baukunst bewundern, die sich durch das »komplizierte Maßwerk der Fenster, das plastische Relief über dem Portal der Sakristei und die reich gegliederten architektonischen Details« (Denkestein-Matouš) auszeichnet.

Den Abschluß einer besinnlichen Rundfahrt durch diesen Teil des südlichen Böhmerwaldes bildet dann Rosenberg (Rožmberk) mit seinen zwei wuchtigen Schlössern und einer frühgotischen Kirche, in der wieder einmal das Wappen der Rose im weißen Schild zu sehen ist. Hier sind es auch verwitterte deutsche Inschriften, die zeigen, was das geistige Unterfutter dieser südböhmischen Waldlandschaft ausgemacht hat: Österreichs Nobelgranden wie die Rosenberg oder Schwarzenberg, Kunstschätze wie ein Bilderzyklus aus Hohenfurth und nicht zuletzt das Genie eines Adalbert Stifter. Im übrigen ist natürlich auch Rosenberg in einem gewissen Maße von der Moldau abhängig, die hier, nachdem sie die breiten, ausladenden Formen des Stausees hinter sich gelassen hat, das Zentrum einer ungemein romantischen Flußlandschaft bildet. Ein paar Kilometer nach Rosenberg profitiert dann eine der größten Papierfabriken Böhmens von den Wassern der Moldau, die sie so nachdrücklich verschmutzt, daß sie nur noch als trübe Brühe durch Krumau fließt.

Wenn man in die entgegengesetzte Richtung fährt, kommt man nach Lenora, dem früheren Eleonorenhain, nur ein paar Kilometer vom Dreiländereck Bayern, Böhmen und Oberösterreich entfernt. Hier zeigte man zuletzt, als ich durchkam (das war im Sommer des Jahres 1990) eine Ausstellung über die Kunst der Glasbläser im Böhmerwald. In einer ausgelegten Biographie wurde die Geschichte dieser böhmischen Glasbläser erzählt. Aber es fand sich kein einziger Hinweis auf die österreichischen (zum Teil aus Wien stammenden) Glasmacherfamilien und ihre außerordentlichen Verdienste um den Aufbau einer krisensicheren Wirtschaft in diesem Teil des südlichen Böhmerwaldes. Im 19. Jahrhundert fanden allein in und rund um Eleonorenhain achthundert Arbeiter mit ihren Familien in den österreichischen Glashütten Arbeit und Brot. Und auch die ästhetische Vertiefung der schwierigen Kunst des Glasmachens wurde durch die kunstsinnigen und erneuerungswilligen Glasbarone aus Wien ermöglicht (namentlich die Familie Kralik wäre hier zu erwähnen), die von Franz Joseph ihrer Verdienste wegen auch geadelt wurden.

Aber davon stand noch im Sommer 1990 nichts in der Wandzeitung von Lenora, die nur den Ruhm der tschechischen Sozialisten hervorhob und die Tüchtigkeit der tschechischen Arbeiter lobte. Auch die sogenannte Kommerzialstraße, die unter Maria Theresia angelegt worden war und über die alle Waren (Glaswaren, Kalender, Salz) transportiert worden waren, fand keine Erwähnung. Das alte Österreich, das alle Voraussetzungen für das Wachsen und Werden einer funktionierenden Wirtschaft im Böhmerwald geschaffen hatte, ist für viele Tschechen immer noch eine weiße Fläche, eine Terra incognita, was manchmal zu absurden Situationen führt.

In Winterberg, oben auf dem Schloß, wo man ein kleines Heimatmuseum eingerichtet hat, entdeckte eines Tages eine durchaus freundliche, hilfsbereite Mitarbeiterin des Museums (sie sprach kein Wort Deutsch) nach langem Suchen eine verstaubte Schachtel, in der Photographien und alte Baupläne enthalten waren. Es handelte sich dabei um Porträts des Begründers des ehemals größten europäischen Kalenderverlages (bis 1945), eines Altösterreichers namens Steinbrener, und auch um eine genaue Darstellung und Auflistung der sozialen Leistungen dieses Unternehmers. Da gab es lange vor den vermeintliche Segnungen des Marxismus schon Sozial- und Betriebswohnungen, Pensionsfonds und sogar ein sogenanntes Künstlerheim, in welchem Mitarbeiter untergebracht wurden – und das alles im tiefsten Böhmerwald und durch nichts anderes ermöglicht als durch den Fleiß und die Energie altösterreichischer Unternehmer, ihrer Familien und ihrer Arbeiter und Angestellten.

Aber die freundliche Museumsangestellte hatte davon keine Ahnung. Ihr waren der Name des Unternehmers Steinbrener sowie dessen soziale Leistungen völlig unbekannt, sie wußte nichts von der weltweiten Ausstrahlung seines Kalenderverlages, weil das alles in der österreichischen und später sudetendeutschen Ära passiert war. Denn in den offiziellen Darstellungen findet noch immer nicht statt, was als Ausgangsbasis für alle industrielle, wirtschaftliche Entwicklung Böhmens geschehen war, wird also alles Österreichische ausgeklammert, wird so getan, als ob das, was dem Böhmerwald sein soziales Gepräge verliehen hat, immer tschechisch gewesen wäre. Selbst in Oberplan, dem Geburtsort Adalbert Stifters, wo man in seinem Geburtshaus über Lautsprecher einen unglaublichen, weil die Wahrheit völlig entstellenden Kommentar abhören konnte, wurden die Verdienste der tschechischen Gesellschaft um diesen deutschsprachigen Dichter des Böhmerwaldes hervorgehoben, wurde die reinigende, stärkende Kraft der kommunistischen Ideologie betont, durch die dieser zutiefst österreichische Dichter angeblich überhaupt erst lebendig geblieben sein soll.

Was hier passiert, ist Kindsweglegung der allerschlimmsten Sorte, ist eine beschämende Summierung verleugneter Existenzen und eine so unglaubliche Verfälschung der historischen Wahrheit, daß man sich immer wieder von neuem ratlos fragt, wie das überhaupt möglich sein kann.

In der Stadt Prachatitz, die am Ende des sogenannten Goldenen Steiges oder der theresianischen Kommerzialstraße liegt, die seinerzeit den Böhmerwald mit den bayerischen und oberösterreichischen Wirtschaftszentren verbunden hat, gibt es eine mögliche Erklärung für diese Verfälschung der Wahrheit. Ich möchte sie aus einem Buch zitieren, das vor mehr als zwanzig Jahren erschienen ist und wo es lakonisch heißt: »Wir haben auf dem Marktplatz [von Prachatitz] bildhübsche Zigeunerkinder gesehen, aber sie spielen nicht mit den tschechischen Buben und Mädeln. Von der deutschen Bevölkerung ist niemand mehr da.«

Das war, wie gesagt, vor mehr als zwanzig Jahren. Und als ich im Sommer 1991 in die Altstadt von Prachatitz hineinfuhr und mich prompt im schmalen Gassengewirr im Schatten der Jakobskirche und ihrer Türme nicht mehr zurechtfand (diese Altstadt sei wie eine verzauberte Muschel, meinte einmal ein Kenner des Böhmerwaldes), da war es eine unglaublich dicke und mit einer erschreckend schrillen Stimme ausgestattete Zigeunerin, die mir ebenso gebieterisch wie wohlwollend den richtigen Weg wies. Prachatitz, eine alte österreichische Stadt, ist sich selbst fremd geworden – oder wie das Johanna Baronin Herzogenberg ausdrückte: »Man spürt, daß ihre Einwohner Fremde sind, die sich hier auch fremd fühlen.«

Dabei wäre gerade Prachatitz ein Musterbeispiel böhmischer Geschichte. Johannes Hus, der große Reformator, wurde in der unmittelbaren Nachbarschaft (im Dorf Husinetz) geboren und besuchte hier die ehemals berühmte Lateinschule, die in einem schönen Renaissancehaus untergebracht war, das in einer Nebengasse des prachtvollen Marktplatzes steht. Und mit Johann Nepomuk Neumann kann Prachatitz auch auf einen großartigen Repräsentanten der katholischen Kirche verweisen. Neumann, 1811 in Prachatitz geboren, besuchte das Gymnasium in Budweis und begann dort auch sein Theologiestudium, das er in Prag fortsetzte. Aber da er im Böhmerwald als Priester keine freie Pfarre fand, emigrierte er 1836 in die USA, wo er dem Redemptoristenorden beitrat. Er machte rasch Karriere. Bereits 1846 wurde er ranghöchster Repräsentant aller amerikanischen Niederlassungen seines Ordens, und sechs Jahre später avancierte er zum Bischof. Neumann gründete mehr als hundert Schulen und war überhaupt maßgeblich am Aufbau des amerikanischen Schulwesens beteiligt. Als er anläßlich eines Europabesuches auch nach Prachatitz kam, ehrte ihn die Heimatstadt mit einem überschwenglichen Empfang.

Prachatitz ist eine schöne, sehenswerte, auch romantische Stadt. Das Stadtbild stammt, soweit es das Zentrum betrifft, aus dem 16. Jahrhundert. Nichts erinnert mehr an die schrecklichen Ereignisse der Hussitenkriege und der barbarischen Hinmetzelung fast aller Einwohner durch die Hussiten des schrecklichen Jan Žižka, an die nicht weniger schmerzensreichen Ereignisse während des Dreißigjährigen Krieges, als die Stadt lange Zeit eine Grenzfestung der Protestanten war. Die Kaiserlichen, die Prachatitz schließlich eroberten, richteten unter der völlig unschuldigen Bevölkerung ein Blutbad an.

Aber das scheint böhmisches Schicksal zu sein. Die Verfolgung Unschuldiger, das Niederbrennen und Morden, der immer wieder von neuem einsetzende Aufbau, die Beharrlichkeit, mit der man sein Schicksal meistert, und das Verschweigen der eigenen Geschichte. Man muß viel Geduld aufbringen, wenn man im Böhmerwald der Wahrheit auf die Spur kommen will.

Im Jahre 1839 kam der Schreinergeselle Adalbert Scheinost, ein gebürtiger Schüttenhofener, in seine Heimatgemeinde zurück. Er hatte nach den üblichen Wanderjahren zuletzt in Wien in der Zündholz- und Phosphorfabrik eines Herrn Stephan von Römer gearbeitet und dabei soviel an Fachwissen dazugelernt, daß er durchaus imstande war, Zündhölzer in Eigenregie herzustellen und zu vertreiben. Jedenfalls plante er im heimatlichen Schüttenhofen (Sušice) die Errichtung eines Betriebes, in welchem Zündhölzer hergestellt werden sollten. Die Rohstoffe dafür lagen im Böhmerwald sozusagen vor der Haustür, und die Arbeitskräfte waren preiswert oder sogar billig. Am 16. Oktober 1839 suchte Scheinost um die Gewerbeerlaubnis an, die er gemeinsam mit dem Bürgerrecht und der Heiratsgenehmigung erhielt. Und schon ein Jahr später, nachdem er sich mit dem gleichfalls aus Schüttenhofen stammenden jüdischen Kaufmann Bernhard Fürth zusammengetan hatte, konnte man bereits von der Fabrikation der ersten, eher primitiven Papiersäckchen (Inhalt: fünfzig Zündhölzer) zur Herstellung moderner, vielfarbiger, manchmal sogar parfümierter »Salon- und Damen-Zündhölzer mit Wohlgeruch« übergehen.

Die Fabrik florierte, der Aufschwung war nicht mehr zu übersehen. Er war sogar so gewaltig, daß die ganze Stadt davon profitierte und allmählich wohlhabend wurde. Denn was als kleiner Familienbetrieb begonnen worden war, wobei die Arbeit von Kindern besonders bedeutsam war, entwickelte sich innerhalb kurzer Zeit zur Industrie. 1842 zum Beispiel fanden in der Zündholzfabrik Scheinosts und Fürths gerade an die achtzig Personen eine Beschäftigung. Zwei Jahre später waren es schon mehr als zweihundert. Und Ende der vierziger Jahre war die Zahl der Beschäftigten dann auf über tausend gestiegen. Dabei kamen Scheinost die kaufmännischen Erfahrungen Fürths zugute. Die beiden Partner verbanden sich auch noch mit einem Schreiner namens Karl Klasek, der über bemerkenswerte technische Fertigkeiten verfügte, so daß man bald mit neuen Maschinen und Methoden den Markt für Zündhölzer beherrschte. Scheinost selbst, der das alles in Bewegung gesetzt hatte, trat allmählich in den Hintergrund. Dafür profilierte sich Bernhard Fürth als moderner Manager. Er war es, der immer neue Märkte für das rasch expandierende Unternehmen (das eine Zweigniederlassung im säkularisierten Kloster Goldenkron an der Moldau fand) erschloß, bis schließlich die Zündhölzer aus dem Böhmerwald nicht nur in alle Länder der Monarchie, sondern auch bis nach England, den USA und in den Orient exportiert wurden.

Schüttenhofen liegt am nördlichen Rand des Böhmerwaldes, dort, wo der dunkelgrüne Filz des Waldes schon etwas fransig und verbraucht anmutet. Es ist heute eine mürrische oder auch bloß melancholische Kleinstadt mit einem herabgewohnten Villenviertel; die vertriebenen Deutschen würden ihre Landhäuser nur zögernd wiedererkennen. Und die Zündholzfabrik am nördlichen Ortseingang, die den Weltruhm dieser Böhmerwaldstadt begründet hat, existiert noch. Sie wurde selbstverständlich verstaatlicht, heißt »Solo«, vermittelt einen reichlich düsteren Eindruck und ist natürlich der größte Arbeitgeber von Schüttenhofen.

Einen Einblick in die Entwicklung und Bedeutung dieses kleinen Streichholzes kann man im sogenannten Böhmerwaldmuseum der Stadt haben, wo auch ein tatsächlich einzigartiges Museum des Streichholzwesens eingerichtet wurde. Das

Museum befindet sich am Marktplatz der Stadt. Es ist eines der interessantesten Provinzmuseen Böhmens. Im Erdgeschoß verfügt es über einen kreuzgewölbten Saal, wo auch die verschiedenen Exponate des Zündholzmuseums ausgestellt sind. In den oberen Räumen wird neben einigen interessanten spätgotischen Statuen aus dem Böhmerwald auch eine verknappte, jedoch durchaus informative Darstellung der Kulturgeschichte dieser Region gezeigt; man wünscht sich lediglich eine etwas stärkere Betonung des altösterreichischen Beitrags. Dabei lernt man auch die Geschichte Schüttenhofens näher kennen und erfährt gleichsam nebenbei, daß es bis ins 13. Jahrhundert hinein bayerischen Grafen gehört hatte. Seinen Wohlstand verdankte die Stadt zuerst dem Handel mit Salz, Getreide und dem fürs Bierbrauen unerläßlichen Malz, später den Zündhölzern Scheinosts. Vom einstigen Reichtum und Stolz der Bürger künden heute noch einige dekorative Häuser im Zentrum, so vor allem das machtvolle Rathaus aus dem Jahre 1707, eine spätgotische Apotheke sowie die frühere Dechantei mit auffallender Architektur.

Wenn man in Schüttenhofen ist, sollte man nach Möglichkeit nicht den kleinen Ausflug zur Wallfahrtskirche »Zum heiligen Schutzengel« versäumen, auch Schutzengelkapelle genannt, die auf einer Anhöhe im Weichbild der Stadt gelegen ist und von wo aus man einen schönen, umfassenden Blick auf Schüttenhofen hat. Angeblich wurden früher einmal im Inneren der Kapelle die tschechischen Predigten gehalten, während vor der Kapelle auf dem Schutzengelhügel, wo man eine Kanzel aufgestellt hatte, ausnahmslos deutsch gesprochen wurde. Die Pilger sollen aus dem ganzen Böhmerwald und auch aus dem nahen Bayern gekommen sein. Und die Menschen gingen ungeachtet ihrer unterschiedlichen Volkszugehörigkeit friedlich miteinander um ... So wurde es zumindest mir in Schüttenhofen erzählt. Es klang wie ein unglaubliches Märchen.

Einige Deutsche (Österreicher) sind 1945, als der große Flüchtlingstreck nach Süden zur nahen bayerischen Grenze aufbrach, in Schüttenhofen, das damals über Nacht zu Sušice wurde, zurückgeblieben; manche aus Anhänglichkeit an die alte Heimat, andere wieder, weil sie einen tschechischen Lebenspartner hatten oder weil sie von den neuen Herren ihrer technischen und ökonomischen Fähigkeiten wegen gebraucht wurden. Wirklich glücklich sei keiner von ihnen geworden, erzählte ein alter, gelbgesichtiger Mann, den ich zufällig auf dem großen Marktplatz der Stadt (der von einem turmgekrönten Rathaus beherrscht wird) angesprochen hatte. Er redete ein reines, weiches, halb bayerisches, halb österreichisches Deutsch. Aber er schüttelte nur abwehrend den Kopf, als ich mich mit ihm länger unterhalten wollte. Die alte Furcht, die so viele Jahrzehnte die Menschen geprägt hatte, beherrschte ihn auch noch angesichts eines (hoffentlich) neuen Zeitalters.

Später kaufte ich mir in einem Laden ein Heftchen Solo-Streichhölzer. Beim ersten, das ich entzünden wollte, zerbröselte mir der Phosphorkopf zwischen den Fingern. Das zweite brach ab. Das dritte explodierte mit leisem Fauchen und erlosch rasch wieder, nachdem es kurz aufgeflammt war.

Durch Schüttenhofen fließt die Wottawa (Otava), ein schmaler Fluß mit trübem, etwas schaumigem Wasser, dem man weiter keine Beachtung schenken würde, wüßte man nicht um seine Bedeutung in früheren Zeiten. Denn Schüttenhofen war im Mittelalter ein Zentrum der Goldwäscherei, und in Schallers »Topographie« des Landes Böhmen kann man nachlesen: »Schon zu König Johanns Zeiten zählte man hier dreihundertfünfzig Quick- oder Goldmühlen, und eine dermaßen große Anzahl der Bergknappen, daß eben dieser König sechshundert streitbare Männer von dannen heben und mit sich zur Belagerung der Festung Landshut führen konnte, ohne durch diesen Abgang den Bergbau und das Goldseifen einigermaßen zu unterbrechen.«

Hans Watzlik, ein später Nachfahre Adalbert Stifters (was seine Leistung als Dichter des Böhmerwaldes anging), heute ein längst vergessener Autor, damals aber, also etwa in der Zeit zwischen den beiden Weltkriegen, ein vielgelesener Schriftsteller, erzählte auf recht poetische Weise von den Schönheiten und Merkwürdigkeiten der Landschaft rund um Schüttenhofen. Dabei erfaßte seine dichterische Sprache auch die Wottawa, die Legenden vom Goldwaschen, und Watzlik wurde nicht müde, in seinen Büchern die Romantik des Böhmerwaldes zu schildern: »Auf den Mooren östlich des Rachelstockes wird die schwarzbraune Wottawa geboren, der sagenschwere Goldfluß, den die zurückgelassenen Sandhalden einstiger Goldwäscher weithin begleiten. Die Tannen an seinen Ufern trinken heute noch sagenhaft sein rinnendes Gold und leiten es durch Wurzeln und Adern hoch ins Kronicht, wo es als eitelgoldene Kugel ausblüht und den armen Flößer unendlich reich macht, dem das Glück beschieden ist, sie zu finden. Die Quellbäche dieses Flusses, Ohe und Kieslangbach, brausen durch granitverrammelte Schluchten. Auf sanftem Steinschliff steht der Eisvogel und fischt. Die feuchten, schwankenden Moore sind die Wiege dieser Waldwasser. Diese Hochmoore mit kärglich verzwergtem Föhrenwuchs und kriechender Latschenknorris ruhen in einer unsäglichen Ödnis, als habe ein Fluch sie versengt, und stieren aus schwarzen, regungslosen Tümpeln wie mit toten Augen empor, ein Gespensterland und letzte, fast unüberbietbare Einsamkeit, wenn streifende Nebel es mit ihrem Spuk noch rätselhafter machen und die moorversunkene Kirche ihr ersticktes Geläute anhebt.«

Heute mutet die Sprache Watzliks schon ein wenig antiquiert oder doch sonderbar an. Ähnlich verhält es sich mit der Wirklichkeit, die er hier ums Jahr 1940 beschrieb. Das alles war einmal. Das alles ist einer Veränderung unterworfen gewesen, die so einschneidend und stellenweise auch radikal war, daß die alten Bilder nicht mehr auf die Gegenwart übertragbar sind. Der Wald hat sich gelichtet. Er ist gleichsam dünnhäutig geworden, auch räudig durch die Aggressivität einiger Industriebetriebe, die mit ihren giftigen Abgasen der Natur enorm zugesetzt haben. In den alten deutschen oder eigentlich altösterreichischen Städten und Märkten entlang des Goldenen Steiges (der Kommerzialstraße Maria Theresias) leben heute andere Menschen als damals, da der Doppeladler noch seinen Schatten auf die Marktplätze, auf die Kirchdächer und Friedhöfe warf. Heute ist nicht einmal mehr auf den Friedhöfen eine Spur der altösterreichischen Kultur zu entdecken. Das Land ist so gründlich slawisiert worden, hat so kompromißlos seine Identität verändert, daß man, wenn man Geschichten von früher nacherzählt, unwillkürlich in einen Märchenton verfällt. Das unselige, weil verfälschende »Es war einmal ...« liegt einem unaufhörlich auf der Zunge, so etwa auch in jenen Augenblicken, da man Geschichten aus Bergreichenstein, Horaschdowitz, Strakonitz oder Pisek erzählen möchte, also die Biographien von Städten, die einst nicht nur reiche Goldwäscherplätze, sondern auch Stützpunkte altösterreichischer Lebensart waren.

Die Kommerzialstraße Maria Theresias, von der in diesen Abschnitten des öfteren die Rede ist, war unter anderem auch der berühmten Glashütten von Winterberg wegen notwendig geworden. Denn tief im Böhmerwald erzeugte man früher einmal Millionen jener von farbigen Bändern durchzogenen Glaskugeln, die im Zeitalter des Sklavenhandels eine eigene Währung bildeten. Schon 1712 hieß es in einem Reisehandbuch über Böhmen: »Winterberg ist eine Herrenstadt mit einem großen fürstlichen Schloß an den passauischen Grenzen im Prachiner-Kreis. Eine Meile von dannen ist eine sehr berühmte Glashütten, wo man das beste Kreitenglas machet, welches in der Stadt geschliffen wird. Man macht auch die viel Millionen gläserne Paterle, welche wägenweis auf die Elb geführet werden, und also in Holland, Spanien, Portugal verhandelt werden, welche von dannen weiter in Americam und Indien denen Mohren verkauft werden, bei welchen sie in einem großen Wert sein.«

Paterle also nannte man seinerzeit die bunten Glasperlen, mit denen man Millionen Menschenleben einhandelte oder Elfenbein aufkaufte oder Tonnen von Gold sich aneignete und solcherart Vermögen geschaffen wurden, die so riesig waren, daß ein armer Mensch aus dem Böhmerwald, der sich sein Leben lang mit der Produktion von Glasperlen abschuftete, gewiß keine Vorstellung davon haben konnte.

Wie es tatsächlich zugegangen ist in diesen Glashütten, die vorzugsweise von österreichischen, Wiener Unternehmern gegründet worden waren, berichtete ein Augenzeuge namens Josef Wenzig um die Mitte des 19. Jahrhunderts: »Da flammen die Öfen, wo der Kies zuerst geglüht wird. Da poltern die Pochwerke, wo er zu Mehl zerstampft wird, um ihn zur Mischung mit jenen Ingredienzien, welche das Geheimnis jeder Glasfabrik bilden, geeignet zu machen, Da stehen die Glasmacher an den Schmelzöfen, jeder vor seinem Topfe, ziehen die Masse mit der Pfeife heraus, in welche sie hineinblasen, so daß die Masse aufschwillt wie eine Seifenblase an einem Strohhalm, und stecken dann die Masse in die hölzerne Form, worauf die Eintragjungen kommen und das geformte Stück in den Kühlofen schaffen. Da schnurren in den Mühlen die vom Wasser getriebenen Räder, an welchen das Glas den kostbaren Schliff erhält. Da sitzen in eigenen Räumen still die Künstler, von welchen die Gefäße mit den schönsten Malereien geschmückt werden. Auch das Geschäft des Einpackens und Verladens einer so gebrechlichen Ware verdient Beachtung. Ungeheuere Holzvorräte sind bei der Glasfabrik aufgelagert.«

Das Holz lag praktisch vor der Tür – daran mangelte es nie. Auch Arbeitskräfte gab es immer genügend, denn der Böhmerwald bot den Menschen kaum eine Möglichkeit, sich durch Tatkraft und Gewerbefleiß eine gesicherte Existenz aufzubauen. So waren die Glashütten neben einigen anderen Unternehmungen wagemutiger Industrieller sozusagen die einzigen wesentlichen Stützpunkte der Zivilisation. Und die Kommerzialstraße war der einzige brauchbare Weg, um die Produkte außer Landes zu schaffen.

Eine der berühmtesten Glasmacherfamilien des ganzen Böhmerwaldes war dabei jene des Johann Mayr aus Eleonorenhain unweit von Winterberg, dessen Nachfolger später die Familie Kralik wurde, nachmalig sogar geadelt und als »von Mayrswalden« weitum bekannt in der Monarchie. Man war auch mit der Wiener Glasfabrikantendynastie Lobmeyer verwandt, verschwägert, und Wien – keinesfalls das näherliegende Bayern oder gar Prag – war das Mekka der Glasmacher aus dem Böhmerwald.

Ein wackerer, tüchtiger Österreicher war auch der schon erwähnte Johann Steinbrener. Der gelernte Buchbinder bediente um die Mitte des vorigen Jahrhunderts von Winterberg aus (das heute Vimperk heißt) mit Kalendern und frommen Traktaten die Märkte in der näheren Umgebung. Eines Tages machte er sich selbständig und gründete in Winterberg jene Firma, die aus der ehedem schönen, noblen deutschen Stadt mit dem fürstlichen Schloß die größte Kalendermacherstadt im ganzen deutschen Sprachraum werden ließ. In einer alten Festschrift des Hauses Steinbrener werden die ersten wichtigen Stationen auf dem Weg zur Internationalität der Firma so beschrieben: »Die Idee, selbst Kalender herauszugeben, saß fest in seinem Kopfe. Die eiserne Tatkraft, die Johann Steinbrener sein ganzes Leben begleitete, führte alsbald zum Entschlusse. Noch im Herbst des Jahres 1873 wurden die Arbeiten für die Herausgabe von Kalendern begonnen, und im August des Jahres 1874 verließen die Kalender die Presse. Es erschienen die ersten drei Winterberger Kalender ... von allen drei Sorten wurden kleine Ausgaben veranstaltet. Insgesamt wurden für das Jahr 1875 an die 8000 Kalender gedruckt. Und siehe da! Schon der erste Jahrgang hatte einen guten Erfolg. Noch ehe das Jahr 1874 zu Ende ging, war der erste Jahrgang der Winterberger Kalender vollständig ausverkauft und vergriffen.«

Das wesentliche Geheimnis dieses raschen Erfolges dürfte in der bewußten Naivität oder Volkstümlichkeit gelegen sein, mit denen diese Kalender versehen waren. Sie paßten sich den Bedürfnissen ihres Publikums an und waren, zumal in späteren Ausgaben, vorweggenommene Comics, die, wie der weltweite Erfolg demonstrieren sollte, nicht nur von den Menschen im Böhmerwald buchstäblich verschlungen wurden.

Im Jahre 1930, als die Firma Steinbrener (die bis 1945 selbstverständlich immer ein deutsches Unternehmen war) ihr fünfundsiebzigjähriges Bestehen feierte, waren bis dahin mehr als dreißig Millionen Kalender in Winterberg hergestellt und auch verkauft worden. Sie erschienen in mehr als zwanzig Sprachen, gingen nach Nord- und Südamerika ebenso wie in zahlreiche Missionsgebiete in Afrika und Asien und machten den Namen Winterberg in aller Welt geläufig.

Heute durchwandert man das längst tschechisch gewordene Vimperk vergeblich auf der Suche nach Spuren jener bunten Glaskugeln und frommen Traktate, die aus Winterberg so lange eine vermögende Böhmerwaldstadt gemacht haben. Man braucht sich bloß einmal vorzustellen, daß die Familie Steinbrener vor dem Zweiten Weltkrieg allein für Löhne jährlich rund fünf Millionen Kronen auszahlte, die fast völlig in der Region blieben und ihr somit wirtschaftlich zugute kamen. Heute ist das alles Vergangenheit. Das ehemals selbstverständliche Schönbrunnergelb inzwischen längst herabgewohnter, völlig verbrauchter oder eigentlich über Gebühr beanspruchter Fabrikanten- und Bürgervillen hat lange schon einen Stich ins Graue, Farblose, Verkümmerte angenommen. Und oben im Schloß, das aus einer spätgotischen Burg hervorgegangen ist und wo einstmals die musikalisch gebildeten, kulturell ambitionierten altösterreichischen Glasfabrikanten residierten, riecht es modrig aus verlassenen, eingedunkelten Torbögen, hallt der Schritt melancholisch über ein erneuerungsbedürftiges Pflaster, das in des Wortes buchstäblichem Sinne auch schon bessere Zeiten gesehen hat.

In diesem Schloß, von dem der sogenannte Wolfsturm und eine reichlich verwitterte Schloßkapelle noch am ehesten an die ehemalige Burgarchitektur erinnern, gibt es auch ein Heimatmuseum. Es ist im ersten Stockwerk des Hauptgebäudes untergebracht und vermittelt eine ungefähre Vorstellung von der Vielfalt und Leistungsfähigkeit sowohl der Steinbrenerschen Unternehmungen als auch der ehemaligen Glasbläser. Das Fatale daran ist bloß, daß das Personal dieses Museums (wie das gelegentlich in böhmischen oder mährischen Museen mit altösterreichischem Hintergrund passiert) entweder keine Ahnung von der historischen Bedeutung der hier ausgestellten Exponate hat oder ganz einfach außerstande ist, neben dem rein materiellen Wert dieser Ausstellungsstücke auch deren ideelle Bedeutung zu begreifen. Mir jedenfalls widerfuhr hier wieder einmal diese unselige Begegnung mit zwar gutwilligen, jedoch völlig ahnungslosen Menschen, denen die Beweise für eine reichhaltige und traditionsreiche Kulturgeschichte buchstäblich unter den Händen verkommen. Anläßlich von Fernsehaufnahmen für den ORF wurden zwar alte Bestände durchwühlt, verstaubte Schachteln und Mappen aus irgendwelchen Abstellkammern hervorgeholt und deren (selbstverständlich hochinteressante) Inhalte gutwillig ausgebreitet, aber das alles geschah ohne jede Anteilnahme und größtenteils auch ohne jede Sachkenntnis. Ich erinnere mich noch gut daran, wie wertvolle Pläne der ersten Steinbrenerschen Arbeiterhäuser, Photographien und andere Dokumente auf dem Boden ausgebreitet wurden, ohne daß die durchaus bemühten Museumsangestellten die mindeste Ahnung gehabt hätten, was da eigentlich an historischem Zeugnis und auch kulturgeschichtlicher und kulturpolitischer Beweisaufnahme vorhanden war. Ein Stück Altösterreichs verkam hier buchstäblich zwischen Staub, Gleichgültigkeit und Unkenntnis.

Was die altösterreichischen Kalendermacher aus Winterberg angeht, so weiß ich, daß sie 1945 wie alle Deutschen des Böhmerwaldes (und Böhmens, Mährens) aus ihrer Heimat vertrieben wurden und dann im oberösterreichischen Schärding einen Neubeginn riskierten. Im heutigen Vimperk ist von ihnen, aber auch den ehemaligen Glasfabrikanten und dem Österreich von früher so gut wie nichts mehr spürbar. Nur die Kommerzialstraße Maria Theresias von Passau hinauf nach Prachatitz existiert noch und ist nach wie vor die einzige Verbindung zur deutschsprachigen Welt.

Einen Hinweis sollte man vielleicht noch auf die Landschaft rund um Winterberg geben, wobei wohl der Kubani (tschechisch Boubin) hervorzuheben wäre. Das ist mit annähernd vierzehnhundert Metern die höchste Erhebung dieses hier verlaufenden Böhmerwaldzuges, inmitten eines dunklen, dem Anschein nach unergründlichen Waldgebietes gelegen, das bereits 1858 von den Fürsten Schwarzenberg zum Naturschutzgebiet erklärt worden war. Das war für die damalige Zeit eine unerhörte Aktion mit weitreichenden Folgen. Denn der Böhmerwald hat sich hier tatsächlich zu einem Urwald entwickeln können, was bedeutet, daß man, während man der alten Kommerzialstraße folgt, eine Ahnung davon erhält, wie Landschaft und Natur früher einmal ausgesehen haben.

Ein paar Nachträge, den Böhmerwald und überhaupt Südböhmen betreffend, müssen noch gemacht werden. Ich fuhr deshalb einige Tage vor Niederschrift dieses Abschnittes noch einmal nach Krumau, Budweis, Prachatitz und auch nach Rimau. Das ist der vielleicht am besten erhaltene Wallfahrtsort altböhmischer und damit österreichischer Herkunft, von dem Johannes Jetschgo in seiner verdienstvollen Zusammenfassung südböhmischer Sehenswürdigkeiten einmal sagte, daß gerade dieser Wallfahrtsort ein typisches Zeugnis südböhmischer Volksfrömmigkeit sei.

Rimau liegt gar nicht weit von der Grenze zu Österreich entfernt. Man erreicht es nach dem Grenzübergang von Wullowitz innerhalb von zehn, fünfzehn Autominuten. Die Ortschaft selbst macht einen adretten Eindruck. Man hat Rimau früher einmal das »südböhmische Jerusalem« genannt, weil rings um die Ortschaft eine maßstabgetreue barocke Nachbildung des ursprünglichen Leidensweges Christi angelegt wurde, wobei die einzelnen Stationen von kleinen Kapellen mit Darstellungen dieses Leidensweges gekennzeichnet werden. Diese Kapellen, fünfundzwanzig an der Zahl, stellen zweifellos eine kunst- und religionsgeschichtliche Rarität dar und demonstrieren mit ihren dezenten, auch vielfach schon verwitterten Gelbtönen eine Art der Volksfrömmigkeit, wie sie heute wohl kaum noch vorstellbar ist. Das alles, was die Landschaft rund um Rimau aufwertet und in eine nahezu dramatische Spannung versetzt, hat etwas von einer theatralischen Darbietung an sich, ist jedenfalls eine gut gelungene Inszenierung religiöser Inhalte, vermischt mit bäuerlichem Aberglauben, und verfehlt auch heute nicht seine Wirkung auf den völlig überraschten Besucher.

Da spielt es dann fast schon keine Rolle mehr, daß Rimau eigentlich im Vorfeld des Böhmerwaldes liegt und daß man auf dem Gipfel des nahen Vetrnik in der Monarchie einen sogenannten Vermessungspunkt anlegte, den man kurzerhand als den Mittelpunkt Europas bezeichnete. Das war nichts gänzlich Neues, denn solche Mittelpunkte waren im 19. Jahrhundert der Stolz österreichischer Geometer.

Aber zurück zur letzten Rekognoszierung des Böhmerwaldes unmittelbar vor Niederschrift dieser Abschnitte. Es war immerhin Ende Juli, also Hochsommer, und die Temperaturen der letzten Tage und Wochen waren dementsprechend hoch. Nach einem überraschenden Temperatursturz (eine ganze Nacht lang trommelte der Regen auf die ausgedörrte Erde) schlüpfte die fast schon verdorrende Landschaft des Böhmerwaldes wieder in ihr ursprüngliches Kostüm. Und das war grün. Es war ein Grün in vielen Schattierungen, ein gedämpftes bis grelles Grün, darin die Ortschaften buchstäblich ertranken. Ich fuhr durch Hohenfurth, Friedberg, Oberplan und zurück in Richtung Krumau über Maria

Gojau (Kajov) und Höritz (Hořice) wie durch eine neuerschaffene, in frischer grüner Schönheit erglänzenden Welt, wobei sich mir einige Ergänzungen zu früheren Beschreibungen dieser Szenerie aufdrängten.

In Hohenfurth zum Beispiel sollen es jetzt drei Zisterziensermönche sein, die am Wiederaufbau und an der Inbetriebnahme dieses ehedem gewaltigen Klosters arbeiten. Außerdem erhielt ich Kenntnis von einem Postmuseum, das im Kloster untergebracht ist. Sehenswert waren einige Gerüste, die davon zeugten, daß Renovierungsarbeiten unternommen werden. Arbeiter sah ich allerdings keine. Im nahen Friedberg (Frymburk), das schon am gewaltigen Moldaustausee liegt, sollte man sich Simon Sechters entsinnen (1788–1867), der weniger als Komponist, sondern weit mehr als Kontrapunktist Furore gemacht hatte und in Wien, wo er am Konservatorium lehrte, auch als Lehrer Anton Bruckners tätig gewesen war. Ein anderer bedeutender Mann aus Friedberg (einmal eine rein österreichische Ortschaft), nämlich Andreas von Baumgartner, brachte es sogar zum Minister und Präsidenten der Akademie der Wissenschaften. Er starb 1865, hochgeehrt und dann rasch und gründlich vergessen.

Hier ist man auch schon im eigentlichen Bereich des Böhmerwaldes, und was mir bei mehreren Fahrten bereits aufgefallen war, wurde mir diesmal, während strähniger Regen ins Dickicht des Waldes fiel, besonders deutlich. Manchmal sah es nämlich aus, als ob riesige Steine durch diesen Wald rollten, granitenes Gerümpel, das unheimlich und bedrohlich aussah, moosüberwachsen und wie durch eine Zauberhand bewegt, wenn es hinter den Schatten und im Schutze der feuchtglänzenden Stämme rumpelte und rumorte. In einigen anderen Bereichen wiederum bildeten die ineinander verflochtenen, miteinander verzweigten Bäume fast so etwas wie einen Stacheldrahtzaun aus Holz, Zweigen, Blättern, der den Zutritt zum Wald beinahe unmöglich machte. Das sah dann aus wie eine undurchdringliche Hecke, hinter der Märchen wahr wurden und Zauberer ihr Zepter schwangen. Dafür entschädigte in Schwarzbach ein großes Storchennest, das einen hohen Kamin beherrschte und drei gelangweilt in den Regen blinzelnden Störchen Heimvorteil gewährte.

Die Landschaft ist hier unruhig, hügelig oder eher merkwürdig aufgebuckelt, sie vermittelt den Anschein, als ob sie aus vielen kleinen Höckern bestünde, die, grasgrün bis grau- oder braungrün, eine ungemein kunstvolle Unordnung erzeugen. Die Wolken fliegen dicht über diese Hügel hinweg. Aus dem Wald, der wie eine Schleppe Hügel und Wiesen überlappt, kommt ein knarrender Ton, und man hat den Eindruck, als ob die Erde, die Luft, die Gebüsche, die Böschungen von zahllosen unheimlichen Lebewesen bevölkert wären.

An der Strecke zwischen Krumau und Schwarzbach, das am Beginn des großen Stausees liegt, verbergen sich zwei Ortschaften in dieser faltenreichen, unübersichtlichen Landschaft, eher unansehnliche Dörfer, die früher einmal von einiger Bedeutung gewesen sind und denen heute eine gewisse Gleichgültigkeit, auch Verdrossenheit zugewachsen ist. Zuerst, wenn man von Süden, also von der Moldau her kommt, ist es Höritz (Hořice), das höchstens deshalb auffällt, weil hier die Straße fast senkrecht in die Tiefe fällt und man kaum Zeit hat, während des Durchfahrens irgendwelche Besonderheiten auszumachen. Dabei war Höritz im 19. Jahrhundert seiner Passionsspiele wegen weitum berühmt und zog immer wieder viel Publikum an. Es war ein Webermeister namens Paul Gröllhesl, der schon im Jahre 1816 die Idee hatte, ein zu jener Zeit längst gespieltes Bauernstück vom Leiden und Sterben Christi endlich einmal aufzuschreiben und dadurch gewissermaßen theatralisch zu formulieren. Wann man in Höritz damit begonnen hatte, diese alte mitteleuropäische Tradition zu einer festen Einrichtung zu machen, weiß heute niemand mehr. Hingegen ist bekannt, daß zu Beginn des 20. Jahrhunderts ein Theaterdirektor aus Budweis die Inszenierung des Passionsspiels übernahm und der ganzen Sache ein etwas professionelleres Image verlieh. Das schien insofern recht erfolgreich gewesen zu sein, als sich der »Deutsche Böhmerwaldbund«, eine kulturelle Vereinigung, die sich vor allem der Volkstumspflege widmete, mit bedeutenden Subventionen einstellte und die Errichtung eines Festspielhauses ermöglichte. Damit waren die Passionsspiele von Höritz gleichsam salonfähig geworden und zählten zweifellos zu den markantesten Ereignissen des Böhmerwaldes.

In diesem Zusammenhang sollte allerdings auch nicht verschwiegen werden, daß die Höritzer tatenlos mitansehen mußten, wie während des Zweiten Weltkrieges ihr Festspielhaus in ein Nachschubmagazin für das Deutsche Afrikakorps verwandelt wurde. Dort, wo biedere Handwerker, Bauern, Angestellte, alle der deutschen Volksgruppe zugehörig (in Höritz lebten wie in fast allen diesen kleinen Märkten und Städten des Böhmerwaldes fast ausnahmslos Deutsche oder eigentlich Altösterreicher), die Not und die Verklärung Christi nachzuvollziehen suchten und ein durchaus ergriffenes Publikum über viele Jahrhunderte hinweg diesen wohl recht bemerkenswerten künstlerischen Anstrengungen mit außerordentlicher Spannung folgte, lagerten jetzt Uniformen, Waffen, Konserven, wurde damit die Kriegsmaschinerie Hitlers auf einem fernen Kontinent beliefert, was viele Höritzer möglicherweise mit ebensolcher Begeisterung zur Kenntnis nahmen, wie sie seinerzeit dem frommen Spektakel ihrer Mitbürger Aufmerksamkeit gezollt hatten. Nach dem Krieg verwendeten die amerikanischen Besatzungssoldaten das Haus als Tanzlokal. 1948 wurde es zerstört oder verfiel es allmählich, weil sich keine Verwendung mehr dafür fand. Inzwischen soll man sich, wie zu hören ist, im heutigen Hořice wieder mit dem Gedanken tragen, die Passionsspiele zu reaktivieren.

Nach wenigen Kilometern in Richtung Krumau folgt Kajov, das ehemalige Maria Gojau, einst einer der berühmtesten Wallfahrtsorte Südböhmens. Hierher pilgerte sogar jener Graf Martinitz, der beim Prager Fenstersturz wie durch ein Wunder unversehrt durch die Luft segelte und weich im Graben der Prager Burg landete, was bekanntlich so etwas wie ein dramatischer Prolog auf den Dreißigjährigen Krieg war. Das geschah 1618, und damals bereits war Maria Gojau vielbesucht und auch vielbewundert. Die sogenannte Entschlafungskapelle, eine der ältesten Gnadenkirchen des südböhmischen Raumes, war ein besonderer Anziehungspunkt für die vielen Wallfahrer, die aus ganz Böhmen, aber auch dem bayerischen und österreichischen Raum kamen, um hier zu beten, ihre Sünden zu bereuen, neue Hoffnung zu fassen oder für eines jener Wunder zu danken, ohne die (und der Graf Martinitz könnte das bestätigen) unser Leben farblos und langweilig wäre.

Ich erinnere mich, daß ich mehrmals durch Kajov fuhr und mich immer ein wenig darüber wunderte, wie herabgekommen, unwirtlich der Kirchenkomplex mit der Entschlafungskapelle und der Gnadenkirche aussah. Der Verfall war so augenscheinlich, daß es wohl nur noch eine Frage der Zeit schien, bis ein Dach oder eine Stützwand oder ein Turm zusammenbrechen würde. Aber jetzt entdeckte ich an der Kirche plötzlich ein Gerüst, sah ich, daß man allem Anschein nach doch mit Restaurierungsarbeiten begonnen hatte. Das könnte bedeuten, daß auch ins tschechische Kajov bald wieder die frommen Gläubigen aus dem Böhmerwald und vielleicht sogar aus dem nahen Mühlviertel kommen und der heute noch etwas toten, erstarrten, auch schmutzigen Ortschaft neues Leben einhauchen werden.

Es sind noch einige Anmerkungen zu machen, Nachträge zu erledigen, die sich bei dieser letzten Erkundungsfahrt unmittelbar vor Niederschrift dieser Abschnitte Ende Juli 1991 ergeben haben. So etwa ist ein Aussichtsberg namens Schöninger (Klet) in der Nähe Krumaus unbedingt erwähnenswert, weil auf seinem nicht sonderlich hohen Gipfel (etwas mehr als tausend Meter) der älteste Aussichtsturm Böhmens steht, gestiftet im Jahre 1824 von einem Fürsten Schwarzenberg. Angeblich soll man bei besonders starkem Föhnwetter bis zum Großglockner sehen können, eine recht kühne Behauptung, die ich nicht überprüft habe, obgleich eine Seilbahn (vom Dorf Krašetin aus) auf den Gipfel führt. Früher einmal sollen reiselustige Wiener, die bis ins Südböhmische vordrangen, den Schöninger mit dem Schneeberg verglichen haben, einem Hausberg der Wiener ... Reminiszenzen an eine untergegangene Zeit.

Im Schatten dieses Aussichtsberges befindet sich Zlata Korna, das als Goldenkron in der habsburgischen Kulturgeschichte einen besonderen Klang gehabt hat. Kloster Goldenkron, eine Gründung des slawischen Přemysliden Ottokar (1263), war von Zisterziensern aufgebaut worden, die aus Heiligenkreuz im Niederösterreichischen gekommen waren, das damals gleichfalls zum Einflußbereich Ottokars gehörte. Im Jahr 1278, nach der Schlacht von Jedenspeigen-Dürnkrut auf dem Marchfeld, in der Rudolf von Habsburg über Ottokar siegte und der Přemyslide sein Leben verlor, wurde das Kloster von habsburgischen Truppen fast gänzlich zerstört. Die Mönche freilich waren hartnäckig, bauten die niedergebrannten Gebäude wieder auf, gingen wieder ihren gewohnten Tätigkeiten nach, und als der Hussitensturm über Südböhmen hereinbrach, sollen mehr als dreihundert Mönche in Goldenkron gelebt haben. Eine letzte Blütezeit erlebte Goldenkron dann Ende des 17. bis zur Mitte des 18. Jahrhunderts. Aber im Oktober des Jahres 1785 wurde Fürst Johann von Schwarzenberg höchst offiziell davon verständigt, daß Goldenkron gemäß einer Verfügung Kaiser Josephs II. säkularisiert worden wäre. Die Mönche wurden in die verschiedenen Pfarreien Südböhmens delegiert, vorzugsweise in jene der neu gegründeten Diözese Budweis, was zu lauten Protesten und mancher Verzweiflungstat führte, jedoch nichts am Untergang des Klosters änderte.

Die Österreicher hatten lange Zeit keine Verwendung für die leerstehenden und allmählich verfallenden Gebäude. Erst um das Jahr 1900 etablierte sich hier eine Leinwandbleiche, der eine Tuchfabrik angeschlossen wurde. Später fand eine Eisengießerei Unterkunft in den ehemals klösterlichen Behausungen. Und die tschechischen Kommunisten bewiesen sogar Humor (freilich eine etwas seltsame Form oder Abart davon), indem sie das Areal als Depot ausgerechnet für jene religiöse Literatur benutzten, die von ihnen seit 1948 beschlagnahmt wurde.

Kunstgeschichtlich ist Goldenkron vor allem der Klosterkirche wegen beachtenswert. Sie wird allgemein als bedeutendes Zeugnis südböhmischer Gotik gerühmt. Das mehr als siebzig Meter lange Gotteshaus stellt sich als eine Arbeit des Steinmetzes Michael Parler dar, der ein Bruder jenes berühmten Peter Parler war, der an der Gestaltung des Veitsdomes auf dem Hradschin wesentlich beteiligt gewesen war. Erwähnenswert scheint wohl auch das Grabmal König Ottokars II. zu sein, der selbstverständlich nicht hier, sondern (nach einem Intermezzo im Kloster Bruck bei Znaim) auf dem Prager Hradschin seine letzte Ruhestätte fand. Das Grabmal, 1773 von Jakob Eberle gestaltet, ist allerdings ein Zeugnis für die barocke Prachtentfaltung und das ästhetische Empfinden, dessen man einst im Kloster Goldenkron fähig war.

Ein letzter Hinweis gilt der sogenannten Krumauer Madonna, dieser berühmten gotischen Plastik, die sich seit Jahrzehnten bereits im Kunsthistorischen Museum in Wien befindet und die vorher einer jungen Krumauerin gehört hatte. Angeblich war das Kunstwerk einst dem Krumauer Schloß zugehörig gewesen, was jüngste Forschungsergebnisse insofern erweitern, als man nunmehr mit Sicherheit anzunehmen bereit ist, daß diese Kalksteinfigur ursprünglich im Kloster Goldenkron seinen Standplatz gehabt hatte. Erst nach Aufhebung des Klosters wäre die Plastik nach Krumau gelangt.

In diesem Bereich wären auch noch die Namen der Burgruine Maidstein, der Ruine Kugelwaid und ferner die kleine Stadt Kaplitz zu erwähnen. Kaplitz sollte jedem österreichischen Touristen, der nach Budweis fährt, ein Begriff sein. Hier wirkte der im Jahre 1801 gestorbene Ferdinand Kindermann, ein hervorragender Pädagoge der Aufklärung, der seiner Zeit weit voraus war. Das bewies er allein schon durch sein Modell der gewaltfreien Volksschule und die heute noch ungemein modern (oder eigentlich zeitlos) anmutenden Unterrichtsmethoden, mit denen er einen großen Anteil an der mariatheresianischen Schulreform hatte. Kindermann wurde erlaubt, in Kaplitz eine sogenannte Musterschule einzurichten und weitgehend selbständig zu führen. Leider wurde dieses Schulhaus 1926 abgerissen, als das österreichische Kaplitz bereits allmählich zum tschechischen Kaplice wurde. Heute erinnert gar nichts mehr an das Leben, an das Wirken dieses verdienstvollen altösterreichischen Pädagogen, dem mehrere Generationen aufgeschlossener, fortschrittlich denkender Lehrer (und natürlich deren jeweilige Schüler) zu außerordentlichem Dank verpflichtet waren.

Kaum bekannt dürfte auch sein, daß Hans Watzlik, seinerzeit einer der populärsten böhmischen Heimatschriftsteller, aus dem heutigen Grenzort Dolni Dvořiště stammt. Im ehemaligen Postmeisterhaus unweit der Kirche (die von Kennern als exzellentes Beispiel einer spätgotischen Hallenkirche gerühmt wird) kam Watzlik 1879 zur Welt. In seinen (selbstverständlich deutsch geschriebenen) Büchern beschwor er unermüdlich die geheimnisvolle, sagenumwobene Welt des Böhmerwaldes, beschrieb er

Menschen, die heute wohl schon ein wenig altmodisch anmuten mögen. Watzlik starb nach dem Zweiten Weltkrieg in der Nähe von Regensburg, wo er sich zuletzt niedergelassen hatte, nachdem er von den Tschechen vertrieben worden war.

Einen Hinweis verdient auch die Wallfahrtskirche von Maria Schnee (Svaty Kamen) unweit von Unterhaid, wie Dolni Dvořište früher einmal hieß. Diese neben Maria Gojau und Rimau seinerzeit bekannteste, beliebteste Wallfahrtsstätte, zur Zeit Kaiser Josephs II. säkularisiert, rückte 1949 in die Schlagzeilen der internationalen Presse, als hier der damalige Budweiser Bischof Hlouch inmitten einer riesigen Pilgerschar das feierliche Zeremoniell einer Firmung vornehmen wollte. Aber die Feier wurde von starken Polizeikräften gewaltsam gestört, es kam zu Handgreiflichkeiten und einem Tumult. Das bedeutete das Ende von Maria Schnee, das außerdem bis zur sanften Revolution von 1989 im sogenannten militärischen Sperrbezirk lag. Neuerdings bemüht man sich um eine Restaurierung der Kirche und der Gnadenkapelle.

Auf eine technische Sehenswürdigkeit, die zugleich eine historische Rarität ist und die tief im Böhmerwald liegt, muß noch hingewiesen werden, weil sie dem Motto »Begegnung mit dem Doppeladler« auf besondere Weise entspricht. Es handelt sich dabei um den Schwarzenbergschen Schwemmkanal bei Jeleni (ehemals Hirschgraben) am westlichen Beginn des Moldaustausees schon dicht an der Grenze. Es gibt Autoren, die diesen Kanal für so bedeutsam halten, daß sie ihn, was seine ehemalige Funktion angeht, mit dem Goldenen Steig, der Kommerzialstraße Maria Theresias, vergleichen, was zumindest teilweise (wenn man die wirtschaftlichen Möglichkeiten dieses Unternehmens in Betracht zieht) wohl auch zutreffend gewesen sein mag. Dieser Kanal, der eigentlich eine künstliche Holzdrift mit einer Länge von mehr als vierzig Kilometern war, entstand durch die Beharrlichkeit eines Mannes namens Joseph Rosenauer, eines tüchtigen Angestellten der Fürsten Schwarzenberg. Rosenauer und dann natürlich auch den Schwarzenberg, die das kühne Projekt ja finanzieren mußten, war es darum gegangen, eine praktische Möglichkeit zum Abtransport der riesigen Holzvorkommen zu finden, die in den

Tiefen des Böhmerwaldes ungenutzt verrotteten. Und dieser Kanal, für den Rosenauer um 1790 mehr als achtzig Brücken und zweiundzwanzig Schleusen bauen mußte, verband schließlich Moldau und Donau über deren Zuflüsse, was bedeutete, daß nunmehr das Holz des Böhmerwaldes zugänglich gemacht worden war. Das böhmische Holz der Fürsten Schwarzenberg ging in der Hauptsache nach Wien, aber später auch bis nach Budapest, versorgte also zwei Städte, deren Bauwut im 19. Jahrhundert sprichwörtlich war.

Es wäre freilich ungerecht, wollte man die Bedeutung des böhmischen Holzes nur auf Bau- und Brennholz beschränken. In der Nähe von Eleonorenhain, das seinen Namen der Fürstin Eleonore von Schwarzenberg zu verdanken hat, wurden in der altösterreichischen Monarchie jene kostbaren Resonanzhölzer geschlagen, die für den Bau von musikalischen Instrumenten unentbehrlich waren. Das kleine Dorf Stožec (früher Tusset) war das Zentrum einer ganz bestimmten Gruppe von besonders ausgebildeten oder auch ausgewählten Holzfällern, die spezialisiert waren für das Auffinden und Schlägern dieser Bäume, deren Holz sich besonders für die Herstellung von Musikinstrumenten eignete. Übrigens zog es auch den gebürtigen Leitmeritzer Alfred Kubin, der dann 1959 in Zwickledt im oberösterreichischen Innviertel verstarb, immer wieder nach Tusset, wo er alljährlich im Sommer für einige Tage oder sogar Wochen Quartier nahm und zeichnete.

Man könnte, müßte noch viele Ergänzungen, Hinweise, Notizen anfügen, denn der Böhmerwald ist, wenn man ihn unterm Schatten des Doppeladlers zu sehen wünscht, ein unergründliches Thema. »Da ruhen die breiten Waldesrücken und steigen lieblich, schwarzblau dämmernd ab gegen den Silberblick der Moldau«, schrieb einst Adalbert Stifter. »Es wohnt unsäglich viel Liebes und Wehmütiges in diesem Anblick.«

Besser, genauer, umfassender als mit dieser Darstellung in lakonischer Kürze kann man den Zauber und das Wesen des Böhmerwaldes kaum beschreiben – vor allem dann nicht, wenn man die untergegangene Welt Altösterreichs noch einmal beschwören will.

Vom Leben und Sterben in Südmähren

Schwer wiegen die Erinnerungen in Nikolsburg, das heute Mikulov heißt und unmittelbar hinter der Grenze (bei Drasenhofen) liegt, von weitem schon erkennbar mit seiner unverwechselbaren Silhouette, dem wuchtigen Buckel des ehemals Dietrichsteinschen Schlosses und der charakteristischen Wölbung der Pollauer Berge, die hier unvermittelt aus der südmährischen Ebene aufsteigen. Hier nahm 1753 Maria Theresia die Huldigung der mährischen Stände entgegen, hatte rund hundert Jahre davor Kardinal Dietrichstein mit einem der immer wieder rebellischen Fürsten Siebenbürgens Frieden geschlossen und ihn, der von den Türken unterstützt worden war, zum Verzicht auf die ungarische Krone bewegen können, was dem damaligen Habsburgerkaiser Ferdinand II. nahezu als ein Geschenk des Himmels vorgekommen sein muß. Hier wurde aber auch am 26. Juli 1866 zwischen den Repräsentanten Kaiser Franz Josephs und denen des Preußenkönigs, der noch den Triumph von Königgrätz auskostete, jener Vorfriede geschlossen, der den Marsch der Preußen nach Wien unterband und die Demütigung Österreichs dennoch grenzenlos werden ließ.

Nikolsburg, ehemals auch das Zentrum der Wiedertäufer (1526–1622), denen die mächtige Familie Liechtenstein, die zu jener Zeit noch über Nikolsburg herrschte, das Asylrecht gewährte, Nikolsburg also war immer so etwas wie eine Drehscheibe für Österreichs Geschichte und Schicksal. Preußens König Wilhelm, der 1866 für ein paar Tage im Dietrichsteinschen Schloß gemeinsam mit seinem genialen Generalstabschef Moltke und dem Grafen Degenfeld-Schönburg Quartier genommen hatte, soll ganz erstaunt darüber gewesen sein, daß die Österreicher dieses Juwel (das auch militärisch seiner akzentuierten Lage wegen bedeutsam hätte sein können) praktisch ohne jede Gegenwehr den Preußen überlassen hatten. Hier wirkte aber auch im seinerzeit bedeutsamen Ghetto, von dem sich nur Erinnerungen und nicht die mindeste sichtbare Spur gehalten hat, jener Oberrabbiner Südmährens namens David Oppenheimer, der später im Prag Rudolfs II. als der geheimnisvolle Rabbi Löw eine unerhörte, unglaubliche Karriere machen sollte. Überhaupt besaß die einstige Judengemeinde von Nikolsburg, deren Schule in der ganzen Monarchie hohes Ansehen genoß, alle nur erdenklichen Privilegien und konnte sich völlig frei entfalten. So war es wohl auch kein Zufall, daß sich eine der bedeutendsten Bibliotheken dieser Monarchie, die sogenannte Oppenheimersche, die sich heute in Oxford befindet, in Nikolsburg entwickeln durfte. Und auch Joseph Freiherr von Sonnenfels, Nationalökonom, Philosoph, Jurist und Berater Kaiser Josephs II., den er bei der Abschaffung der Folter in Österreich unterstützte, kam aus dem Nikolsburger Judenviertel.

Aber das sind alte Geschichten, ist Stoff für Lesebücher, die niemand mehr liest, hat mit der Vergangenheit Österreichs und Mitteleuropas zu tun, die uns längst merkwürdig fremd geworden ist. »Sie haben meine Schwester so lange gegen den Zaun gedrückt, bis sie tot umfiel«, erinnerte sich eine alte Frau, die heute jenseits der Grenze, also im Niederösterreichischen, lebt, an die schrecklichen Tage im Frühsommer 1945, als die Elendszüge der vertriebenen Deutschen aus Brünn und den übrigen mährischen Städten durch Nikolsburg kamen und in Nikolsburg selbst alle Deutschen innerhalb weniger Stunden ihre Häuser verlassen mußten. Im Weichbild der Stadt waren Lager eingerichtet worden, in denen der Tod nach Belieben umging. Die Bewacher, tschechische Gardisten, sogenannte Partisanen, Halbwüchsige, viel Gesindel darunter, führten sich auf eine Weise auf, daß gelegentlich sogar das sowjetrussische Militär eingreifen mußte.

Heute schaut es in Nikolsburg ungeachtet der zaghaften Renovierungsversuche, ungeachtet auch der Neubauten vielfach immer noch so aus, als ob ein vernichtender Sturm über die alte Stadt gezogen wäre. Die Häuser, in denen bis 1945 die Deutschen lebten, haben, sofern sie überhaupt noch existieren, gleichsam das Atmen verlernt. Von den grauen Fassaden bröckelte mit dem Verputz wohl auch das Bewußtsein einer Geschichte ab, die hier immer österreichisch gewesen ist und die diese Stadt einst groß und bedeutsam gemacht hatte. Das ehemals Dietrichsteinsche Schloß, das früher einmal eine Liechtensteinsche Burg war (und wo 1866 die Friedensverhandlungen stattfanden), wird restauriert. Russische Artillerie hatte es noch in den letzten Kriegstagen 1945 in Brand geschossen. Das sogenannte Regionalmuseum, das im Schloß untergebracht ist, wird seiner Sonderausstellung über die Geschichte des Weinbaus wegen von den Touristen ungemein geschätzt, zumal man in Nikolsburg, sofern man Glück hat, den recht guten südmährischen Wein verkosten kann.

Nur dieser eine Satz, den die alte Frau drüben im Niederösterreichischen mehr gemurmelt als deutlich ausgesprochen hat, will einem nicht mehr aus dem Sinn: »Sie haben meine Schwester so lange gegen den Zaun gedrückt, bis sie tot umfiel . . .«

Kann man mit einer Wahrheit, die furchteinflößend und schrecklich ist, so umgehen, daß sie nicht mehr schmerzt und dennoch moralisch wirksam bleibt? In Nikolsburg, im Südmährischen, wo das Österreichische, das in vielen Fällen auch ein sanftes Kakanien war, immer noch spürbar ist, stellen sich solche Fragen fast automatisch. Und die Grenze, die man zwischen Nikolsburg und Drasenhofen überwinden muß, ist wie ein willkürlicher Schnitt ins Unterfutter dieser Landschaft und der Seele seiner Menschen.

Pohrlitz liegt keine dreißig Kilometer südlich von Brünn, eigentlich auf halber Strecke zur mährischen Hauptstadt, wenn man von Österreich kommt. Hier vereinigen sich die beiden südwärts verlaufenden Straßen, nämlich jene nach Znaim und dann die andere, stärker befahrene nach Nikolsburg, in dieser eher nichtssagenden Kleinstadt, die sich zu beiden Seiten der Hauptstraße fast beliebig auffädelt, Pohořelice, ein wenig melancholisch, ein wenig desolat wie viele dieser mährischen Dörfer und Märkte, denen die Geschichte Falten ins staubige, verblichene Antlitz gezeichnet hat. 1742 befand sich hier ein Lager der vorrükkenden preußischen Truppen, als der Siebenjährige Krieg ganz Böhmen und Mähren verheerte und der Preußenkönig Friedrich, den sie später den Großen nannten, schon vom glorreichen Einzug in Wien träumte. 1805 hatten die Franzosen in Pohrlitz ihr

Hauptquartier, als Napoleon in der Schlacht von Austerlitz wieder einmal ein vernichtender Schlag gegen die Österreicher und die mit ihnen verbündeten Russen gelang. Und 1885 erlangte man hier durch Kaiser Franz Joseph die auf lokaler Ebene vielbejubelte Erhebung zur Stadt.

Aber dann kam der 1. Juni 1945. Aus dem nahen Brünn, wo es zu Pogromen gegen die deutsche Bevölkerung und dann zu deren Vertreibung gekommen war, wälzte sich ein Elendszug von Zehntausenden, die von ihren tschechischen Bewachern wie das Vieh zur Schlachtbank durch die schöne südmährische Landschaft getrieben wurden. In Pohrlitz, wo eine Pause eingelegt werden mußte und allmählich so etwas wie ein (erzwungenes) Lager entstand, kam es entlang der Landstraße und in der kleinen Stadt selbst immer wieder zu erschütternden Szenen. Die Menschen starben wie die Fliegen. Sie verreckten, krepierten, kamen in ihrem eigenen Dreck um . . . anders könnte man, erzählten später die überlebenden Augenzeugen, dieses Zugrundegehen der alten Männer und Frauen (vielfach von ihren Peinigern geschändet) und der Kinder nicht bezeichnen. Viele starben am Fieber, an der Erschöpfung, am Hunger, an den Schlägen, die sie von ihren Bewachern erdulden mußten. Einer der Augenzeugen berichtete in einem Brief, daß selbst die sowjetrussischen Soldaten damals gegen die Tschechen eingeschritten wären, um sie an der unvorstellbaren Barbarei gegen die Deutschen zu hindern und das Ärgste manchmal zu verhüten. Manche Opfer hätten stundenlang geschrien, bevor sie starben. Andere fiel der Tod fast gnädig an und schenkte ihnen zuerst die lindernde Ohnmacht, bevor sie ihren letzten Seufzer taten. Besonders schlimm soll es in der Nacht vom 2. auf den 3. Juni 1945 gewesen sein. Das Schreien der Sterbenden, das Wehklagen der Überlebenden soll in ganz Pohrlitz zu hören gewesen sein. Und viele Deutsche wären auch vedurstet, weil ihnen die Bewacher jede Flüssigkeitsaufnahme verwehrt hätten.

Der tschechische Schriftsteller Ota Filip hat nach Jahrzehnten des Schweigens und der verlorenen Scham das Rätsel der Toten von Pohrlitz wieder öffentlich gemacht und unmißverständlich artikuliert, daß hier die Barbarei der Deutschenvertreibung aus

Böhmen und Mähren einen erschütternden Höhepunkt erlebt hatte. Die Toten wurden übrigens vom damaligen Totengräber der Stadt namens Julius Hofmann in aller Eile auf freiem Feld vor Pohrlitz beim sogenannten Haschka-Kreuz begraben. Angeblich waren es mehr als achthundert Menschen, die innerhalb von achtundvierzig Stunden in der mährischen Kleinstadt erbärmlich zugrunde gingen. Wörtlich heißt es: »Julius hat die an Hunger, Erschöpfung, an Folter und an Ruhr gestorbenen Deutschen begraben und in seinem Totenbuch sorgfältig [sorgfältiger ging es in der damaligen Zeit wohl nicht] vermerkt.« Die Sterbematrikel, die man heute noch in Pohořelice einsehen kann, sind allerdings, was den Zeitpunkt von damals betrifft, unvollständig. Es fehlen nämlich zwölf Seiten.

Julius Hofmann soll damals auch Hilfe gehabt haben. Ein Verwandter Hofmanns, von dem man nichts Näheres weiß, soll ihm beim Ausheben der Gräber behilflich gewesen sein, denn der deutsche Totengräber der Stadt weigerte sich, einfach ein Massengrab auszuschaufeln. Der Verwandte soll sich dann bei den toten Deutschen mit Ruhr angesteckt haben und innerhalb von wenigen Tagen gestorben sein.

Einige notwendige Randbemerkungen zu dieser Tragödie betreffen die Bewacher der Deutschen, die in der Hauptsache zu den sogenannten »Revolutionären Gardisten« aus Brünn gehörten, die sich wiederum größtenteils aus dem Werkschutz einer Munitions- oder Waffenfabrik zusammensetzten. Der Pfarrer von Pohořelice war der erste Mensch, der überhaupt auf das Drama in seiner Stadt zu sprechen gekommen ist. Im April 1990 hat er die achthundert toten Deutschen in einer Predigt erwähnt, von einer längst fälligen Aussöhnung mit den Deutschen gesprochen und seinen Zuhörern insgesamt ins Gewissen geredet, worauf er in den folgenden Tagen anonyme Morddrohungen erhielt. Der Name dieses couragierten Pfarrers ist Karel Moštek.

Heute erinnert nichts mehr an die schrecklichen Szenen von damals. Soll man der angeblichen Gnade des Vergessens teilhaftig werden? Oder gibt es tatsächlich eine Wahrheit, die so furchteinflößend und schrecklich ist, daß man sie nicht mehr vergessen kann?

Von Pohořelice wie von Mikulov ist es nach Znaim nur ein Katzensprung, in beiden Fällen keine halbe Autostunde, immer durch sanft gegliedertes Land unterwegs, vorbei an breitflächigen Feldern; später, nahe der Grenze, sind es auch Weinberge, Obstplantagen, die daran erinnern, daß Südmähren ungemein fruchtbar ist.

Die Einfahrt nach Znaim ist dann eher enttäuschend. Denn auch einer Stadt kann, wie das gelegentlich bei einem Menschen der Fall ist, die Farbe aus dem Antlitz weichen. Und sie schaut dann alt, verbraucht und krank aus. Znaim (Znojmo) sei wie kaum eine andere Stadt Mährens durch die Aussiedlung ihrer früheren deutschen Bevölkerung sichtbar in ihrem Lebensnerv getroffen, schrieb Lilian Schacherl, eine Chronistin Mährens, vor mehr als zwanzig Jahren. Das ehemals österreichische, deutsche Znaim mit seinen dekorativen Fassaden, der behäbigen Weitläufigkeit seiner Plätze, der diskreten, aber durchaus selbstbewußten Ästhetik seiner Bürgerhäuser wirkt heute wie leergefegt, beinahe funktionslos und als ob alles Blut aus seinen Adern gewichen wäre. Das war zumindest der erste Eindruck, den ich hatte, als ich im Spätherbst 1989 nach jahrzehntelanger Pause wieder nach Znaim gekommen bin. Seit damals hat sich nicht viel verändert, nicht viel gebessert. Dafür sind am Fuße der kleinen Anhöhe, auf der Znaim sich seit dem 11. Jahrhundert kontinuierlich entwickelt hat, neue Stadtviertel entstanden, gesichtslos und bloß funktionell, ohne wirklich zu funktionieren. Oben war Österreich. Unten breitet sich die neue Zeit aus. Und Zigeunern, die in die von den Deutschen verlassenen Häuser und Wohnungen eingewiesen wurden, begegnet man natürlich auch hier.

Wallenstein hat in Znaim verweilt, ebenso der Preußenkönig Friedrich II., der freilich als Sieger gekommen war und von hier aus mit seinen Truppen Wien bedroht hat. Im Jahre 1278, nach der Schlacht von Dürnkrut-Jedenspeigen, bei welcher Rudolf von Habsburg über den Přemysliden Ottokar II. siegte, kam der Leichnam des gefallenen Slawenkönigs für zwanzig Jahre in das damalige Minoritenkloster, bevor er dann endlich nach Prag auf den Hradschin gebracht wurde. Und ein anderes Kloster, nämlich das Prämonstratenserstift von Bruck, wurde zuerst unter Joseph

II. säkularisiert und später als Hospital, Tabakfabrik und zuletzt als Kaserne gründlich zweckentfremdet, obgleich Österreichs geniale Barockkünstler Lukas von Hildebrandt und Anton Maulbertsch an diesem heute noch durch seine Stattlichkeit auffallenden Bauwerk mitgearbeitet haben.

Aber wirklich berühmt und (zumindest vorübergehend) auch wohlhabend wurde Znaim durch seine Gewürzpfeffergurken. Bei deren Popularisierung spielte wiederum das Kloster Bruck (heute Louka) eine gewichtige Rolle, denn anläßlich eines Besuches des habsburgischen Kaisers Ferdinand II. in Znaim wurden ihm solche Gürkchen, die aus Ungarn eingeführt worden waren, aus der Küche des Klosters vorgesetzt. Ferdinand kostete sie, war sichtlich angetan und rühmte sie als nahezu unvergleichlich. Eine bessere Propaganda hätte man sich nicht wünschen können. Es dauerte dann freilich noch einige Zeit, bis man die Vermarktung dieser pikanten Delikatesse im großen Stil durchführen konnte, was spätestens 1870 der Fall war, als die sogenannte Nordwest-Bahn von Wien über Znaim und Iglau nach Prag fertiggestellt war und die Znaimer Gurken in alle Welt verschickt werden konnten.

Auch das gehört leider zu den vorerst abgeschlossenen Kapiteln der Znaimer Biographie. Denn durch irgendeine rätselhafte Krankheit, hervorgerufen durch ein Virus (so wurde mir zumindest versichert), sei es derzeit schlichtweg unmöglich, die passenden Gurken zu züchten. Ich habe freilich eher den Verdacht, daß mit dem Auszug der Deutschen auch die uralten Rezepte für die Erzeugung der sagenhaften Gewürzpfeffergurken verschwunden sind.

Znaim muß jedenfalls früher einmal, als die Grenze zu Niederösterreich so gut wie nicht existent war oder als hier noch der Doppeladler der von allen akzeptierte und respektierte Wappenvogel war, schön und stattlich gewesen sein. Verwischte Spuren ehemaligen bürgerlichen Wohlstandes sind allenthalben noch auszumachen. Sogar das Stadttheater, wo seinerzeit Max Pallenberg und Willi Forst debütierten, dokumentiert etwas von jener selbstbewußten kulturellen Aufgeschlossenheit, die einst die meisten dieser deutschen Städte im mährischen, böhmischen Grenzland ausgezeichnet hat. Aber Znaim ist inzwischen längst schon abgerutscht, abgesunken, ist vom beherrschenden Hügel in die Ebene ausgewichen. Die verblichene Stattlichkeit seiner Bürgerhäuser wirkt wie eine zweckentfremdete Dekoration und ist fast ein wenig fehl am Platz.

Unweit der Stadt liegt das Dorf Poppitz, wo 1793 Carl Postl geboren wurde, der später einmal unter dem Namen Charles Sealsfield zum vielgelesenen Schriftsteller zweier Kontinente wurde. Er begann seine ungewöhnliche Karriere als Jesuitenschüler in Znaim, wurde Priester, geriet mit den strengen Metternichschen Gesetzen in Konflikt, war wohl zu liberal und ungestüm für die damalige Zeit, verschwand eines Tages spurlos ... Erst nach seinem Tod im Jahre 1864 entdeckte man, daß es sich bei dem amerikanischen Autor Sealsfield um den österreichischen Geistlichen Postl handelte. Er war nach Amerika ausgewandert, hatte einen Reifungsprozeß der besonderen Art hinter sich gebracht, war aber auch in manche Geschäfte verwickelt gewesen, die man eher als undurchsichtig bezeichnen könnte, und hatte sich zuletzt in die Schweiz zurückgezogen, nachdem er ungeachtet seiner Erfolge in Amerika doch nicht recht Fuß fassen konnte.

Poppitz ist nicht der einzige Ort im Weichbild der Stadt Znaim, wo ein Österreicher von Bedeutung sein Geburtshaus stehen hatte. Ein anderer Name, der in diesem Zusammenhang zu erwähnen wäre, ist Taßwitz. Und eines Tages im Winter 1990 machte ich mich auf den Weg, um dieses Taßwitz kennenzulernen.

Nie sah ich eine größere Sonne als an jenem Dezembermorgen in den schneebestäubten Erdfurchen und erdigen Falten östlich von Znaim, in einer Landschaft, die wie eine sanfte Wellenbewegung südwärts drängt, hin zur nahen österreichischen Grenze, hinter der sie sich fortsetzt in den niederösterreichischen Weinbergen. Die Sonne war blutig rot und sah wie ein gewaltiger Stempel aus, den die Hand eines begnadeten Malers dem Himmel aufgedrückt hatte. Und Taßwitz (Tasovice), nicht ganz zehn Kilometer östlich von Znaim an der Straße hinüber nach Laa an der Thaya gelegen, duckte sich scheu unter dieser ungewöhnlichen Himmelserscheinung, preßte sich an eine dieser Erdfalten, die der fruchtbaren südmährischen Landschaft ein etwas erstauntes Aussehen verleihen.

Hier kam am 26. Dezember 1751 jener ungewöhnliche Mensch zur Welt, von dem später einmal gesagt wurde, daß durch ihn Österreich (zuvor geprägt durch den josephinischen Liberalismus und eine gewisse Kirchenfeindlichkeit) wieder katholisch geworden wäre. Das war natürlich eine sanfte Übertreibung, aber wie in jeder Übertreibung steckt auch in dieser ein Körnchen Wahrheit.

Es handelt sich dabei um Klemens Maria Hofbauer, der, verstorben am 15. März 1820 in Wien, nicht einmal ein Jahrhundert später, nämlich im Jahre 1909, heiliggesprochen wurde. Er hatte, obgleich man ihn heute fast schon wieder zu vergessen scheint, eine ungeheure Wirkung auf seine Zeitgenossen, der sich allem Anschein nach nur schwer jemand entziehen konnte. Er war einer dieser großen Verführer, denen die Menschen fast blindlings folgen.

Im südmährischen Taßwitz freilich war er lediglich das neunte Kind eines tüchtigen tschechischen Fleischers namens Dvořak (die Mutter hieß ursprünglich Maria Steer und war eine Deutsche), der sich eines Tages gänzlich seiner slawischen Existenz entledigte, zum Deutschtum konvertierte und den Namen Hofbauer annahm. Der kleine Klemens Maria aber, der ein aufgewecktes Bürschlein gewesen sein dürfte, kam zu einem Bäckermeister nach Znaim in die Lehre, erwies sich auch dort als brav, tüchtig und begabt, brachte es zum Bäckergesellen und im weiteren Verlauf seiner Menschwerdung sogar zum Kammerdiener im berühmten Kloster Bruck. Er wurde dann Werkstudent (so würde man das heute nennen, was der junge Hofbauer in seiner doppelten Funktion als Bäcker und Schüler leistete), pilgerte nach Rom, zeigte früh schon ein inniges Verlangen nach allem Religiösen, wurde, nachdem er von Rom zurückgekehrt war, eine Art Eremit unweit seines Heimatdorfes, und zwar bei der winzigen Gemeinde Mühlfraun. Anschließend ging er nach Wien, wo er als Bäcker arbeitete und gleichzeitig unermüdlich sein großes Ziel verfolgte, das er nach manchen Mühen und Wirren (er protestierte zum Beispiel energisch gegen das josephinische Staatskirchentum) schließlich auch erreichte. In Frosinone südlich von Rom wurde er schließlich zum Priester geweiht.

Hofbauer kam erst im Jahre 1808 und nach langen, mitunter beschwerlichen Umwegen, die ihn zuletzt über Polen führten, wieder nach Wien zurück. Hier wurde er sehr bald der geistige und religiöse Mittelpunkt eines Kreises von Intellektuellen, die man heute etwas verallgemeinernd als »Wiener Romantiker« bezeichnet. Nur war Hofbauer alles andere als ein romantischer Charakter. Er begriff sehr genau, was der Kirche seiner Zeit fehlte, was sie an Energie und Weitblick brauchte, um wieder jene dominierende Rolle einzunehmen, die sie vor Kaiser Joseph II. innegehabt hatte. Vor allem war es ihm darum zu tun, der religiösen Idee jene Verbreitung zurückzugeben, die sie früher gehabt hatte. Er, der von sich selbst sagte, er hätte »immer schon eine katholische Nase« gehabt, wurde so etwas wie ein Spürhund zugunsten einer neuen, unverbrauchten Katholizität, wurde aber auch zum Apostel von Wien und erreichte eine Popularität, die ihn, der auch als Ordensgründer in Erscheinung trat, gelegentlich sogar mit den Behörden in Konflikt brachte. Immerhin mußte ein Mann wie er, dessen Charisma so ausgeprägt war und der einen unerhörten Einfluß auf die Volksmeinung hatte, jeder Regierung unheimlich, jeder Macht suspekt erscheinen.

Sein Geburtshaus in Taßwitz ist in eine Kapelle umgewandelt worden. Sie liegt, in ein kräftiges Schönbrunnergelb eingefärbt, an der Hauptstraße des Dorfes etwas unterhalb der Pfarrkirche Mariä Himmelfahrt. An jenem Dezembermorgen, als ich langsam durch Taßwitz wanderte, hatte es nicht den Anschein, als ob sie vielbesucht wäre. Hat Wien, hat Österreich möglicherweise Klemens Maria Hofbauer schon vergessen?

Steht ein Schloß im Abendlicht

Wer von Austerlitz redet (Slavkov), muß sich davor hüten, Superlative zu verwenden. Dieser mährische Marktflecken im Südosten Brünns mit dem Kaunitzschen Schloß verdankt seine immer noch wirksame Zugkraft einigen bedeutsamen Augenblicken altösterreichischer Geschichte, so etwa der sogenannten Dreikaiserschlacht, die den Koalitionskrieg zwischen dem Napoleonischen Frankreich einerseits und den verbündeten Russen und Österreichern andererseits entschied. Diese Schlacht fand aber gar nicht in oder um Austerlitz, sondern auf einem Hügel namens Pratzen statt, der auf halbem Weg zwischen Brünn und Austerlitz liegt. Manchmal sind es gerade die Irrtümer, die sich am hartnäckigsten halten und die aus einem Mythos dann eine Wahrheit machen, die endgültig ist. Niemand spricht heute noch von einer Schlacht von Pratzen, die am 2. Dezember 1805 Österreich eine bis dahin nicht gekannte Demütigung zufügen sollte. Alle Welt meint Austerlitz, wenn vom Triumph Napoleons über Kaiser Franz die Rede ist. Und das hat in einem übertragenen Sinn, wenn man an die Huldigungen denkt, die der korsische Emporkömmling im ehemals Kaunitzschen Schloß erfährt, wohl auch seine tiefere Bedeutung.

Man biegt, von Wien kommend, knapp vor Brünn auf die Autobahn in Richtung Olmütz oder Ostrau ab, verläßt diese nach wenigen Fahrminuten bei der Abzweigung nach Trenčin, fährt etwa zehn Minuten ostwärts und hält in der ersten Ortschaft an. Sie heißt Slavkov, ist das altösterreichische Austerlitz, hieß ursprünglich Neu-Sedlitz, war eine Kommende des Deutschen Ritterordens und erstreckt sich unterhalb jener gewaltigen Schloßanlage mit ausgedehntem Park und einem noch in der heutigen Verwahrlosung eindrucksvollen Schloßgarten im französischen Stil, die im Eigentum der Familie Kaunitz war. Das dauerte immerhin von 1509 bis 1945 und umfaßte alle Phasen des kontinuierlichen Aufstiegs dieses Geschlechts vom Grafenstand zur Fürstenwürde.

Aus einem Renaissance-Wasserschloß wurde auf diesem Hügel, der sich fast ein wenig mühsam aus der mährischen Ebene erhebt, ein Barockbau, dessen bauliche Vollendung in die Zeit des Fürsten Wenzel Anton Kaunitz fällt, des legendären Staatskanzlers Maria Theresias. Kaunitz war feinnervig, nach Belieben hysterisch, energisch, hypochondrisch und von jener Genialität, die Österreichs Politiker des 18. und schon weniger des 19. Jahrhunderts noch ausgezeichnet hat. Metternich, ein recht respektabler Nachfolger und Erbe des Genies Kaunitz, hat in diesem Schloß seine erste von mehreren Eheschließungen vollzogen, und zwar mit einer Kaunitz-Erbin. In der Schloßkirche am Fuße des Hügels (oder, um genau zu sein, der kleinen Erhebung) mit der Kaunitzschen Familiengruft, auch mit den sterblichen Überresten von Wenzel Fürst Kaunitz, wurde Metternich am 27. September 1795 mit Eleonore getraut, einem Enkelkind des großen Kanzlers Maria Theresias. Und nach der Dreikaiserschlacht, als drüben in Pratzen (Prace) die verbündeten Österreicher und Russen eine mörderische Niederlage hinnehmen mußten, hielt sich Napoleon einige Tage im Kaunitzschen Schloß auf. Er diktierte hier den Österreichern einen Vorfrieden, der noch katastrophale Folgen haben sollte.

Daran erinnert auf Schloß Austerlitz (das auch eine sehenswerte Gemäldesammlung mit Bildern aus dem ehemals Kaunitzschen Bestand enthält) eine Dokumentation der Schlacht, wobei Österreich verhältnismäßig schlecht abschneidet (was der historischen Wahrheit durchaus nahekommt) und Napoleon allen Ruhm davonträgt. Überhaupt wird hier des Korsen auf eine Weise gedacht, die rührend und auch ein wenig naiv anmutet. Sogar das Bett, in welchem er genächtigt haben soll, wird gezeigt, gleichsam als »sanktionierter Konjunktiv«, wie ein skeptischer Autor schrieb. Denn tatsächlich benutzte Frankreichs Soldatenkaiser eine nach überall hin mitgeschleppte Schlafgelegenheit, ein kunst- und anspruchsloses Feldbett, das längst spurlos verschwunden ist.

»Schloß Austerlitz ist weit mehr als eine Kultstätte für Napoleomanen«, schreibt Lilian Schacherl. »Es ist eines der repräsentativsten und schönsten Bauwerke Mährens.« Und Erich Hubala meint: »In seiner Planungs- und Baugeschichte bildet sich das große Jahrhundert spätbarocker Baukunst Süddeutschlands mit seltener Vollständigkeit ab.«

Die heutige Wirklichkeit schaut allerdings etwas anders aus. Das Schloß, immerhin vielbesuchte Attraktion des mährischen Fremdenverkehrs, gehörte längst und dringend renoviert. Einzelne Versuche einer Ausbesserung der ärgsten Schäden muten dilettantisch an. Es fehle an Geld und auch an der notwendigen Kompetenz der übergeordneten Stellen, erklärte man mir anläßlich eines Besuchs im Herbst 1990. Aber es sind nicht nur abblätternder Verputz, vergilbte Farben, morsche Schindel und abbruchreife Nebengebäude, die melancholisch stimmen. Österreich war hier einst beheimatet, und das in einer Art und Weise, die einst unveränderlich, unverlierbar anmutete. Die fast triumphale architektonische Geste des Schlosses, das einmal das Stammhaus einer der großen Familien des alten Österreich war, erhärtete noch diesen Eindruck, der freilich nur ein grausamer Irrtum war.

Von Austerlitz nach Lundenburg (Břeclav) ist es ein Katzensprung, und doch hat es den Anschein, als ob ein ganzes Zeitalter zwischen diesen beiden bedeutenden Bastionen Altösterreichs in Mähren liegt. In Lundenburg, das seit dem Jahre 1638 Liechtensteinscher Besitz war, kreuzten sich in der k.u.k. Monarchie die Verkehrswege aus dem Süden und dem Norden. Die seit 1839 weitgehend fertiggestellte Kaiser-Ferdinand-Nordbahn war mit ihren späteren Fortsetzungen bis nach Krakau, Warschau und Petersburg die Garantie dafür, daß Juden aus Polen, Bauern aus Mähren, Handelsreisende aus Wien und Prag oder Wanderarbeiter aus der Slowakei die Wartesäle des alten Bahnhofs füllten (der heute nur noch eine Ruine ist, längst zweckentfremdet und unbrauchbar). In den Hotels der kleinen Stadt, die von sumpfigen, schilfumstandenen Gewässern inmitten der Thaya-March-Ebene umgeben wird, übernachteten die Stahlbarone aus Ostrau, Kirchenfürsten aus Galizien und rumänische Kokotten neben hohen Militärs aus den fernen Garnisonen der Monarchie. Die fashionablen Restaurants wetteiferten darin, exotische Speisen anzubieten. Die Welt war damals noch geheimnisvoll und auch pittoresk, durchzogen von summenden Schienensträngen, die ins Unendliche führten und aus der südmährischen Kleinstadt eine Oase von scheinbar grenzenloser Freiheit machten.

In den benachbarten Ortschaften Eisgrub (Lednice) und Feldsberg (Valtice), wo die Liechtenstein seit Jahrhunderten ihre repräsentativen Schlösser hatten, waren sogar die Reitställe (wie etwa in Eisgrub) von herrschaftlicher Baugesinnung durchdrungen und hatten einen Fischer von Erlach zum Baumeister gehabt. Das Barockschloß von Feldsberg war ein glänzendes Beispiel für den Kunstsinn, den Geschmack und das ästhetische Empfindungsvermögen einer Hocharistokratie, die den Habsburgern über viele Generationen hinweg nicht nur exzellente Militärs oder brillante Finanzberater stellte, sondern die auch als empfindsame und großzügige Mäzene den Ruhm des Reiches (und natürlich ihren eigenen) mehrte. Allein die barocken Parkanlagen von Eisgrub, seinerzeit einer der eindrucksvollsten und formvollendetsten Landschaftsparks Europas und im ehemaligen Überschwemmungsgebiet der Thaya entstanden, aber auch die im klassizistischen Stil gegliederte Architektur des Schloßparks von Feldsberg sind völlig eigenständige Kunstwerke und immer noch besichtigens- und bewundernswert wegen ihrer Fülle an reizvollen Dekorationen.

In Feldsberg rundete sich übrigens das Schicksal Metternichs, der, wie vorhin erwähnt, auf Schloß Austerlitz seine erste Ehe geschlossen hatte. Hier, dicht unter der heutigen Grenze, fand er, als er vor den revolutionären Wirren des Jahres 1848 aus Wien flüchten mußte, einen vorübergehenden Unterschlupf. Aber bald erschien eine Delegation der Feldsberger Bauern, um dem einst mächtigsten Mann des Reiches, der jetzt ein erbarmungswürdiger Flüchtling (und außerdem ein schwerkranker Greis) war, mit aller gebotenen Eindringlichkeit mitzuteilen, daß man ihn nicht einen Tag länger auf dem Schloß haben wollte. Man fürchtete die Rache aufgebrachter Bürgergarden, wollte seine fromme Ruhe haben. Und überhaupt war man nun, da man so etwas wie Morgenluft witterte, auf alle Fürsten, Minister, Generäle eher schlecht zu sprechen. Metternich mußte jedenfalls seine heillose Flucht schon am nächsten Tag fortsetzen. Nicht einmal der Respekt vor den Liechtenstein besänftigte die aufgebrachten Bauern.

Dabei hätte man gerade in Feldsberg allen Grund gehabt, sich der Großzügigkeit der Liechtensteinschen Fürstenfamilie voll Dankbarkeit zu entsinnen. Immer noch erhebt sich im Zentrum dieser altösterreichischen Gemeinde, die erst 1920 zur Tschechoslowakei geschlagen wurde, der massive Bau des ehemaligen Klosters der Barmherzigen Brüder, das mit Liechtensteinscher Hilfe einst zu einer weitum berühmten chirurgischen Lehranstalt ausgebaut worden war und das von 1782 bis 1854 als Hospital diente, wo auch die Armen und Obdachlosen, die vom Schicksal Geschlagenen und Gezeichneten mustergültig betreut wurden.

Im übrigen war Schloß Feldsberg, das aus einer spätgotischen Burg entstand, deren spektakuläre Ritterspiele noch vom legendären Ulrich von Liechtenstein besungen wurden, seit dem frühen 17. Jahrhundert die Residenz des berühmten Geschlechtes. Mehr als ein halbes Jahrtausend lang behaupteten sich die Liechtenstein, prägten sie das Land rundum und waren sie im Guten wie im Bösen ein Vorbild, das von den slawischen wie von den deutschen Siedlern Südmährens fast immer akzeptiert und vielfach auch respektiert wurde.

Aber aus Lundenburg wurde Břeclav, aus Eisgrub Lednice, und Feldsberg verwandelte sich in Valtice. Dabei gingen nicht nur die alten deutschen Namen verloren. Heute wirkt das alles wie aus einem anderen Zeitalter, ist schäbig, unansehnlich geworden oder auf schmerzliche Weise zweckentfremdet. Hier hat eine willkürlich gezogene Grenze viel Unheil angerichtet und viel von jener Substanz zerstört, die dieser schönen Landschaft zwischen Lundenburg, Nikolsburg und Znaim ihren Reiz geschenkt hatte.

Burg Buchlau (Buchlov) liegt annähernd fünfzig Kilometer östlich von Brünn zwischen den dunkelgrünen Erhebungen des sogenannten Marsgebirges und dem blauen Schatten der nahegerückten Karpaten. Ein wenig erinnert die Burg an eine dicke Warze, die der ostmährischen Waldlandschaft als bizarre Dekoration zugewachsen ist. Sie wirkt dennoch wie ein Signal mitteleuropäischer Zivilisation hinüber in die Welt der geduckten, strohbedeckten ostslowakischen Katen (aber trotzdem nur kaum zwei Autostunden von Wien entfernt).

Ende des 18. Jahrhunderts waren es zwei aus Tirol stammende Halbbrüder, die Grafen Berchtold, denen Buchlau und das nahegelegene Dorf Buchlowitz durch Erbschaft zufielen. Sie machten aus der Burg ein Museum ihrer humanistischen Leidenschaften. Die beiden Brüder waren Gelehrte weitschweifendster Art, wie das ein Chronist einmal ein wenig tadelnd nannte, »weitschweifend nicht nur in ihrer Forschertätigkeit, sondern auch auf ihren Lebenswegen«, ein Umstand, der unser Interesse naturgemäß in einem ganz besonderen Maße auf sie konzentriert. Und da wird man sehr bald feststellen, daß Leopold und Friedrich Berchtold großartige Repräsentanten eines untergegangenen Kakanien waren, wahre Prachtexemplare der Skurrilität, aber auch Helden der Wissenschaft und Apostel der Nächstenliebe, also Altösterreicher in des Wortes allerbestem Sinne.

Beide Brüder waren also wahre Wohltäter der Menschheit, österreichische Philanthropen, die hier in einem der entlegensten und dabei ungemein idyllischen Winkel des alten Reiches praktische Nächstenliebe demonstrierten. Graf Leopold Berchtold war ein ebenso energischer wie fortschrittlich eingestellter Mann mit einer ausgeprägten Neigung für alles Medizinische. Er führte in seinem Wirkungsbereich umfangreiche Reformen des Gesundheitswesens durch, verwandelte das im Dorf Buchlowitz gelegene Schloß, das man nicht grundlos ein Juwel barocker Baukunst nennt, in ein Kranken- und Siechenhaus und kämpfte unter Einsatz seines Vermögens und seiner gesellschaftlichen Stellung gegen die Volksseuche der Syphilis. Er forderte für die erbrachten sanitären und medizinischen Leistungen keinerlei Geld, was für die damalige Zeit in der Tat ungewöhnlich war. An den Grenzen seiner Herrschaft ließ er zweisprachige Tafeln (tschechisch oder slowakisch und deutsch) anbringen, auf denen die Kranken und Siechen förmlich eingeladen wurden, nach Schloß Buchlowitz zu kommen.

Und er bombardierte den Wiener Hof mit immer neuen Bittgesuchen und Reformvorschlägen zugunsten seiner Schutzbefohlenen. So war er unter anderem darum bemüht, den Bauern und

Taglöhnern seiner Heimat billige Arzneien zukommen zu lassen. Auch kümmerte er sich um die Schiffbarmachung der March. Und er war wahrscheinlich der erste österreichische Arzt, der eine Art Gesundenuntersuchung einführen wollte, und zwar bei den Soldaten, was wahrscheinlich eine Unmenge von Seuchen und Leiden aller Art unterbunden hätte. Es war kein Wunder, daß er in Wien außerordentlich unbeliebt war, während ihn seine Untertanen förmlich vergötterten. Graf Leopold Berchtold starb im Jahre 1809 an Typhus, den er sich bei der Krankenpflege geholt hatte. Sein Grabmal in der barocken Kirche »Barborska« mitten im Wald unweit der Burg ist heute noch das Ziel manches dankbaren Pilgers.

Sein Stiefbruder Friedrich Graf Berchtold (1781–1876) war Arzt, jedoch eher ein Mann der Wissenschaft. Er betätigte sich auf seinen zahlreichen Reisen als Sammler kulturhistorischer Raritäten, die heute auf der Burg (die längst schon in ein Museum umgewandelt wurde) ausgestellt werden. Im schönen Barockschloß der Familie Berchtold in Buchlowitz, von wo aus man einen großartigen Blick hinauf zur Burg hat (zu der übrigens eine asphaltierte Straße führt), fand 1908 jene diplomatische Zusammenkunft statt, auf der Österreichs Botschafter im zaristischen Rußland (es war natürlich ein Graf Berchtold, nachmaliger Außenminister der Monarchie) seinen russischen Kollegen behutsam auf die endgültige Annexion Bosniens und der Hercegovina vorbereitete. Die letzten Berchtold mußten dann 1945 fluchtartig ihre Besitztümer verlassen.

Zuletzt erhielt ich einen Brief von Nachkommen dieser zu mäh rischen Bürgern gewordenen Tiroler Grafenfamilie. Darin wurde ein Besuch (1990) der letzten noch lebenden Berchtold in Buchlovice geschildert, der tatsächlich in eine Freudenkundgebung der einheimischen Bevölkerung ausartete. Man hat also die Leistungen dieser altösterreichischen Familie noch nicht vergessen. Von einer Rückgabe des Schlosses an die ursprünglichen Besitzer wurde allerdings nicht gesprochen.

Österreich hat wahrlich allen Grund, sich einer Familie zu entsinnen, die ihrem (einst wesentlich größeren) Vaterland vortrefflich gedient und ihm insgesamt auch alle Ehre eingelegt hat. Dazu gehört auch der Umstand, daß ein Graf Sigismund Berchtold wegen seiner Teilnahme an der magyarischen Revolution von 1848/49 vom Kaiser zuerst zum Tode verurteilt und dann zur Verbannung nach Buchlau (also auf die Burg mitten im Wald) begnadigt wurde. Die Berchtold haben sich, wie es scheint, immer auf die Seite der Schwächeren geschlagen, wenn sie das Gefühl hatten, damit das Richtige zu tun.

Aber es sind nicht nur nobel angelegte, kostspielig erbaute Barockschlösser oder mittelalterlich anmutende Burgen, die in Mähren heute noch daran erinnern, daß dieses Land einst zu Österreich gehört hatte. Es sind auch nicht nur die Namen erlauchter Geschlechter wie die der Schwarzenberg, Liechtenstein, Kaunitz oder eben der Berchtold, aus deren Biographien man eine ungefähre Ahnung vom Schicksal dieses Landes erfährt. Auch im scheinbar Nebensächlichen, in vielen Dörfern und kleinen Städten, über deren Bedeutung für die alte Monarchie man sich heute kaum noch Gedanken macht, fand diese Vielfalt statt, aus der das Österreich von gestern bestand, ereignete sich das Außergewöhnliche, das der geistige Humus war für ein großes Reich.

Ich erinnere mich an eine traumverlorene Reise durch Mähren in einem dieser merkwürdigen Herbst-Winter, wie sie in den letzten Jahren gelegentlich vorgekommen sind. Schnee bröselte vom Himmel, ohne daß es wirklich schneite, ein eisiger Wind kam von den Beskiden, den Karpaten herab und trieb die weißen Schneeschlieren über die schwarze, saftige Erde der mährischen Marchböden zwischen Proßnitz (Prostejov), Prerau (Perov), Mährisch Weißkirchen (Hranice) und Wischau (Vyškov), die immer schon zu den fruchtbarsten Gebieten Mitteleuropas und damit Altösterreichs gehörten. Brünn, Olmütz, die beiden größeren Städte dieses Gebietes, lagen hinter grauen Nebelwänden verborgen. Man bewegte sich durch eine Welt gebrochenen Lichtes, diffuser Wahrnehmungen und verschwommener Bilder. Und die Erinnerungen an das, was einmal wesentlich gewesen war in dieser Bauernlandschaft, die heute längst schon von industriellen Anlagen und chemischen Werken durchsetzt ist, überschwemmten die Gegenwart.

In Proßnitz, nicht ganz zwanzig Kilometer südlich von Olmütz, in diesem ehemaligen »hannakischen Jerusalem«, zweieinhalb Jahrhunderte lang liechtensteinisch dominiert, kam 1859 der große Philosoph Edmund Husserl zur Welt – und zwar im alten Judenviertel, das natürlich längst verschwunden ist und wo sich die Welt des Ostjudentums (aus Galizien, der Bukowina und sogar aus Ruthenien waren die Juden bis nach Mähren eingesikkert, immer auf der Suche nach einem Sprungbrett für Wien, für ihren sozialen Aufstieg) noch einmal in ihrer ganzen vielfältigen Exotik und verwirrenden Poesie zeigte. Auch Cäsar Wenzel Messenhauser, nachmaliger Anführer der rebellischen Wiener Nationalgarde, die gegen Metternich und für ein neues Zeitalter auf die Barrikaden gegangen war, stammte aus Proßnitz. Er wurde unmittelbar nach der Niederschlagung der Unruhen von 1848 hingerichtet.

Dafür fährt man in Mährisch Weißkirchen mit einem sonderbaren Gefühl der vollkommenen Zeitlosigkeit an den Kasernen vorbei, die sich etwas außerhalb der Stadt befinden, an diesen verbrauchten Denkmälern eines längst überholten k.u.k. Zeitalters, ärarisch, zweckbetont, seinerzeit (als die Monarchie noch intakt war) ein Militärgymnasium und eine Kavallerie-Kadettenschule mit literarischer Tiefenwirkung. Rainer Maria Rilke, Joseph Roth und Robert Musil, drei leuchtende Fixsterne am kulturellen Himmel Kakaniens, haben Erfahrungen aus Mährisch Weißkirchen in einigen ihrer Bücher verarbeitet. Aber das Ambiente und die wahrscheinlich unwiederholbare Stimmung von damals sind verschwunden. Und die Söhne und Enkel der reichen kannatischen Bauern, von denen viele aus der deutschen Sprachinsel rund um Wischau kamen und die hier ihren soldatischen Drill, ihre besondere Art der altösterreichischen Menschwerdung erfuhren, sind entweder längst slawisiert oder aber 1945 aus dem Land gejagt worden. Auch in diesen fetten, ungemein fruchtbaren Marchböden existiert das Gemeine neben dem Großartigen, kommt menschliche Niedertracht neben beispielhafter Größe vor.

Im alten Prerau zum Beispiel hat man seinerzeit dem österreichischen Ingenieur Alois Negrelli auf dem k.u.k. Bahnhof eine Gedenktafel errichtet. Er war der Erbauer der Kaiser-Ferdinand-

Nordbahn, durch die auch die kleine mährische Kreisstadt an die große Welt von Wien angeschlossen wurde. Das war 1841. Die Fertigstellung der Verbindung nach Prag erfolgte vier Jahre später. Außerdem gibt es hier, wo einst der bedeutende Humanist Comenius (Jan Amos Komensky) wirkte (von 1614 bis 1618), ein Denkmal für František Bilek, einen der standrechtlich exekutierten Anführer der Meuterei auf den k.u.k. Schlachtschiffen in der Bucht von Cattaro (1918), und eine orthodoxe Kirche, die früher die Synagoge einer der größten und angesehensten Judengemeinden Mährens war. Das alte Österreich hatte viele Gesichter.

Kein Denkmal, nicht die Spur einer Erinnerung findet sich hingegen von jenen genau 247 Karpatendeutschen, die am 18. Juni 1945 auf dem Bahnhof von Prerau aus einem Flüchtlingszug geholt und von tschechischen Revolutionsgardisten in einer Art von schrecklichem Blutrausch erschossen wurden.

Der Quargel kommt nicht aus Olmütz

Wenn ich in den vergangenen Jahren nach Olmütz (Olomouc) kam, von Brünn herauf über die noch immer nicht fertiggestellte Autobahn, die an manchen Abschnitten schon wieder abzubröckeln beginnt, abzudriften in die unglaublich fetten, nachgiebigen und fruchtbaren mährischen Ackerböden, und dann unmittelbar nach den scheinbar modernen Hochhäusern und Zinskasernen, die der Stadt im Süden wie eine schlecht angenähte Brusttasche anhängen, von den Bodenwellen der malträtierten Einfahrtsstraße empfangen wurde, was ein unaufhörliches Rumpeln und Stoßen verursachte, fühlte ich mich auf eine merkwürdige Weise daheim. Es war eine Heimkehr in ein anderes Zeitalter, aber sie behagte mir. Halbvergessene Geschichten, die mit der heutigen Olmützer Wirklichkeit allem Anschein nach nichts gemeinsam haben, standen wieder auf. Es roch heimelig, ein wenig trübe (auch ein Geruch kann farbig sein), auch altmodisch oder eigentlich unzeitgemäß. Und während die längst reparaturfälligen Straßen, über deren Kopfsteinpflaster man ohnedies nur im Schritttempo fahren kann, mich mit ihrer heimtückischen Unverfrorenheit empfingen und ich mich jedesmal von neuem fragte, warum die Olmützer Behörden hier immer noch einen sogenannten zeitgenössischen Straßenverkehr zuließen, tauchte ich mit jedem Meter, den ich über alle Hindernisse hinweg tiefer eindrang in diese Stadt, in eine Vergangenheit ein, die mir unbestreitbar Vergnügen bereitete. Es roch penetrant aus den baufälligen Häusern. Manche Fassaden sahen aus, als hätte sich abscheulicher Grind an ihnen festgesetzt. Staub wehte, wenn Wind aufkam, aus den Seitengassen. Und manchmal waren die Schlaglöcher, die man sorgfältig umfahren mußte, so riesig, daß darin auch nach tagelanger Trockenheit noch schmutzige Pfützen standen, deren Wasser mit einem schmatzenden Geräusch in Bewegung geriet, wenn das

Gewicht der dahinrollenden oder mehr einherrumpelnden Autos gegen den Untergrund drückte.

Alles erschien mir sonderbar, aber alles gefiel mir: die breiten Straßen, die lärmenden Straßenbahnen, die altersgeschwärzten Fassaden, die gelegentlich fast ephebenhaften Köpfe spielender Zigeunerkinder, das dichte Netz aus Fremdartigkeit und Niedergang, das sich übers alte, aus Erzählungen und Dokumenten vertraute Stadtbild legte und es doch nicht gänzlich zudecken konnte. Ulmetz, die alte Hauptstadt Mährens, Olmütz, wo stärker, unmißverständlicher als anderswo die slawischen Bauern gegen das deutsche Bürgertum drückten, es zurückdrängten und wo unter dem Denkmal des Kaisers Franz Joseph, das auch längst schon verschwunden ist, die buntesten, abwechslungsreichsten und lebendigsten Märkte Altösterreichs stattfanden, dieses Olmütz war mir im Verlauf der Zeit tatsächlich ans Herz gewachsen. Angeblich sah es um die Jahrhundertwende aus, als ob es von einem Kind aus der Spielzeugschachtel aufgestellt worden wäre. Das behauptete zumindest Tilla Durieux, die hier ihre komödiantische Karriere begann und viele Jahrzehnte später immer noch voll schwärmerischer Zuneigung an Olmütz dachte, wenn sie schrieb: »Tag und Nacht lag über den Spielzeughäuschen der Duft der berühmten Olmützer Quargeln, kleiner, runder, stark riechender Käschen, die von hier aus ihren Siegeszug über die österreichisch-ungarische Monarchie angetreten hatten. Inmitten der Häuschen stand ein hübsches großes Theater, erstaunlich zunächst, aber dann verständlich, gedachte man der reichen Tuchfabrikanten, die dort lebten, und der Offiziere der Garnison, die täglich um zwölf Uhr den Kampf mit den Katzenköpfen aufnahmen, um zu sehen und gesehen zu werden.«

Man liest diese Zeilen freilich mit einigem Erstaunen, denn niedlich war Olmütz ganz gewiß nie. Man hat es gelegentlich das »mährische Salzburg« genannt, man zeigte Respekt vor dem strahlenden Glanz der Bischofsstadt, man war sich der strategischen Lage dieser einstmals ungemein bedeutsamen Festung gegen die ewig angriffslustigen Preußen bewußt und bewunderte die Olmützer Hohe Schule als die zweitälteste Universität Böhmens und Mährens, unter deren Schülern sich auch Wallenstein befand. Aber niedlich, wie die Schauspielerin Durieux es darstellte, war Olmütz niemals. Heute, da die Last monarchistischer Jahrhunderte und kommunistischer Jahrzehnte allmählich leicht zu werden beginnt, nimmt die Stadt zuweilen einen fast mürrischen Ausdruck an, als ob sie ausdrücken wollte, daß ihr das alles nicht paßt: die nutzlos gewordenen Kasernen, der nie ganz verschwundene Duft nach Weihrauch, die angegrauten oder nachgedunkelten rostroten Festungswälle, die, soweit sie in verstümmelten Ansätzen noch vorhanden sind, an die Fehler erinnern, die man ihretwegen seinerzeit begangen hat – nämlich zu lange damit gewartet zu haben, die Festung aufzubrechen, die Wälle zu schleifen, um der rasch wachsenden Stadt die notwendige Freiheit zu geben, sich auszudehnen, Industrien anzusiedeln, also auf eine zivile und nicht bloß militaristische oder gottesfürchtige Weise etwas aus sich zu machen.

Denn das war immer schon das große Dilemma von Olmütz, daß hier die Bischöfe zugleich auch die weltliche Herrschaft und damit schier allmächtig waren, Fürsterzbischöfe, die stets zu den Granden des Reiches zählten und die der Stadt nur das an Entwicklung und Selbstverständnis erlaubten, was in völliger Übereinstimmung mit ihren und den jeweils geltenden kirchlichen Gesetzen stand. Sie waren die eigentlichen Herrscher Mährens. Und das dauerte vom legendären Kreuzfahrer Bischof Heinrich im 12. Jahrhundert bis zum Bruder des Kaisers Franz an, dem Kardinal Erzherzog Rudolf im 19. Jahrhundert.

Ich erinnere mich an meinen ersten Besuch in Olmütz unmittelbar nach dem Umsturz von 1989, als noch niemand in Böhmen, Mähren und in der Slowakei genau wußte, was nun wirklich sein würde, welche Regierungsform man bekommen, welche neue Ideologie man anerkennen und welche Freiheiten man sich vorstellen würde. Ich rollte mit meinem Wagen über das unzumutbare Kopfsteinpflaster langsam zur Fürsterzbischöflichen Residenz am Bischofsplatz. Das Namensschild des Platzes war entfernt worden. Eine seltsame Stille lag über dem Platz, den eine sanfte Wintersonne ausleuchtete. Und ich stand ein wenig ratlos zwischen den imposanten Palästen und Residenzen, die hier das Zentrum der kirchlichen Macht darstellen. Schließlich läutete ich an einem mächtigen Tor, das sich nach einiger Zeit knarrend öffnete. Es war das Theresianische Zeughaus, in das ich auf diese Weise kam, verwirrt, verunsichert, plötzlich umgeben von Soldaten, die nicht wußten, was sie mit mir anstellen sollten. Schließlich erschien ein Offizier, der mich anlächelte und mir in perfektem Deutsch erklärte, daß ich, weil ich wie ein Österreicher aussah, ganz gewiß die Fürsterzbischöfliche Residenz aufsuchen wolle, und die liege gleich schräg gegenüber.

Später, als ich in Olmütz fast schon so etwas wie ein Heimatrecht gefunden zu haben glaubte, mußte ich oft an diese ersten Szenen meiner Suche nach jenem Schauplatz denken, an dem eine der fundamentalsten und folgenschwersten Entscheidungen über das Schicksal Altösterreichs gefallen war. Damals war ich nämlich sogleich hinüber zur Residenz geeilt, traf dort auf eine Reihe sichtlich unangenehm berührter Angestellter, die meine Zudringlichkeit oder Hartnäckigkeit nur als Belästigung begriffen, die auch unendlich mißtrauisch waren und die es doch nicht verhindern konnten, daß ich nach zahlreichen Umwegen jenen Festsaal erreichte, wo Kaiser Ferdinand nach seiner Flucht aus Wien 1848 zugunsten seines Neffen Franz abgedankt hatte.

Olmütz ist damit eines der wichtigsten Dokumente der neueren österreichischen Geschichte. Aber man versteht es, diesen Umstand geschickt zu verbergen. Überhaupt ist manches an dieser Stadt anders, als es den Anschein hat. Der weltberühmte Quargel zum Beispiel, dessen verführerischen Duft schon Tilla Durieux in ihren Erinnerungen rühmte, kommt nicht aus Olmütz selbst, sondern wird im nordwestlich gelegenen Loschitz (Loštice) hergestellt und hat hier nur über die Olmützer Märkte und Verkaufsläden seinen Weg zum Publikum gefunden.

Nicht vergessen sollte man auch, daß es Maria Theresia war, welche die Stadt nach dem Verlust Schlesiens zur Grenzfestung ausbauen ließ, was die preußischen Truppen Friedrichs II. dann fast magnetisch anzog. Es kam zu einer mehrwöchigen Belagerung, die allerdings ergebnislos für die Preußen endete. Später internierten die Österreicher wichtige politische Gefangene in den Verliesen der Festung, darunter einen legendären General des amerikanischen Unabhängigkeitskrieges, den französischen Adeligen de Lafayette, der hier drei Jahre zubringen mußte, einen mißlungenen Fluchtversuch unternahm und zuletzt sogar, was die Schizophrenie seiner österreichischen Bewacher deutlich machte, seine Familie nachholen durfte. Auch der russische Anarchist Michael Bakunin, der als Revolutionär 1848/49 Aufsehen erregt hatte, war für längere Zeit in der Olmützer Festung eingesperrt.

Aber das alles können nur Arabesken zum Hauptthema sein, das uns in Olmütz beschäftigt. Und das sind jene Ereignisse, die am 2. Dezember 1848 im Verzicht Ferdinands auf die habsburgische Krone ihren Höhepunkt hatten. Es gibt etliche Darstellungen dieses Szenarios, das vor dem Hintergrund der Wiener Revolution, des Krieges gegen Ungarn und allgemeiner Unruhen überall im riesigen Reich stattfand. Alle Beschreibungen beginnen mit der wenig rühmlichen Haltung der damaligen Hauptakteure. Der kaiserliche Hof war nämlich vor der Wut des Volkes nach Olmütz geflüchtet, wo die fürsterzbischöfliche Macht immerhin soliden Schutz garantierte und wo allerdings auch die Granden des Reiches zur Einsicht kamen, daß mit Ferdinand, der ein Epileptiker war, ein zwar gutmütiger, jedoch heillos schwächlicher Charakter, die Monarchie kaum zu halten wäre. Es fanden die unerläßlichen Intrigen statt, die vor einem solchen Wechsel in der Führung eines uralten und großen Familienunternehmens unausbleiblich sind, wobei die treibende Kraft neben dem Fürsten Windischgrätz zweifellos die Erzherzogin Sophie war. Dazu kam auch noch Fürst Felix Schwarzenberg, der am 21. November 1848 ein neues Kabinett bildete. Diesem gehörten auch zwei Bürgerliche an: der Justizminister Bach, ein Rechtsanwalt, der seine politische Laufbahn sogar als Revolutionär begonnen hatte, und der Handelsminister Bruck, Sohn eines Buchbinders, der sich vom Kaufmannsgehilfen in Triest zum Mitbegründer und Direktor des Österreichischen Lloyd emporgearbeitet hatte.

Der Reichstag war damals nach Kremsier (Kroměříž) übersiedelt, ins »hannakische Athen«, wie die Sommerresidenz der Olmützer Bischöfe genannt wurde, und begann mit seinen Beratungen am 22. November im Schloß des Olmützer Fürsterzbischofs. Man träumte von einer demokratischen Verfassung, von neuen Freiheiten, von einer besseren politischen Welt. Fürst

Schwarzenberg unternahm vorerst noch nichts, um diese Illusionen zu zerstören. Zuerst mußte Kaiser Ferdinand unschädlich gemacht, das heißt, abgesetzt werden, da er hartnäckig dafür eintrat, mit dem »Volk zu reden«, was auch immer er darunter verstehen mochte. Wahrscheinlich war er weniger einfältig, wie manche Historiker später behaupteten, als bloß unendlich gutmütig. Er haßte jede Art von Konflikt, wollte es allen recht machen und verlor gerade dadurch seinen Thron.

Der Jüngling, den man bereits als seinen Nachfolger ausgesucht hatte, Franz, Sophies ältester Sohn, war ungemein liebenswürdig und herzlich nichtssagend. Vielleicht war es von Bedeutung, daß Sophies Ehe mit dem Erzherzog Franz Karl (der übrigens der legitime Nachfolger Kaiser Ferdinands gewesen wäre) als unglücklich galt. Sogar einen Ehebruch hatte man der ehrgeizigen, intelligenten und energischen Erzherzogin seinerzeit zugemutet, und zwar mit dem unglücklichen Herzog von Reichstadt, also mit Napoleons und dessen österreichischer Gemahlin Marie Luise lebensuntüchtigen und auch lebensunfähigen Sohn; als dessen Frucht wurde hinter vorgehaltener Hand stets Maximilian, der nachmalige Kaiser von Mexiko, genannt. Vielleicht war es deshalb von Bedeutung, weil Sophie ihrem ungeliebten Gemahl nichts Großes, Erhabenes mehr zutraute, wohl auch nie zugetraut hatte, weil sie jetzt endlich eine Chance sah, an die erste Stelle zu rücken oder vielmehr durch ihren Sohn Franz die Herrschaft über die Familie Habsburg zu erreichen, was einer von der sogenannten Liebe enttäuschten Frau ihres ausgeprägten Charakters schon einiges bedeuten mochte.

Jedenfalls wurde im Olmützer Palais, das Altösterreichs Granden und Bischöfe umtriebig belagerten, so lange intrigiert, bis alles so verlief, wie Sophie, Fürst Schwarzenberg, Feldmarschall Fürst Windischgrätz und auch der polternde, letztlich aber stets devote Banus Jellačič, der gerade erst die aufständischen Wiener geschlagen hatte, das in die Wege geleitet hatten. Der Olmützer Fürsterzbischof war dabei allen ein großartiger Gastgeber. Zuerst mußte selbstverständlich Franz Karl, der unbedeutende Erzherzog, auf die Thronfolge verzichten, wozu ihn seine Frau Sophie bald und ohne Schwierigkeiten überredet hatte. Dann sollte der

Neffe des Kaisers, also der achtzehnjährige Franz, der vor allem in der Uniform eine blendende Figur machte, wie alle Augenzeugen das übereinstimmend berichten, auf seinen großen Auftritt eingestimmt werden. Und schließlich galt es auch noch, den Kaiser selbst davon zu überzeugen, daß nur sein Rücktritt, sein Verzicht auf die habsburgische Krone zugunsten seines Neffen das Haus Habsburg vor einer noch größeren Blamage bewahren könnte.

Es macht nicht viel Mühe, sich die grausamen Komödien vorzustellen, die in jenen späten Herbsttagen des Jahres 1848 in der Olmützer Bischofsresidenz inszeniert worden waren. Damals, 1989, als ich endlich durch das riesige Gebäude mit seinen endlosen Korridoren wanderte, deren Wände mit den interessantesten, wahrscheinlich auch kostbarsten Gemälden, Uhren, Stichen, Teppichen bedeckt oder eigentlich mehr geschmückt sind, damals versuchte ich mir das teils lebhafte, teils vorsichtig unterdrückte Treiben einzubilden, das vor dem 2. Dezember 1848 geherrscht haben mußte: knarrende Türen und Dielen, immerzu schlagende Uhren, Schritte, die sich hastig entfernten, bleiche Gesichter, die sich, atemlos vor Anstrengung, durch halbgeöffnete Vorhänge drängten, manchmal ein Kurier, der Meldung machte, Offiziere im mühsam verhaltenen Laufschritt, Geistliche, die mit allen Zeichen einer aufgeregten Neugier dieses geheimnisvolle, fast inzestuös anmutende Treiben beobachteten, und immer wieder die schlecht verhohlene Unruhe unter den Verschwörern, ob ihre Regie auch stimmen, ihre Pläne sich auch verwirklichen würden.

Ich muß ehrlich gestehen, daß mir das alles, während ich es in meiner Einbildung zu neuem Leben zu erwecken suchte, ein wenig lächerlich vorkam. Geschichte wie aus dem Kintopp oder vom Boulevard ... Aber genau so war's gewesen. Gerade so und nicht anders hatte es sich abgespielt. Und das erstaunliche daran war, daß es wirklich funktionierte!

Am 2. Dezember gegen halb acht Uhr abends war es soweit. Der kaiserliche Hof mit allen seinen Zuträgern, Schranzen und unerläßlichen Nebenfiguren war in den Festsaal kommandiert worden, wo bereits die Protagonisten eine feierliche Aufstellung genommen hatten. Der Generaladjutant des noch amtierenden

Herrschers, Fürst Joseph Lobkowitz, geleitete schließlich die beiden Majestäten vor die nervös wartende Menge, die imstande war, den riesigen Saal beinahe zu füllen. Innerhalb weniger Augenblicke nahm Ferdinand von seiner Position Abschied, verzichtete Erzherzog Franz Karl auf die Nachfolge und trat der Jüngling Franz sein neues Amt an. Dabei nahm er auf Anraten des Fürsten Schwarzenberg einen neuen Namen an, nämlich jenen des unvergessenen Kaisers Joseph II., was eine noble Geste war, auch ein Hinweis auf die Möglichkeiten dieses jungen Menschen, von dem zu diesem Augenblick noch niemand ahnen konnte, daß er einmal alles andere als ein zweiter Kaiser Joseph sein würde.

Ferdinand, der abgedankte Kaiser, den alle Welt für einen Idioten hielt, notierte später in sein Tagebuch: »Die Funktion endete damit, daß der neue Kaiser vor seinem alten Kaiser und Herrn, nämlich vor mir, kniend um den Segen bat, welchen ich unter Auflegung der Hände auf seinen Kopf und Bezeichnung mit dem heiligen Kreuz gab, ich ihn dann umarmte und er mir die Hand küßte.«

Im Hause Habsburg wußte man immer, was man einander an Respekt und Artigkeit schuldig war. Später einmal, 1866 – da würde Ferdinand schon im Hradschin logieren, in der Prager Burg, ein Staatspensionär und völlig vergessener Monarch –, in den Tagen nach Königgrätz würde er sagen: »Also, das hätte ich auch zustande gebracht!« Und mit diesem Stoßseufzer würde er, der im Jahre 1875 im Alter von zweiundachtzig Jahren starb, alles Wesentliche über die letzte Phase der habsburgischen Familiengeschichte ausgedrückt haben.

Aber das alles ist vorbei und vergessen. Es kommen nicht mehr viele Besucher dieses Ereignisses wegen nach Olmütz. Und die Stille, die das bischöfliche Viertel mit seinen alten Palais und verwunschenen Hinterhöfen umfängt, ist fast gespenstisch. Einmal liefen mir ein paar Zigeunerkinder nach. Ihr Geschrei, ihr fremdartiges Aussehen, ihr fröhliches, unbekümmertes Lachen, mit dem sie ihr unverschämtes, drängendes Betteln begleiteten, wirkten merkwürdig fremd und zwiespältig in dieser Umgebung. Die Zeit tropft hier nur noch. Sie ist zähflüssig und feindselig geworden.

Wenn die große Augusthitze über die Stadt kommt und nur noch die Touristen aus ihren dampfenden Autobussen auf die Sehenswürdigkeiten von Olmütz losgelassen werden, gewinnen die alten, barocken Konturen eine neue Schärfe. Hinter den meist verschlossenen Portalen der kirchlichen Stadt dehnen sich manchmal prachtvolle, wenngleich fast immer heillos verwilderte Gärten, existiert manches Überraschende und lebt Olmütz gleichsam auf doppeltem Boden. Die verwitterten Wappenschilder über den Portalen sprechen eine beredte Sprache, enthalten das Alphabet der altösterreichischen Hocharistokratie und geben eine ungefähre Vorstellung davon, wie schön und eindrucksvoll Olmütz früher einmal ausgesehen haben muß, als die Bühne der Plätze noch in Funktion war und das Zusammenspiel von Renaissance- und Barockfassaden verzauberte.

In diesem Zusammenhang spielten auch die Olmützer Brunnen eine besondere Rolle. Da wurden March und Donau in symbolischen Figuren versinnbildlicht, durfte ein kapriziöser Merkur nicht fehlen (schließlich war sich die Olmützer Geschäftswelt ihrer Bedeutung bewußt) und beherrschte ein wuchtiger Jupiter die kleinstädtische Szene. Einer dieser Brunnen zeigt auch Cäsar. Es ist jenes Wasserspiel, das March und Donau symbolisiert. Und es erinnert wohl an eine halbvergessene Legende, in der früher einmal allen Ernstes behauptet wurde, daß die Stadt von Cäsar gegründet worden wäre. Das gehört natürlich in den Bereich der Phantasie.

Hingegen durfte Olmütz einen anderen weltberühmten Gast kurzfristig aufnehmen, was allerdings mit einigen Komplikationen verbunden war. Im Herbst 1767 war nämlich der Olmützer Domdechant Graf Anton Podstatzky angestrengt um die Gesundheit, ums Leben eines pockenkranken Knaben bemüht, den er mit dessen Eltern bei sich als Gast aufgenommen hatte. Der Name dieses Knaben, der damals tatsächlich einige Tage lang zwischen Leben und Tod schwebte, war Wolfgang Amadeus Mozart.

Niemals aber sollte man bei allen diesen Geschichten und Erinnerungen vergessen, daß die wahren Herren der Stadt stets die Bischöfe waren. Daran konnte kein weltlicher Herrscher etwas ändern. Die Bischöfe waren die eigentlichen Fürsten der Stadt, des umliegenden Landes, sie verfügten über das Schicksal der Menschen und gelegentlich sogar des Reiches, wie es das Beispiel von 1848 demonstrierte. So war es auch kein Wunder, daß sich die Hocharistokratie stets in Blickweite der fürsterzbischöflichen Residenz anzusiedeln wünschte und auf diese Weise ein Stadtteil entstand, dessen heute verblichene oder sogar zerschlissene Vornehmheit und immer noch spürbarer architektonischer Reichtum beeindrucken.

Nicht vergessen sollte man auch, daß hier von 1829 bis 1831 der legendäre Radetzky, der damals Festungskommandant von Olmütz war, Quartier genommen hatte, woran am Palais des einstigen Bauunternehmers Brosdorf, das heute der Volksbildung dient, eine Gedenktafel erinnert. Und im Stadttheater, das nach einem Entwurf des berühmten Architekten Joseph Kornhäusl in den Jahren zwischen 1822 und 1830 entstanden ist, debütierten oder wirkten so bedeutende Schauspieler und Sänger wie Therese Krones, Sonnenthal, Mitterwurzer, die Sandrock, Leo Slezak, Tilla Durieux oder der Komponist und Dirigent Gustav Mahler. Nur ein paar Schritte davon entfernt, im schmalen Schwedengäßchen, erhebt sich das Palais des Joseph Freiherrn von Petrasch, der einst ein Sekretär des Prinzen Eugen gewesen war und hier in Olmütz im Jahre 1745 die älteste gelehrte Gesellschaft der Monarchie gegründet hatte.

Auch solche Dinge gehören zu Olmütz, machen den Charme dieser alten Stadt aus und trösten den Besucher ein wenig darüber hinweg, daß die Stadt heute auf eine so verzweifelte Weise verlottert, vernachlässigt und irgendwie hilfsbedürftig ausschaut. Aber wahrscheinlich wird man noch lange über das holprige Straßenpflaster rumpeln müssen, ohne daß sich an den desolaten Straßenverhältnissen etwas änderte, wird auch noch viel Zeit verstreichen, bis man genügend Geld und Fachleute aufgetrieben hat, um die Altstadt von Olmütz, die eine der schönsten mitteleuropäischen Altstädte überhaupt ist, wieder in ihrer ursprünglichen Pracht herzustellen.

Vom deutschen Brünn

Der Teufel steckt oft im Detail. Im Brünner Renommierhotel zum Beispiel, direkt unter dem bewaldeten Spielberg gelegen, dem düsteren, erinnerungsträchtigen Hausberg der Brünner, hielt der Direktor seine Morgenvisite ab. Das geschah ganz nach der alten, hierarchisch betonten Art und Weise, also genau so, wie man das vor dem Herbst 1989, vor dem Umsturz durch die sanfte Revolution zu sehen gewohnt war. Im Hintergrund stand ein Serviermädchen, das sichtlich Mühe hatte, ein schweres Frühstückstablett zu halten. Der üppige Inhalt des Tabletts war natürlich für den Direktor bestimmt, dem es an nichts mangeln durfte. Die Frage war, wie lange sein Auftritt noch dauern würde und wie lange also das erschöpfte Serviermädchen das Tablett noch halten mußte. Aber darum kümmerte sich sichtlich niemand.

Noch am Abend zuvor hatten wir im Hotel darüber diskutiert, was eigentlich an Brünn (Brno) so typisch österreichisch gewesen wäre. Jetzt, am anderen Morgen und unmittelbar neben dem Stadttheater (1882 von den beiden altösterreichischen Theaterarchitekten Helmer und Fellner erbaut), drängten sich die Menschen um das kleine Fernsehteam aus Wien, das hier Aufnahmen machte. Viele sprachen deutsch, verstanden mehr als nur ein paar Brocken dieser bis vor kurzem noch verpönten und häufig sogar verhaßten Sprache. Und als ich in die Kamera hinein erzählte, daß damals, 1882, als das Brünner Theater mit elektrischem Licht aufwarten konnte, das in ganz Europa als sensationelle Novität gewürdigt wurde, klatschten die Leute Beifall. Man ist immer noch stolz in Brünn darauf, was in diesem »österreichischen Manchester« seinerzeit an Fortschritt und Kultur ermöglicht wurde.

Noch 1850 waren knapp achtzig Prozent aller Brünner deutschsprachig. Sechzig Jahre später waren es immer noch fast sechzig Prozent. Der Ausspruch Leo Slezaks: »Alle echten Wiener sind aus

Brünn« hatte über Generationen hinweg seine Berechtigung. Und ganz falsch ist es nicht einmal heute, wenn man meint, daß Brünn tatsächlich am nördlichen Stadtrand von Wien beginne, entlang der Brünner Straße etwa, wo einem, wenn man nordwärts fährt, die langen Kolonnen der Autos mit tschechoslowakischen Kennzeichen entgegenkommen. Nicht einmal hundertzwanzig Kilometer sind es von Wien nach Brünn, und wenn man auch heute in der mährischen Hauptstadt sorgfältig darauf achtet, alle österreichischen Wurzeln eher zu verbergen, so läßt sich das Vielschichtige, Vielgesichtige, das noch aus der alten Monarchie stammt, doch nicht ganz unterdrücken. Man muß freilich daran erinnern, daß Brünn früher, als noch keine Zigeuner die Stadt unsicher machten (angeblich beträgt ihre Zahl heute 40 000), als noch kein allgemeiner, weitverbreiteter Verfall der Sitten das Leben erschwerte, den Ruf der vollkommenen Liebenswürdigkeit und absoluten Gemütlichkeit besaß. Das wiederum war auf eine charakteristische Weise österreichisch, denn den heutigen Brünnern scheint die Begabung für diese besondere Form der Umgänglichkeit weitgehend zu fehlen. »Gleich weit entfernt von der gänzlichen Ungebundenheit großer Städte, welche selbst oft jene kleinen Artigkeiten und Gefälligkeiten ausschließt, die doch so sehr beitragen, das Leben zu verschönern, und von der ängstlichen Steifheit jener Kleinstädter, die jedes Wort gern in eine bestimmte Form pressen möchten, herrscht hier anständige Leichtigkeit und Zwanglosigkeit«, befand schon zu Beginn des 19. Jahrhunderts ein Reisender, den es nach Brünn verschlagen hatte.

Zuerst waren Textilien das industrielle Haupterzeugnis gewesen, später kam der Maschinenbau hinzu und wurde bald zum wichtigsten Produkt. Viktor Kaplan entwickelte an der Brünner technischen Hochschule die nach ihm benannte Turbine. Meister Pilgram, längst nach Wien eingemeindeter Dombaumeister zu St. Stephan, stammte aus Brünn, hinterließ am Brünner Rathaus einen schiefen Zacken, den man heute noch besichtigen kann und der wohl daran erinnern soll, daß auch einem Meister Pilgram nicht immer Gerechtigkeit widerfuhr. Maria Jeritza, unvergessene Opernsängerin, und Adolf Loos, Pionier einer neuen Baukunst und Wohnkultur in Österreich, kamen aus Brünn. Auf dem Brünner Freiheitsplatz (früher: Großer Platz), nur ein paar Schritte vom Hotel »International« und dem Anstieg zu den Kasematten des Spielberges entfernt, wird die Erinnerung an Kaiser Joseph II. wach; hier kann man im ehemaligen Damenstift Maria Schul (heute: Volkskundemuseum) jenen Pflug bewundern, mit dem der Kaiser einst im mährischen Slawikowitz zwei Ackerfurchen zog.

Man braucht in Brünn nur etwas an der Außenhaut der Dinge zu kratzen, um eines alten, ungemein vertrauten Antlitzes gewahr zu werden, um an Wurzeln zu geraten, die weit zurückreichen in die Vergangenheit dieser Stadt und die deren einstiges Deutschtum unmißverständlich bezeugen.

Nur wenige Meter vom Freiheitsplatz entfernt (an der Ecke zur Gagarinova steht das ehemalige Palais Schrattenbach mit einer Erinnerungsplakette an Mozart, der auch in Brünn tätig gewesen war) erhebt sich die wuchtige Pfarrkirche von St. Jakob. Dieses gotische Gotteshaus mit seinen mächtigen grauen Mauern ist aus einer Kapelle hervorgegangen, die seinerzeit fast ausschließlich von den Deutschen in Brünn benutzt wurde. Übrigens dürfte auch hier Meister Pilgram tätig gewesen sein; zumindest findet sich im Nordschiff sein Zeichen. Im Chor hinter dem Hochaltar steht der Sarkophag des Verteidigers der Stadt gegen die Schweden im Dreißigjährigen Krieg, dessen Verdienste um das »Ertzhaus Österreich« gerühmt werden. Von den wenigen Besuchern, die sich inmitten dieses gotischen Macht- und Prachtbaus ein wenig verloren ausnehmen, kümmert sich heute freilich niemand mehr um diese Inschrift.

Der Krautmarkt, früher Grüner Markt und auch Oberer Platz genannt, zählt zu den ältesten Plätzen im ehemals deutschen Brünn. Er wird vom sogenannten Parnaß-Brunnen beherrscht, einer Arbeit des Steinmetzen Adam Tobias Kracker, die nach einem Entwurf Fischer von Erlachs in den Jahren zwischen 1690 und 1695 entstanden ist. Es ist eine pittoreske Anhäufung von Felssteinen, in die Grotten, Figuren, Symbole eingebettet sind und die unter anderem den Sieg des Herkules über Zerberus zeigt. Das mag heute bei den Hausfrauen, die hier bei den slowakischen Bäuerinnen, die aus den Schatten der Beskiden und Karpaten alltäglich in die große Stadt kommen, kaum noch einen besonderen Eindruck hinterlassen, nimmt sich aber doch recht eindrucksvoll aus. Wären da nicht die reichlich überhöhten Preise des allerdings prachtvollen Gemüses und ungemein appetitlichen Obstes, so könnte man von einer Idylle reden, die sich über die Jahrhunderte hinweg unversehrt erhalten hat. Denn immer sind die Gemüse- und Obstbauern aus den hannakischen Feldern, aus der Slowakei und natürlich vor allem auch aus der näheren Umgebung Brünns auf diesen Platz gefahren, wo sie Tag für Tag ihren lauten, lärmenden, farbenfrohen Markt abhielten und ins strenge Bild der Industrie-, Festungs- und Bischofsstadt einen bunten Akzent brachten.

Östlich des Parnaß-Brunnens erhebt sich das Gebäude der Redoute, das älteste Theater der Stadt, etwa um das Jahr 1600 entstanden, nachweisbar seit dem Jahre 1734 bespielt, also lange vor dem Stadttheater, mehrmals abgebrannt, immer wieder von den deutschen Bürgern unverdrossen aufgebaut. Hier trat der junge Mozart nachhaltig in Erscheinung und betätigte sich Schikaneder als Theaterdirektor. Charlotte Wolters, Therese Krones und Johann Nestroy waren hier als Debütanten tätig, errangen vor einem kunstsinnigen, sachverständigen Publikum ihre ersten Erfolge, benutzten also die Redoute als Sprungbrett für größere, spektakulärere Aufgaben. Das erinnert uns ans Stadttheater, wo seinerzeit Leo Slezak und Julius Patzak engagiert waren, Adrienne Gessner, Fritz Imhoff und Willi Forst, aber auch der junge Attila Hörbiger zu Publikumslieblingen avancierten und der Bühnenbildner Emil Pirchan seine ersten wichtigen Arbeiten schuf.

Stets war man an den Ufern von Schwarza und Zwitta, wie die beiden kleinen Flüßchen heißen, die Brünn durchqueren, eher an Wien als an Prag orientiert. »Deutsche und Tschechen lebten in Harmonie neben- und miteinander«, erzählte Leo Slezak in seinen Erinnerungen. »Beide Sprachen waren Landessprachen, die jeder Brünner bis zu einem gewissen Grade beherrschte.« Und der tschechische Dichter Bezruž schrieb einmal in einem Brief: »Brünn war in meiner Jugendzeit mehr deutsch wie böhmisch, die deutsche Sprache war mir in meinen jungen Jahren so geläufig wie die Muttersprache.« Man kann das Sprachen- und Nationalitätenproblem auf einen einfachen Nenner bringen, wenn man feststellt, daß zumindest bis zum Ersten Weltkrieg die Beamten, begüterten Bürger, die Akademiker und Unternehmer in ihrer überwältigenden Mehrzahl Deutsche (oder eigentlich Altösterreicher) waren, während die Arbeiterschaft vorwiegend slawisch war. Daran hat sich inzwischen so gut wie alles geändert. Die Deutschen sind aus Brünn 1945 vertrieben worden. Ihre Stelle haben die Zigeuner eingenommen, die, wie man in Brünn allenthalben zu hören bekommt, ein unlösbares Problem darstellen. »Man hat hier einen miserablen Tausch gemacht«, erklärte mir im Sommer 1991 eine jüdische Fremdenführerin, als wir auf dieses Thema zu sprechen kamen.

Aber kehren wir zum Krautmarkt zurück, der seit dem 13. Jahrhundert sozusagen in Funktion ist und bisher alle politischen und wirtschaftlichen Änderungen und Katastrophen nahezu unbeschadet überlebt hat. Eines der wichtigsten Gebäude hier ist das Palais Dietrichstein, ein Renaissancebau von respektablen Dimensionen, in welchem heute auch das Mährische Landesmuseum untergebracht ist (sehenswert und unbedingt aufzusuchen, sofern es nicht gerade wieder einmal renoviert wird) und wo einst der Kardinal Fürst Franz von Dietrichstein residierte, der nach der Prager Schlacht am Weißen Berg ein entschiedener Vorkämpfer der katholischen Gegenreformation in Mähren war.

Vom Krautmarkt mit seinem lebhaften Treiben, das jedem italienischen Marktplatz alle Ehre machen würde, sind es nur ein paar Schritte durch die Rathausgasse, die in den Krautmarkt mündet, hinüber zum Rathaus, einem Renaissancebau mit gotischen Aufsätzen und barocken Spuren, an dem in der Hauptsache das Portal seiner ausgewogenen Ästhetik wegen auffällt. Es stammt wahrscheinlich von Anton Pilgram und wurde 1511 vollendet, als der Künstler endgültig nach Wien übersiedelte, um dort das Dombaumeisteramt von St. Stephan zu übernehmen. Er dürfte damals ein guter Fünfziger gewesen sein, entstammte einer Brünner Steinmetzfamilie, deren Vorfahren allerdings aus Iglau kamen, einer der bedeutenden deutschen Sprachinseln in der Tschechoslowakei. Meister Pilgram selbst war viele Jahre lang im südlichen Deutschland tätig, kehrte 1502 nach Brünn zurück, wo er einige bemerkenswerte Arbeiten schuf, um dann mit seinem Selbstporträt und den Kirchenvätern im Wiener Stephansdom zu einem der unverwechselbaren Meister der deutschen Plastik zu werden.

Das Brünner Rathaus (eigentlich handelt es sich hier um das Alte Rathaus) hat aber auch noch zwei Besonderheiten aufzuweisen, die das Interesse der vielen Besucher auf sich ziehen. Da wäre zuerst einmal ein Krokodil, das malerisch an der Decke eines Gewölbes hängt und natürlich Anlaß für eine herzergreifende Legende ist. Angeblich war das Krokodil, das irgendwann einmal von einem reisenden Kaufmann in ausgestopfter Form der Stadt Brünn zum Geschenk gemacht worden sein soll, ein feuerspeiender Drache, der ganz Mähren in immerwährende Aufregung versetzte, bis ihn ein todesmutiger Ritter erlegte. Das wiederum rettete dem Ritter, der einer abscheulichen Tat wegen zum Tode verurteilt worden war, das Leben.

Auch ein dekorativ zur Schau gestelltes Wagenrad kann über eine amüsante Biographie verfügen. Ein Wagnergeselle war irgendeiner angeblichen Verfehlung wegen abgeurteilt worden. Der brave Mann jedoch war unschuldig und verlangte ein sogenanntes Gottesurteil. Er werde bei Morgengrauen die Stadt verlassen, nach Eisgrub eilen, dort einen Baum fällen, daraus ein Wagenrad machen und bis zum Sonnenuntergang mit diesem Rad vor den Ratsherren wieder erscheinen. Das gelang ihm tatsächlich und stellte seine Unschuld beeindruckend unter Beweis.

Was das Krokodil angeht, so ist wohl ein Nachsatz angebracht. Mir wurde jedenfalls, als ich zuletzt im Sommer 1991 in Brünn war, erzählt, daß es König Matthias Corvinus gewesen wäre, der den Bürgern der Stadt dieses ausgestopfte Krokodil zum Geschenk gemacht hätte. Das soll sich im Jahre 1608 zugetragen haben. Und der unschuldige Wagnermeister, dem die Brünner so übel mitgespielt hätten, wäre eigentlich aus Eisgrub gebürtig gewesen, was auch erklärlich machte, daß er bei seiner Parforcejagd nach einem Beweis für seine Unschuld gerade diese Ortschaft aufgesucht hätte.

Ein anderer wesentlicher Schauplatz des altösterreichischen und damit früheren deutschen Brünn ist das Landständehaus am ehemaligen Dominikanerplatz, heute das Neue Rathaus. Man kann sich heute kaum noch vorstellen, daß hier, wo noch im ausgehenden Mittelalter die Fischweiber ihre wohlfeile Ware aus den Flüssen und Teichen Mährens feilboten, ein Dominikanerkloster die Szenerie beherrschte. Seit dem Jahre 1230 waren die Dominikaner hier ansässig. Immer wieder sorgten sie dafür, daß die bedeutendsten Baukünstler ihrer Zeit genügend Beschäftigung fanden. Im übrigen hatten sie schon frühzeitig einen Teil des Klosters gleichsam verstaatlicht, das heißt, den mährischen Politikern für deren Auftritte zur Verfügung gestellt, wobei die Noblen des Landes sich einmal jährlich ein feierliches Zeremoniell leisteten, das eine Besonderheit innerhalb der altösterreichischen Monarchie darstellte. Es handelte sich dabei um die Eröffnung der Landtafeln.

Diese Landtafeln waren nichts anderes als die Protokolle der jeweils stattgefundenen Sitzungen des Landtages, auch Hinweise auf Prozesse und Rechtsgeschäfte von öffentlichem Interesse. Diese Tafeln wurden stets sorgfältig aufbewahrt und mußten in Kriegszeiten außer Landes gebracht werden, was immerhin bedeutete, daß diese Protokolle im Verlauf der Jahrhunderte (von 1348 bis 1848) einen stattlichen Umfang annahmen. Es war der Habsburger Leopold (1657–1705), der den leidigen Streit um die Vorherrschaft in Mähren, der zwischen Olmütz und Brünn immer wieder von neuem entbrannte, zugunsten Brünns entschied, was bedeutete, daß die Landtafeln nunmehr endgültig in Brünn verblieben, wo die kostbaren Dokumente heute im Landesarchiv aufbewahrt werden.

Wer an den Kirchen Brünns die nationalen Wurzeln dieser Stadt ablesen will, wird sich selbst an der Peter- und Paulskirche oben auf dem Petersberg, die ganz allgemein als das Gotteshaus der Slawen apostrophiert wurde, sehr schwertun. Denn alles, was an dieser Kirche bedeutend, herausragend, besonders kostbar anmutet, stammt von deutschen, österreichischen Künstlern, wobei das Presbyterium des Wiener Holzschnitzers Joseph Leimer, die Kanzel des Barockplastikers Andreas Schweigel und etliche Altarblätter des berühmten Kremser Schmidt, also des Barockmalers Martin Johann Schmidt aus Krems, besonders zu erwähnen sind. Unweit des nördlichen Seiteneinganges gibt es eine recht originelle Kanzel, von der im Jahre 1451 der aus Aquileia gebürtige ehemalige Richter Giovanni Capestrano gegen die Hussiten predigte. Er war im Auftrag Friedrichs III. zuerst nach Wien gekommen, wo er mit eher mäßigem Erfolg gewirkt hatte, bis er schließlich in Brünn mit seinen leidenschaftlichen Predigten dafür sorgte, daß viele Brünner nicht nur der hussitischen Lehre untreu wurden, sondern den Prediger sogar auf dessen späteren Kreuzzug gegen die Türken begleiteten. Angeblich waren seine frommen Auftritte so erfolgreich, daß man die Kanzel an der Außenfront der Peter- und Paulskirche anbringen mußte, wo die Masse der neugierigen Bewunderer und aufrechten Christen genügend Platz hatte. Heute kann man stundenlang in und rund um dieser Kirche die Spuren fremder Menschen suchen, ohne mehr anzutreffen als einige Touristen, die in ihren Reiseführern blättern, aus denen sie dann erfahren, daß es sich bei dieser Kirche ursprünglich um eine romanische Basilika handelte, die Ende des 12. Jahrhunderts errichtet wurde, im 14. Jahrhundert weitreichende Umbauten erfuhr, denen vor allem in der Zeit zwischen 1904 und 1910 eine sogenannte Regotisierung folgte, die möglicherweise dem damaligen Geschmack entsprochen haben mag, dem Aussehen des Brünner Doms aber ganz gewiß nicht gutgetan hat. Außerdem erhielt damals der Dom zwei neue Türme, was Ausdruck des heftigen Konkurrenzdenkens zur deutschen Jakobskirche war, hinter der die tschechischen Katholiken Brünns ihr Gotteshaus nicht einherhinken sehen wollten.

Dabei verfügt dieser Dom ohnedies seit langer Zeit schon über eine signifikante Merkwürdigkeit. Er beginnt nämlich mit seinem mittäglichen Geläute pünktlich um elf Uhr vormittags. Mir wurde das damit erklärt, daß man 1645 auf diese Weise das Herannahen der feindlichen Schweden verkündet hätte, was um elf Uhr vormittags geschehen wäre. Ein tschechischer Fremdenführer erklärte mir nicht ohne Stolz, daß es ein tschechischer Späher gewesen wäre, der vom Turm der Peter- und Paulskirche die Schweden zuerst erblickt und dann Alarm geschlagen hätte.

Ich erwähne das ohne jeden Kommentar, kann auch nicht die historische Richtigkeit beschwören, könnte mir aber vorstellen, daß es sich durchaus so verhalten hat. Jedenfalls läuten die Mittagsglocken dieser Kirche alltäglich um elf Uhr vormittags, sind also sozusagen ihrer Zeit immer um ein Stündlein voraus, was sich im Verlauf der Jahrhunderte zu einer recht ansehnlichen Summe an gewonnener Zeit zusammenläppert.

Man war im Mährischen immer fromm, katholisch auf eine nahezu spirituelle Weise, gehorsam bis untertänig den Bischöfen gegenüber, die ein Übermaß an weltlicher Macht verkörperten, weniger in Brünn als in Olmütz, wo die prunkliebenden, politisch einflußreichen Erzbischöfe beheimatet waren. Das verhinderte freilich nicht, daß auch die Brünner Geistlichkeit immer wieder mancher Keckheit gegenüber dem Staat fähig und im übrigen durchaus willens war, ihre Eigenständigkeit, ihr Selbstbewußtsein, ja wenn man so will, auch ihren Hochmut zu behaupten. Der altösterreichische Doppeladler duldete derlei Unverfrorenheiten mit milder Nachsicht. Das Haus Habsburg war schließlich stets darauf bedacht gewesen, mit der Kirche in einem guten Einvernehmen zu leben.

Das fand seinen Niederschlag nicht nur in der demutsvollen Haltung der Brünner vor allem und jedem, das nach weihrauchdurchtränkter Katholizität schmeckte, sondern auch in einer Reihe von Kirchenbauten, von denen einige so etwas wie einen barocken Dreiklang ergeben, wie er in dieser Vollkommenheit selten ist in den böhmischen und mährischen Ländern. Da waren zuerst einmal die Augustiner, die sich um die Mitte des 14. Jahrhunderts außerhalb der damaligen Stadtmauern ansiedelten und ihre Kirche zum Heiligen Thomas erbauten, die nach ihrer weitgehenden Zerstörung durch die Schweden während des Dreißigjährigen Krieges so umfassend erneuert und dabei barockisiert wurde, daß sie heute tatsächlich als exemplarisches Beispiel des mährischen Barock gilt. Lediglich eine Arbeit aus den Gründerjahren der Kirche ist erhalten geblieben, eine Pietà an einem der Seitenaltäre, die von Kunsthistorikern und Kunstfreunden als ergreifend bis erschütternd beschrieben wird und demnach einer näheren Betrachtung wohl wert sein dürfte.

Die beiden anderen Kirchen, die noch zu erwähnen wären, sind die Jesuitenkirche, die ursprünglich gotisch war und deren später erworbene barocke Ausstattung als üppig bezeichnet werden muß, sowie die Minoritenkirche mit einer Loretokapelle und einer Heiligen Stiege, die früher einmal, also noch in der Zeit der alten

Monarchie, im Volksleben und in der Gläubigkeit der Menschen in Mähren eine gewisse Rolle spielten.

In diesem Zusammenhang ist es beinahe schon überflüssig zu sagen, daß die Baukünstler und Ausstatter dieser Gotteshäuser deutsche Namen getragen haben. Zu nennen wäre dabei der Wiener Bildhauer Johann Georg Schauberger, der sowohl bei den Jesuiten als auch bei den Minoriten mit seinen barocken Phantasien, mit seinen »Gesimsen, Bekrönungen, Emporen, Wolken und Stuck« (Lilian Schacherl) diese Kirchen in den ersten Jahrzehnten des 18. Jahrhunderts endgültig barockisierte. Dabei war Mauritz Grimm vor allem bei der Minoritenkirche sozusagen federführend vorangegangen, unterstützt von Stukkateuren wie Christian Pröbstl und Freskenmalern wie Johann Georg Etgens. Grimm hatte auch für den Umbau der Jesuitenkirche verantwortlich gezeichnet, hatte auch ihr diesen berüchtigten altösterreichischen Überschwang angetan, der sich durch ein jubilierendes Barock auszeichnet, was nicht unbedingt dem mährischen Volkscharakter entspricht. Jedenfalls wirkten das habsburgische Wien, das barokke Österreich ungemein stark auf das mährische Beispiel ein. Das wird unter anderem dadurch demonstriert, daß in der Baugeschichte aller wichtigen Kirchen Brünns so gut wie kein einziger slawischer Name vorkommt.

Das mag ein Detail am Rande sein, das man heute leichten Herzens übersieht. Aber es bezeugt eine historische Situation und Dimension, die man eigentlich nicht vergessen sollte.

Brünns Wahrzeichen ist neben dem Petersberg mit seiner Domkirche (urkundlich erstmals 1131 erwähnt) zweifellos der eher düstere Spielberg, der ungeachtet seiner lauschigen Alleen und des hellgrünen Baum- und Buschpelzes, der den Hügel mitten in der Stadt recht dekorativ bedeckt, eine reichlich grimmige Wirkung ausübt. Der »spilmberg«, vormals »castrum brunense«, war zuerst einmal die befestigte Residenz der mährischen Markgrafen, wobei Přemysliden und Luxemburger hier einander abwechselten, bis Stände und Stadt in den Besitz der Habsburger kamen und die Festung zu einem beeindruckenden Renaissanceschloß umgebaut wurde. Das war im Jahre 1620, nach der Schlacht am Weißen Berg, durch die bekanntlich die böhmische und mährische

Geschichte einen ganz anderen Verlauf nahm und eigentlich zu einem Zeitpunkt, als der Krieg gegen die Lutherischen praktisch bereits entschieden war. Fast hat es den Anschein, als hätte es erst des politischen Instinktes der Österreicher bedurft, um die strategische Bedeutung dieses Hügels zu erkennen.

Jedenfalls unterließ man nichts, was Zitadelle und Hügel uneinnehmbar machen sollte, wozu auch ein unterirdischer Gang gehörte, der Burg und Stadt miteinander verband und der 1645 von großer Bedeutung war, als die Schweden die Stadt belagerten und gefährlich dem Hügel näherrückten. Diese »strada coperta«, wie sie der damalige Festungskommandant, der wackere Haudegen Obrist Raduit de Souche, nannte, erfüllte jedenfalls ihre Aufgabe – die Schweden bissen sich am Hügel die Zähne aus. Als sie endlich besiegt abziehen mußten, ließen sie mehr als tausend Gefangene zurück, die bald in den tiefen und dunklen Kasematten schmachteten und so eigentlich die ersten Opfer des alsbald berüchtigten Spielberges wurden.

Heute wird auf dem Spielberg alles renoviert, was nicht niet- und nagelfest ist. Das geht schon seit Jahren so und wird noch mindestens fünf, wie es offiziell heißt, wahrscheinlich aber zehn Jahre andauern. Sogar die barocken Heiligenstatuen aus den verschiedenen Hauskapellen der ehemaligen Kasernen, die gleichfalls entweder geschliffen oder so gründlich demoliert wurden, daß man ihre ursprüngliche Bedeutung nicht mehr erkennt, lehnen jetzt verstört an irgendwelchen brüchigen Außenmauern. Und in den Kasematten, in denen bis in die Mitte des 19. Jahrhunderts die Grausamkeit und die Unmenschlichkeit triumphierten (erst 1855 hoben die Österreicher das Staatsgefängnis auf, zu dem sie den Spielberg gemacht hatten) und italienische, polnische oder magyarische Patrioten schmachteten und buchstäblich verreckten, werden heute neue Spannbetonböden und -wände aufgezogen und die Möglichkeiten für ein gewinnträchtiges Modell der Zurschaustellung österreichischer Tyrannenmentalität vorbereitet. In Brünn rechnet man fest damit, aus dem ehemals völlig zu recht berüchtigten Spielberg ein Zentrum des gehobenen Fremdenverkehrs machen zu können, wobei das Grauen, das dieses Gefängnis vermittelt, möglichst dekorativ nachvollzogen werden soll.

Vorerst freilich keuchen die Besucher vergeblich den Hügel hinauf. Was sie zu sehen bekommen und woran sich ihre Phantasie möglicherweise zu entzünden vermag, sind tatsächlich nichts weiter als eine wüste Baustelle, auf der es chaotisch zugeht, ist Staub auf rötlichfarbenem Gemäuer und, sofern man ein Gespür dafür hat, das verlorene Echo vergangener Leiden.

Denn gelitten (auch gefoltert) wurde auf dem Spielberg so ausgiebig, daß man heute meinen möchte, es wäre am schicklichsten, diesen Hügel überhaupt in Ruhe zu lassen. Viele der Gefangenen überlebten nur wenige Monate die unmenschlichen Haftbedingungen, denen sie ausgesetzt waren, wobei sadistische Wärter die mörderische Kälte und die quälende Feuchtigkeit in den tiefen Verliesen noch verschärften. Kaiser Joseph II. ließ sich 1783 in einer dieser unterirdischen Zellen, in denen es am schlimmsten war, anketten und dann einschließen. Er wollte für ein paar Stunden am eigenen Leib erfahren, was es bedeutete, ein Gefangener des Spielbergs zu sein. Aber schon nach einer halben Stunde rief er verzweifelt – angesichts des tropfenden Wassers von den Wänden und der modrigen Dunkelheit nach der Wache und ließ sich von seinen Ketten befreien. Unverzüglich wurden damals auf Geheiß des empörten, durch die gerade gemachten schlimmen Erfahrungen verschreckten Kaisers diese unterirdischen Verliese geschlossen.

Aber es blieb dennoch genug an Grausamkeit und Horror, um den Gefangenen, die zu Tausenden aus sogenannten politischen Motiven aus allen Provinzen der altösterreichischen Monarchie auf den Spielberg gebracht wurden, das Leben zur Hölle zu machen. Ihnen bedeutete der Tod in der Tat eine schauerliche Erlösung.

Gerne wird das Schicksal des italienischen Patrioten und Poeten Silvio Graf Pellico als Beispiel für die Erniedrigung und den Schmerz angeführt, die hier den Menschen angetan wurden. Pellico, der dem berüchtigten Geheimbund der »Carbonari« angehörte, die mit verbissener Ausdauer die Österreicher in Norditalien bekämpften, erzählte in seinem Buch »Meine Gefängnisse«, das 1832 erschien, seinen Leidensweg durch die österreichischen Gefängnisse, wobei er acht Jahre lang auf dem Spielberg eingekerkert war.

»Der Ausdruck ›schwere Haft‹ hat zu bedeuten, daß man zur Arbeit verpflichtet ist, eine Kette an den Füßen zu tragen«, schilderte Pellico seine Erfahrungen, »auf bloßen Brettern schlafen und die ärmlichste Kost essen muß, die sich nur denken läßt. Die zu ›sehr schwerer Haft‹ Verurteilten sind noch furchtbarer gefesselt, mit einem eisernen Gurt um die Hüften, die Kette ist in der Mauer befestigt, so daß man kaum bis an die Pritsche gelangen kann, welche als Bett dient. Die Kost ist dieselbe, obschon das Gesetz Wasser und Brot vorschreibt. Wir Staatsgefangenen waren zu schwerem Kerker verurteilt. «

Diese Staatsgefangenen waren nicht selten die Elite ihrer Nation, waren polnische, italienische, ungarische Patrioten, die ihre Heimat vom österreichischen Joch befreien wollten. Aber da gab es auch Aristokraten, die ihrer fortgesetzten Betrügereien oder anderer schwerer Vergehen wegen auf dem Spielberg gelandet waren, unkorrekte Beamte, Offiziere, die gegen irgendein Reglement verstoßen hatten, auch Abenteurer und der übliche Abschaum, den jede Gesellschaft am liebsten unter den Tisch kehrt und vergißt. Sogar Frauen schmachteten auf dem Spielberg, vornehmlich Prostituierte, die auf besonders unangenehme Weise den Behörden aufgefallen waren, oder Giftmischerinnen, Kupplerinnen, immer wieder auch Engelmacherinnen, die oft nur das Elend verzweifelter Frauen hatten lindern wollen.

Im Ersten Weltkrieg wurden die damals schon lange verwaisten Verliese (seit 1855) wieder in Verwendung genommen, und zwar für tschechische Kriegsdienstverweigerer, auch für Deserteure, von denen es damals viele gab. Die deutschen Nationalsozialisten ließen sich diese Möglichkeit, Menschen zu erniedrigen und zu quälen, selbstverständlich auch nicht entgehen und mißbrauchten die alten österreichischen Kasematten als Durchzugsstation für KZ-Häftlinge. Dabei kam es immer wieder zu Exzessen einer entmenschten Gewalt, was allerdings die Tschechen nach 1945 nicht davon abhielt, auf dem Spielberg gleichfalls sogenannte politische Gefangene festzuhalten. Das waren vornehmlich deutsche Zivilisten, die keine andere Untat begangen hatten, als sich in den vergangenen Jahren allzu intensiv zum Deutschtum bekannt zu haben.

Es war der Spielberg jedenfalls stets so etwas wie eine schreckliche Zuchtrute für die Menschen, ein Berg der Niedertracht und des Schreckens. Daran erinnern heute nur noch die Mahnmale und Ehrenbüsten der verschiedenen Nationen, die unter den Österreichern gerade hier in Brünn einen hohen Blutzoll für ihr Streben nach Freiheit und Unabhängigkeit leisten mußten. Ich persönlich betrachte immer mit einem Gefühl des leisen Unbehagens diese Denkmäler, diese steinernen Zeugen für die Unvollkommenheit des Menschen, die uns daran erinnern sollen, wessen die habsburgische Herrschaft seinerzeit fähig gewesen war, um an der Macht zu bleiben. Der Doppeladler konnte auch grausam sein.

Es gab auch populäre Gefangene auf dem Spielberg, die sich ihren Aufenthalt in diesem düstersten Kerker der Monarchie recht angenehm gestalteten. Einer davon war Trenck, der sich schon zu Lebzeiten eines ungestümen, heldenhaften Lebens erfreuen durfte und der nach seinem eher unrühmlichen Tod immerhin zu einer beliebten Figur der Film- und Fernsehunterhaltung aufgestiegen ist.

Aber war es das wirklich? Nämlich ein Heldenleben nach Art des habsburgischen Hauses, das zwar seine Veteranen fast nie in Stich ließ, ihnen aber manchmal den Brotkorb doch recht hoch hängte? Trenck, der legendäre Pandurenobrist, Freiherr Franz von der Trenck aus Slawonien, jenem seinerzeit sumpf- und waldreichen Gebiet zwischen Save und Drau, wo sein Vater schon fünfzehn Dörfer mit leibeigenen Bauern besessen und im Abwehrkrieg gegen die Türken neben glanzvollem Ruhm auch manche wertvolle Beute erworben hatte, dieser Trenck, der in Ermangelung der Türken wacker auf alle anderen Feinde Österreichs einhieb, hätte jedenfalls manchen Grund gehabt, an der Dankbarkeit des Hauses Habsburg zu zweifeln. Denn er war, als er mit seinen Panduren (die er aus seinen Dörfern an der Grenze gegen Serbien rekrutiert hatte) im Auftrag Maria Theresias gegen die Preußen in Schlesien und Bayern und schließlich am Rhein sogar gegen die Franzosen kämpfte, stets recht erfolgreich. Er war es so sehr, daß er bald ein gefürchteter Haudegen wurde und man geflissentlich seinen wilden Männern aus dem Weg ging.

Maria Theresia lobte ihn immerhin mehrfach. Und Gideon Laudon, der spätere Generalissimus der Österreicher und glorreiche Sieger von Belgrad (da gab es dann wieder einen Krieg gegen die Türken), stieß zu ihm und tat als Hauptmann seinen Dienst bei den Panduren. Aber die heillosen Exzesse dieser völlig undisziplinierten Truppe aus dem Südosten des Reiches häuften sich. Korrekte Offiziere, darunter eben auch Laudon, erstatteten Meldung über begangene Greueltaten, die gegen den Ehrenkodex der Armee verstießen. Es dauerte lange, bis man diesen Anzeigen ernsthaft nachging. Schließlich war es nicht ungewöhnlich, daß eine siegreiche Truppe, war sie erst einmal in eine Stadt eingedrungen, dem einträglichen Gewerbe des Plünderns nachging. Was die Trenckschen Panduren hervorhob, war die besondere Grausamkeit, mit der sie zu Werke gingen. Sie plünderten nicht nur, sie brandschatzten auch. Und sie mordeten rücksichtslos und wie vom Blutrausch befallen, so daß sie den Ruf der österreichischen Soldaten zuschanden richteten.

Trenck wurde schließlich verhaftet, vor ein Kriegsgericht gestellt, wo er hauptsächlich durch seine ungestümen Attacken gegen den Gerichtspräsidenten auffiel, und zu lebenslanger Festungshaft verurteilt. Das könnte man möglicherweise als Fehlurteil betrachten, weil Trenck auch für Dinge verantwortlich gemacht wurde, für die er nachweislich nicht die Verantwortung gehabt hatte. Manche Animosität kam hier zum Durchbruch, manches Übelwollen seiner Gegner (und er hatte viele) erfuhr vor diesem Gericht seinen Niederschlag. Jedenfalls kam er, der in den Augen vieler seiner Zeitgenossen immer noch ein gefeierter Held war, nach Brünn auf den Spielberg.

Allerdings wurden dem Baron gewisse Annehmlichkeiten eingeräumt, die seinen Aufenthalt in diesem berüchtigten Gefängnis erheblich erleichterten. Er durfte sich beispielsweise Diener halten und belegte ein verhältnismäßig komfortables Zimmer in der Nähe der Wohnung des Festungskommandanten, an dessen Tafel er auch zu speisen pflegte. Nachweisbar sind zahlreiche Besuche, die Trenck während seiner sogenannten Haftzeit empfangen konnte. Auch die Vergünstigung eines unzensurierten Briefwechsels mit allen seinen Freunden, Advokaten, Angehörigen wurde ihm gewährt. Es hatte fast den Anschein, als ob man sich durch diese bevorzugte Behandlung, die von Wien aus ermöglicht wurde, gewisse Skrupel vom Hals schaffen wollte, als ob manches schlechte Gewissen dadurch besänftigt werden sollte.

Das alles hielt Trenck nicht davon ab, verschiedene abenteuerliche Fluchtversuche zu unternehmen, die alle kläglich endeten. Im Jahre 1749 starb er schließlich an der Wassersucht, die er sich freilich nicht auf dem Spielberg, sondern wohl schon während seiner Kriegs- und Raubzüge gegen die Preußen und Franzosen geholt hatte.

Damit begann eigentlich erst die Legende rund um Trenck, oder, sagen wir, das Ungewöhnliche, Skurrile, Aufsehenerregende setzte sich fort. Lediglich der Schauplatz wechselte, und zwar hinunter in die Stadt, in die etwas düstere, auf österreichische Weise barocke Kapuzinerkirche, die dafür berühmt war, die Leichen angesehener, vermögender Brünner Bürger aufzunehmen, für deren weiteres Seelenheil dann die braven Kapuziner sorgten. Auch Trencks Leichnam wurde bei den Kapuzinern beigesetzt, die er in seinem Testament großmütig bedacht hatte. Eine Besonderheit dieser Grabstätte war von Bedeutung: In der Gruft der Kirche, unweit des Krautmarktes, aber auch des Brünner Hauptbahnhofs, mumifizierten die Leichname durch die besondere Lufttrockenheit, die hier herrschte, was schließlich bewirkte, daß man heute noch etliche dieser Mumien wie in einem Museum des Schreckens besichtigen kann.

Übrigens hatte Kaiser Joseph II., der neben dem Spielberg selbstverständlich auch diese Sehenswürdigkeit Brünns besucht hatte, wenig Verständnis für das sorgfältig ausgetüftelte Belüftungssystem der Krypta (durch zahlreiche Luken wurde seinerzeit ein bestimmter Luftstrom in die Gruft geleitet) und dessen Ergebnis. Er untersagte kurzerhand das absichtsvolle Mumifizieren der Leichname (was den Kapuzinern allerdings manchen Batzen guten Geldes eingebracht hatte) und unterwies die Mönche darin, daß sie die Toten gefälligst in Ruhe zu lassen hätten. Aber da war Trencks Leichnam längst schon mumifiziert und ruhte in einem Sarkophag am Eingang zur Totenkapelle. Ein gläserner Deckel beschließt heute den Sarkophag, wobei man unschwer feststellen kann, daß mit dem Kopf des berühmten Toten etwas nicht stimmt. Tatsächlich handelt es sich dabei nicht um den Schädel des Pandurenobristen (der wurde unmittelbar nach seinem Hinscheiden angeblich nach London gebracht), sondern um den gleichfalls mumifizierten Kopf eines Kapuziners, der zufällig zur gleichen Zeit wie Trenck verstorben war und dem man dessen Leichnam gleichsam aufgesetzt hatte. Das dürfte wohl auch damit zu tun gehabt haben, daß die Kapuziner Trenck seines Legats wegen verpflichtet waren und daß man in London, wo Verwandte Trencks lebten, großen Wert auf eine möglichst handfeste Reliquie legte und dafür ordentlich bezahlte.

Das sind in der Hauptsache bloß Vermutungen. Die offizielle Version dieser unglaublichen Geschichte lautet ganz anders, wesentlich harmloser. Demnach verschwand der Schädel Trencks nach einigen Tagen, ohne daß man sich seinerzeit erklären konnte, wie das möglich gewesen wäre. Und um die Ruhe des Toten zu respektieren (ein kopfloser Leichnam sah auch wirklich degoutant aus), legte man eben den Totenschädel eines Mönchs in den Sarg.

Ich vermag nicht zu entscheiden, welche Geschichte der Wahrheit entspricht. In jedem Fall sollte man für das Seelenheil dieses seltsamen Abenteurers aus Slawonien ein paar fromme Gedanken übrig haben. Er dürfte es brauchen können.

Ähnliches gilt auch für jene Komtesse Isabella von Zinzendorf, Tochter eines der vielen Festungskommandanten auf dem Spielberg, die man möglicherweise scheintot den Künsten der Kapuziner ausgeliefert hatte. Denn als man später einmal ihren Sarg öffnete, fand man den Leichnam in einer Haltung vor, die den entsetzlichen Verdacht bestätigte, daß das arme Geschöpf verzweifelt gegen sein Sterben angekämpft haben mußte. Es mag nur ein schwacher Trost sein, daß unmittelbar neben ihrem Sarg jener ihres Vaters steht und unweit davon die letzte Ruhestätte des berühmten Barockbaumeisters Mauritz Grimm, dessen leichenkalter Körper gleichfalls zur Mumie wurde. Seine Bauwerke aber, mit denen er in den ersten Jahrzehnten des 18. Jahrhunderts Brünn beglückte (Minoriten- und Jesuitenkirche), sind immer noch von heiterer Vitalität.

Man sollte sich durch solche Bilder und Erinnerungen, denen ein düsterer Unterton nicht abzusprechen ist, die Lust auf Brünn kaum verdrießen lassen. Es gibt genügend Schauplätze in dieser schönen und alten Stadt, auf denen man ganz andere Erfahrungen als in den dunklen Grüften der Kapuziner machen kann. So zum Beispiel demonstriert in einem Klostergarten in Altbrünn, also im Herzen der Stadt, das Mendelianum eine Darstellung von Mendels wissenschaftlicher Leistung und dessen Auswirkungen. Bäume rauschen hier im Wind, der stoßweise weht; ein mehrsprachiger Gedenkstein erinnert an diesen großen Wissenschaftler, der als österreichischer Untertan zur Welt gekommen und gestorben war. Ein kleiner Versuchsgarten rundet diese besondere Art eines Museums ab. Beherrscht wird diese Idylle von der Königsklosterkirche Mariä Himmelfahrt, die im 13. Jahrhundert die Gründung einer Königin war. Die Zisterzienser, die hier zuerst wirkten, und die nachfolgenden Augustiner wußten einen guten Tropfen zu würdigen, was im Verlauf der Zeit wohl dazu geführt haben mochte, daß hier heute einer der größten Weinkeller des Landes in einem Tunnel untergebracht ist, der unterhalb des Spielbergs verläuft. An manchen lauschigen Sommerabenden versammelt sich hier das Brünner Volk und zecht voll fröhlicher Unbekümmertheit an dieser geschichtsträchtigen Stätte.

Johann Gregor Mendel, der 1822 im österreichisch-schlesischen Heinzendorf geboren wurde und 1884 starb, und zwar in Brünn, wo er sich die längste Zeit seines Lebens aufgehalten hatte, hat heute ein Ehrengrab auf dem Brünner Zentralfriedhof. Schon die Bürokraten der altösterreichischen Monarchie waren dem Begründer der Erblehre mit Maßen zugetan und verwehrten ihm zumindest nach seinem Tod nicht den gebührenden Respekt. Und um alle jene, die vielleicht mit dem Namen Mendels oder den näheren Begleitumständen seines Aufenthaltes in Brünn nicht viel anzufangen wissen, auf diesen bedeutenden Altösterreicher gleichsam einzustimmen, möchte ich ein paar Zeilen zitieren, die Lilian Schacherl zu diesem Thema geschrieben hat: »In dem weltverlorenen Gärtlein im Hof des ehemaligen Klosters stand vor hundert Jahren alltäglich vor Sonnenaufgang ein Klostergeistlicher und übertrug Blütenstaub von einer Pflanze auf die andere.

Er experimentierte mit Erbsen, Lichtnelken, Disteln, Habichtskräutern. Später wurde er zum Abt des Klosters gewählt und fand keine Zeit mehr für seine einsamen Forschungen. Viele Jahre nach seinem Tod, etwa um die Zeit, als Leoš Janaček regelmäßig auf der Orgel der Altbrünner Kirche spielte, wurde der Name des Augustinermönches plötzlich zu einem Losungswort in Biologenkreisen, und heute kennt ihn jedes Schulkind als den Namen des Entdeckers der Vererbungslehre: Gregor Mendel.«

Ich bin mir freilich nicht so sicher, daß wirklich jedes Schulkind über Mendel Bescheid weiß. Aber das ist schon wieder eine andere Geschichte, die freilich auch ein wenig damit zu tun hat, daß das deutsche oder österreichische Brünn so völlig in Vergessenheit geraten ist.

Übrigens befindet sich in unmittelbarer Nähe der letzten Ruhestätte Mendels auch das Grab Janačeks, der aus dem ostmährischen Dorf Hochwald stammte und dessen für die damaligen Verhältnisse schwierige Kompositionen erstmals am Brünner Stadttheater gespielt wurden. Als Lehrer an der Brünner Orgelschule hatte er ein eher spärliches Auskommen. Es dauerte immerhin bis in den Ersten Weltkrieg hinein, bis zum Jahre 1916, daß erstmals eine seiner Opern (»Jenufa«) am Prager Nationaltheater aufgeführt wurde, die dann freilich einen so durchschlagenden Erfolg hatte, daß sie bald zur Volksoper im Sinne einer »Verkauften Braut« wurde.

Dabei war »Jenufa« in Brünn bereits im Jahre 1904 uraufgeführt worden. Aber vor diesem extravaganten Beispiel mährischer Musikfolklore auf höchstem Niveau versagte das vorwiegend deutschsprachige Publikum völlig, obgleich das Werk zwölf Jahre lang auf dem Repertoire des Theaters blieb. Trotzdem wurde es nicht der große Erfolg, der ihm den Weg nach Prag oder Wien freigemacht hätte. Die Geschichte, wie »Jenufa« schließlich doch ans Prager Nationaltheater kam (und zwar über den Umweg eines winzigen böhmischen Kurortes, wo eine Sängerin immer wieder Arien aus »Jenufa« sang), ist eine Komödie für sich. Es bedurfte dazu eines Schriftstellers, welcher der singenden Dame im Kurort begegnete und neugierig gemacht wurde durch die musikalische Qualität dessen, was er eher zufällig zu hören bekam. Ferner brauchte es einen Operndirektor, der zufällig in der Nähe seinen Urlaub verbrachte. Der Autor telegraphierte und telephonierte, der Direktor kam. Die Dame sang den beiden Herren ein paar Arien vor, was den Direktor in stürmische Begeisterung versetzte. Ein Brief, möglicherweise auch ein Telegramm, ging an Janaček ab. Dieser schickte sogleich die Partitur der Oper nach Prag. Dort aber urteilte ein Konsortium von Dirigenten und Subdirektoren, daß man »Jenufa« nicht aufführen könnte. Der Schriftsteller beharrte jedoch auf seiner Meinung, förderte das Werk mit liebevoller Gewalt, zwang das Direktorium nahezu zu seinem Glück. Und vom Augenblick der Premiere in Prag an war der Siegeszug von »Jenufa« nicht mehr aufzuhalten.

Elektrische nach Preßburg

In der Hauptsache sind es wohl Wiener, die eine ungemein sentimentale Beziehung zu Preßburg (Bratislava) haben und die in eine Art schwärmerische Verzückung geraten, wenn von dieser Stadt, in der immerhin zahlreiche Habsburger mit der magyarischen Stephanskrone gekrönt wurden, die Rede ist. Dabei handelt es sich selbstverständlich stets um ein Vorkriegs-Preßburg, um eine historische Landschaft, die geprägt war von einer bemerkenswerten Verschmelzung verschiedener Kulturen und auf die noch der spröde Glanz des sogenannten christlichen Abendlandes fiel, als es sich auf dem scheinbaren Höhepunkt seiner stilbildenden Möglichkeiten befand.

Das sind Wurzeln, die weit zurückreichen und mit denen man in der heutigen Slowakei, die ein ungemein junges Gebilde politischer Selbstverwirklichung ist, wohl seine Schwierigkeiten hat. Jener Theophrastus Bombastus von Hohenheim, der als Paracelsus über die Jahrhunderte hinweg eine von Geheimnis und Widerspruch umwitterte Popularität als Arzt und Alchimist erreichte, ist ein gutes Beispiel für diese Querverbindungen, welche der Slowakei, seinerzeit nur als Oberungarn bekannt, mit den übrigen habsburgischen Ländern zu einer manchmal fragwürdigen, jedoch immer irgendwie funktionierenden Einheit verholfen haben. Paracelsus lebte in Schemnitz, im heutigen Banska Štiavnica, auch in der sogenannten Zips, einem Gebiet unterhalb der Tatra, und natürlich in Preßburg (1537). Er richtete sich verschiedentlich Laboratorien ein, in denen er Versuche mit Quecksilber, Kupfer, Gold, Antimon und Vitriol unternahm, die ihn als Alchimisten von großem Rang auswiesen. Auch einer seiner Anhänger, nämlich der Arzt und Apotheker Leonhard Thurneysser, folgte seinen Spuren in Oberungarn, wo man noch im 16. Jahrhundert, also zu Lebzeiten des großen Arztes, sowohl Rezepte als auch philosophische Lebensregeln nach Art des Paracelsus verordnete und gewiß getreulich befolgte.

Ein anderer außergewöhnlicher Altösterreicher mit ebenso bizarren wie vielversprechenden Ansichten und Begabungen war Wolfgang von Kempelen (1734–1804), der in Preßburg als Sohn eines Mitgliedes der ungarischen Ratskammer geboren wurde und es selbst bis zum Sekretär der ungarischen Hofkammer brachte. Aber nicht in dieser Rolle animierte er den damaligen Erzbischof Emrich Esterhazy zum Wutausbruch, demzufolge man den Hexenmeister Kempelen »mit allen seinen Büchern und Apparaturen« am besten verbrennen müßte, sondern es waren seine technischen Konstruktionen und Erfindungen, die das Mißtrauen der Kirche hervorriefen. Darunter befand sich zum Beispiel ein lebensgroßer Schachautomat, der in ganz Europa bestaunt wurde und angeblich dazu imstande war, selbst gute Schachspieler zu besiegen. Der Preußenkönig Friedrich II. kaufte diese geniale Konstruktion, später vermehrte Napoleon damit seine Kriegsbeute, und schließlich geriet der Schachspieler nach merkwürdigen Umwegen ins amerikanische Philadelphia in ein Museum, wo er verbrannte.

Kempelen konstruierte auch eine Sprechmaschine, einen Vorläufer heutiger Computer, und er beschäftigte sich nachdrücklich mit den Mechanismen der menschlichen Sprache, worüber er 1791 in Wien eine wissenschaftliche Abhandlung erscheinen ließ. Er konstruierte eine Wasserleitung, die dem Prinzip des Druckes gehorchte und auf diese Weise die Preßburger Burg mit frischem Quellwasser versorgen konnte, er baute für den Schönbrunner Schloßpark einen Springbrunnen, der heute noch funktioniert, und er befaßte sich mit der Konstruktion von Schiffsbrücken. Vor allem aber war er Vorbild und ständige Anregung für eine ganze Reihe von originellen Preßburger Köpfen, die sich als kleine Genies fühlten und ihre intellektuelle Eigenwilligkeit mitunter auf die sonderbarste Weise umsetzten. Zu diesen durchaus interessanten Altösterreichern, die freilich zu ihrer Zeit in Oberungarn lebten, also eigentlich den Magyaren zuzählbar wären, gehörte ein Mann namens Köchl, der sich an künstlichen Diamanten versuchte; und ein Zimmermann namens Wimmerer, der an einem Perpetuum mobile arbeitete und sich schon um die Mitte des 18. Jahrhunderts darum bemühte, eine feste Brücke über die Donau bei Preßburg zu konstruieren (was ihm allerdings mißlang). Ein anderer Preßburger des 18. Jahrhunderts, nämlich Karl Jetting, brachte es bis zum britischen Konsul in Marseille. Und diese Liste ließe sich beliebig lange fortsetzen.

Preßburg, das zumindest im 18. Jahrhundert nicht nur die größte, sondern bei weitem auch repräsentativste Stadt Ungarns war, profitierte immer wieder durch die Nähe zu Wien. Raphael Donner hat hier gearbeitet, desgleichen Franz Anton Hillebrandt (1719–1777), der überhaupt einen außerordentlichen Einfluß auf alle Bautätigkeiten in der Stadt während seiner verschiedenen Aufenthalte hier hatte. Ab dem Jahre 1764 zum Beispiel wurde unter seiner Aufsicht der theresianische Flügel der Preßburger Burg errichtet, wo Albert von Sachsen und Teschen mit Marie Christine, einer Tochter Maria Theresias, lebte. Viele wichtige Gebäude, die heute nicht mehr existieren, verdankten diesem genialen Baukünstler ihre Existenz, so unter anderem der Krönungshügel, der vornehmlich bei Krönungsfeierlichkeiten benutzt und leider 1870 beseitigt wurde. Auch eine öffentliche Kornkammer geht auf Hillebrandt zurück. An ihrer Stelle steht heute die Redoute. Im Jahre 1771 schließlich machte er sich auf Anregung Maria Theresias daran, Preßburg gleichsam von Grund auf neu zu planen, wobei er aber über das Niederreißen der Stadtmauern nicht hinausgelangte.

Preßburg ist nach meinem Dafürhalten jene Stadt, die von allen ehemals habsburgischen Kommunen, die unter dem Doppeladler existierten, am meisten von ihrer ehemaligen Identität eingebüßt hat. Die verblichenen Spuren einstiger Schönheit und gediegener Großbürgerlichkeit, auf die man noch im Zentrum der Altstadt stoßen kann, täuschen kaum darüber hinweg, daß hier ein Umschichtungsprozeß ganz besonderer Art stattgefunden hat. Besonders deutlich wird das auch, wenn man sich mit Fremdenführern zusammentut, um von ihnen etwas über die Eigenarten und das Wesentliche Preßburgs in Erfahrung zu bringen.

Der erste Vertreter dieser Zunft, dem ich in Preßburg begegnete, war kleingewachsen, hielt sich etwas gekrümmt, rauchte wie ein Schlot und redete das fürchterlichste Deutsch, das mir jemals untergekommen ist. Er war Taxichauffeur und zugleich Reiseführer. Zumindest behauptete das die Rezeptionistin im Hotel draußen im ehemaligen Rosental, das noch unmittelbar vor dem Zweiten Weltkrieg ein vornehmlich deutsches Dorf, eine dörfliche Vorstadtsiedlung mit idyllischen Vorgärten, romantischen Ziehbrunnen und jener Adrettheit war, der heute viele Preßburger nachtrauern. Denn längst ist hier eine der schrecklichen Satellitenstädte Preßburgs entstanden, eine Betonwüste, in der alle Nachteile solcher Siedlungen deutlich werden, darunter eine gesteigerte Kriminalität und die übliche Trostlosigkeit solcher Schlafstädte.

Den Taxichauffeur, der sich als Reiseführer fühlte oder von den Hotelangestellten dieses im ehemaligen Rosental existierenden Hotels (wo man nur mit Devisen seine Rechnung bezahlen konnte) als solcher hartnäckig vermittelt wurde, kümmerte das alles wenig. Allerdings fuhr er mich sogleich an die Donau, als genierte es ihn, inmitten dieser abscheulichen Beispiele einer denaturierten Baukultur, wo ein Betonklotz dem anderen gleicht, Vorträge über ein schöneres Preßburg zu halten. Unterwegs erzählte er mir, daß seine Mutter eine Deutsche sei, kein einziges Wort Slowakisch verstünde, aber nie aus Preßburg fortgekommen wäre, während er, der eigentlich ein Ungar und ganz nach seinem magyarischen Vater geraten sei, am liebsten hinüber nach »Großdeutschland« gehen würde. Er sagte tatsächlich »Großdeutschland«. Erst später, schon an der Donau, verbesserte er sich und sagte, daß er natürlich Österreich gemeint hätte.

An der Wiener Straße schimpfte er ausdauernd auf das neue Ausstellungsgelände, das hier entsteht. Man spürte, daß ihm das Herz schwer war angesichts der wenigen alten Häuser, die noch existierten, fast erdrückt von den modernen Büro- und Ausstellungstürmen und Industriehallen, die Preßburg gemeinsam mit den Satellitenstädten in der Tat ein völlig neues Aussehen vermitteln. Lange suchte er, bis er jene Stelle fand, wo früher einmal die Haltestelle der elektrischen Bahn war, die Preßburg mit Wien verbunden hat. Ich habe freilich keine Ahnung, ob das auch wirklich die richtige Stelle war. Einiges sprach dafür. Er beharrte darauf und zeigte mir sogar im verstaubten Gebüsch – wo gar nichts zu sehen war – die imaginären Umrisse dieser unsichtbaren Haltestelle.

Vom längst verschwundenen Restaurant Leberfinger hingegen, direkt an der Donaulände und damit unmittelbar gegenüber dem Stadtzentrum, von dem man hier nur durch die breit und träge dahinfließende Donau getrennt ist, gibt's noch ein paar Fundamente, einige Steinstufen, die ins verwachsene Dickicht führen. Im Hintergrund breitet sich der sogenannte Englische Park aus. Hier, sagte der Mann und wies mit weitausholender Gebärde auf das ganze Gelände, hätte 1939 Hitler gestanden und zu den Slowaken gesprochen, die drüben am anderen Ufer in Bratislava seinen Worten aufmerksam gelauscht, seinen Versprechungen geglaubt hätten. Lautsprecher hätten die Rede bis tief in die Altstadt Preßburgs hinein vermittelt, sagte er, und hier, wo wir jetzt stünden, wäre Großdeutschland gewesen. Und diesmal stimmte dieser Ausdruck auch. Später führte er mich die paar Schritte zur ehemaligen Franz-Josephs-Brücke (Straßen- und Eisenbahnbrücke) und zum alten Zollhaus am Südufer der Donau. In der Mitte der Brükke, erklärte er, hätte sich die Grenze befunden, aber es wäre eine weitgehend offene Grenze gewesen. Und irgendwie hatte ich das Gefühl, daß er voll Trauer über diese verflossene Zeit war.

Zuletzt, nachdem wir wieder ins Hotel draußen in Rosental zurückgekehrt waren, bestellte er mir eine Flasche Bier. Es war eines der Marke »Danubius«, und ich wollte es gar nicht trinken, aber er sagte nachdrücklich: »Das haben früher einmal die Gebrüder Stein gebraut; es war eine gute Brauerei, sogar bis nach Wien hat's das ›Danubius‹ gegeben . . .«

Ich schluckte gehorsam das lauwarme Bier. Und mit jedem Schluck hatte ich das sonderbare Gefühl, in einer Stadt zu sein, die auf doppeltem Boden steht und wo die Geschichte kaum noch nacherzählbar oder ordnungsgemäß rekonstruierbar ist, weil sie schon vor langer Zeit in zahllose winzige Bruchstücke aufgesplittert wurde.

Der andere Reiseführer, dem ich mich in Preßburg anvertraute, war knapp fünfundzwanzig Jahre alt, redete wie ein Wasserfall, und zwar in diesem ehemaligen reichsdeutschen Idiom, das sich aus dem Mund eines so jungen Menschen mehr als merkwürdig anhörte. Er erzählte mir, während wir vor dem schönen Palais der slowakischen Landesregierung (wo einst die Esztergomer Erzbischöfe saßen) langsam auf und ab gingen, daß sein Vater ein Deutscher, seine Mutter jedoch eine Ungarin sei. Er war dann einen halben Vormittag lang angestrengt darum bemüht, möglichst viel von dem, was er mir in Preßburg an Sehenswertem zeigen zu müssen glaubte, herzlich schlechtzumachen. Und in mancher Hinsicht hatte er sogar recht. Anscheinend haßte er die Stadt. Mich hat zum Beispiel doch einigermaßen irritiert, daß es in dem Stadthotel, wo ich diesmal abgestiegen war, eine eigene Art Polizei gab, sogenannte schwarze Sheriffs, die mit gewichtigen Schritten durch die marmorglänzenden Hallen des Hotels stapften oder sich demonstrativ vor den Autos mit ausländischen Kennzeichen aufstellten.

Ob es denn der Wahrheit entspreche, daß es in Preßburg ein gefährliches Ansteigen der Kriminalität gebe, fragte ich den jungen Mann, während er mir gerade die altösterreichischen Baumeister aufzählte, die in seiner Heimatstadt Paläste, Kirchen, Schulen, öffentliche Gebäude jeder Art gebaut hatten. Er bestätigte mir das, was ohnedies kaum zu verbergen war. Im übrigen war sein ganzes Interesse darauf ausgerichtet, Preßburg möglichst rasch in Richtung Deutschland zu verlassen. Diese Stadt, meinte er und zitierte seinen deutschen Vater, den er des öfteren ins Gespräch brachte, sei verbraucht, habe gar nichts mehr von dieser eleganten und zugleich schönen Kleinstadt an sich, die sie einmal gewesen wäre, als man wirklich noch mit der Elektrischen von Wien nach Preßburg zum Fischessen oder umgekehrt nach Wien ins Theater fahren konnte.

Wahrscheinlich wäre Preßburg tatsächlich eine kosmopolitische Stadt gewesen, sagte er nachdenklich, während er mich zur Leopoldsäule führte, die in der Innenstadt an den Sieg dieses Habsburgers über die Türken erinnert. Im Hintergrund erhebt sich die alte Jesuitenkirche, die einmal die Kirche der Deutschen war und heute nichts weiter als ein beliebiges Gotteshaus ist.

Mindestens zweimal spielte Preßburg in der habsburgischen Biographie eine sentimentale bis bedeutende Rolle. Zuerst geschah das nach einer schweren Niederlage der Österreicher gegen die Preußen Friedrichs II. bei Mollwitz in der Nähe von Breslau, die auf den 10. April 1741 zu datieren ist. Damals hatte die junge Erzherzogin Maria Theresia nicht nur den Verlust einiger ihrer besten Regimenter zu beklagen, sondern mußte sogar, weil sich nun auch Bayern, Spanien und Frankreich den Preußen anschlossen, das Ende der Monarchie befürchten. »Da fielen die Minister leichenblaß in ihre Stühle zurück«, schilderte der englische Gesandte am Wiener Hof die Situation, als die Nachricht vom unaufhaltsamen Vordringen der vereinigten bayerisch-französischen Truppen in Richtung Böhmen den kaiserlichen Hof und den daselbst tagenden Staatsrat erreichte. »Nur ein Herz blieb standhaft: das der Erzherzogin.«

Maria Theresia handelte rasch, instinktiv und richtig. »Sie sah im ganz und gar unsicheren Ungarn, das noch weit vom Schuß lag, die letzte unverbrauchte Reserve ihres Besitztums und beschloß, sofort hinzufahren, um die Magyaren durch einen gewagten persönlichen Einsatz zu mobilisieren.« So charakterisierte der selbst aus Ungarn gebürtige Historiker Stephan Vajda die dramatische Lage.

Tatsächlich erschien Maria Theresia am 11. September 1741 vor dem ungarischen Reichstag, der zu dieser Zeit auf der Preßburger Burg tagte. Nehmen wir noch einmal Vajda als Kronzeugen zu Hilfe, der schrieb: »Sie war sehr hübsch, trug Trauerkleider, hatte aber ihren erst sechs Monate alten Sohn, den Thronfolger Joseph, nicht am Arm, wie dies die gemalten und geschriebenen pathetischen Darstellungen ihres dramatischen Auftrittes häufig der Nachwelt überliefert haben. Sie hielt eine Rede in der Amtssprache des Landes, Latein, sprach offen von ihrer großen Not, appellierte an die ritterliche Tapferkeit und brach dabei in Tränen aus. Sie war eine gute Schauspielerin ...«

Ihr Erfolg war dementsprechend groß, wenngleich es ein komödiantisch herausgespielter Erfolg war, denn auch die zu Preßburg versammelten magyarischen Magnaten waren exzellente Begabungen in der Kunst, sich zu verstellen. Trotzdem war der Auftritt Maria Theresias notwendig und bewegte er die Ungarn dazu, ihrer jungen und recht hübschen Königin zwar nicht die geforderten 80 000 Mann, jedoch immerhin an die 20 000 Soldaten zu stellen. Es war diese Reiterarmee dann stark genug, um die beständig vorrückenden Alliierten bei St. Pölten, also sozusagen im letzten Augenblick, aufzuhalten und sie im Winter 1742 bis über München hinaus zurückzuwerfen.

Es war also dieser rührende, gewiß auch mitreißende Auftritt einer Habsburgerin in Preßburg von jenem außerordentlichen Nutzen gewesen, den eine solche Sache schon haben muß, wenn man sich auch nach Jahrhunderten noch an sie erinnern will. Den heutigen Preßburgern ist dieses Bravourstück Maria Theresias jedenfalls im Gedächtnis haften geblieben. Das einzig Kränkende daran ist bloß, daß es keine slowakische Komponente gibt, die man hier einfügen könnte. Aber außer Magyaren und den österreichischen Habsburgern hat sich beim Wachsen und Werden der Preßburger Biographie keine dritte Gruppe von Persönlichkeiten oder auch keine andere Volksgruppe hervorgetan. Die Slowaken waren immer nur die anonyme Masse, das Fußvolk, das nicht wirklich zählte. Die Entscheidungen wurden von den Österreichern oder, häufiger noch, von den Ungarn getroffen. Nicht zufällig war Preßburg für einen längeren Abschnitt seiner Geschichte (und als zum Beispiel in Buda die Türken saßen) die Hauptstadt Ungarns.

Die andere Gelegenheit, bei der Preßburg eine wichtige Rolle für die österreichische Geschichte spielte, ereignete sich zu Beginn des 19. Jahrhunderts, und zwar am 26. Dezember 1805, als Kaiser Franz II. in Preßburg mit Napoleon wieder einmal einen jener Frieden schloß, die der habsburgischen Monarchie buchstäblich die Luft zum Atmen raubten. Dieser Friede von Preßburg war in der Tat der härteste, gemeinste und verlustreichste, den Österreich in den Napoleonischen Kriegen hinnehmen mußte. Es verlor beispielsweise alles, was Napoleon ihm noch im Frieden von Campoformido gleichsam zum unverhofften Geschenk gemacht hatte, also Venetien, Istrien und Dalmatien, es mußte auf alle Gebiete in Vorderösterreich verzichten, wozu neben dem schönen Breisgau auch die Stadt Konstanz und alles Gebiet rund um Passau gehörten. Dazu kam die Abtretung der Grafschaft Tirol an das durch Napoleons Gnaden neugeschaffene Königreich Bayern, ferner Vorarlbergs und der Bistümer Trient und Brixen. Dafür kam jetzt Salzburg erstmals zu Österreich, ein fragwürdiger Zugewinn, der ohnedies nur vier Jahre lang anhielt.

Damals, im Dezember 1805, wurde hier in Preßburg wieder einmal deutlich, daß Österreich dem Phänomen Bonaparte mehr oder minder hilflos gegenüberstand. Antoine Rivarol, ein geistreicher französischer Publizist, stellte dazu einmal kategorisch fest, daß Österreich im Kampf gegen Napoleon »immer um ein Jahr, eine Idee und eine Armee zu spät« in Erscheinung trete... Und mehr läßt sich, solange man sich im heutigen Preßburg mit seinen trostlosen Satellitenstädten, den nach wenigen Jahren schon wieder völlig verbraucht und desolat anmutenden Zinskasernen, den verlotterten Stadtvierteln unmittelbar neben dem Zentrum aufhält, zu diesem Thema wohl nicht sagen. Wobei man Parallelen herstellen könnte, denn auch in der slowakischen Hauptstadt mutet vieles verspätet, ideenlos, unnotwendig verarmt an. Die Zigeuner, die nach 1945 aus dem Osten der Slowakei nach Preßburg abgesiedelt wurden, seien ein riesiges Problem, erzählte man mir mehrmals (ähnliche Klagen kann man nahezu überall in Böhmen, Mähren und auch in der Slowakei selbst hören), auch die gerade jetzt stark spürbare Arbeitslosigkeit mache sich negativ bemerkbar, und überhaupt sei die Situation in Preßburg mit seiner Mischkultur und den daraus sich ergebenden Spannungen nicht ganz einfach. Was das freilich mit den holprigen Straßen, ungepflegten Häuserfassaden und trostlosen Industrievierteln zu tun haben soll, ist mir nicht ganz einsichtig.

Vielleicht sollte man es wie jene Wiener, Ostösterreicher machen, die an den Wochenenden nach Preßburg kommen, um dort in einem verhältnismäßig ganz guten Fischrestaurant an der Donau ihren serbischen Karpfen, gebratenen Fogosch oder, sofern vorhanden, den mit Knoblauchbutter überreichlich eingedeckten Zander zu genießen. Bei diesen Köstlichkeiten, zu denen auch noch eine heftig paprizierte Fischsuppe gehört und die man nicht unbedingt als Delikatessen begreifen sollte, läßt sich's möglicherweise von jenen Zeiten träumen, als Preßburg noch fast 40 000 deutsche Einwohner hatte – und das bei einer Gesamteinwohnerzahl, die weniger als die Hälfte der heutigen ausmachte.

Das war jedenfalls in den dreißiger Jahren. Und mehr als 25 Prozent der städtischen Bevölkerung waren damals deutschsprachig. Heute, sechzig Jahre später, nach einem Weltkrieg und der Ära des Kommunismus, leben hier nur noch etwas mehr als tausend deutschstämmige Bürger – das sind gerade 0,4 Prozent der Gesamtbevölkerung.

Preßburg ist möglicherweise diejenige Stadt in der neuen Tschechoslowakei, aus der sich der alte Doppeladler am entschiedensten zurückgezogen hat. Eine wesentliche Ursache dafür könnten die Verhältnisse sein, die mir eine Wienerin (aber gebürtige Preßburgerin) eines Tages brieflich auf einen einfachen Nenner brachte: »Alles ist verdreckt und verkommen, ein jammervoller Zustand! Man kann nichts mehr erkennen . . .« Es sei so, erzählte mir ein alter Preßburger, der vor fast fünfzig Jahren die Stadt verlassen und nun erstmals wieder für ein paar Tage zurückgekommen war, als ob »man das Denkmal der Maria Theresia noch einmal sprengen« wollte. Damals, nach 1918, als »man aus purem Haß das Denkmal in die Luft gejagt hatte, lagen dann die Trümmer noch jahrelang in der Nähe der Philharmonie herum«; und so ähnlich sehe es heute aus; die Trümmer dessen, was Preßburg einstmals gewesen wäre, ausgemacht hätte, würden immer noch und in aller Beliebigkeit herumliegen. Nein, sagte der alte Mann und schüttelte energisch den Kopf, mit dem alten Österreich habe das alles schon längst nichts mehr zu tun.

Die Entscheidung von Mohács

Was unternimmt man noch, wenn man nach Einbrechen der Dunkelheit und während draußen eisiger Frost klirrend das Land zudeckt, ausgerechnet nach Mohács kommt? Mir war das zuletzt an einem abscheulichen Winterabend passiert, nachdem ich im nahen Pecs, wohin ich ursprünglich gewollt hatte, kein Quartier gefunden hatte. Also fuhr ich eher mürrisch hinüber nach Mohács, hinüber zur Donau, die durch einen dicken Strich wallenden Nebels gekennzeichnet war, in den ich eintauchen mußte, weil das Hotel direkt an der Donau liegt. Natürlich war es kalt, war das Zimmer so schlecht (oder überhaupt nicht) geheizt, daß ich mich während der unangenehm langen Nacht wieder zu bekleiden begann, obgleich man mir an der Rezeption ohnedies ein »stadtseitiges Zimmer und nicht eines, das auf die Donau hinausgeht«, gegeben hatte. Ich hatte mich auch in einer benachbarten Csarda mit einer riesigen Portion Fischsuppe (eigentlich bestand sie nur aus extrem heißem und schockierend gepfeffertem Wasser, darin einige Fischstücke schwammen) gestärkt oder eigentlich gewärmt, aber gegen die beißende Kälte, die in jener Winternacht Mohács attackierte, half das alles herzlich wenig.

Am nächsten Tag sah ich mir dann die Stadt, die ich von einigen anderen Besuchen her schon etwas kannte, genauer an, ohne aber etwas zu entdecken, das besonders auffällig gewesen wäre. Die dreisprachigen Ortsschilder (Mohatsch, Mohács, Mohač) täuschten eine Internationalität vor, die in Wahrheit nicht vorhanden ist. Außerdem lebt in der Stadt selbst nur eine Handvoll deutschstämmiger Nachfahren jener Siedler, die seinerzeit von Maria Theresia, Prinz Eugen und teilweise auch der lokalen Aristokratie ins Land geholt worden waren. Und was die Serben angeht, die hier gleichfalls seit den Tagen der Türkenkriege leben, so unterscheiden sie sich für mein Dafürhalten nicht besonders von den

Magyaren. Sie haben sich wie die Deutschen längst assimiliert. Mohács ist, soweit ich das beurteilen kann, eine eher nichtssagende Stadt, die sich ans rechtsseitige oder westliche Ufer des hier schon recht ansehnlichen Stromes schmiegt, eine Ansammlung von mehr oder weniger städtischen Häusern, die aber bereits wenige Meter nach dem sogenannten Zentrum ins Dörfliche übergeht. Nein, ich wüßte wirklich nichts, was einen Fremden im Winter nach Mohács führen könnte. Höchstens der Umstand, daß es an der Hauptstraße liegt, die Budapest mit Belgrad verbindet, rechtfertigt das an sich ganz passable Hotel, das vor allem im Sommer, wenn die Stadt unter einer Glocke brütender Hitze schmort, gut belegt ist.

Und doch ist Mohács durchaus eine Reise wert, zumindest für alle jene, denen die näheren Umstände der sogenannten Geburtsstunde der Donaumonarchie eine solche Reise wert sind. Denn hier, in unmittelbarer Nähe von Mohács, fand am 29. August 1526 jene Schlacht zwischen einem magyarischen Ritterheer und einer überlegenen türkischen Streitmacht statt, an deren Ende Ungarn zu existieren aufhörte und das habsburgische Österreich um Böhmen, Mähren, Teile der Slowakei und, zumindest theoretisch, ganz Ungarn reicher und größer wurde.

Man muß die merkwürdige Geschichte, die zu einem solchen Ergebnis führte, der Reihenfolge nach erzählen, um sie begreifbar zu machen. Und das beginnt dann mit dem Vorstoß der Osmanen zu Beginn des 16. Jahrhunderts, der sie innerhalb kurzer Zeit bis nach Belgrad brachte, das am 29. August 1521 fiel, also genau fünf Jahre vor dem verhängnisvollen Tag von Mohács. Nun war es eindeutig, daß die Ungarn die nächsten sein würden, die dem ungestümen Eroberungsdrang der Türken zum Opfer fallen mußten. Dabei soll nicht verschwiegen werden, daß das christliche Europa ungeachtet der ungeheuerlichen Bedrohung, die es durch die osmanischen Heere akzeptieren mußte, manches unternahm, um den eigenen Untergang, aber zumindest den der so gut wie hilflosen Ungarn zu beschleunigen. Es waren beispielsweise deutsche und italienische (vornehmlich venezianische) Stückemeister (Militäringenieure), die für die Herstellung der ungemein wirksamen türkischen Artillerie sorgten. Und es waren nicht selten christliche Kanoniere, die damals noch als hochbezahlte Spezialisten tätig waren, die diese von den deutschen und italienischen Ingenieuren konstruierten Geschütze meisterhaft bedienten. Die osmanische Artillerie galt jedenfalls als unschlagbar, als die beste Europas.

Europa, das mit den Türken ganz gern einträgliche Geschäfte machte, einigte sich schließlich in der Heiligen Liga von Cognac (eine kleine französische Stadt, wo die entscheidenden diplomatischen Vereinbarungen getroffen wurden) auf eine Allianz. Aber man wollte, soweit es die Franzosen und Venezianer betraf, nicht gegen den Sultan Suleiman II., sondern gegen das Heilige Römische Reich Deutscher Nation tätig sein, das wiederum, wenn erst einmal Ungarn als letzte christliche Barriere gefallen sein würde, die ganze Wucht des türkischen Angriffs abzufangen hätte. So verworren, so verrückt und widersprüchlich waren also die Verhältnisse, daß jeder gegen jedermann auftrat, daß man für ein paar Dukaten den Nachbarn, für einen Sack voll Gold die eigene Familie ohne weiteres verriet. Selbst die Kirche riskierte ein mehr als fragwürdiges Spiel, was freilich dann einigermaßen verständlich wird, wenn man weiß, daß Kaiser Karl V., der bereits den König von Frankreich unweit der italienischen Stadt Pavia in einer mörderischen Schlacht gedemütigt hatte, auch dem Heiligen Stuhl, dem damals Papst Klemens VII. seinen ganzen Fleiß und seine nicht unbeachtliche Begabung fürs Intrigieren widmete, mit äußerster Geringschätzung begegnete.

Alle kämpften also gegen alle. Und da sollten ausgerechnet die Ungarn, die verzweifelt an allen Höfen Europas um Hilfe bettelten, irgendwo Gehör finden?

Die beiden Hauptakteure des Dramas von Mohács, von denen der eine, nämlich der Habsburger Ferdinand, nicht einmal in die Nähe des Schauplatzes dieser blutigen Operation kam, waren miteinander verschwägert. Aber während Ferdinand (als Erzherzog von Österreich, später dann, nach Mohács, als König von Ungarn und Böhmen und schließlich als römisch-deutscher Kaiser) schon einiges an politischer Erfahrung und persönlicher Reife einbringen konnte, war König Ludwig II. von Ungarn blutjung, nämlich gerade erst zwanzig Jahre alt, völlig unerfahren, auch unreif, ein schmächtiger Jüngling, den die wenigen überlebenden Augenzeugen des Tages von Mohács als totenbleiches, zitterndes Bündel Angst in Erinnerung hatten.

Nun hatte Ludwig selbstverständlich seinen Schwager Ferdinand mehrmals um Hilfe gegen die Türken gebeten. Aber dieser, am Tag der Schlacht auch erst dreiundzwanzigjährig, jedoch ungleich ernster, selbstbewußter, geformt von der mönchischen Zucht am spanischen Hof, wo Ferdinand, der gebürtige Spanier, aufwuchs, aber er also sah sich außerstande, auch nur eine einzige Kompanie, ein einziges Geschütz an den verzweifelten Schwager auszuleihen. Er hatte selbst mit allen Schwierigkeiten zu kämpfen, die einem Herrscher jener Zeit widerfuhren, also mit aufrührerischen Bauern, rebellischen Lutheranern und vor allem auch mit den geschmeidigen, rücksichtslosen Intriganten in seiner eigenen Umgebung. Denn Ferdinand, der erst im Herbst des Jahres 1521 erstmals österreichischen Boden betreten und Mühe hatte, sich mit seinen österreichischen Beratern überhaupt zu verständigen (er war zu Beginn seiner österreichischen Karriere des Deutschen nicht im mindesten mächtig), war viel zu sehr in innerösterreichische Angelegenheiten verstrickt, um die drohende Gefahr eines Türkeneinfalls auch in Österreich zu begreifen. Seine Hauptgegner sah er nicht in Suleiman und dessen Wesiren, sondern in so aufsässigen Figuren wie einem Doktor Martin Siebenbürger, der die Autorität des Erzherzogs in Wien mißachtet hatte, oder im Bauernführer Michael Gaismair, einem ehemaligen Sekretär des Bischofs von Brixen, wobei Gaismair vielleicht der erste echte Revolutionär gegen das habsburgische Erzhaus war.

Man braucht in diesem Zusammenhang wohl kaum zu erwähnen, daß sowohl Siebenbürger als auch Gaismair durch Ferdinand ihr Ende fanden. Den einen, Siebenbürger, ließ er durch ein ordentliches Gericht zum Tode verurteilen, Gaismair wurde auf sein Geheiß in Padua ermordet.

Aber im südlichen Ungarn stand der Türke. Und nirgends konnte man eine europäische Armee entdecken, die diesem islamischen Ansturm die Stirn geboten hätte. Am 29. August 1526 stellte sich schließlich das letzte magyarische Aufgebot unter dem militärischen Oberbefehl des Erzbischofs von Kalocsa, Paul

Tomori, der türkischen Übermacht. Mehr als zwanzig- bis fünfundzwanzigtausend Mann waren es nicht, die dem verzweifelten Aufruf Ludwigs gefolgt und nach Mohács geeilt waren, um die Existenz Ungarns zu verteidigen. »Es war das letzte Ritterheer der europäischen Geschichte«, schreibt Stephan Vajda, »ein verlorener Haufen, Aristokraten und Kirchenfürsten mit ihren Dienern, hoch zu Roß, vornehm, farbenprächtig, altmodisch bewaffnet.«

Sie waren nicht nur altmodisch bewaffnet, sie hatten allem Anschein nach auch nicht die geringste Ahnung von Strategie oder militärischer Logistik. Während Suleiman seine gewaltige Übermacht an Kanonen – angeblich verfügte er über mehr als dreihundert Geschütze – in breiter Front als eine Art Falle aufgestellt hatte, die im richtigen Augenblick zuschnappen und Tod und Verderben in die gegnerischen Reihen schleudern sollte, und auf dieser Basis auch seinen Schlachtplan errichtet hatte, taten die Ungarn alles, um zwar ein beispielhaftes Spektakel in der Manier alter Ritterspiele zu liefern, aber auch, um dem Gegner gefällig zu sein. Sie drangen mit ungestümem Elan in die feindlichen Linien ein, stutzten ein paar Augenblicke lang, als ihnen der Durchbruch scheinbar spielerisch leicht gelang, weil das türkische Zentrum zurückwich, und staunten höchstens darüber, daß die Janitscharen nach rechts und links, aber nicht zurück zur Donau flüchteten. Dann war ohnedies alles zu spät. Dann feuerten nämlich die dreihundert Kanonen Suleimans, bedient von venezianischen und deutschen Geschützmeistern, in die zerbrechende Hauptkampflinie der Ungarn, dann schnappten die seitwärts ausgewichenen Flügel der Janitscharen wieder zu. Wer jetzt noch dieses Gemetzel überlebte, fiel endlich unter den Hieben der wieder vordringenden türkischen Reiterei. Mehr als zwanzigtausend Magyaren starben an diesem 29. August. Sie starben in einem Gefecht, auf das der alte Reim paßt: »Ein Schlachten war's, keine Schlacht . . .«, und im übrigen hatte es, wie später bekannt wurde, nicht einmal anderthalb Stunden gedauert.

Jedenfalls berichtete es so ein Augenzeuge, der die Katastrophe überlebte. Es war Ulrich von Zettritz, der deutsche Kämmerer Ludwigs, der die traurige Botschaft vom Ausgang der Schlacht nach Buda brachte, wo auf der Burg Königin Maria, die Habsburgerin, auf Nachricht über das Schicksal ihres jugendlichen Gemahls wartete.

Dieses Schicksal war allerdings ein elendes und zugleich mysteriöses. Denn alle Angaben über das Ende Ludwigs sind widersprüchlich. Die einzige Meldung darüber, die einigermaßen authentisch sein dürfte, ging nach Venedig, das seine Agenten auch an der Donau sitzen hatte. In dieser Meldung hieß es lakonisch: »Ludwig II. ist tot. Ob er durch eine Wunde, die ihm während seiner Flucht beigebracht wurde, oder durch Angst und Verzweiflung starb, weiß man nicht.«

So war es auch. Man wußte gar nichts. Angeblich fiel er auf der kopflosen Flucht vom Pferd und ausgerechnet in einen Bach, wo ihn die schwere Rüstung, die er trug, unter das Wasser drückte, bis er ertrank. Angeblich wurde er von seinen Feinden, die er auch unter den Magyaren hatte, noch vor Beginn der Schlacht getötet. Angeblich erlag das schwere Schlachtroß, das den König tragen mußte, in den eisigen Fluten der Donau einem Herzschlag, ging unter ... und mit ihm der unglückliche König. Sei's drum, und was auch immer es gewesen sein mag, was das Ende dieses unglücklichen Herrschers herbeigeführt hatte: »So begann die Geschichte der Donaumonarchie, nämlich mit einem niemals restlos geklärten Zwischenfall nach der Schlacht von Mohács in einem Sommergewitter an einem heute nicht mehr bestimmbaren Punkt an der Donau« (S. Vajda).

Ferdinand, Österreichs Erzherzog, konnte nun, nach dem Tod Ludwigs, vertraglich festgesetzte Rechte geltend machen. Er selbst hatte Anna, die Schwester Ludwigs, geehelicht, während der wiederum Maria, Ferdinands Schwester, geheiratet hatte. Allerdings war die Verwirklichung dieser eher komplizierten Vertragswerke nicht ganz einfach. Erschwerend kam hinzu, daß Ferdinand das Original des Dokumentes, welches die Richtigkeit seiner Ansprüche bestätigte, nicht auffinden konnte. Außerdem war mit dem ehrgeizigen siebenbürgischen Fürsten Janos Zapolya ein gefährlicher Konkurrent auf den Plan getreten. Bezeichnend für die Moral der damaligen Politik und ihrer Repräsentanten war, daß Zapolya als einer der möglichen Mörder (oder zumindest

Auftraggeber des Mordes) an König Ludwig durch die Geschichte rund um die Schlacht von Mohács geistert. Dazu kam auch noch, daß den Türken auf ihrem rasanten Vormarsch die heilige Stephanskrone der Ungarn in die Hände gefallen war, die der Großwesir unverzüglich dem Sultan überreichte, der wiederum dieses Symbol magyarischer Herrlichkeit an Zapolya schickte, wohl um dadurch zu demonstrieren, daß ihm ein König Zapolya, der mit den Türken ohnedies verbündet war, durchaus angenehm wäre.

Es war also alles eine große Konfusion. In Böhmen ging's verhältnismäßig einfacher ab. Da arbeitete Ferdinand mit dem stets wirksamen Mittel der Bestechung, was ihn allerdings Millionen kostete, ihm andererseits aber auch die Genugtuung brachte, daß er am 24. Februar 1527, also schon knapp sechs Monate nach dem Tag von Mohács, im Prager Veitsdom zum böhmischen König gekrönt wurde.

Gegen Zapolya, der sich mit Hilfe der Türken inzwischen längst als König von Ungarn gebärdete, half Bestechung nichts, zumal die habsburgischen Kassen nach den Abenteuern in Böhmen gänzlich leer waren. Hier mußte um das Erbe, um die zukünftige Donaumonarchie gekämpft werden. Ein serbischer Clanführer, eine Art Räuberhauptmann namens Jovan Černi, der im südlichen Ungarn, in der Baranya im heutigen Slawonien, auch in der Batschka so etwas wie eine Räuberrepublik errichtet hatte, bereitete Zapolya größte Schwierigkeiten. Dieser verzettelte sich in einen opferreichen Kleinkrieg gegen Černi, besiegte, tötete ihn zwar, verlor dabei aber so viele Soldaten, daß Ferdinand es am 31. Juli 1527 riskieren konnte, mit einer eher kleinen Armee die Grenze nach Ungarn zu überschreiten, um Zapolya endlich in seine Schranken zu weisen. Eine bedeutende, nämlich abstoßende Rolle spielten in diesem habsburgischen Feldzug die berüchtigten Landsknechte der deutschen Söldnerführer Riesenach und Sittich, die unter der wehrlosen Bevölkerung Ungarns, die ohnedies schon unter den Türken genug zu leiden gehabt hatte, wahre Blutbäder anrichteten.

Aber Ferdinands Rechnung ging auf. Zapolya verlor einige Scharmützel, mußte bereits Mitte August 1527 Buda, die Hauptstadt, räumen, verlor am 28. September unweit von Tokaj die letzte entscheidende Schlacht und mußte außer Landes fliehen, nämlich nach Polen. Ferdinand konnte sich am 3. November 1527 in der Kathedrale von Stuhlweißenburg (Szekesfehervar) zum ungarischen König krönen lassen. Damit war der habsburgische Ring um die Länder an der Donau geschlossen, war die Donaumonarchie, wie sie dann fast vierhundert Jahre lang Bestand haben sollte, Wirklichkeit geworden, ungeachtet aller Schwierigkeiten und Widersprüche, die sich immer wieder von neuem ergaben.

Lange währte das magyarische Glück des aus Spanien gekommenen Habsburgers Ferdinand allerdings nicht. Denn bereits zwei Jahre nach der Krönung des Erzherzogs in Stuhlweißenburg zum ungarischen König wälzte sich ein riesiges osmanisches Heer gegen Wien. Suleiman II. hatte rund zweihunderttausend Mann aufgeboten, um die vermeintlich reichste, in jedem Fall aber den Türken nächstgelegene christliche Metropole einzunehmen. Das mißlang zwar, weil die Verteidiger unter dem Grafen Niklas Salm wahre Wunderdinge an Tapferkeit leisteten und außerdem die türkische Heeresleitung zu spät, nämlich im September, mit der Belagerung begonnen hatte, so daß man beim Einsetzen der ersten kalten Herbstregen den Rückzug antreten mußte. Das geschah Mitte Oktober 1529.

Aber was in Wien nicht gelang, ging in Ungarn ohne weiteres. Hier setzten sich die Türken fest, überließen den Habsburgern nur einen schmalen Streifen des magyarischen Gebietes im Westen und einige unbedeutende Höhenzüge im Norden, in der heutigen Slowakei, die einfach nicht der Mühe wert schienen, besetzt zu werden. Überall sonst aber wurde jetzt alles türkisch und blieb es die folgenden 145 Jahre, wobei die Türken Ungarn nun naturgemäß als Operationsgebiet für ihre immer wiederkehrenden Vorstöße nach Österreich benutzten. Auch Zapolya, Fürst von Siebenbürgen und ungarischer Gegenkönig zu Ferdinand, machte sich wieder bemerkbar. Nordostungarn, natürlich ganz Siebenbürgen und Teile der heutigen Südslowakei fielen ihm zu, so daß spätestens um die Mitte des 16. Jahrhunderts Ungarn in drei Teile zerfallen war: einmal in einen habsburgischen, welcher der unansehnlichste, unbedeutendste und dennoch wichtig war für das Abfangen der osmanischen Angriffe, deren Wucht an den Grenzfestungen (wie etwa Güns an der Grenze zum heutigen Burgenland) gebrochen wurde; dann in das türkische Ungarn, das aus dem Zentrum des Landes bestand, wobei auf der Burg der ehemaligen ungarischen Könige in Buda nunmehr ein Provinzstatthalter der Türken saß; und dann gab es auch noch das Reich des Zapolya, das aber so gut wie osmanisch war, weil Zapolya in jeder Hinsicht von den Türken abhängig war.

Mohács hatte also viele Konsequenzen. Die Tragödie der Ungarn begann hier ebenso wie der lange, verlustreiche Abwehrkampf des habsburgischen Österreich gegen den andrängenden kämpferischen Islam. Und jenes merkwürdige, unwiederholbare Gebilde, das später als Vielvölkerreich, Völkerkerker, Donaumonarchie einen differenzierten Nachruf haben sollte und dessen Auswirkungen auf die mitteleuropäische Geschichte bis in die unmittelbare Gegenwart hinein spürbar sind, wurzelt gleichfalls in der Katastrophe von Mohács.

Im Süden der kleinen, verschlafenen Stadt an der Donau, nur ein paar hundert Meter neben der Überlandstraße, die weiter zur Grenze nach Jugoslawien führt, gibt es seit 1976, also seit dem vierhundertfünfzigsten Jahrestag der Schlacht, eine Gedenk- und Weihestätte. Sie ist das, was man weitläufig nennt. Und sie hat ein recht eigenartiges Aussehen: Ein Feld, auf dem sich martialische hölzerne Skulpturen scheinbar bewegen, scheinbar noch einmal die Ereignisse jenes 29. August 1526 nachvollziehen, bildet den Mittelpunkt dieser Erinnerungsstätte; zuerst kommt man durch ein mächtiges Eisentor, das von zwei marmornen Säulen gestützt oder flankiert wird, dann geht man über eine Steintreppe hinab zu einer Gruppe von Bauwerken, in deren Mitte ein Brunnen plätschern sollte; daß ihm das nicht immer gelingt, mag im Winter an der Eiseskälte liegen, die von der nahen Donau aufsteigt, und im Sommer an der brütenden Hitze, die dem steppenähnlichen Boden buchstäblich alles Wasser entzieht. Eindrucksvoll bleibt das ganze Arrangement dennoch.

Es kommen, soweit ich das beobachten konnte, nicht viele Leute in diese ungarische Walhalla. Anscheinend macht man sich auch heute noch keine Gedanken darüber, was die Magyaren für die Verteidigung Europas geleistet, welchen Blutzoll sie bezahlt haben – und daß die militärische Entscheidung von Mohács, die für Ungarn eine nationale Tragödie bedeutete, der Anfang der altösterreichischen Donaumonarchie war. Denn erst durch und nach Mohács ergaben sich jene politischen Konstellationen, die dem Doppeladler gleichsam das Fliegen beibrachten und aus dem verhältnismäßig schmächtigen Erzherzogtum Österreich ein Gebilde schufen, das eines Kaisers würdig war.

Ferdinand, der auch diese höchste Möglichkeit eines österreichischen Erzherzogs erreichte, dem es aber nicht gelungen war, aus Mohács unmittelbar jenes politische Kapital zu schlagen, das er dann erst auf Umwegen und unter Einsatz recht kostspieliger Mittel erreichte, Ferdinand starb im Alter von einundsechzig Jahren am 25. Juni 1564. Er, der aus Spanien zugereiste Fremdling auf dem habsburgischen Thron, hatte freilich die österreichische Politik in die entscheidende Richtung, nämlich, vom mitteleuropäischen Kern ausgehend, nach dem Osten, verschoben, wie das Stephan Vajda einmal formuliert hat. Ferdinand schuf dadurch die grundlegenden Voraussetzungen für das Zustandekommen Mitteleuropas, wie es gerade heute wieder an Kontur und Bedeutung zu gewinnen scheint.

Die vergessene Militärgrenze

In Grenznähe habe der türkisch-christliche Krieg nie ganz geruht, schrieb Ekkehard Eickhoff in seinem fesselnden Buch »Venedig, Wien und die Osmanen«, und er verwies in diesem Zusammenhang auf den Milizdienst der Grenzbauern, die dafür von bestimmten Steuerleistungen befreit waren. Allerdings funktionierte diese Art der Grenzwache und des Abwehrkampfes nicht immer und nicht überall, vor allem nicht in Ungarn, wo die Grenzen fließend waren und es an Personal mangelte, um so etwas wie einen militärischen Kordon gegen die Türken überhaupt besetzen zu können.

Anders verhielt es sich mit den lokalen Verteidigungsmöglichkeiten südlich der Drau. Hier reichte die österreichische Militärgrenze durchgehend bis zur Adria, wobei sie sich immer wieder verschob, veränderte, den jeweils neuen Gegebenheiten anpaßte. Bedeutsam war, daß in die völlig verwüsteten, vielfach auch menschenleeren Gebiete, die von den Türken und den Kaiserlichen abwechselnd überrannt wurden, allmählich eine neue Bevölkerung einzog, Flüchtlinge aus den osmanisch gewordenen bosnischen und kroatischen Ländern. Diese Flüchtlinge wuchsen zu bewaffneten Dorfgemeinschaften zusammen, »die nebeneinander den Pflug und den Säbel führten« (E. Eickhoff) und deren Dörfer zu kleinen Festungen ausgebaut wurden. Diese Flüchtlinge, unter denen sich auch viele orthodoxe Serben, Maurowlachen und Montenegriner befanden, stellten alsbald jene Kontingente der sogenannten Grenzer, die unter dem Kommando altbewährter oder auch erlebnishungriger Offiziere, die hier ihre Karriere begannen, dem Ansturm der Türken auf dem Balkan widerstanden. Was ihr Einkommen betraf, so besaßen diese Grenzer ohnedies weitreichende Privilegien. Außerdem versorgten sie sich durch Viehhaltung und etwas Ackerbau und vor allem durch

Raubzüge ins türkische Hinterland, die sie mitunter bis in den südlichen Balkan führten, bis nach Bulgarien und in die Walachei.

Selbstverständlich herrschte bei diesen Bauernsoldaten die allerstrengste Disziplin. Das war angesichts der allgemeinen Umstände auch gar nicht anders möglich, weil die Grenzbauern, die so etwas wie ein paramilitärischer Verband waren, ähnlich wie die Türken auf Brandschatzung, Plünderung, Gewalt und Mord nahezu versessen waren. Dabei spielten sowohl der Haß auf die Türken eine Rolle als auch die bedrückende soziale Not, unter der die Grenzer zu leiden hatten. Ein signifikantes Beispiel dafür ist die Geschichte des Dorfes Striga, des heutigen Karlobag an der dalmatinischen Küste.

Es war in den achtziger Jahren des 17. Jahrhunderts, daß die Bauern in der sogenannten Lika, einem wilden, dramatisch zerklüfteten Bergland im Hinterland der nordkroatischen Küste, einen Aufstand riskierten. Die Situation war reichlich verworren. Weiter oben im Norden, im österreichischen Zengg (heute Senj), saß das österreichische Militär. Im Süden, im Hinterland von Zara (heute Zadar), das venezianisch war, beherrschten die Türken alle wichtigen Höhenzüge; Nin, das im 20. Jahrhundert bei der Zertrümmerung Kroatiens durch Serbien eine so wichtige Rolle spielen sollte, war dabei ihr Hauptstützpunkt. Im Dorf Striga selbst, das an der Küste direkt gegenüber der Insel Pag lag, also sozusagen im Niemandsland zwischen Österreichern, Türken und Venezianern, lebten die Menschen entweder als Leibeigene mohammedanischer Großgrundbesitzer oder als landlose Hirten.

Im Spätherbst 1683 versammelten sich in den Schluchten des Velebit-Gebirges – das mit seinen bleichen, schroffen, zerrissenen Steinwülsten die Küste vom Hinterland, der Lika, trennt – an die fünfundsechzig Familien, wählten in einer großen, Tage andauernden Versammlung ihre Anführer und marschierten dann zur Küste. Dort besetzten sie das längst schon von Türken, Österreichern und Venezianern zerstörte, hoffnungslos verwüstete Striga. Von hier aus unternahmen die Bauernrebellen dann ihre Exkursionen in die verschiedenen Täler und Hochebenen des Velebit-Gebirges und der Lika, verjagten die dort ansässigen Grundherren und siedelten sich mit Unterstützung der Österreicher in der Lika oberhalb der Adria endgültig an.

Schon zwei Jahre später inszenierte ein ehrgeiziger junger Priester namens Pop Marko einen Aufstand gegen die Türken, wobei man sicher sein darf, daß Österreich wiederum eine wesentliche Rolle dabei spielte. Jedenfalls hatten die Österreicher den Priester mit Geld und Versprechungen dazu gebracht, einen Kleinkrieg anzuzetteln, der letztlich, bezahlt mit dem Blut der aufständischen Likaner, nur den österreichischen Plänen diente. Es war ein ebenso langwieriger wie opferreicher Krieg, der auf den felsigen Hochebenen der Lika und in den Schluchten des Velebit tobte. Fast die Hälfte der Männer von Striga und der Lika (Kroaten, Serben, auch Montenegriner, die vor den Türken geflüchtet waren) verblutete in den Jahren, da in diesem Teil des kroatischen Küstenlandes die legendäre Militärgrenze Altösterreichs entstand.

Als dann endlich alles vorbei war, die Toten begraben, die Gefangenen wieder ausgetauscht (sofern man sie nicht massakriert hatte) und die Überlebenden in ihre armseligen Hütten zurückgekehrt waren, zeigten sich die Österreicher auf ihre Weise erkenntlich. Aus Striga unten am Meer wurde nun Karlobag, wo man eine kleine Festung etablierte und mindestens eine Kompanie regulärer Grenztruppen einquartierte. Die Männer aber, die zuerst gegen die Großgrundbesitzer und dann gegen die Türken gekämpft hatten, wurden im Rahmen der österreichischen Militärgerichtsbarkeit und nach den strengen Gesetzen der Militärgrenze vereidigt. Sie konnten jetzt jederzeit zu Kurzeinsätzen verpflichtet werden. Das sah in der Regel so aus, daß sie unentgeltlich einige Tage auf österreichischem Boden und bis zu zwei Wochen in türkischem Gebiet tätig sein mußten, und zwar als Kundschafter, Zerstörer von militärischen Anlagen oder Straßen und als Verteidiger der eigenen Linien. Vor allem wurden diese Wehrbauern beim Straßenbau eingesetzt; bis Karlobag durch eine kühne Paßstraße mit dem Hinterland, der Lika, verbunden wurde, und in weiterer Folge mit Karlovac, das damals Karlstadt hieß und die wichtigste Garnisonsstadt der Militärgrenze im kroatischen Küstenland war, dauerte es dann zum Beispiel noch rund anderthalb Jahrhunderte.

Dabei wurde den Einwohnern der Wehrsiedlungen, also auch den Männern Strigas oder, wie es nun hieß, Karlobags, Steuer- und Zehentfreiheit gewährt; auch die völlig freie Religionsausübung wurde ihnen lange Zeit zuerkannt. Den Boden, den sie bewirtschafteten, besaßen sie freilich nur als Pächter, konnten über ihn weitgehend frei verfügen, ihn jedoch nicht veräußern oder nach eigenem Gutdünken verändern. Irgendeine Art von Leibeigenschaft, wie sie im kroatischen Hinterland (etwa in Slawonien) durchaus noch vorkam, war hier undenkbar. Dafür mußten die Bewohner der verschiedenen Dörfer selbst dafür sorgen, daß Festungen errichtet wurden, palisadenbewehrte Stützpunkte, die sogenannten Palanke, sowie die turmartigen Tschardaken, von denen aus der Feind beobachtet und in raschen Überfällen auch angegriffen wurde. Es war ein hartes, grausames Leben. Und nur die härtesten der Likaner und Küstenbewohner überdauerten die Strapazen und Entbehrungen.

Aber so wurde das kroatische Küstenland zwischen Karlobag und Rijeka, dem einstigen Fiume, allmählich österreichisch. Und was sich dabei im Detail manchmal abspielte, welche Karrieren gemacht, welche Schwierigkeiten überwunden wurden, mag am Beispiel des späteren Feldmarschalls Laudon nacherzählt werden.

Wenige Wochen bevor eine solche Fahrt durch die Kampfhandlungen zwischen Kroaten und Serben unmöglich geworden war, kam ich noch einmal nach Karlobag. Ich erinnere mich noch gut daran, daß die Bora, der tückische Fallwind von den Bergen des Velebit herab, der seit dem Nachmittag mit sich steigernder Heftigkeit geblasen hatte, am Abend zum wütenden Orkan wurde. Die alte österreichische Militärstraße über den Stara Vrata hinauf zur Lika war gesperrt. Auch die Küstenstraße, die Magistrale, hinunter nach Zadar und hinauf über Senj nach Rijeka, war an manchen besonders exponierten Stellen gesperrt worden. Steine kollerten, bewegt von der Gewalt des Sturmes, von den Anhöhen auf die Straße herab. Und in Karlobag selbst, wo ich in einem neuerrichteten Touristenhotel Unterkunft gefunden hatte, gab es Stromausfall, was bedeutete, daß man sich mit kalter Küche zufriedengeben mußte. Dabei hätte ich ganz gern das Schnitzel à la

»Marija Tereza« probiert, das als besondere Leistung des Küchenchefs angepriesen wurde und eine Erinnerung an ein vergangenes Zeitalter sein sollte.

Hier in Karlobag war der aus Livland gebürtige und erst verhältnismäßig spät in habsburgische Dienste getretene Gideon Ernst Laudon (auch Laudhon) mit Dekret vom Mai 1746 stationiert worden. Er war damals Major (später Obrist), und ein Kommando am äußersten südöstlichen Punkt der Militärgrenze war gewiß alles andere als ein Honiglecken. In Karlobag, das zu jener Zeit zweifellos ein gottverlassenes Nest gewesen sein muß (woran sich bis auf den heutigen Tag nicht viel geändert hat), kommandierte er eine Kompanie kampferprobter und gelegentlich auch recht unberechenbarer Grenzer. Seine Frau, die er ein paar Monate zuvor aus Preßburg, das damals die ungarische Hauptstadt war, mit auf seine beschwerliche Stationierung genommen hatte, gebar ihm hier jene zwei Söhne, die er schon wenige Jahre später vor der Kirche von Bunić oben im karstigen Bergland begraben mußte. Denn mit seiner Beförderung zum Major gelang es dem damals schon dreiunddreißigjährigen, ehrgeizigen Offizier, sich ins Hinterland versetzen zu lassen, wo er sich mehr und bessere Möglichkeiten ausrechnete, in seiner Karriere voranzukommen. Karlobags große Zeit war längst dahin. Jetzt konnte man hier bestenfalls ein paar venezianische Schoner oder Galeeren beobachten oder Jagd auf das einheimische Diebsgesindel machen, das sich in den unzugänglichen Schluchten des Velebit verbarg. In Bunić dagegen durfte Laudon damit rechnen, mit den Türken noch in einen unmittelbaren Kontakt zu kommen.

Bunić, das jenseits der Küstenberge und auch noch hinter der likanischen Hochebene am Rand eines karstigen Feldes, einer leicht gewellten Ebene von einiger Ausdehnung liegt, durch welche heute eine Art Schnellstraße von Karlstadt weiter nach Süden, nach Nin und Zadar verläuft, Bunić war gerade erst ein Menschenalter vor dem Auftritt Laudons auf diesem Kriegsschauplatz Altösterreichs erobert, den Türken abgenommen worden. Ein Graf Herberstein war in den achtziger Jahren des 17. Jahrhunderts mit einer beträchtlichen Streitmacht vor dem Dorf aufmarschiert, das damals recht gut befestigt gewesen sein muß. Der Anmarsch einer ansehnlichen Truppe dürfte den Türken dann gehörig in die Knochen gefahren sein. Jedenfalls übergaben sie ohne weitere Diskussionen den Kaiserlichen alle christlichen Sklaven, die sie gefangenhielten, wobei es sich angeblich um eine erkleckliche Zahl gehandelt haben soll. Dadurch hoffte der türkische Kommandant, seine eigenen Soldaten ohne weitere Verluste abziehen zu können. Aber es kam dann doch zu einem Gemetzel, bei dem mehr als hundert Türken »niedergehauen und aller Bagage beraubt« wurden, wie das ein Augenzeuge schilderte. Einige hundert »türkische Wallachen«, wie sie dieser Augenzeuge nannte, wechselten unverzüglich den Glauben, traten zum Christentum über und wurden im neu errichteten Grenzerverband als Wehrbauern aufgenommen. Etliche Familien nahm Graf Herberstein auch mit zurück nach Karlstadt, nachdem er Bunić in aller gebotenen Eile zu einem Stützpunkt der Militärgrenze ausgerüstet hatte.

Hier also trat Laudon sein neues Kommando an. Mitleid sollte man heute noch mit den Ehefrauen der Herren Offiziere haben, die hier ein Leben führen mußten, wie es in ihren Jungmädchenträumen kaum einmal vorgekommen sein dürfte. Diese Frauen mußten von jener Zähigkeit sein und jenes Gottvertrauen aufbringen, wie das wohl nur altösterreichischen Offiziersfrauen an den entlegenen südöstlichen Grenzen des Reiches eigentümlich gewesen sein mag. Leicht hatten sie's jedenfalls nicht. Und mehr als einmal schwebten sie in Lebensgefahr, auch durch die eigenen Leute.

Denn die Grenzer, die Laudon kommandierte, waren ein unruhiges, unberechenbares Volk, wilde Gesellen, die sich ihren Vorteil dort holten, wo er mit der Waffe in der Hand am leichtesten erreichbar war. Es kam immer wieder zu Unruhen und Meutereien. In Bunić selbst, das heute ein kleines, armseliges Bauerndorf ist, durch das sich die Straße hinüber nach Gospić und in die Lika kurvenreich hinauf zu einem kleinen Paß windet und wo die große, respektgebietende Ruine der einstigen Pfarrkirche noch an das Zeitalter Laudons erinnert, in Bunić also kam es im Juni 1751 zu einer kleinen Revolte. Sie hatte von der Lika, wo das Hauptkontingent der Grenztruppen stationiert war, auf die kleinen Grenzstationen übergegriffen. Ihre Ursache mag in der Unzufriedenheit der Mannschaften mit dem strengen Reglement, dem schweren Dienst und der geringen Entlöhnung zu suchen gewesen sein. Jedenfalls rebellierten Laudons Kompanien, was angesichts der Nähe des türkischen Feindes nicht ganz ungefährlich war.

Laudon schlug diesen lokalen Aufstand mit Billigung des Karlstädter Generalats (Oberkommandos) ebenso rücksichtslos wie rasch nieder. Er ging dabei mit jener Strenge oder sogar Grausamkeit vor, von der man sich eine ungefähre Vorstellung macht, wenn man einen damals herausgegebenen Armee-Erlaß studiert, in welchem es heißt: ». . . nachdem ein Kriminalist wie nichts 200 oder 300 Prügel aushalten kann, darf die infame Tortur gebraucht werden.« Diese »infame Tortur« war also nichts anderes als die Prügelstrafe, die auch ausgiebig angewendet worden sein dürfte. Der Aufstand wurde auf diese Weise wirkungsvoll unterdrückt. Und Laudon, der von brennendem Ehrgeiz war und manches unternahm, um die Kriegsbehörden in Karlstadt und mehr noch in Wien auf sich aufmerksam zu machen, konnte mit seiner Leistung und dem Echo, das sie in Österreich fand, durchaus zufrieden sein.

Er diente rund zehn Jahre lang an der österreichischen Militärgrenze. In dieser Zeit unterstand ihm nicht nur das Militär in seinem Abschnitt, sondern die gesamte Bevölkerung war von den Entscheidungen der Militärbehörden abhängig. Der künftige Feldmarschall Österreichs und glorreiche Sieger von Belgrad lernte hier das Kriegshandwerk von einer Seite kennen, wie das kaum einem anderen bedeutenden Militaristen seines Zeitalters möglich gewesen sein dürfte. Wie weit seine Ehefrau – sie hieß Clara von Hagen, war die Tochter eines geadelten Verwalters des Tabakmonopols in Preßburg und angeblich eine stille, sanfte Person, die nie über den Verlust ihrer beiden Söhne hinweggekommen ist –, wie weit sie also dieses Leben ertragen hat, ohne Schaden an ihrer Seele zu nehmen, wissen wir nicht.

Es war aber bei aller Härte doch auch eine ungemein fruchtbare Zeit, die Laudon hier verleben durfte. Die Grenze wurde weitgehend befriedet, die Überfälle durch Türken und Banditen hörten allmählich auf, das Leben wurde an der Küste und im karstigen Bergland einigermaßen sicher. Österreichs Präsenz machte sich positiv bemerkbar. Heute erinnert nur noch ein Eichenwald (eine Rarität in dieser baumlosen Gegend) an jene Zeit. Laudon hatte die Bäume nach dem Muster einer aufmarschierenden und kampfbereiten Armee pflanzen lassen. Und tatsächlich stehen die mächtigen Eichen wie abmarschbereite Grenadiere im fahlen, dürren Gras des Karstbodens.

Wenn man die damaligen Verhältnisse kennt, versteht man auch die heutige Situation in diesen Regionen besser. Der unselige Bürgerkrieg zwischen Serben und Kroaten, zwischen den katholischen und den orthodoxen Christen führt in direkter Folge zu den Ereignissen in jener Zeit zurück, als Österreich hier durch eine Militärgrenze den Ansturm der Türken abzuwehren suchte. Diese Militärgrenze reichte von der »Carlstätter Gränz« über die »Banaler« und »Windische Gränz« hinüber in die Batschka, in den Banat und bis Siebenbürgen, das unter Maria Theresia diesem militärischen Kordon eingegliedert wurde. Diese Grenze mußte allerdings so elastisch sein, daß sie jederzeit die Masse der christlichen Flüchtlinge aufnehmen und integrieren konnte.

Franz Pesendorfer, der sich durch einige Bücher über die Habsburger ausgezeichnet hat, schrieb im Zusammenhang mit der Militärgrenze einmal: »Die Auswanderung nahm stellenweise den Charakter einer Massenflucht an.« Das Ziel war natürlich die Sicherheit vor den Türken, also ein Ausweichen auf österreichisches oder vom österreichischen Militär abgesichertes Gebiet. Dabei wurde kein Unterschied gemacht, ob es sich bei den Flüchtlingen um Serben, Bulgaren, Mazedonier, Rumänen oder Kroaten handelte. Sogar Türken ließen sich taufen, wie wir am Beispiel der Eroberung von Bunić gesehen haben, um aus der Kampfzone zu kommen und in relativer Sicherheit unter dem Schutz der Österreicher leben zu können. »Sehr viele Flüchtlinge gingen über die Grenze, weil sie unter der türkischen Herrschaft ihr griechisch-orthodoxes Christentum bedroht sahen« (F. Pesendorfer).

Im Gebiet rund um Nin im Hinterland von Sebenico (dem heutigen Šibenik) und Zadar, das lange Zeit von den Türken beherrscht wurde, die ja bis an die Mauern der beiden Städte vorgerückt waren, siedelten sich nach dem Sieg der venezianischen

Truppen über ein türkisches Heer Tausende von solchen griechisch-orthodoxen Flüchtlingen aus dem Süden des Landes an, aus Bosnien und Serbien, und bildeten hier, nahe an der Grenze zu Bosnien, eine Art Enklave. Es war eine Zeitbombe. Und es dauerte Jahrhunderte, bis sie mit dem Versuch Kroatiens, unabhängig zu werden, 1989/90 explodierte. Denn es waren die Serben von Nin, also die Urenkel der Flüchtlinge von seinerzeit, die den Aufstand gegen Kroatien begannen, was wiederum das auslösende Moment für den ebenso verrückten wie mörderischen Bruderkrieg war, der dann Jugoslawien buchstäblich zerfleischte und vollends zerstörte.

Dazu noch einmal Pesendorfer: »In Perioden der Unterdrükkung dachte man an Auswanderung oder ... an einen Übertritt zur Staatsreligion des Reiches. So kam es, daß sich der Islam in Bosnien und der Herzegowina weithin ausbreitete und fest im Volksleben verwurzelte.«

Das heißt also, daß auch jenseits der damaligen Militärgrenze Verschiebungen, Veränderungen stattfanden, die weitreichende Wirkungen haben sollten. Die Serben wiederum, die sich ihre griechisch-orthodoxe Religion bewahren und keinesfalls zum Islam übertreten wollten, beharrten auch unter der habsburgischen Oberhoheit auf ihrem religiösen Bekenntnis, das allgemein respektiert wurde. Erst im Zeitalter der Gegenreformation wurden eher halbherzige Versuche unternommen, auch an der Militärgrenze so etwas wie eine Missionierung zu etablieren, was allerdings kaum einmal von Erfolg gekrönt war.

Senj, Karlobag und Otoćać waren die Hauptstützpunkte an diesem Abschnitt der Militärgrenze, dessen Kommandozentrum sich in Karlstadt befand. »Erzherzog Karl, der bei der Teilung der Erblande 1564 die innerösterreichischen Herrschaften erhielt, hatte dem kroatischen Mittelabschnitt mit der Festung Karlstadt sein Verwaltungs- und Verteidigungszentrum gegeben und dessen Befehlsgewalt bis zur Küste ausgedehnt«, schreibt Ekkehard Eickhoff. Und er verweist auf die Morlaken (Maurowlachen, aus Rumänien gebürtige Flüchtlinge) und die Uskoken (mehrheitlich serbische, aber auch montenegrinische und süddalmatinische Flüchtlinge), die in der Hauptsache das Kontingent der besonders erfolgreichen, mutigen, wohl auch raublustigen Grenzer bildeten. Dazu kamen noch Abenteurer aus Innerösterreich, die hier an der Militärgrenze auf eine rasche Karriere hofften. Es ergab sich jedenfalls eine recht reizvolle, auch eigenwillige Mischung der Temperamente und Fähigkeiten, wovon vor allem die Geschichte der Stadt und Festung Zengg (des heutigen Senj) ein gutes Beispiel liefert.

Abschließend läßt sich sagen, daß das verhältnismäßig freie Leben der Grenzbewohner, die allesamt Wehrbauern waren oder sonst auf eine brauchbare Weise den österreichischen Militärbehörden nützlich zu sein hatten, sich grundsätzlich vom Leben im ordentlich verwalteten, in jeder Hinsicht beruhigten Hinterland unterschied. Man war an der Grenze immer in Kriegs- oder zumindest in Alarmzustand. Man mußte jederzeit damit rechnen, auf ein lebensgefährliches Kommando weit hinter den türkischen Linien geschickt zu werden. Der Tod war allgegenwärtig. Und die Verluste wurden nur mühsam durch eine überdurchschnittlich hohe Geburtenrate und durch immer neue Rekrutierungen für die Grenztruppen ausgeglichen.

Aber die Militärgrenze hielt dem osmanischen Ansturm stand, garantierte dem Reich die Sicherheit und sorgte für einen zivilisatorischen Aufschwung, der aus den kroatischen (auch slawonischen und siebenbürgischen) Wüsteneien schließlich eine lebensfähige europäische Region machte.

Manchmal freilich mußten auf diesem Weg zur Selbstverwirklichung mühevolle Umwege beschritten werden. Im alten österreichischen Zengg zum Beispiel kam es zu einer mittleren Katastrophe.

Zengg, das 1526 habsburgisch wurde, heißt heute längst schon Senj. Die kleine Hafenstadt liegt rund siebzig Kilometer südlich von Rijeka (dem früheren Fiume) am Füße der nördlichen Ausläufer des Velebit-Gebirges, von dem aus die Bora, der mörderische Fallwind, immer wieder einmal heulend auf die Küste herabstößt. Diese Bora, die besonders im Raum von Senj wütet, vermag ganze Hausdächer davonzutragen, Menschen ins Meer zu blasen und ausgewachsene Ochsen umzuwerfen. Sie tritt vorzugsweise im

Winter auf, wenn oben im Gebirge Schnee liegt, und sie ist ähnlich dem südfranzösischen Mistral ein gefürchteter, alles vernichtender Sturm, dem die Menschen nichts entgegenzusetzen haben. Es ist kein Zufall, daß bei einem besonders starken Auftreten dieses Fallwindes die ganze Küste gesperrt wird, das heißt, weder Fahrzeuge noch kleinere Schiffe dürfen sich dann auf die Straßen oder aufs offene Meer hinauswagen.

Die zahllosen Touristen, die bis zum Sommer 1990 auf ihrem Weg nach Süden die Küstenstraße, die Magistrale, benutzten und dabei natürlich auch durch Senj kamen, konnten sich gewiß kaum vorstellen, daß im Winter manchmal alles Leben erlahmt und nur noch das Brausen und Dröhnen des Sturms die Szenerie beherrscht. Ebenso unbekannt dürfte allerdings auch der Umstand sein, daß hier einmal bedeutende österreichische Geschichte stattgefunden hat.

Es waren die Uskoken, also in der Mehrzahl griechisch-orthodoxe Flüchtlinge vor den Türken, vornehmlich Serben, aber auch Montenegriner, Süddalmatiner, kühne, eigenwillige, sogar rebellische Menschen, die zuerst in den Schutz der legendären österreichischen Militärgrenze flüchteten und dann den Österreichern die allergrößten Probleme bereiteten. Denn diese Uskoken, die sich bald Zengg als Zentrum ihrer neuen Volkswerdung ausgesucht hatten, begnügten sich nicht damit, bloß die Türken anzugreifen, deren Transporte zu überfallen und auszuplündern. Sie riskierten es mit ihren flinken, kleinen, leichten Booten bald auch, die ganze Adria unsicher zu machen, wobei sie nicht unterschieden zwischen venezianischen, ragusanischen und selbst österreichischen Schiffen und alles angriffen, von dem sie sich reiche Beute versprachen.

Vornehmlich überfielen sie venezianische Schiffe, was in der Natur der Sache lag, da sich die Hauptroute der venezianischen Handelsschiffahrt nach der Levante in unmittelbarer Nähe des kroatischen Küstenlandes befand. Die Uskoken aus Zengg besorgten diesen durchaus patriotisch gemeinten Akt der Piraterie so gründlich, daß es 1615 deshalb sogar zu einem Krieg zwischen Venedig und Österreich kam. Er wurde in der Hauptsache auf dem friaulischen Festland ausgetragen, nicht unbedingt mit großer Begeisterung geführt und zwei Jahre später durch einen in Madrid geschlossenen Friedensvertrag beendet. Die Verluste für den venezianischen Handel waren dennoch groß genug, um Venedig scharfe Maßnahmen gegen die räuberischen Uskoken fordern zu lassen.

Die Österreicher, denen es nicht daran gelegen sein konnte, mit Venedig noch länger im Kriegszustand zu verharren, verpflichteten sich, den Uskoken in Zengg endlich das Handwerk zu legen. Was dann in diesem Zusammenhang geschah, gehört zu den eher traurigen Kapiteln habsburgischer Politik. Denn völlig überraschend marschierte reguläres Militär in Zengg ein, besetzte die Stadt und verhängte den Ausnahmezustand. Die Bewohner, soweit sie den Uskoken zuzählbar waren, mußten sich innerhalb von vierundzwanzig Stunden sammeln und durften nur einige wenige persönliche Habseligkeiten mitnehmen. Sie wurden, eskortiert von österreichischen Soldaten, ins Gebirge hinauf umgesiedelt, in die Lika vor allem, die damals noch im Einflußbereich der Türken lag und wo es immer wieder zu Kämpfen zwischen österreichischen Grenztruppen und den Janitscharen kam. Die Schiffe der Uskoken aber, die von besonders leichter Bauart waren, flinke Renner des Meeres, wie man sie nannte, wurden verbrannt.

In die Stadt selbst wurde österreichisches Militär verlegt. Später, als der wirtschaftliche Niedergang von Zengg besonders drückend spürbar geworden war, sorgte Wien durch den Bau einer Militärstraße dafür, daß die Bevölkerung dieses Abschnitts des Küstenlandes zumindest für einige Jahre Arbeit und Brot fand. Die Straße, durch die Zengg mit dem kroatischen Hinterland und mit Karlstadt verbunden wurde, entstand 1779 und endete beim sogenannten Maria-Theresien-Tor in Zengg. Sie wird bis auf den heutigen Tag Josephinenstraße genannt, und zwar in Erinnerung an Kaiser Joseph II., der allein schon aus strategischen Gründen den Bau dieser Militärstraße befürwortet hatte. Oberhalb von Zengg findet sich noch das Denkmal an einen altösterreichischen Militärbaumeister und der sogenannte Kaiserbrunnen (zu Ehren Kaiser Ferdinands errichtet) als Erinnerung an das österreichische Zeitalter, das hier auch so etwas wie ein Heldenzeitalter war und den Glanz Habsburgs zumindest für ein paar dramatische Augenblicke in diesen politischen und klimatischen Wetterwinkel der nördlichen Adria gebracht hat.

Im Jahre 1809, als Napoleon Wien bedrohte, wurde Zengg übrigens auch von der Wiener Hofbürokratie entdeckt. Man hatte des Reiches heilige und unendlich kostbare Insignien vor dem Zugriff der Franzosen die Donau abwärts in Sicherheit gebracht, zuerst auf die Burg in Buda, dann nach Temeschwar. Jetzt plante man, auch den gefährdeten Privatschatz des ungemein sparsamen Kaisers Franz (und vielleicht sogar seine Krone) in Sicherheit zu bringen, und zwar nach Zengg, um diese Kostbarkeiten dort einer englischen Fregatte (mit Direktion Malta) anzuvertrauen. Alle Vorbereitungen waren jedenfalls abgeschlossen, die Engländer hatten ihr Einverständnis signalisiert. In Zengg herrschte unter den Offizieren der kleinen Garnison fieberhafte Aufregung. Aber dann wurde aus diesem abenteuerlichen Plan doch nichts. Und Zengg, das einmal Österreichs wichtigster Hafen hätte sein sollen (lange vor Pola, selbstverständlich auch vor Fiume), weil von hier die kürzeste Verbindung von der Adria nach der österreichischen Hauptstadt bestand, Zengg geriet in Vergessenheit wie die Uskoken; deren Urenkel sollten im Partisanenkrieg während des Zweiten Weltkrieges die erbittertsten Gegner der kroatischen Ustascha, der Italiener und Deutschen sein. Die Geschichte schlägt manchmal die sonderbarsten Kapriolen.

Einige hundert Kilometer davon entfernt, aber immer noch auf sogenanntem jugoslawischen Boden und natürlich auch im Schatten der imaginären, längst verschwundenen Militärgrenze, liegt Rudolfsgnad. Es heißt heute Knićanin und liegt halbwegs in der Mitte zwischen Belgrad und Novisad, dem früheren Neusatz mit seiner altösterreichischen Festung Peterwardein. Während der letzten jugoslawischen Volkszählung vor dem Zweiten Weltkrieg wurden in Rudolfsgnad 3100 Einwohner erfaßt, von denen 3064 als Deutsche klassifiziert wurden. Rudolfsgnad war nämlich eine jener Banater Gemeinden, die seit den Friedensschlüssen von Karlowitz (1699) und Passarowitz (1718), als die Türken allmählich donauabwärts zurückgedrängt werden konnten, durch die forcierte Einwanderungs- und Kolonisierungspolitik der Habsburger entstanden waren. Die Militärgrenze sollte gleichsam Fett ansetzen, sollte durch die Zufuhr immer neuer Kolonisten aus Deutschland und den österreichischen Ländern eine geordnete und wohlhabende Region werden. Es wurden in die durch die Türkenkriege völlig verödeten und auch menschenleeren Regionen im Bereich der Militärgrenze (also auch in die Batschka und in den Banat) vor allem von Maria Theresia und Joseph II. deutsche Bauern und Handwerker geholt, die aus diesen damaligen Grenzprovinzen der Monarchie blühende Landstriche machten.

In diesem Zusammenhang war es ausgerechnet ein französischer Offizier, der in habsburgische Dienste getreten war und rasch Karriere gemacht hatte, der hier besonders wirksam und beispielhaft tätig wurde: der aus dem Lothringischen stammende Graf Mercy, der, immerhin zum kaiserlichen Feldmarschall avanciert, 1716 auch Gouverneur von Temeschwar wurde und für die Neubesiedlung halb Ungarns, der heutigen rumänischen Regionen um Arad und Temeschwar, aber auch der Baranya und des Banat sorgte. Er holte mit Einwilligung Wiens Bauern, Handwerker, Priester, Ärzte, Lehrer in das Land, sicherte den Kolonisten, die kostenlos auf Donauschiffe in ihre neue Heimat reisen durften, eine dreijährige absolute Steuerfreiheit zu und stellte ihnen nicht nur Grund und Boden, sondern auch Baumaterial für die Errichtung ihrer Häuser und Werkstätten zur Verfügung, natürlich gleichfalls kostenlos. Wichtig war dabei, daß die Neuankömmlinge nicht nach ihrem religiösen Glaubensbekenntnis gefragt wurden. Das war eine wahre Wohltat nach den bitteren Erfahrungen, die man in Österreich, in den deutschen Ländern mit der Gegenreformation gemacht hatte.

Die Neusiedler, die bald als Donauschwaben bezeichnet wurden, beeindruckten durch ihren Fleiß, durch eine in diesen Landstrichen bis dahin völlig ungewohnte Sauberkeit und dann natürlich durch den Erfolg, den sie hatten. Aus der unwirtlichen, waffenstarrenden, verwüsteten Militärgrenze wurde in den Regionen, in denen nun diese Donauschwaben lebten, ein riesiger Obst- und Gemüsegarten. Das führte dann auch zur Neuansiedlung von mehr als dreißigtausend serbischen Familien, die aus den türkisch besetzten oder beeinflußten Gebieten nach Norden abwanderten. Vor allem in den ungemein fruchtbaren Ebenen zwischen dem heute ungarischen Szeged und Belgrad richteten sie unter dem Schutz und mit Billigung der österreichischen Militärbehörden ihre neuen Dörfer ein.

Wie vorausblickend Mercy und seine Mitarbeiter waren, wird aus einigen Erlässen ersichtlich, die damals für Ordnung und das Wohlbefinden der Kolonisten sorgten. So wurde unter anderem das Bewohnen von Lehmhütten untersagt, wie es gerade den Serben durchaus zur Gewohnheit geworden war, den Österreichern aber des dadurch automatisch erzeugten Schmutzes wegen ein Horror zu sein schien. Auch die ersten, gewiß noch recht primitiven sanitären Anlagen wurden den Siedlern zur Pflicht gemacht. Das sollte die Gefahr von Seuchen bannen und das Dorfbild gewissermaßen ästhetisch in Ordnung halten. Jedenfalls entstand hier im äußersten Südosten der altösterreichischen Monarchie ein Paradies, das gewiß kleine Webfehler hatte, das aber, verglichen mit anderen Grenzzonen in Europa, großartige ökonomische Erfolge vorweisen konnte.

Aber im Oktober 1945 wurde aus dem durchaus wohlhabenden, hübschen Theißdorf Rudolfsgnad – das sich an einen hohen Bahndamm schmiegt, über den die Eisenbahnlinie hinauf nach Zrenjanin führt und hinter dem die Theiß südwärts in die Donau fließt – das serbische Anhalte-, Arbeits- und Konzentrationslager Knićanin. Die Volksdeutschen aus dem Banat, später auch aus der Batschka, die Nachkommen der deutschen und österreichischen Siedler, die unter Maria Theresia und Kaiser Joseph II. an die Militärgrenze gekommen waren, wurden in diese uralte deutsche Ansiedlung gepfercht, Tausende und Zehntausende, die unter alptraumhaften Bedingungen entweder auf ihre Aussiedlung in die Bundesrepublik Deutschland oder nach Österreich oder auf ihren Tod warten mußten. Man könnte mit einigem Zynismus auch sagen, daß sich in jenem Herbst 1945 und in den Monaten danach der Kreis wieder schloß. Dort, wo das christliche Europa sich einst gegen den Ansturm der islamischen Osmanen gewehrt hatte, wurden jetzt die katholischen Christen (und auch die wenigen Protestanten) ausgemerzt, wobei sie Glück haben mußten, wenn dieses Ausmerzen bloß darin bestand, daß sie aus dem Land ihrer Vorfahren hinausgeschmissen wurden.

Der »Dokumentation der Vertreibung der Deutschen«, herausgegeben vom BRD-Ministerium für Vertriebene, kann man die erschütternden, teilweise unfaßbaren Zahlen und Fakten entnehmen, die vom erbarmungswürdigen Leben und Sterben im Lager Rudolfsgnad/Knićanin berichten. Hungerödem, Fleckfieber, Typhus, chronischer Durchfall, Mißhandlungen und auch Exekutionen durch das serbische Bewachungspersonal waren die häufigsten Todesursachen. Die Zahl der Selbstmorde war alarmierend. Und niemand kümmerte sich um das physische und psychische Elend der Donauschwaben. Es mußten immer wieder Massengräber angelegt werden, um die Leichen zu versorgen. Viele Kinder wurden einfach ihren Eltern weggenommen und nach Mazedonien, ins südliche Serbien oder sogar bis in die UdSSR verschleppt, wo sie eine neue Identität erhielten.

Soweit ich informiert bin, war dieses Rudolfsgnad gar keine der Ur- oder Stammgemeinden der ins Land gekommenen Donauschwaben. Da gab es andere, von militärischen Aspekten abhängige Märkte und Städte, die vom Anfang der Neubesiedlung an eine gewichtige Rolle gespielt hatten: das stark befestigte Werschetz zum Beispiel, nordöstlich von Belgrad gelegen, oder Neusatz mit seiner imposanten Festungsanlage von Peterwardein. Auch in Südungarn, im Hinterland von Mohács, gibt es einige Dörfer, die von diesen Donauschwaben gegründet worden sind und in denen man heute noch manches deutsche Wort hören kann. Andererseits haben Prinz Eugen und andere österreichische Heerführer und magyarische Aristokraten auch Zehntausenden von Serben, die vor den Türken geflüchtet waren, Schutz geboten. Serben siedelten auf der langgestreckten Donauinsel von Csepel südlich von Budapest, aber ebenso im Donauknie im Norden der heutigen ungarischen Hauptstadt. Auch fanden Tausende von Serben im Gebiet von Mohács eine neue Heimat im Schutz der österreichischen Militärgrenze. Das alles hinderte die Südslawen mehr als zwei Jahrhunderte später nicht, das Deutschtum in diesen Regionen auf grausame Weise zu liquidieren.

Knićanin heute: Die Erde glänzt fettig, Schlamm kriecht über die Dorfstraße, die von Häusern flankiert wird, die wie lebende Leichname aussehen. Viele Vorgärten sind völlig verwildert. In manchen Fassaden nistet der Grind. Das Elend, das bis 1948 hier allgegenwärtig war, ist freilich kaum noch nachvollziehbar. In diesen Häusern, gebaut und gedacht für jeweils eine Familie, mußten Dutzende Menschen leben. Erleichterungen gab es nur, wenn der Tod die Reihen der zusammengepferchten Menschen etwas lichtete. Wenn man die Berichte von überlebenden Augenzeugen hört, deren Familien seit vielen Generationen in der Batschka gelebt, gearbeitet hatten, dann begreift man weder den fast unmenschlichen Haß der Serben noch die völlige Gleichgültigkeit des westeuropäischen Völkerbundes, der, soweit er von den damaligen Siegermächten gebildet wurde, keinen Finger rührte, um das Schicksal dieser Menschen zu erleichtern. Der Dank Europas an die Nachfahren jener Altösterreicher, die hier die Grenze gegen den Islam verteidigt und abgesichert hatten, war jedenfalls billig und schäbig.

Knićanin heute: Vor einem adretten Neubau, der auffällt, steht ein Auto mit deutschem Kennzeichen – Gastarbeiter auf Urlaub. Hinter den erdbraunen Dämmen rumort die Theiß. Und in der Tiefe des fruchtbaren Bodens liegen die Toten, deren Namen niemand mehr kennt. Ein Vierteljahrtausend deutscher Siedlungsgeschichte ist spurlos verschwunden.

Aber auch in Dalmatien, im kroatischen Küstenland, dort, wo im Vorfeld der Militärgrenze Venezianer, Türken, Österreicher und lokale Banden einander unbarmherzig bekämpften und die kleine, beengte Welt der Janitscharen, Uskoken und Morlaken wirkte, als befände sie sich auf einem Vulkan, auch dort haben sich die Verhältnisse bis auf den heutigen Tag nicht wesentlich geändert. Die Namen der Beteiligten sind andere geworden, die Probleme sind geblieben. Lediglich die Türken sind längst aus diesem Bereich eines jahrhundertelang funktionierenden Grenzzaunes verschwunden.

An der Küste hatte man mich eindringlich davor gewarnt, nachts oder auch bloß nach Einbruch der Dunkelheit nach Knin zu fahren. Das war im Herbst 1990. Längst schon waren die ersten Schüsse zwischen verfeindeten Kroaten und Serben im Hinterland von Zadar gefallen. Ich war in einem Hotel der dalmatinischen Hafenstadt, die bis 1918 eine österreichische Garnisonsstadt gewesen ist, abgestiegen, umgeben von zahlreichen Italienern, die hier ihrer Jagdleidenschaft frönten, einigen Deutschen und Franzosen, die von hier aus ihre Yachten kreuz und quer durch die Adria bewegten, und Österreichern, die Zadar ohnedies immer noch als eine Art Heimathafen betrachten. Es herrschte selbstverständlich tiefer Frieden, und es war völlig unvorstellbar, daß schon wenige Monate später die Granaten der serbischen Kanonen tiefe Wunden ins prachtvolle Stadtbild reißen würden. Nur meine Fragen nach den Möglichkeiten, jederzeit nach Knin zu kommen, machten die Hotelangestellten nervös. Es wäre zu unsicher, sagten sie. Gestern erst hätte es wieder einen Anschlag auf die Bahnlinie nach Zadar gegeben. Eigentlich hätte man damals schon wissen müssen, daß der Bürgerkrieg sich nicht auf das Hinterland von Zadar beschränken würde.

Anderntags kreisten drei Maschinen der jugoslawischen Luftwaffe, die ein knappes Jahr später die Stadt rücksichtslos bombardieren sollte, in anmutigen Formationen über Zadar hinweg. Autos mit dem neuen Nationalkennzeichen der Kroaten fuhren durch die Stadt, die Nationalfahne Kroatiens wehte im heftig blasenden Wind. Schließlich legten die graue Dürftigkeit der Karstfelder und die heranrückenden Karstberge eine entschiedene Trennungslinie zwischen die beiden verfeindeten Völker der Kroaten und Serben. Die erste Straßensperre gab es bei einem Dorf namens Palanka: gefällte Bäume und riesige Lastwagenreifen. Jetzt tauchten auch die ersten serbischen Fahnen auf. Vor Knin gab es dann beschmierte, unleserlich gemachte Wegweiser, aber auch die ersten kyrillischen Inschriften.

Knin selbst, wo der unselige Bürgerkrieg, der Jugoslawien zerstörte, eigentlich begonnen hatte, verfügt über eine respektable Vergangenheit. Es war römisch, dann altkroatisch, später vorübergehend türkisch und nach der Vertreibung einer osmanischen Armee durch deutsche und schottische Söldner Venedigs, die hier unter dem Kommando eines deutschen Generals kämpften, serbisch dominiert. Seit der Mitte des 17. Jahrhunderts siedelten sich hier zahlreiche griechisch-orthodoxe Flüchtlinge aus dem Süden an, Montenegriner, Mazedonier, Südserben, aber auch Flüchtlinge aus Bosnien. Sie alle machten aus Knin, das immer schon eine

Drehscheibe des dalmatinischen Inlandsverkehrs gewesen war, eine scheinbar welthaltige, weltoffene Stadt, ohne daß man ahnte, wie gefährlich die Zeitbombe war, die hier ein Vierteljahrtausend lang tickte.

Heute macht die Stadt einen leicht verwahrlosten, von charmanten orientalischen Einschüben geprägten Eindruck. Das Leben funktioniert, so scheint es, auf eine eher zufällige Weise. Und eigentlich scheint niemand Zeit und Lust zu haben, an einen Bürgerkrieg, an die Verteidigung der serbischen Minderheit zu denken, die in der Stadt selbst die Mehrheit ausmacht. Der Straßenverkehr ist lebhaft, leicht chaotisch, die Geschäfte (meistenteils kümmerliche Läden) können ihre substantielle Dürftigkeit kaum verbergen, und die Kirchen (die der orthodoxen Serben wie jene der katholischen Kroaten) stehen friedlich und ungenutzt nahe beieinander.

Aber der friedliche Eindruck täuscht. Auch damals, im Herbst 1990, herrschte bereits Krieg zwischen den verschiedenen Völkern, die doch nichts anderes sind als die Erben jener Stämme und Volksgruppen, die hier vor den Türken Schutz fanden. Knin war übrigens während der altösterreichischen Monarchie gleichfalls Garnisonsstadt, denn was seinerzeit den Römern, später den Kroaten, dann den Türken und Venezianern nützlich erschienen war, mochten auch die österreichischen Militärs nicht leichtfertig aufs Spiel setzen. Das war zunächst einmal die strategische Lage der Stadt, in der sich die wichtigsten innerkroatischen Straßen hinunter nach Süden und zur Küste kreuzen. Und dann gibt es auch noch einen beherrschenden Burghügel, der allen Eigentümern der Stadt als Hauptquartier gedient hatte und wo sich 1990 ein serbisches Kommando einquartierte.

Es ist ein trauriges Bild, das Knin heute abgibt, und es sind traurige Erinnerungen, zu denen Knin animiert. Denn irgendwie scheint hier die völlige Nutzlosigkeit aller Versuche, den Balkan gleichsam zu zivilisieren, auf authentische Weise nachgewiesen. Man kommt ins Spintisieren. Hätten seinerzeit die Österreicher sich nicht in die Auseinandersetzung zwischen Venedig und den Türken eingemischt und wäre da nicht diese Militärgrenze gewesen, die alle Völker des Balkan nahezu magnetisch angezogen hat, dann wäre es auch nie zu einer so heillosen und zugleich perfekten Vermischung der verschiedenen Völker gekommen. Die Serben wären in ihren Landesteilen geblieben, die Kroaten hätten sich auf das ihnen zustehende Gebiet beschränkt ... Erst das Einschreiten Österreichs schuf das Konglomerat von Menschen und Völkern, die sich heute so erbittert bekämpfen.

Doch das ist schon wieder eine andere Geschichte, die allerdings gleichfalls manches mit dem altösterreichischen Doppeladler zu schaffen hat und eines Tages erzählt werden sollte.

Eine Krone auf Wanderschaft

1848 war das Schicksalsjahr der Monarchie. Das Riesenreich, das vom italienischen Piemont bis ins ukrainische Ruthenien, von Schlesien bis zur Toskana und an die Grenzen des Kirchenstaates reichte, erhielt die ersten bedrohlichen Sprünge, erfuhr Niederlagen, deren verheerende Wirkung sich erst viel später offenbaren sollte. In Mailand, Brescia und Padua überfielen am 1. Jänner 1848 vermummte Wegelagerer auf offener Straße harmlose Bürger, die kein anderes Verbrechen begingen, als eine Zigarre zu rauchen. Es war der erste Auftritt des rabiaten italienischen Nationalismus, denn kein Italiener sollte künftig mehr eine Zigarre in den Mund nehmen, die dem habsburgischen Tabakmonopol gehörte. Die österreichischen Militärbehörden hatten zwar im Handumdrehen die Situation wieder im Griff, aber dieser »Zigarrenrummel«, wie man die Vorfälle nannte, sollte der Auftakt für alles Kommende sein. Und das war dann dramatisch genug.

Vielfach war es auch der Hochmut gewisser Wiener Kreise, der die Empörung, den Widerstand und schließlich den Nationalismus der Tschechen, Italiener und nicht zuletzt auch der Ungarn anstachelte. So äußerte sich ein Wiener Bankier über die immer wieder von neuem erfolgten Versuche Ungarns, den Anschluß an die westliche Zivilisation zu finden, mehr als abschätzig – es sei fraglich, ob Österreich etwas gewinnen könne, wenn Ungarn ein Kulturstaat werde. Und wörtlich meinte dieser wenig diplomatische Finanzmensch: »Jede Handvoll Getreide, jedes Stück Vieh, ja jedes Produkt Ungarns zahlt an der österreichischen Grenze einen hohen Zoll. Andererseits kauft Ungarn jedes, auch das schlechteste Industrieerzeugnis von Österreich!«

Hinter solcher Selbstgefälligkeit verbarg sich eine fast lebensgefährliche politische Kurzsichtigkeit. Sie war das auslösende Moment für die immer entschiedeneren Forderungen magyarischer Revolutionäre, wie sie sich rund um die Person des Grafen Széchenyi und des ehemaligen Rechtsanwaltes Lajos Kossuth versammelten. Während nun Széchenyi, der zuletzt in einer Döblinger Nervenheilanstalt durch Selbstmord seinem Leben freiwillig ein Ende setzte, seiner Heimat durch immer neue Projekte zu helfen versuchte und dabei sein riesiges Vermögen bedenkenlos für den Fortschritt Ungarns einsetzte, war Kossuth, der ein großartiger Rhetoriker und ausgezeichneter Journalist war, vor allem als radikaler Politiker tätig. Er verfolgte hartnäckig ein nationalistisch gefärbtes sozialrevolutionäres Programm, das unter anderem die völlige Abschaffung aller Privilegien der Aristokratie vorsah. Allein dadurch machte sich Kossuth Wien auf eine Weise verdächtig, die im Herbst 1848 zur Katastrophe führen sollte.

Denn im September, als Graf Széchenyi, der beharrlich auf eine Aussöhnung mit dem Hause Habsburg gedrängt hatte, einen Nervenzusammenbruch erlitt und in eine Irrenanstalt nach Wien gebracht werden mußte, übernahm Kossuth die völlige Regierungsgewalt in Ungarn und suchte sogleich die kompromißlose Konfrontation mit Wien. Er entzog Ungarn der Finanzhoheit des gemeinsamen habsburgischen Gesamtstaates, stellte eine magyarische Armee auf, die »Honvédség«, und begann unverzüglich mit der rücksichtslosen Magyarisierung aller auf ungarischem Gebiet lebenden Minderheiten.

In Wien zögerte man einige Wochen lang, auf die neuen Entwicklungen zu reagieren. Aber schließlich zwang der Mord am Vertreter Österreichs in Ungarn, am Grafen Lamberg, die Wiener Regierung doch zum Handeln. Kaiser Ferdinand I. löste die ungarische Nationalversammlung auf, verhängte über das ganze Land den Belagerungszustand und übertrug die militärische Befehlsgewalt in Ungarn dem kroatischen Banus Jellačić, was vorerst freilich noch nicht viel zu bedeuten hatte. Denn die neu aufgestellte ungarische Armee besiegte die kroatischen Grenztruppen nördlich des Plattensees und zwang sie zum überstürzten Rückzug nach Wien.

Dort war inzwischen gleichfalls die Revolution ausgebrochen. Unter anderem bedeutete das, daß sich ein Grenadierbataillon, das nach Westungarn in Marsch hätte gesetzt werden sollen, ganz einfach weigerte, den kaiserlichen Befehlen nachzukommen. Im übrigen wurde jetzt Ungarn zur Zufluchtsstätte so gut wie aller revolutionären Elemente aus ganz Europa, sah man in der »republikanischen Verbrüderung aller Nationen« im Kampf gegen das Haus Habsburg die einzige legitime Chance einer entscheidenden Veränderung der Situation. So gab es jetzt neben den Honvéds auch eine Polnische, eine Deutsche, eine Italienische Legion und sogar, was nur wenig bekannt sein dürfte, ein Tiroler Freikorps. Österreichische Berufsoffiziere, die kaum ein ungarisches Wort verstanden, kommandierten die Honvéds, wobei eine ohnedies nur unvollkommene Aufzählung der Namen die Vielfalt dieser antihabsburgischen Bestrebungen dokumentiert. Ein General Richard Guyon kam aus England, der General Henrik Dembinski aus Polen, General Carl Graf Leiningen-Westerburg stammte aus dem norddeutschen Raum, General Ernst Ritter Pölt von Pöltenberg und General Anton Vetter von Doggenfeld waren Österreicher. Und bei den Tirolern bewährte sich sogar eine in Agram geborene Wienerin, neunzehnjährig, mutig, leidenschaftlich und den revolutionären Idealen völlig ergeben. Sie hieß Maria Lebstück, hatte sich zuerst der »Akademischen Legion« in Wien angeschlossen und war nach der Niederschlagung des Wiener Aufstandes auf abenteuerlichen Wegen nach Ungarn gekommen, um hier gegen die verhaßte habsburgische Tyrannei weiterzukämpfen. Maria Lebstück brachte es bis zum kommandierenden Offizier in einem ungarischen Husarenregiment, wo sie nach der Auflösung der Tiroler Rebellen eine letzte Zuflucht gefunden hatte.

Im Frühjahr 1849 – inzwischen hatte in Olmütz jene entscheidende Palastrevolution stattgefunden, die den achtzehnjährigen Franz Joseph zum habsburgischen Kaiser gemacht hatte – begannen die Ungarn mit ihrer Offensive gegen die Österreicher. Kossuth rechnete sich gute Möglichkeiten aus, die kaiserliche Armee zu besiegen, da zur gleichen Zeit das Königreich Piemont-Sardinien im norditalienischen Raum den Waffengang gegen die Monarchie riskierte. Die Kaiserlichen sahen sich jedenfalls außerstande, den Vormarsch der Ungarn aufzuhalten. Selbst Preßburg geriet in Gefahr, den Rebellen in die Hände zu fallen. Und am 14. April 1849 konnte es sich Kossuth erlauben, in Debrecen das

Haus Habsburg, soweit es Ungarn betraf, für abgesetzt zu erklären und sich selbst zum Oberhaupt eines unabhängigen Ungarn ausrufen zu lassen.

In diesem Augenblick höchster Not, als die österreichische Staatskrise auch durch militärische Siege in Norditalien, wo Radetzky Triumphe feierte, nicht mehr bewältigt werden konnte und der junge Kaiser Franz Joseph befürchten mußte, vom wütenden Elan dieser magyarischen Revolution buchstäblich hinweggefegt zu werden, berief sich der Wiener Hof auf die Tradition der »Heiligen Allianz«. Dieses Bündnis mit dem mächtigen zaristischen Rußland datierte noch aus der Zeit der Napoleonischen Feldzüge und wurde jetzt wieder reaktiviert. In einem Hilferuf vom 1. Mai 1849 wandte sich Franz Joseph an den Herrscher Rußlands, an Zar Nikolaus I., der sein Reich, wie es Historiker formulierten, »praktisch durch eine Militärverwaltung und mit rücksichtsloser Härte regierte«. Er war also zweifellos der richtige Mann, um den Habsburgern ihren Thron zu retten. Bei einem persönlichen Zusammentreffen mit dem dreiundfünfzigjährigen Nikolaus im damals russischen Warschau zeigte sich Franz Joseph tief beeindruckt von der Persönlichkeit seines Retters, der eine Armee von rund hundertachtzigtausend Mann nach Ungarn entsandte. Das führte dann innerhalb von zwei Monaten zur völligen Niederwerfung des ungarischen Aufstandes. Denn es war den Ungarn, die mit außerordentlicher Bravour kämpften, natürlich unmöglich, an zwei Fronten Widerstand zu leisten. Man braucht sich in diesem Zusammenhang nur das Kräfteverhältnis zu vergegenwärtigen, um die Aussichtslosigkeit der magyarischen Bemühungen zu erkennen. Denn zu den hundertachtzigtausend Russen kamen noch hunderttausend Österreicher, während die Honvéds insgesamt über kaum mehr als hunderttausend Mann verfügten. Außerdem gingen diesen die Munitionsvorräte aus, besaßen sie kaum eine nennenswerte Artillerie und war der unbestreitbare Heldenmut ihrer tollkühnen Kavallerieattacken allein zu wenig, um der feindlichen Übermacht die Stirn bieten zu können.

Am 13. August 1849 kapitulierte die ungarische Armee, die auf kaum mehr als dreißigtausend Kämpfer geschmolzen war, in der Nähe von Arad. Ihr Befehlshaber war der magyarische Honvédgeneral Artur Görgey, der sich den Russen ergab, von denen er eine faire Behandlung erwartete. Aber die Wirklichkeit sah dann ganz anders aus, wovon in einer eigenen Abhandlung noch ausführlich erzählt werden soll. Jedenfalls war die Art und Weise, wie die Österreicher die besiegten Ungarn behandelten, alles andere denn beispielhaft. Sogar die Russen beschwerten sich über die rücksichtslose Grausamkeit der Österreicher, die außerdem armselige Sieger waren, weil sie es erst durch die massive Hilfe der Russen zu einem Erfolg über die rebellischen Ungarn gebracht hatten.

Lajos Kossuth mußte wie mancher seiner Kameraden außer Landes fliehen. Er überschritt beim heute rumänischen Orschowa die damalige österreichisch-türkische Grenze, nachdem er zuvor die heilige Stephanskrone und die Insignien Ungarns an einem geheimen Ort vergraben hatte. Er lieferte sich den Türken aus, die allerdings herzlich wenig Freude mit diesem prominenten Emigranten hatten, auf den Wien ein hohes Kopfgeld ausgesetzt hatte. Kossuth verließ bald die Türkei, ging nach London und schließlich nach Turin, von wo aus er immer wieder Versuche unternahm, Einfluß auf die ungarische Politik zu gewinnen. Er starb 1894.

Mir persönlich hatte es die Krone angetan, dieses Beweisstück für die ungarische Tragödie von 1848/49, eine Krone, die schon des öfteren in ihrer tausendjährigen Geschichte auf unfreiwillige Wanderschaft geraten war und die man zuletzt, nämlich nach dem Zweiten Weltkrieg, einmal sogar in Bayern vergraben hatte, um sie nicht in kommunistische Hände fallen zu lassen. Heute befindet sie sich natürlich längst wieder in Budapest, im Ungarischen Nationalmuseum in der Muzeum körut. Sogar die eiserne Truhe existiert noch, in die im August 1849 Kossuth auf seiner überstürzten Flucht vor den österreichischen Häschern die Stephanskrone und die ungarischen Krönungsinsignien getan hatte, um sie dann nahe der damaligen österreichischen Grenzfestung Orschowa am Eisernen Tor zu vergraben.

Kossuth wollte wohl unter allen Umständen vermeiden, daß die Krone, dieses Symbol ungarischen Selbstbewußtseins, in habsburgische Hände fiel. Außerdem war das die letzte ihm noch verbliebene Möglichkeit, sich an den Österreichern zu rächen, indem er sie dadurch in allergrößte Verlegenheit brachte, daß er sich selbst und die Stephanskrone ihren Nachstellungen entzog. Die Österreicher wiederum wußten nur zu gut, daß sie gerade dieses Symbols habhaft werden mußten, wenn sie ihrem Macht- und Herrschaftsanspruch auf Ungarn den Anschein einer übergeordneten Legitimität geben wollten. Erst der Besitz dieses kostbaren Pfandes würde es ihnen erlauben, sich wirklich als Herren Ungarns fühlen zu dürfen.

Nun wußte man ungefähr, wo Kossuth die Kiste mit der Krone und den Insignien vergraben hatte. Jahrelang suchte man also am Eisernen Tor und praktisch unter den aufmerksamen Augen der Türken nach diesem Schatz, wobei Wien immer größere Geldsummen für den Fall einer Auffindung in Aussicht stellte. Die einheimische Bevölkerung, Soldaten, denen diese patriotische Abart der Schatzgräberei etwas Abwechslung ins eintönige Garnisonsleben brachte, Gendarmen, ja selbst die in und rund um Orschowa ansässige Geistlichkeit beteiligten sich mit ungebrochenem Eifer an den intensiven Nachforschungen. 1853 hatte man endlich Erfolg. Die eiserne Truhe wurde gehoben, der Krönungsschatz behutsam ans Tageslicht befördert, der feuchte Krönungsornat in einem sorgfältig beheizten Zimmer getrocknet. Dann überantwortete man den Schatz einem rasch herbeigerufenen Kriegsschiff namens »Albrecht«, das die Kostbarkeiten, eskortiert von einer Art Ehren- oder auch Schutzkompanie, auf der Donau zurück nach Wien brachte.

In Orschowa selbst aber, wo es zuerst einmal tagelange Festlichkeiten gegeben hatte, ließ Kaiser Franz Joseph an der Stelle, wo man die eiserne Truhe in der Tiefe der Erde entdeckt hatte, 1856 eine kleine Kirche errichten, eine Kapelle eigentlich, deren Bau der Kaiser aus seiner Privatschatulle finanzierte. Das kann diese nicht besonders strapaziert haben, denn die Kosten dürften sich, wenn man sich das Kirchlein vergegenwärtigt, in einem bescheidenen Rahmen gehalten haben. Franz Joseph aber wurde am 8. Juni 1867 auf dem Burghügel von Buda und in der Matthiaskirche feierlich zum ungarischen König gekrönt.

Ich habe das Gedächtniskirchlein unten am Eisernen Tor in den sechziger Jahren aufgesucht. Damals wurde bereits am riesigen

Staudamm gearbeitet, der das Wasser der Donau regulieren sollte. In Orschowa, wo ich im Haus eines pensionierten Kapitäns der Donaudampfschiffahrtsgesellschaft übernachtete, erloschen gewissermaßen die Lichter. Viele Einwohner waren bereits fortgezogen, ihre Häuser standen leer. Und auch die Gedächtniskapelle hatte der neuen Zeit ihren Tribut zollen müssen. Die meisten Scheiben waren zerbrochen, das Eingangstor hing schief in den Angeln, die ganze Gedenkstätte bot ein Bild der Verwüstung. Es schien, als ob die Rumänen mit dieser Pilgerstätte für magyarische Patrioten und historisch interessierte Österreicher wenig Freude gehabt hätten. Einige Jahre später war das ganze Gebiet dann ohnedies unter dem riesigen Stausee begraben, der die Donaulandschaft am Eisernen Tor völlig veränderte.

Im Ungarischen Nationalmuseum in Budapest, in dessen Garten sich 1848 die Intellektuellen versammelt hatten, um mit einer leidenschaftlichen Proklamation gleichsam den Beginn des Aufstandes gegen die Habsburger einzuleiten, zählen Stephanskrone und Krönungsinsignien heute naturgemäß zu den sorgfältigst bewachten Schätzen der ungarischen Nation. Gedämpftes Licht verleiht dem Raum im ersten Stockwerk eine Aura der betonten Feierlichkeit. Die Krone selbst (mit einem merkwürdig verdrehten, schiefstehenden Kreuz als abschließendem Aufsatz) sowie Szepter, Reichsapfel und Krönungsschwert werden durch Panzerglas und zusätzliche Alarmeinrichtungen geschützt. Im Spätsommer 1990, als ich mit einem kleinen Fernsehteam in Budapest war, um dort den Spuren des alten Österreich zu folgen, hatte ich die angenehme Aufgabe, vor dem Schrein, in welchem die Krone ausgestellt wird, einen Kommentar in die Kamera zu sprechen. Allerdings erschwerte das Wachpersonal, das uns auf Schritt und Tritt begleitete, diese Aufgabe. Möglicherweise überlegten sich die Männer, die mich mit finsteren Mienen betrachteten, in welchem Ausmaß ich als potentieller Kronendieb in Frage kommen könnte. Es war jedenfalls nicht ganz einfach, angesichts ihrer martialischen Wachsamkeit die Ruhe zu bewahren und so zu tun, als halte man einsame Zwiesprache mit diesem Symbol magyarischer Unabhängigkeit und Herrlichkeit.

Geheimnisvoll schimmert die Krone hinter dem Glas. Roter

Samt verstärkt die Intensität des Eindrucks, den sie vermittelt. Ist es wirklich, wie behauptet wird, der Herzschlag Ungarns, den man hier spürt?

Ein paar Reminiszenzen besonderer Art sind noch angebracht. So gibt es auf dem Kerepeser Friedhof im achten Budapester Gemeindebezirk, und zwar in unmittelbarer Nähe des Ostbahnhofes, eine ganze Reihe von Grabdenkmälern, die an prominente Ungarn erinnern sollen. Das eindrucksvollste und auch größte Mausoleum hat man für Lajos Kossuth errichtet, dem die Ungarn niemals vergessen werden, daß er sie, wie man es seinerzeit empfand, vom habsburgischen Joch befreite. Wenn dieser Akt der Befreiung auch nur kurz andauerte und eine aberwitzige Menge an Opfern forderte (und zudem die Rache Österreichs, wie an anderer Stelle erzählt werden soll, schrecklich war), so vermittelten die politische Kühnheit Kossuths, sein Selbstbewußtsein, sein Charisma den Ungarn doch ein paar Augenblicke in ihrer leidvollen Geschichte, in denen sie sich wirklich frei und unabhängig fühlen durften. Außerdem war er der erste mitteleuropäische Politiker, dem eine Donau-Konföderation vorschwebte, ein Staatengebilde, das man am ehesten noch mit dem Begriff »Vereinigte Staaten von Mitteleuropa« übersetzen könnte.

Sein Mausoleum ist beinahe einschüchternd, wirkt auf eine Weise pathetisch, die heute, nach den Jahrzehnten der kommunistischen Unterdrückung, fast ein wenig unerträglich anmutet. Aber es entspricht wohl dem Temperament, dem Charakter dieses bedeutenden Ungarn, in dessen Nähe auch Ferenc Deák sein Mausoleum hat, der in allem und jedem ein Gegensatz zu Kossuth war. Deák, dem die wenig erbauliche und keineswegs leichte Aufgabe zugefallen war, Ungarn nach der blutig niedergeschlagenen Revolution zu verwalten, führte dieses zur Kolonie Österreichs herabgesunkene Land schrittweise, unendlich behutsam und mit allen Finten moderner Diplomatie in eine Eigenständigkeit, die bald von manchen Österreichern als Unverschämtheit angesehen wurde; und die nach der Niederlage von Königgrätz ihre Krönung im sogenannten Ausgleich mit Österreich fand, der Ungarn tatsächlich zum weitgehend selbständigen Staat machte und aus dem kaiserlich-königlichen Österreich jenes k.u.k. Gebilde werden ließ, das den Keim des endgültigen Unterganges spätestens nach dem Tag von Königgrätz in sich trug.

Was die Krönungsfeierlichkeiten für Franz Joseph anging, die im Juni 1867 stattfanden und ein direktes Ergebnis der Verhandlungen waren, die zwischen Wien und Buda stattfanden und zum sogenannten Ausgleich führten, so kann man dazu eine hübsche Anekdote erzählen, die den Vorzug hat, wahr zu sein. Denn gerade in dem Augenblick, als der österreichische Kaiser und nunmehrige ungarische König aus dem Portal der Matthiaskirche trat, um sich seinen Untertanen zu zeigen, rief das reichlich versammelte Volk voll Begeisterung »Eljen Ferenc«, was soviel wie »Hoch Franz« heißt und durchaus dem soeben gefeierten Monarchen gelten konnte. Aber merkwürdigerweise wandten die Hochrufenden ausnahmslos dem Portal und dem Kaiser den Rücken zu, was für ein paar Sekunden der peinlichsten Verwirrung sorgte. Dann entdeckte man endlich die Ursache für dieses merkwürdige Verhalten der Ungarn. Franz (Ferenc) Liszt spazierte langsam durch das Burgviertel, und die Menschen bedankten sich auf ihre Weise für die prachtvolle »Krönungsmesse«, die zuvor in der Kirche zur Ehre des Königs von Ungarn aufgeführt worden war. Liszt mochte diese spontane Begrüßung allein schon deshalb genossen haben, weil man ihm verwehrt hatte, seine Komposition selbst zu dirigieren. Er konnte jetzt diese Kränkung angesichts der Ovationen, die ihm die Bevölkerung entgegenbrachte, wohl leicht verschmerzen. Jedenfalls soll er huldvoll seine Bewunderer begrüßt haben, während Franz Joseph in diesen Augenblicken eher unbeachtet im Portal der Matthiaskirche stand.

Was den österreichischen Kaiser betraf, so hatte er überhaupt keine besonders angenehmen Erinnerungen an die Krönungszeremonie. Die Stephanskrone erwies sich nämlich für seinen Kopf als zu groß. Sie rutschte Franz Joseph immer wieder über Augen und Ohren, bis man sie schließlich so ausgiebig auspolsterte (natürlich mit der feinsten Watte, die sich im ganzen Land auftreiben ließ), daß sie schließlich dem habsburgischen Kopf doch noch halbwegs paßte. Viele Ungarn machten sich damals schon über diese Vergewaltigung der heiligen Krone, wie sie es nannten, ihre eigenen Gedanken und gaben dieser innigen Verbrüderung mit dem Hause

Habsburg keine großen Überlebenschancen. Die nachfolgende Chronik der österreichisch-ungarischen Beziehungen sollte diese ziemlich skeptische Meinung nur bestätigen.

Der Doppeladler, von dem sich doch so viele Spuren in Ungarn und vor allem in Budapest gehalten haben, war den Ungarn nie besonders sympathisch. Sie haben wohl den Umstand nie vergessen können, daß sie im Augenblick ihrer größten Not, nämlich beim Überfall Suleimans II. im Jahre 1526, gerade von den österreichischen Habsburgern schmählich im Stich gelassen worden waren; und daß die Tragödie Ungarns, die mit der Niederlage von Mohács am 26. August 1526 begonnen hatte, als die Elite des Landes innerhalb von knapp zwei Stunden buchstäblich hingemetzelt wurde, nicht zuletzt auch auf den schrankenlosen und rücksichtslosen Egoismus des Hauses Habsburg zurückzuführen gewesen war.

Ein Schloß für eine Kaiserin

Die Ungarn hatten immer darauf bestanden, daß Wien seine mehr oder minder hochmütige, den ungarischen Nationalstolz wohl auch beleidigende Meinung aufgeben müßte, Ungarn wäre allein schon deshalb ein rechtmäßig erworbener Familienbesitz des Hauses Habsburg, weil es sozusagen erheiratet worden wäre. Diese Sicht der Dinge, die freilich nicht ganz unrichtig war, irritierte alle ungarischen Politiker und machte auch die Vorverhandlungen zum sogenannten Ausgleich, der am 15. März 1867 (also am neunzehnten Jahrestag der magyarischen Revolution) in Kraft trat, so ungemein schwierig. Jetzt wurden die beiden Reichshälften, Cisleithanien (also Österreich) und Transleithanien (Ungarn), politisch weitestgehend voneinander unabhängige Staaten, die lediglich durch die Person des Herrschers, in diesem Fall Kaiser Franz Josephs, sowie durch eine gemeinsame Außenpolitik, Landesverteidigung und ein gemeinsames Finanzwesen in einer eher losen Einheit verblieben. Die offizielle Bezeichnung lautete für die beiden Reichshälften »Die im Reichsrat vertretenen Königreiche und Länder«, soweit es Österreich betraf, und setzte für Ungarn die Bezeichnung »Die Länder der Heiligen Ungarischen Krone« fest. Aber beide Bezeichnungen waren zu umständlich, konnten sich nicht durchsetzen und gerieten bald in Vergessenheit. So kam es zu einer zweiten offiziellen Benennung, die durch ein Handschreiben des Kaisers am 14. November 1868 öffentlich gemacht wurde. Sie lautete jetzt »Österreichisch-Ungarische Monarchie«, erfuhr auch noch die Kurzbenennung »Doppelmonarchie«, die dem Dualismus, der durch die Person des Kaisers gleichsam geadelt wurde, durchaus entsprach. Was die gemeinsamen Institutionen und Behörden betraf, so erfand man das Kürzel »k.u.k.«. Die Ungarn bestanden besonders hartnäckig auf dem Bindewort »und«, weil dadurch erst, wie sie behaupteten, ihre politische Gleichberechtigung dokumentiert wurde. Fehlte dieses »und«, dann handelte es sich um rein österreichische Organisationen.

Ein sichtbarer Ausdruck des Ausgleichs sowie eine politische Notwendigkeit war die Krönung Franz Josephs zum ungarischen König. Selbstverständlich mußte in diesem Zusammenhang auch die Gemahlin des Kaisers, nämlich Elisabeth, gekrönt und gesalbt werden. Es war der magyarische Ministerpräsident Graf Gyula Andrássy, der dem österreichischen Kaiser die Krone aufsetzte, während sie bei Elisabeth nur über deren rechte Schulter gehalten wurde.

Wer war nun dieser Graf Andrássy? Er war zum Zeitpunkt der Krönung in Buda dreiundvierzig Jahre alt und neben dem in verhältnismäßig bescheidenen Verhältnissen lebenden Ferenc Deák die zweite, wesentlich elegantere, aufsehenerregendere Hauptperson der ungarischen Politik. Er war reich, Aristokrat, ein mutiger Haudegen, der es in den Revolutionstagen von 1848/49 zum Major und Adjutanten des Oberstkommandierenden der magyarischen Revolutionsarmee gebracht hatte. Natürlich mußte auch Andrássy nach der Niederschlagung der Revolution außer Landes gehen, nach Konstantinopel und Paris, wo er ziemlich gelassen die weitere Entwicklung abwarten konnte. Er wurde zwar von den Österreichern in Abwesenheit zum Tode verurteilt und am 21. September 1852 sogar in einem symbolischen Akt, der nicht ohne Absurdität war, öffentlich durch den Henker hingerichtet. Aber schon sechs Jahre später erlaubte ihm Wien die Rückkehr nach Ungarn, wo Andrássy sogleich wieder in die Politik eintrat und rasch Karriere machte. Der Umstand, daß ausgerechnet er Franz Joseph die Stephanskrone aufs Haupt setzte, erregte seinerzeit großes Aufsehen. Immerhin hatte Österreichs Kaiser 1849 das Todesurteil für Andrássy unterschrieben.

Weit pikanter war noch Andrássys Teilnahme bei den Krönungsfeierlichkeiten für Elisabeth. Denn es war damals bereits allgemein bekannt, daß die Frau des österreichischen Kaisers und ungarischen Königs für den durchaus feschen, männlich wirkenden, immer noch schneidigen ungarischen Ministerpräsidenten viel mehr als bloß höfliche Sympathie empfand. Gehässige Stimmen sprachen sogar von einer verbotenen Leidenschaft, was zweifellos weit übertrieben war. Aber daß Elisabeth für Gyula Andrássy so etwas wie Zuneigung spürte, sich vielleicht auch in manchen Augenblicken zu einem romantischen Gefühl hinreißen ließ, darf als gegeben angenommen werden. Und daß sie großen Einfluß auf das zukünftige Schicksal Ungarns hatte und manches unternahm, um Franz Joseph für die magyarische Sache zu gewinnen, steht außer Zweifel.

Ich berufe mich auf Brigitte Hamann, wenn ich vom größten, nachhaltigsten Opfer spreche, das Elisabeth dem von ihr umschwärmten, geliebten Ungarn machte. »Das größte Geschenk Elisabeths an die Ungarn«, schreibt Brigitte Hamann in ihrer Elisabeth-Biographie, »und an ihren Mann ... war ihre Bereitschaft, ihre hartnäckige Weigerung aufzugeben und noch einmal ein Kind zu bekommen. An der Tatsache, daß sie dieses Opfer ausschließlich der ungarischen Nation brachte, ließ sie ... keinen Zweifel.«

An anderer Stelle heißt es: »Dieser höchst private Entschluß, noch einmal ein Kind zu bekommen, entsprang höchst politischen Motiven und hatte auch politische Wirkung, denn er vertiefte den Gegensatz zwischen Trans- und Cisleithanien.« Elisabeth, die gewiß eine reichlich überspannte, exaltierte, gelegentlich zur unbeherrschten Hysterie neigende Person gewesen sein dürfte, sprach ihre geheimsten Wünsche in einem selbstverfaßten Gedicht aus, wo sie nicht mehr und nicht weniger forderte, als den Ungarn »einen König zu schenken«, der selbstverständlich »ein Ungar von echtem Stamm« sein sollte, »ein Held von Stahl und Erz« und was eben diese überspannte Person noch alles an bewundernden Eigenschaften für ihr Kind in ziemlich billigen Reimen auszudrücken verstand. Hier entartete die habsburgische Familienpolitik zweifellos zur heillosen Burleske, machte sich Österreich, ohne daran etwas ändern zu können, auf schier unverschämte Weise lächerlich.

Natürlich blieben diese überdrehten Gefühlsäußerungen Elisabeths der Öffentlichkeit nicht verborgen. Nachdem ihr die ungarische Nation zur Krönung sogar ein Schloß in Gödöllö geschenkt hatte, in einer Vorstadt des heutigen Budapest, damals gute anderthalb Wegstunden von Buda entfernt, heute durch eine Schnellstraße ganz nahe an die Hauptstadt herangerückt, verbrachte sie viel Zeit in Ungarn. Sie hatte Franz Joseph des öfteren und eindringlich um eine solche magyarische Heimstätte ersucht, wo sie sich voll und ganz ihren Neigungen hingeben konnte, aber der Kaiser hatte – auch aus Geldmangel – diesem merkwürdigen Ansuchen nie entsprechen können.

Jetzt freilich durfte sich Elisabeth, die nicht zuletzt unter dem Einfluß Andrássys auch die ungarische Sprache erlernt hatte, völlig ihren pseudopolitischen und romantischen Neigungen hingeben. Sie kleidete sich mit Vorliebe ungarisch und hielt sich immer länger und öfter in Gödöllö oder in Buda auf. Als die Tatsache ihrer Schwangerschaft schon wenige Monate nach den Krönungsfeierlichkeiten offenkundig wurde, begann man sich in Österreich ernsthaft davor zu ängstigen, daß sie einem Thronerben das Leben schenken könnte. Denn daß sie ihr jüngstes Kind (das dann eine Tochter namens Marie Valerie sein sollte) in Ungarn zur Welt bringen würde, stand für Elisabeth außerhalb jeder Diskussion. Und während neutrale Beobachter feststellen durften, daß sie die »populärste Persönlichkeit in ganz Ungarn« wäre, spekulierte man am Wiener Hofe über die möglichen Schwierigkeiten, sofern es sich bei dem Kind der Kaiserin doch um einen Knaben und damit um einen Anwärter auf den Thron handeln sollte.

Die Tochter, die genau zehn Monate nach der Krönung zur Welt kam, wurde dann auf der Burg in Ofen getauft (Budapest war damals noch nicht zu einer Stadt zusammengewachsen). Schon hier kam es zu jenen Eifersüchteleien zwischen Österreichern und nationalbewußten Ungarn, die das Zusammenleben der beiden Völker so ungemein erschweren sollten. An der heftigen Zuneigung Elisabeths für das innig geliebte Land (wobei böswillige Intriganten am Wiener Hof behaupteten, daß vor allem der ungarische Ministerpräsident das Interesse Elisabeths beanspruchte) änderten solche Querelen gar nichts. Sie stellte sich immer auf die Seite Ungarns. Sie scheute auch vor Provokationen oder sogenannten politischen Instinktlosigkeiten nicht zurück – so weinte sie zum Beispiel im Jahre 1876 an der Bahre des toten Ferenc Deák so herzzerbrechend, daß daraus zuerst fast ein Skandal und dann (zumindest in Ungarn) so etwas wie eine Legende wurde.

Am glücklichsten war Elisabeth zweifellos in Gödöllö. Diese Stadt, etwa zwanzig Kilometer östlich von Budapest entfernt, ist heute noch Anziehungspunkt für viele historisch interessierte Besucher aus Österreich. Allerdings kann man sich jetzt nur mehr schwer vorstellen, daß hier einst das Haus Habsburg ein prachtvolles Refugium besaß, ein Schloß, dessen filigrane Schönheit nicht nur seine extravagante Besitzerin verzauberte. Das Schloß befand sich ursprünglich im Eigentum eines magyarischen Magnaten namens Antal Grassalkovich, war vom österreichischen Baukünstler Andreas Mayerhoffer zwischen 1744 und 1750 erbaut worden, verfügte über rund einhundert Räume und war von einem riesigen Waldgebiet umgeben, das sich vorzüglich für die Jagd eignete. Elisabeth pflegte hier ungehindert einer ihrer großen Leidenschaften nachzugehen, dem Reiten, wobei sie sich gerade auf dem Gebiet von Gödöllö zu mancher gewagten Pose hinreißen ließ und ihre Begleitung immer wieder in Angst und Schrecken versetzte. Die zehntausend Hektar, die ihr hier zur Verfügung standen, wurden jedenfalls mehr als ausgiebig für Parforce- und Reitjagden ausgenutzt.

Heute freilich, nachdem sowjetrussische Soldaten und auch ein Altersheim in diesem Schloß einquartiert waren, ist dieser ehemalige Lieblingsaufenthalt Elisabeths völlig verlottert oder sogar so gut wie zerstört. Man geht jetzt zwar daran, das Schloß behutsam wieder zu renovieren, wofür man den ungarischen Behörden Respekt und Dank schuldet, aber noch kann man sich nicht wirklich vorstellen, daß aus dieser Ruine wieder einmal ein strahlendes, durch seine ästhetische und bauliche Vollkommenheit überzeugendes Bauwerk werden könnte.

Ich erinnere mich an ein paar verwitterte Marmorlöwen, die ich im Gestrüpp der Auffahrt zum Schloß entdeckte. Blicklos starrten sie ins verwilderte Dickicht, das über ihren gedrungenen Körpern zusammengeschlagen war. Ein paar Bauarbeiter machten gerade Pause, oder sie hatten einfach keine besondere Lust, einer anstrengenden Tätigkeit nachzugehen, deren Sinn sie nicht verstanden und für die sie außerdem ziemlich schäbig bezahlt wurden. Es war nicht einmal mehr ein Echo jenes Zeitalters zu vernehmen, zu spüren, in welchem hier eine bizarre Persönlichkeit, nur weil sie

Ehefrau eines Habsburgerkaisers war, ein ebenso luxuriöses wie fragwürdiges Dasein führen durfte.

Die Ungarn liebten Elisabeth natürlich. Und auf gewisse Weise sind sie ihr auch heute noch zugetan, was sich am deutlichsten vielleicht dadurch ausdrückt, daß allmählich jene Statuen und Denkmäler, die an die Existenz Elisabeths erinnern und unter den Kommunisten verschwinden mußten, jetzt wieder an die Budapester Öffentlichkeit zurückkehren.

In diesem Zusammenhang fällt mir eine kleine Geschichte ein, die ich im Sommer 1991 in Budapest erlebte. Ich hatte mir für zwei Tage einen Führer genommen, einen älteren, recht klugen und jedenfalls ungemein tüchtigen Vertreter seiner Zunft. Er war Jude und trauerte auf eine stille, verhaltene Weise dem habsburgischen Zeitalter nach, weil man damals, wie er sich einmal ausdrückte, den Antisemitismus noch als eine Art Sport begreifen konnte, der einem das Überleben ermöglichte. Und er wurde nicht müde, mich kreuz und quer durch Budapest zu schleppen, um mir jene Schauplätze zu zeigen, die in irgendeinem Zusammenhang mit dem Doppeladler standen.

An einem brütend heißen Vormittag fuhr er mit mir aufs rechtsseitige Donauufer hinüber (ich wohnte in einem Hotel am linken Donauufer) und ließ mich bei einem kleinen, wirklich unansehnlichen oder eigentlich schrecklich zerzaust aussehenden Park aussteigen, der außerdem von Zufahrtsstraßen zur Autobahn eingeschnürt wurde. Der Mann bedeutete mir, daß ich, während er irgendwo in der Nähe den Wagen zu parken versuchen werde, nur die paar Schritte hinein ins Innere dieses Parks tun sollte. Ich ging langsam weiter. Es war eine recht eigenartige Situation. Das Brausen des Verkehrs, der in Budapest etwas Höllisches oder auch Alptraumhaftes haben kann, entfernte sich allmählich, wurde unwesentlich, ein leises Geräusch, das irgendwo in meinem Hinterkopf nistete. Die wenigen Bäume und Sträucher, die hier wuchsen, erlaubten plötzlich eine Imagination von Idylle, grünem Wiesenplan und erholsamer Ruhe. Und im Zentrum dieser Idylle stand breit und behäbig ein Denkmal Elisabeths, das in seiner ganzen kitschigen Art etwas unendlich Berührendes hatte. Der Führer, der nach einiger Zeit nachgekommen war, erzählte mir dann auch noch die verschiedenen Stationen des Lebensweges dieses Denkmals, das zuletzt im städtischen Lapidarium vor sich hingedämmert war, aber jetzt, im Zeitalter einer wiederentdeckten Freundschaft mit Österreich, hier an die Donau gebracht wurde. Ich bezweifle allerdings, ob sehr viele Besucher diesen Park aufsuchen. Übrigens könnte man, wenn man die Figur, das Antlitz der kapriziösen Dame länger betrachtet, tatsächlich auf die Idee kommen, einer Sphinx gegenüberzustehen. Mir wurde jedenfalls diese Frau, je länger ich die Statue in Budapest betrachtete, rätselhafter und auch irgendwie unangenehmer. Dazu möchte ich nur noch einmal kurz aus dem Buch Brigitte Hamanns über Elisabeth zitieren: »Ihre Vorliebe für Ungarn demonstrierte die Kaiserin auch in den nächsten Jahren derartig, daß es einer Provokation gleichkam.«

Nun, Provokationen dieser Art waren gewiß das letzte, was die sterbende Monarchie brauchen konnte. Denn Elisabeth bildete sich jahrelang hartnäckig ein, daß nur ungarische Politiker tüchtige Politiker wären. Sie hob Männer wie Deák oder Andrássy buchstäblich in den Himmel, was in Wien natürlich immer wieder für schwere Verstimmungen sorgte. Sie brüskierte die geistige Elite des alten Österreich, während sie sich nicht genugtun konnte, ungarische Wissenschaftler, Künstler und Politiker auszuzeichnen. Und sie verbrachte in jenen Jahren mehr Zeit in Ungarn als an irgendeinem Punkt in Österreich, was eine Wiener Zeitung einmal zur spitzen Bemerkung animierte, daß die Kaiserin der »reizendste Gast der Wiener Hofburg« wäre.

Elisabeths Leidenschaft für alles Ungarische sorgte jedenfalls für manche peinliche Szene, war der Anlaß für etliche innenpolitische Verstimmungen und dürfte wohl auch ein Grund dafür gewesen sein, daß es zwischen Cisleithanien und Transleithanien ungeachtet des Ausgleichs von 1867 nie wirklich zu einer echten Annäherung gekommen ist.

Das alles geht einem auch durch den Kopf, wenn man heute nach Gödöllö kommt und das verwüstete Schloß inspiziert, das seinerzeit ein Mittelpunkt im Leben Elisabeths war, oder wenn man ihr Denkmal am Donauufer betrachtet, umgeben von einigen kümmerlichen Gebüschen und abgasgeschädigten Bäumen.

Man versteht heute einerseits die Faszination kaum, die alles Ungarische auf Elisabeth ausgeübt hatte, während man andererseits durchaus nachvollziehen kann, daß die Ungarn diese Frau wohl geliebt haben. Denn sie gab ihnen mehr als jeder Politiker das Gefühl, bedeutend, wichtig, großartig zu sein. Sie schürte durch ihre fast rabiate Zuneigung das Selbstbewußtsein der Ungarn. Daß sie dadurch das Selbstbewußtsein der Österreicher verletzte, ist eine andere Geschichte. Im übrigen ist es wohl müßig, jetzt darüber befinden zu wollen, was Elisabeth dazu gebracht hatte, so zu handeln, wie sie das getan hat. Die Zeit ist über sie, Ungarn und Österreich hinweggegangen und hat manches bis zur Unkenntlichkeit verwischt, was früher einmal besonders wichtig gewesen sein mag.

Selbstverständlich wurde auch eine der Brücken über die Donau, die Buda mit Pest vereinen, nach der Gemahlin des österreichischen Kaisers (und magyarischen Königs) benannt. Die Elisabethbrücke wurde 1903 feierlich eröffnet, im Winter 1944/45 von den Deutschen wie alle anderen Brücken Budapests gesprengt, was den Vormarsch der Russen freilich auch nicht aufhalten konnte, und 1965 nicht nur mit dem damals üblichen kommunistischen Pomp eröffnet, sondern auch wieder mit ihrem alten Namen versehen, was zu jener Zeit immerhin ungewöhnlich war. Angeblich soll es Überlegungen gegeben haben, die wiederhergestellte Brücke auf den Namen Lenins zu taufen, aber selbst linientreue Genossen sollen seinerzeit mit Streik und Aufruhr für den Fall gedroht haben, daß man die Elisabethbrücke umtaufen sollte. Und im Augenblick ihrer Wiedereröffnung soll plötzlich irgend jemand das alte patriotische und während der kommunistischen Ära verpönte Lied »Gott segne die Ungarn« angestimmt haben, worauf der Reihe nach die geladenen Gäste, Würdenträger, Arbeiter, zufälligen Zuschauer begeistert einstimmten, so daß aus dieser Zeremonie ein machtvolles Bekenntnis zum unzerstörbaren Ungarn wurde. So wurde es mir zumindest in Budapest erzählt.

Etwa fünfzig Kilometer südlich von Gödöllö, das alle diese Erinnerungen an Elisabeth und an ein versunkenes Zeitalter wachruft, auf der langgestreckten Donauinsel Csepel und hier wiederum in der kleinen Stadt Ráckeve, die an den schilfigen, naturbelassenen Ufern des gleichnamigen Donauarms liegt, wurde im Sommer 1991 ein anderes altösterreichisches Schloß renoviert. Es roch noch überall nach Farbe, als ich an einem heißen Augusttag nach Ráckeve kam und das Schloß aufsuchte. Einzelne Gerüste wurden gerade abmontiert, während auf anderen gearbeitet wurde. Man konnte sich ungefähr ausrechnen, wann das Hotel, das man hier im ehemaligen Schloß des Prinzen Eugen einrichten wollte, seine ersten Gäste aufnehmen würde.

Der glorreiche Türkenbezwinger hatte auf dem Höhepunkt seines Erfolges dieses Bauwerk, das durch ein mächtiges Kuppeldach akzentuiert wird, vom genialen Baukünstler Lukas von Hildebrandt als eine Art Ouvertüre aufs Wiener Belvedere errichten lassen. Das muß in der Zeit um 1701/02 gewesen sein, als Eugen mit diesem Schloßbau demonstrieren konnte, daß die Türkengefahr endgültig gebannt war. Er hatte die Insel Csepel nach seinem Sieg bei Zenta überschrieben bekommen, gleichsam als Honorar für die vielleicht entscheidendste Leistung im Kampf gegen die Türken, während er die rund 90 000 Gulden, die für die Herrschaft Ráckeve (wozu das prachtvolle Schloß gehörte) zu bezahlen waren, in Raten abstotterte.

Prinz Eugen siedelte hier neben den bereits vorhandenen Serben (das Wort Ráckeve weist ja auf die Serben oder, wie man sie damals nannte, Raitzen hin) auch Deutsche an, hauptsächlich Schwaben, deren Fleiß und Tüchtigkeit allgemein bekannt waren. Aber von ihnen haben sich hier, eine knappe Autostunde von Budapest entfernt, kaum noch Spuren erhalten. Zumindest wurde mir immer, wenn ich danach fragte, höflich, jedoch recht bestimmt bedeutet, daß die sogenannten Donauschwaben spätestens nach dem Zweiten Weltkrieg die Insel Csepel verlassen hätten oder durch die Heirat mit Ungarn völlig magyarisiert worden wären.

So ist also nur das Schloß, das mit seinen immer noch prunkvollen Fassaden die kleinstädtische Enge sprengt und beinahe wie ein Fremdkörper in dieser idyllischen, romantischen Umgebung ist, noch ein Indiz für die Existenz Altösterreichs in Ungarn. Es war übrigens nach dem Tod des Prinzen Eugen so etwas wie ein habsburgisches Dauergeschenk und soll auf diese Weise auch in den Besitz Elisabeths gelangt sein, die aber kein besonderes Interesse für dieses exquisite Bauwerk zeigte. Es verkam allmählich zum Wirtschaftsgebäude, wurde auch anderen, recht profanen Zwecken zugeführt und verfiel nach dem Zweiten Weltkrieg vollends. Seine Revitalisierung und mögliche Verwendung als verhältnismäßig komfortable Nobelherberge stellt jedenfalls einen positiven Akzent in der abwechslungsreichen Geschichte der österreichisch-ungarischen Beziehungen dar. Zuletzt, als ich das Schloß aufsuchte, waren mehrere Autos mit Wiener Kennzeichen im weitläufigen Schloßhof abgestellt, was doch darauf schließen läßt, daß man sich der alten und guten, freundschaftlichen oder zumindest wohlwollenden Beziehungen wieder entsinnt.

Spurensuche in Budapest

Jenem Husarengeneral Andreas Hadik, der im Siebenjährigen Krieg drei Tage lang Berlin verunsichert und dabei sogar eine beachtliche Geldsumme von völlig eingeschüchterten Preußen eingehoben hat, die sich nicht fassen konnten, österreichische Kavallerie in den Mauern ihrer Stadt erleben zu müssen – ihm also widmete man in Budapest noch 1937 ein beeindruckendes Denkmal. Hoch zu Roß sitzt der wackere Husar auf dem Budapester Burgberg und blickt mit steinerner Miene auf die Touristenmassen, die sich täglich über die berühmte Fischerbastei ergießen. Die Matthiaskirche, in der sich Habsburgs letzte Herrscher (Franz Joseph, Karl) zu Königen von Ungarn haben krönen lassen, befindet sich hier und auch das ehemalige Palais Erdödy (heute: Musikhistorisches Museum), wo Beethoven im Jahre 1800 anläßlich eines Konzertes als wohlumsorgter Gast weilte.

Die Fürsorge für den eigenwilligen Komponisten ging so weit, daß die in Wien lebende Gräfin Anna Maria Erdödy seine Geliebte wurde. Beethoven verbrachte fast ein halbes Jahr in der Wiener Wohnung der eher zwielichtigen Gräfin aus Ungarn, die zum Beispiel im Verdacht stand, ihren eigenen Sohn ermordet zu haben, was Beethoven nicht daran hinderte, sich in aller Öffentlichkeit zu ihr zu bekennen.

Selbstverständlich gibt es auf dem Burghügel von Budapest einen Wienertorplatz und ein sogenanntes Wiener Tor, welches das Nordtor der einstigen Befestigungsanlagen war und Mitte der dreißiger Jahre mustergültig renoviert wurde. Im Mittelalter war der überwiegende Teil der Bevölkerung in der Burgstadt deutschen Ursprungs, wovon man sich eine Vorstellung machen kann, wenn man die Zahl der ordentlichen Ratsmitglieder auf ihre jeweilige Nationalität hin überprüft. Von den zwölf ständigen Mitgliedern dieses wichtigen politischen Instruments waren nur zwei Ungarn, die restlichen zehn aber Deutsche. Und das Richteramt durfte überhaupt nur ausüben, wer nachweisen konnte, daß alle seine Großeltern deutscher Herkunft waren. Die Burg selbst, die von den Türken gründlich zerstört worden war, wurde unter Maria Theresia wieder aufgebaut, wobei sich diese ehedem stark befestigte Burg unter den Händen österreichischer Baumeister in ein weitläufiges Schloß verwandelte. Die österreichische Erzherzogin und ungarische Königin hatte anscheinend wenig Verständnis dafür, auf dem ohnedies blutgetränkten Burghügel von Buda neuerlich irgendwelche furchteinflößenden, waffenstarrenden Fortifikationen einzurichten. Diese noble Geste Maria Theresias hinderte die rebellischen Ungarn im Jahre 1848 freilich nicht daran, das habsburgische Schloß zu erstürmen, wobei es im Verlauf der Kampfhandlungen zu mehreren Bränden kam, die großen Schaden anrichteten.

Auch die berühmteste aller Budapester Donaubrücken, die Kettenbrücke, hat mit Österreich zu tun gehabt. Eigentlich heißt sie Széchenyi-Brücke, nach ihrem Initiator, denn dieser unermüdliche Förderer Ungarns und Wegbereiter eines neuen, modernen Landes, der durchaus bereit war, sein ganzes immenses Vermögen für diese patriotische Sache einzusetzen, hatte dafür gesorgt, daß es endlich eine ständige Verbindung zwischen Buda und Pest gab, die auch den regelmäßigen Eisstößen und den immer wiederkehrenden Hochwassern trotzte, welche die Donau heimsuchten. Er war es, der die Fachleute für dieses kühne Bauwerk aus England und Italien beschaffte. Und er sorgte im wesentlichen für die Vorfinanzierung, so daß schließlich die Brücke nach verhältnismäßig kurzer Bauzeit am 20. November 1848 dem Verkehr zugänglich gemacht werden konnte.

Aber es waren schwierige, dramatische Zeiten. Und viele Ungarn verfluchten den österreichischen Baron, General und militärischen Befehlshaber von Buda und Pest, der die offizielle Eröffnung der Brücke im Namen des Kaisers vornahm. Sein Name war Haynau. Und daß ausgerechnet er, der sich schon in Norditalien einen unrühmlichen Namen als »Schlächter von Brescia«, als rabiater und hartherziger Charakter gemacht hatte und der im Namen und auf Veranlassung Franz Josephs auch in

Ungarn für die Durchführung von unerhörten Schandurteilen sorgen sollte, daß ausgerechnet Haynau jetzt als Repräsentant Österreichs die Feierlichkeiten gleichsam dirigierte, war ein Treppenwitz der Geschichte. Über diesen Feldzeugmeister Julius Freiherr von Haynau wird noch im Zusammenhang mit der Niederschlagung der ungarischen Revolution hinlänglich zu berichten sein.

Die Erinnerung an ihn, den Radetzky einmal recht zutreffend ein »Rasiermesser« und der Volksmund einen Schlächter genannt hat, lebt auch noch anderswo in Budapest, und zwar auf dem Gellertberg. Hier sind heute die martialischen Überreste einer monumentalen Zitadelle ein Teil des touristischen Angebots. So zum Beispiel hat sich unter anderem ein Spielcasino in den Mauern dieser altösterreichischen Festung etabliert.

Der Bau dieser Zitadelle war eine rein habsburgische Angelegenheit. Wien wollte mit dieser Festung, mit deren Bau 1849 unmittelbar nach der endgültigen Niederschlagung der magyarischen Revolution begonnen wurde, »zur Bändigung rebellierender Ungarn beitragen«, wie sich Haynau ausdrückte, dem die militärische Leitung über diese Fortifikation übertragen wurde. Ursprünglich war ein umfassendes Verteidigungs- und Befestigungssystem vorgesehen, das weit über den Gellertberg hinausreichen sollte. Aber dann beschränkte man sich nicht zuletzt aus materiellen Gründen doch auf ein eher bescheidenes Maß. Ungarische Honvéds, die in österreichische Gefangenschaft geraten waren, wurden als billige Arbeitskräfte eingesetzt. Und ausgerechnet ein ungarischer Baumeister namens Matyas Zitterbarth erhielt die Bauaufsicht zugesprochen. Er erwies sich als willfähriger Diener der österreichischen Herren.

Eine ganze Reihe von Außen- und Innenforts entstand, machtvolle Basteien wurden gebaut, raffiniert gedeckte Geschützstände errichtet, mit denen man nicht nur die Donau selbst, sondern auch ganz Buda und Pest unter Kontrolle hatte und deren sechzig Geschütze eine nicht unbeträchtliche Feuerkraft vereinigten. Sogar an den Bau einer rund achtzig Meter tiefen Zisterne dachte man, um in Notzeiten über eine eigene Trinkwasserversorgung zu verfügen. Jahr um Jahr wurde an dieser wuchtigen Festung gearbeitet, die von den Ungarn zuerst mit düsteren Blicken, später nur noch mit unverhohlenem Spott betrachtet wurde. Erst im Jahre 1854 konnten die ersten österreichischen Soldaten in dieses Wunderwerk moderner Festungstechnik einziehen, das von Wiener Zeitungen sogleich als »österreichisches Gibraltar« klassifiziert wurde. Man vergaß lediglich hinzuzufügen, daß es eigentlich nichts mehr gab, zu dessen Bewachung oder Einschüchterung dieser monumentale Festungsbau dienen sollte.

Es kam zu originellen Szenen. Die Besatzung der Festung oben auf dem Gellertberg langweilte sich gründlich. Gelegentlich durfte man mit Salutschüssen ein Schiff empfangen, dazu kam die tägliche Flaggenhissung. Die übrige Zeit starrten des Kaisers Soldaten reichlich gelangweilt in die Luft, während sich in Wien die Beamten der Finanzprokuratur die Haare rauften angesichts der ständig steigenden Kosten, die dieses Bauwerk, seine Erhaltung, seine Bewachung, verschlangen. Lediglich 1857, als Franz Joseph eine Art Freundschaftsbesuch den beiden Städten an der Donau abstattete, und dann noch einmal 1867, als er auf dem Burghügel von Buda zum ungarischen König gekrönt wurde, durften die furchteinflößenden Kanonen der Festung für längere Zeit beschäftigt werden, schickte man einige Salven gutgemeinter Salutschüsse in den ungarischen Himmel. Der Rest war tödliche Langeweile.

Das änderte sich erst, als die Österreicher 1897 endgültig das Handtuch warfen. Längst hatte man in Wien eingesehen, daß diese Festung eine der größten Fehlspekulationen gewesen war, daß die mehr als 200 000 Gulden, die allein das Aufziehen der Mauern gekostet hatte, buchstäblich zum Fenster hinausgeschmissen waren. Jetzt überantwortete man die Zitadelle dem Magistrat der Stadt Budapest. Und Wien war heilfroh, daß die Ungarn dieses merkwürdige Geschenk überhaupt annahmen und keine weiteren Bedingungen damit verknüpften.

Wer heute in Budapest einen amüsanten Abend verbringen will, begibt sich wahrscheinlich in ein Varieté oder in ein Theater. Dabei wird man als deutschsprachiger Besucher bedauernd feststellen, daß man entweder auf die Übersetzungskünste eines guten Freundes angewiesen ist oder kein Wort von dem versteht, was sich oben auf der Bühne tut. Das war natürlich nicht immer so. Kaiser Joseph II. stellte zum Beispiel schon 1787 ein Karmeliterinnenkloster, das sich auf dem Burghügel befand und säkularisiert worden war, als Theatergebäude zur Verfügung, und fast hundert Jahre lang gaben sich dort ungarische und deutsche Theatergruppen abwechselnd die Ehre, ihr Publikum zu unterhalten. Das wichtigste deutschsprachige Theater jedoch existierte in Pest, also am östlichen Ufer der Donau, wurde 1812 eingeweiht und erfreute sich außerordentlichen Zuspruchs. Es fiel am 3. Februar 1847 einem Feuer zum Opfer. Man hatte der großen Kälte wegen die Öfen des Theaters zu stark eingeheizt . . . Von der Eröffnungsvorstellung im Jahre 1812 wissen wir, daß Stücke von August Kotzebue gegeben wurden, einem Bestsellerautor der damaligen Theaterszene, und daß Ludwig van Beethoven zu einem dieser Stücke die Musik geschrieben hatte, wobei die einheimische Kritik diesen Umstand zwar lobend erwähnte, aber weiter kein Aufhebens davon machte.

Mit Musik haben auch andere Spuren aus jenem Zeitalter zu tun, als Ungarn noch zu Österreich gehörte, wobei man sich allerdings aus Budapest fortbewegen sollte, um die ganze Bandbreite dieser österreichisch-magyarischen Kulturverschmelzung zu verstehen. Ich erinnere mich zum Beispiel mit Vergnügen und einem Anflug von wohltuender Sentimentalität an einen Aufenthalt in Fertöd, das etwa dreißig Kilometer östlich von Sopron (dem ehemals österreichischen Ödenburg) in Richtung Györ liegt und um das damals, es war im Spätfrühling 1990, schon die frühsommerliche Hitze flirrte. In den Fensterscheiben des Schlosses, das mit den ausgedehnten Nebengebäuden und Parkanlagen wie ein prunkvolles Schlachtschiff die Ebene südlich des Neusiedlersees beherrscht, war die Sonne noch einmal entflammt. Und man erschrak fast ein wenig, wenn man sich die schwüle, schweißtreibende abendliche Atmosphäre vorstellte, diese unvermeidliche Zugabe für die stimmungsvollen Konzerte auf Schloß Esterházy, die seit einigen Jahren zum Kulturprogramm dieser Grenzregion gehören und natürlich auch zahlreiche Besucher aus dem nahen Österreich anlocken.

Im Jahre 1764 hatte Fürst Nikolaus I., dem von seinen Zeitgenossen die Fähigkeit der Besinnung auf Schönheit nachgerühmt wurde und der zu den reichsten Magnaten der Monarchie gehörte, vor seiner Teilnahme an den Krönungsfeierlichkeiten für Kaiser Joseph II. in Frankfurt auch Paris und vor allem Versailles besucht, das ihn faszinierte und dazu animierte, im fernen Westungarn etwas Gleichrangiges oder doch Ähnliches bauen zu lassen. Die Türkengefahr war damals bereits gebannt. Man brauchte jetzt nicht mehr auf militärische Besonderheiten Rücksicht zu nehmen, konnte sozusagen nach Herzenslust bauen und brauchte nur ästhetischen, keinesfalls jedoch irgendwelchen strategischen Notwendigkeiten zu gehorchen. Also stand einer großzügigen bis verschwenderischen Prunkentfaltung nichts mehr im Wege.

Der Fürst besaß südlich des Neusiedlersees in reichlich unwegsamer Gegend ein einsam gelegenes Jagdhaus. Und genau hier wuchs innerhalb von zwei Jahren das wohl prachtvollste Barockschloß der alten Monarchie außerhalb Wiens empor, dessen gelblich verfärbte Mauern sich auch heute noch wie eine majestätische Umarmung auftun und den Besucher in ihren Bann ziehen. Es ist die triumphale Gestik des Hochbarock, die hier dominiert; ein wenig auch das sichtbar, bewußtbar gemachte Wissen um den unvorstellbaren Reichtum der Esterházy die sich ein solches architektonisches Märchen gleichsam im Handumdrehen leisten konnten; und – wenn man durch die hohen, auch nach russischer Besetzung, wiederholten Plünderungen und liebloser Vernachlässigung immer noch pompös anmutenden Säle des Haupttraktes wandert – der selbstverständliche Respekt vor dem eigentlichen Genius dieses bemerkenswertes Schauplatzes.

Denn spätestens im sogenannten Musikzimmer, dessen Dimensionen tatsächlich ehrfurchtgebietend sind, denkt man fast nur noch an Joseph Haydn, der hier viele Jahre lang wirkte und lebte, und kaum noch an den Fürsten Esterházy und an dessen Nachfolger, die dem Genie, indem sie ihm soziale Fesseln anlegten, eine solide Existenz ermöglichten.

Haydn, aus dem winzigen niederösterreichischen Dorf Rohrau gebürtig, wo er praktisch als Eigentum der dort ansässigen gräflichen Familie Harrach zur Welt gekommen war, geriet 1761 als Vizekapellmeister in den Dienst der Esterházy. Er war damals noch nach Eisenstadt delegiert, wo die Esterházy residierten, gehörte gewissermaßen zum menschlichen Mobiliar der fürstlichen Familie und übersiedelte mit dieser 1766 nach Schloß Esterházy (heute Fertöd). Dort durfte Haydn in einem Nebengebäude, in dem auch die anderen Musiker der fürstlichen Kapelle untergebracht waren, eine Drei-Zimmer-Wohnung benutzen. Das bedeutete zu jener Zeit immerhin einen beachtlichen gehobenen Lebensstandard, war eine sichtbare Auszeichnung und Bevorzugung. Ein eigenes Opernhaus (längst abgerissen, der Zeit zum Opfer gefallen) und ein Marionettentheater standen zur Verfügung, Haydn avancierte zum ersten Kapellmeister. Er wurde von den Esterházy stets auskömmlich honoriert, auch verhältnismäßig gut behandelt und brauchte nichts anderes zu tun, als zu komponieren und die musikalischen Launen oder Allüren seiner Herrschaft zu befriedigen.

Haydn erhielt, als Fürst Nikolaus I. 1790 starb, testamentarisch sogar eine lebenslänglich auszuzahlende Pension zugesprochen; man forderte von ihm nichts weiter, als daß er sich bei sonstiger vollkommener künstlerischer und persönlicher Freiheit auch weiterhin stets »Fürstlich Esterházyscher Kapellmeister« nannte. Dieser Titel war wie ein prägender Stempel. Ihn ließen sich die Fürsten von Schloß Esterházy einiges kosten.

Hitzegeschwängert dehnt sich hier die Ebene. Mächtig erhebt sich daraus dieses Schloß, darin einst ein bedeutendes Stück österreichischer Musikgeschichte stattgefunden hat.

Nagycenk oder, wie es bis in den Ersten Weltkrieg hinein geheißen hat, Zinkendorf, ist nur ein paar Autominuten von Fertöd, dem ehemaligen Esterházy-Schloß entfernt. Nagycenk ist eines dieser langgestreckten Straßendörfer, wie sie charakteristisch sind für die pannonische Tiefebene, und wahrscheinlich wissen nur wenige Reisende, die hier durchkommen, um weiter an den Plattensee oder auch nach Budapest zu fahren, daß in diesem scheinbar unansehnlichen ungarischen Allerweltsdorf einige dieser geheimen, auch sonderbaren Linien zusammenlaufen, die das Schicksal Österreichs und Ungarns einmal mitgeformt haben. Nagycenk oder Zinkendorf ist also so etwas wie ein Kulminationspunkt eines Verhältnisses, das nie frei von Spannungen war, aber auch einige dramatische Höhepunkte hatte.

Sie nennen Istvan (Stephan) Széchenyi auch heute noch voll Respekt und Stolz »den größten aller Ungarn«, obgleich er seit mehr als hundertdreißig Jahren tot ist. Und niemand wagt es, an seinem Magyarentum zu zweifeln, obgleich er in Wien geboren wurde und dortselbst, nämlich in einer Döblinger Privatirrenanstalt, auch starb. Sein Grab allerdings, wie alle seine Wurzeln, liegt in Nagycenk gleich hinter der Grenze zum burgenländischen Deutschkreutz, und wenn man Glück hat und mit ein paar alten Leuten ins Gespräch kommt, dann nennen sie Nagycenk immer noch Zinkendorf.

Hier steht das Schloß der Grafen Széchenyi, ein nobler Bau mit einer frühklassizistischen Fassade, während das Innere, das auch das Széchenyi-Museum aufnimmt, von spätbarockem Zuschnitt ist. In einem Nebengebäude, dem sogenannten Roten Schloß, ist heute ein Hotel untergebracht, dessen Restaurant beachtlich sein soll (jedenfalls lockt es Gäste sogar aus Wien an) und dessen Pferde und Reitlehrer für ungetrübte Reiterferien garantieren können. Ein passabler Parcours, gut gepflegt und recht hübsch gelegen, steht den Gästen zur Verfügung, und zahlreiche Autos mit deutschen, österreichischen und italienischen Kennzeichen signalisieren das Interesse, das diesem Schloßhotel entgegengebracht wird.

Am anderen Ende Zinkendorfs liegt der Friedhof. Dort finden sich das Mausoleum der Familie Széchenyi, die zu den bedeutenden Feudalherren Ungarns zählte, und die Krypta, in der die sterblichen Überreste des Grafen Istvan Széchenyi auf ihre Auferstehung warten. Es sind eher schmucklose, verbraucht anmutende Bauwerke, wuchtig und düster. Manche Grabsteine, die sich im Schatten des pseudoklassizistischen Mausoleums ducken, tragen übrigens deutsche Namen und erinnern an die Zeit bis 1918, als hier das Deutsche ebenso gesprochen wurde wie das Ungarische.

Istvan Széchenyi, der sein Tagebuch in deutsch führte, begann seine Karriere als Oberleutnant der Ulanen, kämpfte 1813 in der Drei-Völkerschlacht von Leipzig auf österreichischer Seite gegen Napoleon und setzte später sein ganzes Vermögen, seinen Idealismus und seine Intelligenz für die Modernisierung und »Europäisierung« Ungarns ein. Er wurde gleichsam zum Erwecker

Ungarns, ohne daß er deshalb Österreich als Feind betrachtet hätte. Ihm war stets an einer Aussöhnung zwischen den beiden Völkern gelegen, er wollte das Verbindende, nicht das Trennende als Leitmotiv seiner Politik begreifen. Er sorgte bekanntlich dafür, daß eine erste feste Verbindung, nämlich die Kettenbrücke, zwischen Buda und Pest hergestellt wurde. Donau und Theiß ließ er regulieren und schuf dadurch die Voraussetzungen für eine funktionierende Schiffahrt. Er holte Fachleute aus England und Holland und ließ die erste Werft auf ungarischem Boden errichten. Er gründete einen »Allgemeinen Landwirtschaftsverein«, was für das vorwiegend agrarisch orientierte Land von eminenter Bedeutung war, und dazu noch die »Ungarische Akademie«. Széchenyi war zumindest zwischen 1830 und 1840 der populärste Mann Ungarns, sehr zum Leidwesen seines großen politischen Konkurrenten Lajos Kossuth, der ja ganz andere, wesentlich radikalere Vorstellungen von der Verwirklichung Ungarns hatte; und der mit kaum verhohlenem Neid miterleben mußte, wie Széchenyi den Jubel der Massen und den Beifall der Politiker auf sich zog.

Aber dann, 1848, unmittelbar nach Ausbruch der Revolution, traten bei Széchenyi schwere Wahnvorstellungen auf. Er erlitt einen Nervenzusammenbruch, von dem er sich nicht mehr erholte. Die Familie brachte ihn mitten in den Revolutionswirren in eine Privatanstalt nach Wien-Döbling, wo er den Rest seines Lebens verbringen sollte. Jahre später besserte sich sein Gesundheitszustand so weit, daß sogar mit einer völligen Genesung gerechnet werden konnte. Aber Széchenyi, der ständig von der k.k. Geheimpolizei beschattet, bespitzelt wurde, verlor dann eines Tages doch vollends die Nerven und schoß sich schließlich, es war am 8. April 1860, eine Schrotladung in den Kopf. Er war auf der Stelle tot.

Den Sarg mit seinem Leichnam, der mit der Eisenbahn von Wien nach Ödenburg gebracht worden war, trugen die Zinkendorfer auf ihren Schultern bis zum Friedhof des Dorfes. Zehntausende säumten die Wegstrecke. Ganz Ungarn weinte. Und Wien? Wien schickte ein paar Dutzend Geheimpolizisten zum Begräbnis, als ängstigte es sich noch vor dem Leichnam dieses »größten aller Ungarn«.

Der Bluthund von Arad

Um halbsieben Uhr morgens reichte die Kolonne der rumänischen Autos, die nach Ungarn wollten, schon weit über Nadlac, das Grenzdorf hinaus. Acht, zehn Stunden würde man warten müssen, bis man zum Schlagbaum käme. Ungarn, Deutsche, Österreicher fuhren freilich an der Kolonne vorbei und brauchten dann für die letzten hundert Meter noch einmal knapp anderthalb bis zwei Stunden. Die rumänischen Grenzbeamten arbeiteten bedachtsam, ließen sich außerordentlich lange Zeit, wühlten nachdrücklich in den überfüllten Kofferräumen. Und bis zum Nachmittag hatten sie Hunderte von Ausreisewilligen wieder zurückgeschickt. Entweder fehlte ein Stempel im Paß oder es waren die armseligen Habseligkeiten, die von den Rumänen in ihren hoffnungslos überfüllten Autos mitgeschleppt wurden, nicht zollgerecht deklariert. Manche probierten es dann mit einer kleinen »Aufmerksamkeit«, mit Zigaretten, einer Schachtel Konfekt, manchmal auch mit Geld. Dann flatterten die verschmierten Leischeine langsam zu Boden, während sich der Grenzbeamte verachtungsvoll oder auch beleidigt abwandte.

Im Hintergrund stöhnten die Männer, die (noch auf rumänischer Seite) dieses Schauspiel beobachteten, jedesmal auf, wenn wieder ein Fahrer zurückgeschickt wurde. Im übrigen war es nicht genau ersichtlich, nach welchen Maßstäben die rumänischen Grenzbeamten vorgingen. Denn manchmal verschwanden sie mit einem Ausreisewilligen, dem sie zuerst die Weiterfahrt nach Ungarn verweigerten, für ein paar Minuten im Zollgebäude. Dann, zurückgekehrt, winkten sie ihn mit lässigen Handbewegungen weiter.

Es ist kaum vorstellbar, daß auch hier einmal Österreich war. Temeschwar (Timisoara) wurde seinerzeit Klein-Wien genannt. Das Tor steht noch, durch das Prinz Eugen, der Sieger über die

Türken, in die Stadt (die eine wichtige österreichische Festung gegen die Türken war) eingeritten war. Und im ehemaligen Hunyadi-Schloß, wo das Museum (das meistens geschlossen ist) untergebracht ist, konnte man vor ein paar Jahren noch die vielen kleinen Beispiele deutschen Bürgerfleißes bewundern. Immerhin lebten Ende der sechziger Jahre (unseres Jahrhunderts) in den beiden Bezirken Arad und Temeschwar rund hundertsechzigtausend Banater Schwaben, eine recht ansehnliche Zahl, von der man heute freilich starke Abstriche machen muß. Der Exodus der Deutschen hält nämlich unvermindert an. Sie haben nichts vergessen; nicht die Denunziationen und Plünderungen durch die Rumänen 1944/45, als allein aus den beiden Bezirken Arad und Temeschwar an die fünfzigtausend Banater Schwaben in die Sowjetunion deportiert wurden (deren Eigentum dann sogleich rumänisiert wurde, wie man das damals nannte); und auch nicht die vollkommen willkürliche Verschleppung von weiteren fünfzigtausend Banater Schwaben im Jahre 1951 in die mörderische Baragan-Steppe im damals noch unfruchtbaren äußersten Südosten Rumäniens zur jahrelangen Zwangsarbeit.

Viele der Verschleppten gingen erbärmlich zugrunde. Viele, die in die Sowjetunion deportiert worden waren, kehrten nicht mehr zurück. Dazu kam eine Bodenreform, welche die Deutschen Rumäniens radikal enteignete, kam die kontinuierliche Unterdrückung der deutschen Minderheit in allen kulturellen und ethnischen Angelegenheiten.

Nein, die Banater Schwaben (und die Siebenbürger Sachsen) haben das alles nicht vergessen. Jetzt sitzen die Jungen im buchstäblichen Sinn des Wortes auf ihren gepackten Koffern, nehmen das Chaos von Nadlac und die unverschämten Demütigungen durch die rumänischen Grenzbeamten auf sich und machen freiwillig Platz für die aus dem Osten heran- und nachdrängenden Menschen, für die der ohnedies bescheidene Wohlstand des Banats purer Luxus bedeutet. Was sich hier seit längerer Zeit schon an der rumänisch-ungarischen Grenze abspielt, ist nur ein kleiner Ausschnitt aus jenem unheimlichen Porträt einer Völkerwanderung, deren gewaltige Dimensionen man sich im Westen noch gar nicht richtig vorstellen kann.

Diese Landschaft hier ist aber auch der Schauplatz für eine dieser Tragödien, die im Schatten des Doppeladlers immer wieder vorgekommen sind und die Erinnerung an das österreichische Zeitalter nicht frei von Bitternis machen. Dabei muß man, um das zu verstehen, noch einmal an die unselige Situation erinnern, als russische und österreichische Armeen die aufständischen Ungarn in die Zange nahmen und vernichteten. Was danach kam, war alles andere als ein Ruhmesblatt der altösterreichischen Geschichte.

Es begann und endete alles in Arad, der ersten Stadt hinter der ungarisch-rumänischen Grenze, wenn man über Nadlac einreist. Maria Theresia hatte seit 1762 die Festung dieser westrumänischen Stadt erbauen lassen, als sechseckigen Stern, dessen einstige architektonische Schönheit heute noch nachvollziehbar ist. Im Revolutionsjahr 1849 hat sich hier dann eine österreichische Garnison erfolgreich gegen die ungarischen Honvéds verteidigt, bis am 13. August eine russische Entsatzarmee bei dem Dorf Világos unweit von Arad die magyarischen Rebellen endgültig zur Aufgabe zwang. Rund fünfunddreißigtausend völlig erschöpfte und auch demoralisierte Ungarn unter ihrem General Artur Görgey streckten ihre Waffen, wobei jedermann (auch die siegreichen Russen) davon überzeugt war, daß es sich dabei um eine Aktion handelte, wie sie in jedem Krieg vorkommen kann. Die Ungarn betrachteten sich als Kriegsgefangene, die Russen behandelten sie dementsprechend.

Aber in Wien war man ganz anderer Meinung. Fürst Schwarzenberg, der Ministerpräsident, ging davon aus, daß es sich bei den fünfunddreißigtausend Ungarn um Deserteure handelte und daß die ganze sogenannte magyarische Revolution nichts weiter gewesen wäre als eine riesige Meuterei. Die Bestrafung der Schuldigen konnte demnach nicht nach irgendwelchen militärischen Vereinbarungen erfolgen, sondern mußte so ausfallen, wie man eben Meuterern und Deserteuren gegenüber verfährt. Kaiser Franz Joseph, blutjung, politisch völlig unerfahren, gänzlich abhängig von der Meinung seiner Berater, stimmte eher ratlos diesem verhängnisvollen Urteil zu und unterschrieb Dutzende von Todesurteilen, die ihm vorgelegt wurden. Die Russen protestierten. Ganz Europa empörte sich gegen diesen Akt unmenschlicher Grausamkeit. Aber Österreichs Militärjustiz funktionierte wie eine perfekte Maschine, die man, nachdem sie erst einmal in Gang gesetzt worden war, nicht mehr aufhalten konnte.

Es begann die große oder eigentlich schreckliche Zeit des Feldzeugmeisters Julius Freiherr von Haynau, der zweifellos ein tüchtiger Soldat war, aber auch rücksichtslos und brutal bis zum Exzeß. Eigentlich war Haynau Deutscher, nämlich ein illegitimer Sohn des Kurfürsten Wilhelm von Hessen-Kassel, aber seit 1801 in österreichischen Diensten, aus denen er bald wieder wegen sogenannter »Unverträglichkeit« entlassen wurde, wobei nie genau geklärt werden konnte, was diese »Unverträglichkeit« im Detail gewesen war. Außer Zweifel stand, daß Haynau allerhöchste Protektion genoß. Im Jahre 1848, als Not am Mann und vor allem an Offizieren herrschte, wurde er wieder reaktiviert, sogleich nach Italien zur Armee Radetzkys entsandt, wo er während des Kampfes Tapferkeit bewies, jedoch später als Offizier der Besatzungsarmee buchstäblich eine Blutspur durch Norditalien zog. In der Lombardei hatte er Frauen öffentlich auspeitschen, Kinder foltern und Geistliche erschießen lassen. Es war offensichtlich, daß Haynau von sadistischen Komplexen geplagt wurde, ein kranker Mann war, ein »Rasiermesser« (wie ihn Radetzky nannte), von dem man froh sein mußte, wenn es wieder im Futteral lag. Radetzky selbst atmete auf, als Haynau aus seinem Generalstab abgezogen und nach Ungarn delegiert wurde. Dort wurden, wie man in Wien zu glauben schien, solche Charaktere jetzt dringend benötigt. Und so kam Haynau nach Arad.

Arad war früher einmal eine schöne Stadt: magyarisch und deutsch (altösterreichisch) akzentuiert, durch Bauten aus der Zeit vor dem Ersten Weltkrieg geprägt und auf eine altmodische, etwas vergilbte und melancholische Weise ungemein charmant. Heute ist Arad nur noch ein Alptraum. Endgültig herabgekommene, zuschanden gerichtete Städte der Dritten Welt sehen so aus: Slums, in denen das Elend nistet; die Straßen voll von Schlaglöchern; Müllhaufen mitten in der Stadt, über der ein ekelerregender, süßlicher, fauliger Gestank liegt; viele Häuser sehen aus wie provisorisch instand gesetzte Ruinen. Der Bankrott eines Landes wird hier, dem Tor Rumäniens zum Westen, in seiner ganzen bitteren Dramatik sichtbar.

Und hier hat Haynau 1849 zugeschlagen und die meisten der von den Russen bei Világos gefangengenommenen und dann an die Österreicher ausgelieferten Offiziere entgegen allen Erwartungen hinrichten oder in eine langjährige Festungshaft abführen lassen. Natürlich hat Haynau lediglich die aus Wien gekommenen Befehle durchgeführt. Aber die Art und Weise, wie er diese Befehle exekutieren ließ, war vielfach erschreckend. Den Bluthund von Arad hat man ihn später in ganz Europa genannt, nachdem die näheren Begleitumstände der Hinrichtungen bekannt wurden, die Österreichs Ruf in aller Welt arg ramponierten und den durchaus verständlichen Haß der Ungarn auf alles Österreichische ins Maßlose steigerten. Die Rolle, die das habsburgische Herrscherhaus dabei spielte, war beschämend. Denn wenn auch Franz Joseph, damals neunzehnjährig, vielleicht noch zu jung und in jedem Fall charakterlich zu schwach war, um diese Tragödie von Arad zu verhindern, so hätten doch andere Mitglieder des Erzhauses (etwa seine Mutter, die Erzherzogin Sophie, auf die Franz Joseph so große Stücke hielt) hier mäßigend einschreiten müssen.

Rund dreihundert Todesurteile wurden verhängt. Am 6. Oktober 1849, dem Jahrestag der Ermordung des österreichischen Kriegsministers Latour auf dem Wiener Graben, wo dieser von einer fanatisierten Menschenmenge angegriffen, mißhandelt und schließlich an einem Laternenpfahl aufgehängt worden war, was das Signal für den Ausbruch der Wiener Rebellion bedeutete, an diesem 6. Oktober 1849 also, auf den Tag ein Jahr nach den Ereignissen von Wien, ließ Haynau in Arad dreizehn Generäle der magyarischen Revolutionsarmee exekutieren – neun davon durch den Strang, vier durch die gnädigere oder vornehmere Todesart des Erschießens. Auch österreichische Offiziere waren darunter, so etwa Leiningen-Westerburg oder Pölt von Pöltenberg, ferner der ehemalige kaiserliche Kämmerer Graf Vécsey und der ungarische Verteidigungsminister Aulich. Lajos Graf Batthyány, der Ministerpräsident der ungarischen Revolutionsregierung, der sich stets zu einem eher gemäßigten Kurs Österreich gegenüber bekannt hatte, wurde in Pest erschossen. Tausende von Aufständischen (wobei man diesen Begriff für die ungarischen Patrioten nur zögernd verwenden sollte) wurden ohne besonderes Urteil eingekerkert, darunter auch viele Frauen, die oft kein anderes Verbrechen begangen hatten, als menschlich zu sein. Mitunter genügte es schon, daß ein Mädchen einen verwundeten Honvéd gepflegt oder einem magyarischen Offizier eine brauchbare Auskunft gegeben hatte, um das unschuldige Geschöpf für Monate, ja für Jahre hinter die Mauern einer der berüchtigten österreichischen Festungen zu bringen. Der Brünner Spielberg, die Verliese von Peterwardein, die Keller der Olmützer Festung, die Kasematten von Theresienstadt waren schnell überfüllt, so viele Ungarn mußten jetzt den Weg in eine ungewisse Zeit der Gefangenschaft antreten.

Haynau arbeitete unerbittlich und erschreckend präzise. Es war – so urteilten Zeitgenossen, darunter auch Österreicher, die von den Ereignissen in Ungarn abgestoßen wurden –, als ob er von einem Blutrausch erfaßt worden wäre. Irgendwann aber wurden die Massaker in Ungarn auch dem Wiener Hof peinlich. Man entschloß sich, Haynau abzuschieben, nachdem man ihm zuvor die Rolle des Sündenbocks auf den Leib zu schreiben versucht hatte. Geschickt wurden Gerüchte ausgestreut, daß der Feldzeugmeister seine Befugnisse überschritten, Befehle aus Wien gründlich mißverstanden und manche Anordnungen, die auf Milde und Toleranz Bedacht nehmen sollten, überhaupt ignoriert hätte. Schon zwei Jahre später, 1850, wurde er endgültig aus dem Militärdienst entlassen. Das Rasiermesser hatte den Wiener Behörden zu rasch, zu gründlich gearbeitet. Man steckte es wieder ins Futteral zurück. Haynau ging nach Graz, ein zutiefst verbitterter Mensch, der nicht begreifen konnte, was da mit ihm geschehen war. Hatte er nicht in aller Korrektheit alle diejenigen Befehle ausgeführt, die ihn erreicht hatten? Dann machten sich erste Anzeichen einer beginnenden Geisteskrankheit bemerkbar. Vielleicht hatte immer schon in ihm das Diabolische geschlummert, das in Augenblicken absoluter Radikalität, zu denen ihm sogenannte allerhöchste Befehle verholfen hatten, zum Durchbruch gekommen war? Baron Haynau starb drei Jahre nach seiner vorzeitigen Pensionierung, 1853, von der Mitwelt entweder verachtet oder vergessen. In Ungarn freilich erregt sein Name heute noch Haß und Wut.

Was nun die Rolle Franz Josephs in dieser Tragödie angeht, so streiten sich die Historiker heute noch darüber, wie weit der junge Kaiser tatsächlich in diese ganze Geschichte verstrickt war. Manche Autoren gehen sogar davon aus, daß Franz Joseph nicht einmal die Todesurteile unterschrieben hätte, sondern daß er gerade und vor allem in der ungarischen Sache ein Opfer des ebenso ehrgeizigen wie rücksichtslosen österreichischen Ministerpräsidenten, des Fürsten Schwarzenberg, gewesen wäre. Stephan Vajda schreibt in diesem Zusammenhang: »Ministerpräsident Fürst Schwarzenberg sorgte dafür, daß Haynau in Ungarn freie Hand bekam; er mußte bloß die vollzogenen Urteile summarisch melden. Franz Joseph hatte damals kaum Überblick über Ursache und Ablauf der Revolution in Wien, in Ungarn und in Italien, ihre Anführer und die von der Zentralregierung angeordnete Vergeltung. Er stand noch völlig unter dem Einfluß seiner Mutter und der Ratgeber bei Hof, die ihn freilich nur lückenhaft und einseitig informierten. Er war auch zu jung, um Tragweite und Wirkung der Ereignisse zu begreifen, und vertraute blind der zweifellos imponierenden Persönlichkeit des Fürsten Schwarzenberg.«

Dieser Schwarzenberg, Träger eines der bedeutenden Namen der österreichischen Hocharistokratie, war zweifellos ein glänzender Verführer und ungemein begabter Diplomat, was er schon in den Anfangszeiten seiner Karriere bewiesen hatte. Kritische Beobachter nannten ihn auch einen »ausgebrannten Lebemann«, wodurch wohl ausgedrückt werden sollte, daß sein Lebenswandel nicht von jener Makellosigkeit war, wie er dem Ideal von einem altösterreichischen Granden entsprochen hätte. Felix Schwarzenberg starb völlig unerwartet am 5. April 1852 (also noch vor Haynau), und zwar in einer Situation, wie sie möglicherweise charakteristisch gewesen sein könnte für diesen ganz und gar ungewöhnlichen Menschen. Er bereitete sich gerade auf ein Rendezvous mit der Ehefrau eines Offiziers der Garde vor . . .

Aber alles, was man für oder gegen Schwarzenberg aussagen könnte, verdeckt nicht die Tatsache, daß er dem Haus Habsburg treu ergeben war. »Er konnte meisterhaft lügen und hatte dabei keine moralischen Skrupel«, schreibt Stephan Vajda, aber »er diente dem Haus Habsburg bedingungslos treu«. Und ausgerechnet ein solcher Mann sollte dem Kaiser in einem Augenblick, da es um den Bestand der Monarchie ging, die Wahrheit vorenthalten? Und auf eigene Faust Hunderte, Tausende von Menschen exekutieren lassen, die nichts anderes getan hatten, als eine eigene Vorstellung von den Qualitäten des Lebens zu haben? Man sollte auch noch berücksichtigen, daß sich unter den Hingerichteten etliche ranghohe Militärs befanden, Träger großer Namen, deren Tod ungeheueres Aufsehen erregt haben mußte. Und von alledem soll Kaiser Franz Joseph nichts gewußt haben?

Aber das alles ist längst Geschichte geworden, interessiert dort, wo heute rumänisches Hoheitsgebiet ist, kaum noch die dafür zuständigen Professoren, die ganz andere Sorgen haben, als darüber nachzudenken, wer für das Unrecht in Arad seinerzeit verantwortlich war. Heute gibt es längst schon neues, himmelschreiendes Unrecht in diesen alten österreichischen Städten im Schatten der rumänischen Westgrenze, in Arad, in Timisoara. Das war damals, als es noch Temeschwar geheißen hat, eine Stadt ganz nach dem Geschmack des ehemals berühmten Militärbaumeisters Vauban geworden, und in der Kathedrale auf einer verwischten Marmortafel sind immer noch die Namen der ehemaligen österreichischen Festungskommandanten verewigt.

Von Timisoara nach Caransebes, einer Kleinstadt in Richtung Eisernes Tor, ist es vielleicht eine knappe Autostunde. Hier, wo einst das österreichische Aufmarschgebiet gegen die Türken war, führte Kaiser Joseph II., der so gerne ein großer Feldherr gewesen wäre, das österreichische Heer in eine Katastrophe, wie sie ohne Beispiel bleiben sollte in der Geschichte des alten Österreich. Der Kaiser hatte einen planmäßigen Rückzug (so nannte man derlei Absetzbewegungen damals schon) angeordnet, um seine Truppen rund um Temeschwar neu zu ordnen und dann einen neuerlichen Angriff gegen die Türken zu unternehmen. Aber in der Gegend von Lugoj, einem kleinen Marktflecken unweit von Caransebes, kam es bei der Ausgabe von Branntwein zu einer Rauferei. Es war kalt, die Nacht war bereits angebrochen, und die Soldaten verlangten nach mehr Branntwein, um sich für den bevorstehenden langen Nachtmarsch zu stärken. Außerdem herrschte eine allgemeine Nervosität, weil man die Nähe der Türken fürchtete und mit Überfällen rechnete.

Da krachten plötzlich ein paar Schüsse. Wahrscheinlich hatten einige Soldaten, denen die Balgerei um die Branntweinration zu lästig war, einfach ihre Gewehre abgefeuert. Angeblich sollen rumänische Hilfstruppen, die schon leicht angetrunken waren, aus purem Übermut geschossen haben. Niemand konnte später sagen, was wirklich geschehen war. Jedenfalls verursachten die Schüsse eine Panik. Irgend jemand schrie »Die Türken, die Türken ...« und alles wandte sich zu einer heillosen Flucht. Die nachmarschierenden Kolonnen liefen auf die Regimenter auf, die vor ihnen marschierten, und auch diese gerieten sehr bald in eine völlige Unordnung, bis schließlich das ganze Heer wie von einer unbändigen Raserei erfaßt schien und blindwütig, kopflos davonraste. Anders kann man diese Massenhysterie nicht darstellen. Ein ganzes Heer raste, getrieben von panischer Furcht, auf und davon.

Natürlich gab es weit und breit keine Türken. Trotzdem wurde pausenlos geschossen, feuerten ganze Regimenter ihre Flinten in die Dunkelheit ab, nur um sich selbst Mut zu machen. Andere Truppenteile erwiderten das Feuer, weil sie sich angegriffen fühlten. Und das vergrößerte natürlich noch das Chaos.

Und Kaiser Joseph II.? Er, der sich sein ganzes Leben lang gewünscht hatte, ein bedeutender Feldherr, ein großer Soldat, ein wichtiger Eroberer zu sein? Er fand sich jetzt mitten unter den Flüchtenden eingekeilt, war außerstande, einen vernünftigen Befehl zu geben, und hatte außerdem so gut wie jede Autorität eingebüßt. Sein Neffe Franz, ein Abkömmling der toskanischen Habsburger, ihm beigegeben als persönlicher Adjutant, jener Franz, der später einmal selbst Österreichs Kaiser werden sollte, hatte jetzt alle Mühe, den entnervten, verängstigten Souverän so weit zu beruhigen, daß wenigstens er in Sicherheit gebracht werden konnte. An das Schicksal der Armee dachte in diesen schrecklichen Augenblicken ohnedies niemand.

Es bleibt nur noch der Nachtrag anzuführen, daß Joseph II. von diesem Tag (oder eigentlich dieser Nacht) an niemals mehr den Wunsch hatte, als Feldherr in Erscheinung zu treten. Er dankte als

Militarist sozusagen ab, überredete den greisen Laudon, die Armeeführung zu übernehmen, was dieser dadurch lohnte, daß er Belgrad den Türken entriß und wieder österreichisch machte.

Vorbei. Das ist Geschichte, an die hier heute niemand mehr denkt. Heute rollen immer noch Hilfskonvois durch Arad, verteilen in Timisoara die Malteser Kleidungsstücke, sorgen in Caransebes, Lugoj und anderen kleinen Märkten und Städten entlang der ehemaligen Heerstraße hinüber in die Walachei Ärzte, Krankenschwestern und Hilfskräfte aus vielen europäischen Ländern für dieses Minimum an Hilfe, ohne das ein Überleben der Menschen in dieser erstarrten, von tausend Wunden gezeichneten Landschaft nur schwer vorstellbar wäre. Auch die unvermeidlichen Polen haben hier immer noch ihre Schwarzmärkte eingerichtet. Und aus dem Osten des Landes sind Tausende von Zigeunern gekommen, um sich der leergewordenen Häuser der abgewanderten Banater Deutschen zu bemächtigen. Alles fließt. Die Geschichte vergönnt den Menschen keine Atempause.

Veduten aus Südtirol

Das Land südlich des Brenner mit seinen Menschen, die einen eigenwilligen, starken Charakter haben und deren Physiognomien von der Landschaft geprägt zu sein scheinen, ist in Österreich in den vergangenen Jahrzehnten auf eine recht merkwürdige Weise abhanden gekommen. Spätestens in der zweiten Generation nach jenem radikalen Trennungsschnitt, der Südtirol von Nordtirol entfernte und damit Verhältnisse geschaffen hat, die wider alle Vernunft und entgegen aller historischen Entwicklung waren, ließ der dumpfe Schmerz nach, den diese Amputation ursprünglich wohl verursacht hat. An seine Stelle trat der angestrengte Wille zum Überleben. Die Kraft der Selbstbehauptung, der Wille zur Anpassung und der ganz natürliche Instinkt, aus den gegebenen Umständen das Beste zu machen, waren stärker als das Verlangen nach der Kontinuität einer historischen Situation, die sich im kritischen Rückblick ohnedies in mancher Hinsicht als mehr als fragwürdig herausstellte. Schließlich war Österreich nicht immer behutsam mit Südtirol, war der Wiener Hof nicht immer anständig mit den Südtirolern umgesprungen.

Man begann diesseits und jenseits der Grenze, die von vielen heute noch als eine Unrechtsgrenze begriffen wird, aufeinander zu vergessen. Daran war nicht zuletzt auch die günstige wirtschaftliche Entwicklung in Südtirol schuld, wo man alle Vorzüge mediterraner und deutscher Lebensart geschickt ausspielte. Andererseits blickte Wien nur mit großer Anstrengung auf dieses Land, das es zwar unter seinen diplomatischen Schutz genommen hatte, mit dem es aber im übrigen wirklich nicht mehr viel anzufangen wußte. Bozen, Meran, die Heimstätte eines Andreas Hofer, die sogenannten Heldenschauplätze eines Südtiroler Selbstverständnisses, fielen allmählich aus dem Bewußtsein Österreichs, waren plötzlich nicht mehr Teil einer gesamtösterreichischen Biographie, verselbständigten sich auf eine unheilvolle Weise. Allein schon die Lebensgeschichte des Andreas Hofer, endlich einmal befreit von allen Schnörkeln und folkloristischen Retuschen, könnte nachdrücklich beweisen, wie ambivalent, aber auch wie innig miteinander verknüpft das Verhältnis Südtirols und Österreichs immer gewesen ist.

Aber man beließ es bei nichtssagenden Gesten. Südtirol entfernte sich aus dem Bewußtsein Österreichs. Und wer heute den Versuch unternimmt, daran zu erinnern, daß dieses Land südlich des Brenner auf eine ganz selbstverständliche, in manchen Fällen sogar heroische Weise österreichisch gewesen ist, muß sich auf eine manchmal recht mühsame Spurensuche begeben. Es stehen ihm nur noch Bruchstücke einer bedeutenden Biographie zur Verfügung. Daran ändert auch der Umstand nichts, daß überall in diesem Land ein schönes, selbstbewußtes Deutsch gesprochen wird, daß so gut wie alle Lebenslinien mit Österreich verknüpft sind und daß beide Länder über eine gemeinsame Geschichte verfügen, die sich manchmal wie ein Abenteuerroman anhört. Dennoch kann man das, was den Bodensatz des Gemeinsamen ausmacht, immer nur in Bruchstücken aufspüren, in Einzelfällen, die exemplarisch sein müssen und darauf hoffen, daß aus diesen Splittern, indem man sie sorgfältig zusammenfügt, doch wieder ein Bild entsteht, auf dem ein größeres, bedeutenderes Österreich sichtbar wird.

Das Dorf Spinges, das nicht unbedingt zu den Großgemeinden des Südtiroler Fremdenverkehrs zählt, kauert am Innenrand einer nach oben gewölbten Schanze hoch über dem Eisacktal. Unten in der Tiefe erkennt man Franzensfeste, die altösterreichische Festung, die damals, als die nachfolgende Geschichte passierte, noch gar nicht existierte. Sie war eine dieser herausfordernden architektonischen Posen, mit denen das alte Österreich so gern seine Muskeln zeigte, ohne daß sich dann jemals eine realistische Gelegenheit ergeben hätte, die vermeintliche Stärke einer solchen Fortifikation auch in der Praxis zu demonstrieren. Die düsteren Kasematten, Geschützstellungen, Kasernen und Bastionen, die das enge Eisacktal abschließen und den Weg hinauf zum Brenner und hinüber ins Pustertal blockieren sollten, kamen nie in die Verlegenheit eines einzigen abgefeuerten Schusses, eines einzigen kriegerischen Handgemenges. Franzensfeste war damit wohl vergleichbar der Zitadelle auf dem Gellerthügel in Budapest, der Festung von Peterwardein oder der berüchtigten Festung auf dem Brünner Spielberg. Nur politische Gefangene wurden in allen diesen Burgen eines damals schon längst überholten Militarismus untergebracht, wobei es in Franzensfeste vornehmlich patriotische Tschechen und Ungarn waren, die hier verwahrt wurden.

Oben auf dem Hochplateau oberhalb von Franzensfeste, also vor dem Dorf Spinges, erinnert ein monumentales Gedenkkreuz, getragen von einem massiven Steinsockel, an den 2. April 1797, an jenen Tag, als hier durchaus auch um das österreichische Schicksal Südtirols gekämpft wurde, und zwar mit einer Erbitterung, die heute kaum noch vorstellbar ist. Drinnen im Ort lieferten sich damals Tiroler Standschützen gemeinsam mit regulären österreichischen Soldaten einen verzweifelten mörderischen Kampf mit einer Kompanie Franzosen. Diese waren von Brixen heraufgekeucht zur beherrschenden Anhöhe von Spinges und jetzt nahe daran, die Österreicher (denn damals mochte man noch nicht zwischen Südtirolern und Österreichern unterscheiden) aus dem Dorf zu vertreiben.

Ein Gewährsmann berichtete: »Als der Kampf um die Friedhofsmauer von Spinges am heftigsten tobte und die Bauern die anstürmenden Feinde mit Gewehrkolben, aber auch mit Sensen, Gabeln und selbstgebastelten Morgensternen vom Eindringen in den Friedhof abhielten, erschien plötzlich eine große blonde Mädchengestalt mit fliegenden Haaren und zusammengegürtetem Unterkleid unter den kämpfenden Männern und stieß mit einer Heugabel mehrere Angreifer zurück. Ihr Auftreten befeuerte die Männer zum äußersten Widerstand und blieb auch auf den Feind nicht ohne Eindruck.«

Die Heldin hieß Katharina Lanz, war am Tag ihrer Heldentat gerade sechsundzwanzig Jahre alt, damals noch Magd auf einem Bauernhof in Buchenstein, später als sogenannte Widumhäuserin tätig, also als Betreuerin eines Pfarrhauses. Sie wurde steinalt, machte nie viel Aufhebens von ihrer tollkühnen Leistung und starb schließlich 1854.

Ihr Ruhm begann erst etliche Jahre später wirksam zu werden und über den engen Rahmen der mündlichen Überlieferung hinauszuwachsen. Im Jahre 1862 erschien nämlich in einer Tiroler Zeitung ein umfangreicher Aufsatz, in welchem erstmals die verschiedenen Details ihrer Heldentat nacherzählt und mit gebührendem patriotischen Eifer kommentiert wurden. Auch wurde an ihrem Geburtshaus eine Gedenktafel angebracht. Und in Buchenstein kam es sogar zur Aufstellung einer bronzenen Statue dieser Katharina Lanz, die freilich längst schon wieder verschwunden ist. Angeblich soll sich diese Statue, wie mir von Südtiroler Seite versichert wurde, in einem Südtiroler Museum befinden.

In Spinges selbst macht man von dieser Geschichte heute kein besonderes Aufhebens mehr. Man erinnert sich wohl noch an jenen 2. April 1797, zumal das massive Denkmal draußen auf den Feldern vor dem Ort kaum zu übersehen ist, aber man nimmt es als wesentlichen Bestandteil der eigenen Biographie kaum noch wahr. Wichtiger sind die vielen kleinen Ereignisse einer alltäglichen Aktualität, bei denen es ums wirtschaftliche Überleben, um die soziale Einbindung in die durchaus florierenden Südtiroler Verhältnisse geht. Spinges liegt auf einem Almboden, also in beachtlicher Höhe, was von Vorteil ist, wenn man die klimatischen Besonderheiten berücksichtigt, was aber einen Nachteil ausmacht, wenn man darauf vergißt, daß die Fremden (also die deutschen und, wenngleich schon wesentlich weniger, die österreichischen Touristen) ohne große Mühe ins Dorf kommen.

Ins Dorf? Spinges besteht heute in der Hauptsache aus gediegenen Fremdenpensionen, Gasthöfen, Hotels, und nach einem ersten flüchtigen Rundblick hat man überhaupt den Eindruck, eher in einem gut ausgestatteten Höhensanatorium als in einem Bergbauerndorf zu sein. Der Friedhof, um den seinerzeit der erbitterte Kampf tobte, existiert natürlich noch. Auch eine Mauer zieht sich noch um diesen Friedhof, obgleich es nur schwer vorstellbar ist, daß es justament die nämliche Mauer sein soll, auf der Katharina Lanz ihre Heldentat vollbrachte. Ein schmaler Weg führt an ihr entlang hangabwärts, zwei Radspuren weisen die Richtung hinüber ins Pustertal. Das war wohl der alles entscheidende Anlaß für den hitzigen Kampf. Die Franzosen drängten ins Pustertal, die Österreicher verwehrten ihnen den Marsch nach Westen – und sie siegten schließlich um den Preis einiger Dutzend Toter und Verwundeter, ohne am endgültigen Ausgang dieses Feldzuges etwas ändern zu können.

Das alles ist ein Teil jener altösterreichischen Geschichte in Südtirol, die man in Österreich selbst wohl längst schon vergessen hat, und zwar so gründlich, daß allein schon die Erwähnung des Namens Spinges völlige Ratlosigkeit verursacht. Dabei lief Tirol damals, also 1797, ernsthaft Gefahr, von Österreich abgetrennt und ein Teil Bayerns zu werden, was dann ja tatsächlich geschah und zum berühmten Volksaufstand von 1809 führte, in welchem Nordtiroler und Südtiroler Freiheitskämpfer einer beträchtlichen Übermacht an französischen und bayerischen Truppen über viele Monate hinweg erfolgreich die Stirn bieten konnten und die Figur eines Andreas Hofer zum Volkshelden wurde.

Österreich hat dabei eine eher klägliche Rolle gespielt. Aber das will heute niemand mehr wahrhaben. Geschichten, in denen es keine strahlenden Sieger, sondern nur Verlierer und einen schmutzigen Tod gibt, sind nicht sonderlich beliebt. Übrigens hat man am kaiserlichen Hof zu Wien ein Dekret erlassen, mit welchem am 23. Jänner des Jahres 1800 »den tapferen Weibern das besondere Lob des Kaisers ausgesprochen« wurde. Das hatte damit zu tun, daß auch an anderen Orten in Süd- wie in Nordtirol immer wieder Frauen sozusagen in die Heldenrolle tollkühner Freiheitskämpfer geschlüpft waren und sich dabei durch besondere Umsicht, Schläue und Tapferkeit ausgezeichnet haben. Einmal täuschten ein paar mutige Mädchen den verunsicherten Franzosen den Anmarsch einer ganzen Kompanie österreichischer Soldaten vor, indem sie einfach weiße Mäntel überzogen und mit flinker Behendigkeit verschiedene Positionen einnahmen. Jedenfalls war Katharina Lanz nicht die einzige Heldin des Tiroler Abwehrkampfes. Auch später, im Jahre 1809, ergab es sich immer wieder, daß Frauen eine besondere Rolle spielten, so etwa in Sterzing, wo Andreas Hofer der erste Sieg über die Bayern gelang.

Am 11. April 1809 kam es in Sterzing zwischen einer bayerischen Einheit und Südtiroler Aufständischen unter dem Kommando Andreas Hofers zu einem Gefecht, das mit einem Sieg der Tiroler endete. Die Umstände dafür waren etwas eigenartig.

Sterzing ist eine hübsche, wohlsaturierte Ortschaft, besaß damals (und besitzt heute) eine selbstbewußte Bürgerschaft, behagliche Gasthöfe, malerische Laubenhäuser. Die Sterzinger waren immer schon dafür bekannt, daß sie tüchtig, flink und unerschrocken waren. Und manche von ihnen halfen an jenem 11. April den Passeirer und Vintschgauer Schützen, die über den tiefverschneiten Jaufenpaß gekommen waren, um zwei bayerische Kompanien unter dem Kommando eines Majors Speicher aus Sterzing zu verjagen.

Allerdings war das nicht ganz einfach. Denn die anfangs überraschten Bayern zogen sich, nachdem sie ein paar Salven abgegeben hatten, ins Ortsinnere zurück, in den Schutz des sogenannten Zwölferturms, der heute noch als ein wuchtiges Wahrzeichen des alten Städtleins den Innenbezirk überragt und recht massiv ausschaut. Der Kampf wogte einige Zeit hin und her. Hofer war nicht imstande, den Widerstand der Bayern zu brechen, obgleich unter dem wilden Geläute der Sturmglocken von überallher Verstärkung kam. Manchen Freiheitskämpfer traf eine feindliche Kugel. Am Ende des Kampfes würden zweiundzwanzig Tiroler Patrioten tot auf dem Schlachtfeld zurückbleiben.

In diesen schwierigen Augenblicken rettete Hofer durch eine List die Lage. Ganz in der Nähe des Kampfplatzes standen drei hochbepackte Heuwagen. Sie gehörten einem Sterzinger namens Anton Larch. Hofer hieß die tüchtigsten seiner Schützen unter und hinter den geschlichteten Heuballen Deckung nehmen und bestimmte drei Sterzinger Jungfern, die bisher den wackeren Kämpfern Wasser und Munition zugetragen hatten, die Deichseln der drei Heuwagen in Richtung Zwölferturm zu richten und nicht loszulassen, bis die rollenden (von starken Bauernfäusten angeschobenen) Heu-Schützenwagen tatsächlich auf ihr Ziel losdonnerten. Die Mädchen (Elisabeth Gogl, Marie Hofer und Anna Zoderer) schwangen sich rittlings auf die Deichseln, stießen ein paar gellende Juchzer aus und stürmten so auf die völlig verdutzten Bayern los, während die in den Heuballen verborgenen Standschützen ihre erste tödliche Salve abfeuerten. Damit war innerhalb von wenigen Augenblicken der Widerstand des Feindes gebrochen. Major Speicher ließ die weiße Flagge zeigen. Und fast vierhundert Bayern ergaben sich den Tirolern.

Es war der erste Sieg Andreas Hofers in seinem verzweifelten Kampf um die Unabhängigkeit Tirols. Ganz Sterzing jubelte. Es wurde aufgetragen, was Küche und Keller hergaben. Und besonders gefeiert wurden natürlich die drei Mädchen, die durch ihre Unerschrockenheit diesen Sieg überhaupt erst ermöglicht hatten.

Hat man sie in Sterzing vergessen? Ich habe mich lange umgesehen, aber nichts entdecken können, was an die drei tapferen Grazien erinnert haben würde. Dem Sterzinger Schützenhauptmann Georg Katzl hat man dafür vorzeiten schon in der sogenannten Neustadt an einer spätgotisch anmutenden Hausfassade eine Gedenktafel gestiftet. Katzl (1773 – 1845) hat demnach als Tiroler Freiheitskämpfer an den längst legendär gewordenen (und damit in Vergessenheit geratenen) Gefechten bei Spinges, in Scharnitz, hier auf dem Sterzinger Moor, natürlich auf dem Innsbrucker Bergisel und schließlich in der Mühlbacher Klamm teilgenommen. Diese Namen sind gleichsam die Ehrenzeichen des Tiroler Freiheitskampfes, charakterisieren die verschiedenen Stationen einer nationalen Tragödie, die in Wien freilich kaum wahrgenommen wurde. Katzl selbst war das, was man seinerzeit einen aufrechten Patrioten genannt hat, treu ergeben dem Haus Habsburg (das diese Treue allerdings erbärmlich schlecht belohnte), unverbrüchlich eingeschworen auf sein Heimatland Tirol (das diese Anhänglichkeit nie wirklich honorieren konnte) und auf eine Weise österreichisch, die allerdings weder damals, als Europa napoleonisch wurde, noch später entsprechend gewürdigt wurde.

Diesem gestrigen, gewissermaßen unzeitgemäßen Patriotismus, der sich noch an den Schatten des Doppeladlers erinnern kann, als dieser schwer und nachdrücklich über dem Land lag, begegnet man in Südtirol allenthalben, auch in Sterzing. Hier erinnert neben der deutschsprachigen Anpreisung vom »unübertrefflichen Speck« an den verstaubten Pseudo-Butzenscheiben eines Restaurants eine zweite Gedenktafel an einen »vaterländischen Dichter«, den heute wirklich niemand mehr kennt. Die Gasthäuser haben hier selbstverständlich deutsche Namen, heißen »Goldenes Kreuz«, »Laubenkeller«, oder »Schwarzer Adler«, aber das Angebot an Obst (aromatisch duftende Pfirsiche, schwarz glänzende Melanzane) und die Art und Weise, wie man auch zwischen den Erkern, Zinnenkränzen und Giebeln einer altdeutschen Altstadt den Fremdenverkehr ein wenig als graziöse Komödie handhabt, erinnern doch schon ein wenig an Italien.

Die pittoresken Fassaden der Neustadt Sterzings, die in Wahrheit der alte Stadtkern ist, beschwören zwar ein vergangenes Zeitalter und erinnern daran, daß diese Stadt eine respektable Vergangenheit besitzt. Doch Österreich hat sich aus diesen Mauern längst zurückgezogen und kommt nur noch in eher düsteren Reminiszenzen vor. Andreas Hofer, von den Habsburgern, von Wien, soweit es den kaiserlichen Hof betraf, enttäuscht bis schmählich verraten, hat hier verzweifelt um ein Ideal gekämpft, das in der Politik doch niemals erreichbar ist. Und im Bereich der sakralen Kunst hat es den Multscher-Altar gegeben (15. Jhdt.), der zu den schönsten, kostbarsten Beispielen Tiroler Kirchenkunst südlich des Brenner gehörte.

Aber das alles hat seine ursprüngliche Bedeutung verloren oder ist zugunsten eines florierenden Fremdenverkehrs vereinnahmt worden. Sterzing (italienisch Vipiteno), bis 1918 österreichisch wie ganz Südtirol, ist heute längst schon und auf sonderbare Weise dem Österreichischen abhanden gekommen. Es ist eine zutiefst deutsche Stadt mit einigen verwischten, kaum entzifferbaren italienischen Vorzeichen, in der, bedingt durch den Fremdenverkehr, das ganze Jahr über das Deutsch der Niedersachsen, Bayern und Rheinländer dominiert. Die Fugger aus Augsburg haben hier einst nicht zufällig eine Niederlassung gehabt, des Silber- und Bergbaus wegen oben in den Bergen, was Geld in die Stadt brachte. Heute haben viele kleine Fugger, die in Autos mit deutschen Kennzeichen vorfahren, diese Aufgabe übernommen. Österreich aber kommt nur noch in Bruchstücken vor. Es hat sich, so scheint's wohl, diskret von einem seiner ehemals wichtigsten Schauplätze zurückgezogen.

In diesem Zusammenhang muß einiges in Erinnerung gebracht, vor allem aber korrigiert werden, was aus verständlichen Gründen und wohl auch allzu leichten Herzens in Vergessenheit geraten ist: daß nämlich der Verlust Südtirols so etwas wie eine Laune des Schicksals gewesen wäre; oder auf eher unerklärliche Art und Weise den Österreichern passiert wäre, ohne daß sie dagegen etwäs hätten unternehmen können. Immerhin war Italien seit dem Jahre 1883 mit Österreich-Ungarn und dem Deutschen Reich im sogenannten Dreibund vereinigt, gab es Verträge, die im Falle eines kriegerischen Konfliktes zumindest die Neutralität Italiens garantieren sollten. Aber spätestens 1915 sahen Italiens Politiker die Zeit gekommen, dringende und ebenso pathetische wie weit überzogene Forderungen an den alten Kaiser in Wien zu richten, Forderungen, von deren moralischer Berechtigung sie selbst freilich durchaus überzeugt waren. Sie beanspruchten jetzt nämlich für den Preis ihrer Neutralität jene teilweise oder auch überwiegend von Italienern bewohnten Gebiete, deren Heimholung nach Italien schon seit Jahrzehnten das erklärte Programm aller patriotisch eingestellten politischen Gruppen und Politiker Italiens war. Es handelte sich dabei um jene Gebiete im östlichen Friaul, die noch immer zu Österreich gehörten, also vornehmlich Gradisca, ferner um das Land rings um Aquileia, woran sich in weiterer Folge Gebietsforderungen bis hinüber nach Fiume schließen sollten, und vor allem auch um das Trentino.

Interessant war dabei die Haltung Deutschlands oder zumindest jener ranghohen Militärs, die Sorge hatten, daß durch den Kriegseintritt Italiens an der Seite der Entente (also zugunsten Englands, Frankreichs, Rußlands) eine dritte Front entstehen könnte, was man als eine ernsthafte Bedrohung der deutschen Flanken im Süden angesehen hätte. Man schien den Österreichern nicht mehr allzuviel zuzutrauen und drängte darauf, Wien sollte auf dieses Tauschgeschäft mit den Politikern in Rom eingehen. Aber Kaiser Franz Joseph lehnte ab. Er ziehe es vor, alles zu verlieren und in Ehren ganz zugrunde zu gehen, »lieber das, als daß ich mich auf diesen abscheulichen Räuberhandel einlassen soll«, erklärte er der Öffentlichkeit.

England und Frankreich aber hatten jetzt gleichsam Blut geleckt. Sie begriffen, daß Italien nahe daran war, aus dem Dreibund endgültig auszuscheren, daß es nur noch eines kleinen Anstoßes bedurfte, um die italienischen Armeen gegen Österreichs Südgrenze in Marsch zu setzen. Man spekulierte mit der Habgier der römischen Politiker und garantierte den Italienern für den Fall ihres Eintrittes in den Krieg (und daß dieser auch tatsächlich gewonnen würde, woran aber in Paris, London und Rom natürlich niemand zweifelte) weitere beachtliche Gebietszuwächse, und zwar diesmal gleich ganz Dalmatien, Görz, natürlich Triest und vor allem Südtirol, das den Italienern immer schon als saftiger, begehrenswerter Happen erschienen war, nach dem es allen ehrgeizigen Politikern in Mailand und Rom herzhaft gelüstete. Und so kam's dazu, daß am 23. Mai 1915 Italien in den Krieg eintrat, obgleich Franz Joseph in einem letzten Akt der schieren Verzweiflung nun seinerseits den Italienern ganz erstaunliche Versprechungen gemacht hatte für den Fall, daß sie sich doch noch auf ihre urspüngliche Neutralität besinnen sollten.

Aber Italiens Appetit auf neues Land, auf eine beträchtliche Vergrößerung seines Territoriums war größer. In den Dolomiten und am Isonzo begann der Lärm der Kanonen, setzte sich eigentlich bloß fort, was den Südtirolern, die so oft und so erbittert um ihre Freiheit gekämpft hatten, fast schon zur grausamen Gewohnheit geworden war.

Nach Partschins kommt man, wenn man die Straße über Meran hinauf zum Reschenpaß nimmt. Zuerst durchquert man die grüne Woge der Obstplantagen rund um Meran, dann streift man das Dorf Algund am Beginn des Anstiegs hinauf zum Vintschtal, durch das die Etsch scharrt und wühlt, dieses Algund, woher sich Andreas Hofer im Sommer 1789 sein Eheweib Anna, eine geborene Ladurner, geholt hatte. Schließlich erreicht man Partschins, das oberhalb der Durchzugsstraße liegt, dicht um die Pfarrkirche gedrängt, mit stattlichen Alpenpensionen und Fremdenheimen. Das Dorf selbst wird von zahllosen Apfelbäumen umringt, an deren Ästen schwere Früchte hängen.

Hier kam 1822 Peter Mitterhofer zur Welt. Hier, und zwar an der ostseitigen Kirchenmauer, gibt es (allerdings erst seit 1924) seinen Grabstein. Das tatsächliche Grab Mitterhofers ist unbekannt. Denn als er starb, war er heillos verarmt und den Partschinsern (und Österreich) so wenig bedeutsam, daß man sich nicht dazu entschließen konnte, ihm eine respektable letzte Ruhestätte zu widmen. Österreich ist mit seinen Helden nie besonders vornehm umgegangen, schon gar nicht, wenn es sich dabei um Südtiroler handelte.

Mitterhofer war vieles in seinem anspruchslosen Leben, Zimmermann, Kunstpfeifer, auch Bauchredner. Es scheint, daß er etliche Begabungen hatte, die es ihm erlaubten, sich gerade noch über Wasser zu halten. Außerdem war er viele Jahre seines Lebens von einer rätselhaften, fiebrigen Unruhe erfüllt, die ihn durch halb Europa trieb. Hier in Partschins freilich, in diesem Südtiroler Gebirgstal, von wo der Blick in die Tiefe auf das dunstverhangene Meran fällt, bastelte er jahrelang an einem Apparat, der nach seinen Vorstellungen die Arbeitswelt einmal in einem ganz bestimmten Punkt revolutionieren sollte. Aus Holz, Drähten, Darmsaiten und Lederflecken konstruierte er das erste brauchbare Modell einer Schreibmaschine mit eingefärbten Lettern, annähernd fünfzehn Kilogramm schwer, also schon ein recht unhandliches Stück, das er im Jahre 1866 schließlich in einen Rucksack packte, mit dem er sich auf den langen Marsch nach Wien machte. Per pedes apostolorum, wohlgemerkt, denn das Geld für eine Reise in der Postkutsche oder gar mit der Dampfeisenbahn besaß Mitterhofer selbstverständlich nicht.

In Wien gelang es ihm nach etlichen Mühen und mit Unterstützung eines neugewonnenen Freundes, an den Kaiser ein Gesuch zu übermitteln, in welchem er um materielle Unterstützung für die Weiterführung und technische Vervollkommnung seiner Erfindung ersuchte. Das Ergebnis waren 200 Gulden aus der Privatschatulle Franz Josephs. Diesen Versuch einer Finanzierung seiner Erfindung (die niemand haben wollte) durch den Kaiser wiederholte Mitterhofer wenige Jahre später noch einmal, wobei er jetzt ein rundum verbessertes Modell dem Kaiser gleichsam als Beweis für die Brauchbarkeit dieser Erfindung andiente. Franz Joseph war gnädig, ließ das Modell ankaufen und bewilligte dafür die Summe von 150 Gulden, was für Mitterhofer zum Leben zu wenig und zum Sterben doch etwas zu viel war. Seine Versuche, Interessenten für die Schreibmaschine zu finden, die diese Erfindung produzieren wollten, schlugen ausnahmslos fehl. Er flüchtete schließlich verzweifelt in sein Heimatdorf zurück, vergrub sich dort und resignierte.

Genau sieben Jahre nach der ersten Vorstellung der Mitterhoferschen Schreibmaschine würde der Amerikaner Remington mit seinem Modell eines Schreibapparates Furore machen. Dabei war seine Erfindung jener Mitterhofers in jeder Hinsicht unterlegen. Aber Mitterhofer war eben nur ein Österreicher, der noch dazu aus einem weltentlegenen Südtiroler Dorf kam. Und als er am 27. August 1893 in Partschins starb, war er wie seine Schreibmaschine längst vergessen.

Auch ein anderer Tiroler, nämlich der Schneidermeister Joseph Madersperger, der aus Kufstein stammte, hatte herzlich wenig Glück mit seiner Erfindung. Ihm war es gelungen, um das Jahr 1840 endlich eine Maschine zu konstruieren, die den zahllosen Hausfrauen in aller Welt die Arbeit erheblich erleichtern sollte. Seine Nähmaschine funktionierte jedenfalls und wäre, wenn sich in Österreich bloß Geldgeber dafür gefunden hätten, ein gewinnträchtiges Massenprodukt geworden. Das wurde es aber erst zwanzig Jahre später, als der Amerikaner Singer mit der Massenherstellung von Nähmaschinen ein Millionengeschäft machte. Madersperger hingegen starb 1850 in einem Armenhaus in der Wiener Vorstadt St. Marx.

Wesentlich erfolgsträchtiger, wenngleich auf einer anderen Ebene und in einem zutiefst tragischen Sinn, ist die Figur Andreas Hofers. Er fand zwar zu seinen Lebzeiten von Wien aus so gut wie keine Unterstützung, und noch dort, wo ihm eine solche angetragen wurde, mußte er mit Verrat und Denunziation rechnen, er wurde aber über seinen Tod hinaus zur legendären Figur und auf eine Weise vermarktet, die heute manchmal so etwas wie Beklemmung verursacht. Hofers Geburtshaus, der Sandhof im oberen Passeiertal, ist zum Ziel von Zehntausenden geworden, die hier etwas vom Nimbus, dem Ruhm, der Kraft dieses ungewöhnlichen Mannes begreifen wollen. Dabei ist das kleine, bescheidene Museum, das dem Sandhof zugeordnet wurde, kaum dazu angetan, irgendwelche Illusionen zu wecken. Es macht weder die Figur dieses glücklosen Rebellen von Tirol deutlich, noch vermag es, eine erschöpfende Auskunft über die tieferen Ursachen jenes Freiheitskampfes zu geben, der im Jahre 1809 Andreas Hofer zum glücklosen Helden gemacht hat.

Hofer hatte wie der Partschinser Mitterhofer oder wie irgendeiner dieser rebellischen Standschützenkomandanten, die einer patriotischen Idee wegen, die sich bald als Chimäre herausstellen sollte, auf ihr privates Glück verzichteten, Wurzeln, die ihn und seinesgleichen unerbittlich an den Heimatboden banden. Und aus diesen stieg alles das empor in den Südtiroler Leib, was aus ursprünglich durchschnittlichen Biographien Beispiele für klassische Tragödien ergab. Südtirol scheint dazu ausersehen, ein Exerzierfeld des Widersprüchlichen zu sein, woran sich bis auf den heutigen Tag eigentlich nur wenig geändert hat.

Hofers Existenz ist überhaupt nur aus diesem Widersprüchlichen zu verstehen. Er war auf eine, wie wir heute sagen würden, maßlos übertriebene Weise fromm, gottesfürchtig, auch abergläubisch und so sehr mit seiner Religion verbunden, wie er das auf einer anderen Ebene nur mit dem Erzhaus Habsburg war. Seine Vaterlandstreue konzentrierte sich in erster Linie auf das Kaiserhaus. Er war Monarchist. Er war mehr als das, nämlich ein Über-Monarchist, für den die Weltordnung nur dann einen Sinn ergab, wenn sie der Souverän sozusagen abgesegnet hatte. Das Übergeordnete beeindruckte Hofer. Er mußte einfach diese schwere Last auf seinen Schultern spüren, die ihn niederdrückte und zur unaufhörlichen Demut zwang, um sich als freier Südtiroler fühlen zu können. Dieser bizarre Widerspruch beschreibt Andreas Hofers Existenz und Tragik.

Wer heute das kleine Museum am Geburtsort Hofers aufsucht und die ausgestellten Exponate besichtigt, wird nichts von der Zwiespältigkeit im Charakter dieses Volkshelden erfahren. Dabei war es wahrscheinlich diese Zwiespältigkeit, dieses Widerspruchsvolle, das ihn schließlich von der Position des rechtliebenden Volkshelden hinabzwang in den Staub des ganz gewöhnlichen Aufrührers und Wegelagerers. Er hatte die falschen Freunde und außerdem sogenannte Berater, die ihn immer tiefer hineinzwangen in diese Verstrickung aus Schuld, Vaterlandsliebe, empörtem

Gerechtigkeitssinn und selbstverschuldetem Elend. Männer wie Kolb oder Haspinger, von einer folkloristisch eingefärbten Devotionalien- und Verklärungsliteratur zu Erzengeln der Tiroler Freiheitsbewegung gegen Franzosen und Bayern aufgebaut oder eigentlich aufgebläht, waren in Wahrheit die bösen Geister an Hofers Seite, die durch ihre eigene diplomatische Ungeschicklichkeit und Maßlosigkeit noch aus Hofers unbestrittenen militärischen Erfolgen politische Niederlagen machten.

Vor allem aber war es der Wiener Hof, war es das vielgeliebte, zutiefst verehrte habsburgische Kaiserhaus, an dem Hofer in der letzten Konsequenz scheiterte. Man muß wissen, daß Kaiser Franz am 29. Mai 1809 im sogenannten Wolkersdorfer Handbillet (das so bezeichnet wird, weil es im niederösterreichischen Ort Wolkersdorf zustande kam) an Hofer die folgenden Zeilen diktierte: »Im Vertrauen auf Gott und meine gerechte Sache erkläre ich hiemit meiner getreuen Grafschaft Tirol mit Einschluß Vorarlbergs, daß sie nie mehr von dem Körper des Österreichischen Kaiserstaates soll getrennt werden und daß ich keinen anderen Frieden unterzeichnen werde, als den, der dieses Land an meine Monarchie unauflöslich knüpft.«

Das war so eindeutig und unmißverständlich, daß es einer naiven Seele wie jener Hofers nur als persönlich geleistetes Ehrenwort des Kaisers vorkommen konnte. Das war der verpflichtende Schwur eines Kaisers, Tirol, Südtirol unter allen Umständen zu halten. Und an einen solchen Schwur würde ein Mann wie Andreas Hofer ein Leben lang blindlings glauben, dafür würde er alles einsetzen, auch und vor allem sein Leben und das der ihm Anvertrauten.

Was wußte Hofer, der simple Südtiroler, der nichts anderes sein konnte als bieder und treu, von den Fangnetzen der Politik? Und zumal der österreichischen, die sich in jenen Jahren nach Belieben veränderte und drehte wie das vielzitierte Rad im Wind? Am 12. Juli schon, also nicht einmal zwei Monate nach dem Wolkersdorfer Handbillett, das man auch als Wolkersdorfer Eid bezeichnen könnte, kam es zwischen Österreichern und Franzosen zu einem Waffenstillstand, der unter anderem auch die Auslieferung Tirols an Bayern inkludierte.

Hatte man am kaiserlichen Hof ein schlechtes Gewissen angesichts dieses beispiellosen Verrats an seinen Untertanen? Anscheinend schon, wenngleich dieses schlechte Gewissen nur kurze Zeit anhalten sollte und durch geschickte Formulierungen in den offiziellen und offiziösen Erklärungen kaschiert wurde. Daß die in Tirol befindlichen zweitausend Mann regulärer österreichischer Infanterie »ohne Möglichkeit einer Unterstützung in den notwendigsten Kriegsbedürfnissen und von der Monarchie ganz abgeschnitten früher oder später würden verloren gewesen sein«, schrieb der kommandierende Erzherzog Carl, Sieger von Aspern und Empfänger der Niederlage von Wagram, seinem Bruder Franz, dem Kaiser, als dieser noch einige moralische Bedenken zeigte wegen des Artikels in dem Waffenstillstandsabkommen, der das Schicksal der Tiroler betraf.

Und das leuchtete dem Monarchen selbstverständlich ein! Daß die Truppen in Tirol keine Chance haben würden, wenn man sie noch längere Zeit dort belassen wollte, lag schließlich auf der Hand. Also sollten sie Tirol räumen. Vielleicht, so meinte der Kaiser noch arglos, könnte man diese Räumung ein wenig in die Länge ziehen. Das würde die aufgebrachten Tiroler beruhigen. Und Ruhe war jetzt überdies die vornehmste Bürgerpflicht.

Auf der Strecke blieb Andreas Hofer, und mit ihm alle Patrioten, die an das Wort Österreichs geglaubt und dafür ihre Existenz verpfändet hatten. Von jetzt an würden sie wirklich nur noch Wegelagerer sein. Der Doppeladler hatte sich für die nächsten paar Jahre verabschiedet.

Die Mißachtung Hofers durch Wien reichte sogar bis in dessen Sterbestunde und ging darüber hinaus, wie ich das im Detail schon in meiner Biographie Hofers dargestellt habe. Denn als er am 5. Februar 1810, etliche Tage nach seiner Gefangennahme auf der sogenannten Mähderhütte, auf einem unzugänglichen Almboden hoch über dem Passeiertal, nach Mantua gebracht wurde, der alten österreichischen und jetzt französischen Festung mit ihren Kasematten, Festungswällen, Bastionen und Geschützstellungen inmitten der Sümpfe, Teiche und Seen, die aus dieser einstigen Kunststadt eine fast uneinnehmbare Zitadelle gemacht hatten, da drückte sich Österreich vor jeder Verantwortung oder gar

Unterstützung für den unglücklichen Rebellen. Man hatte ihm zwar seinerzeit mitteilen lassen, daß man seiner Einwanderung nach Österreich nicht ablehnend gegenüber stehen wollte, aber allein schon diese Art der Formulierung mußte für Andreas Hofer eine Zumutung darstellen. Was bedeutete das: Einwanderung nach Österreich? Befand er sich nicht auf österreichischem Boden? War Südtirol nicht ein Teil Österreichs, wie es noch im Wolkersdorfer Handbillett des Kaisers Franz unmißverständlich geheißen hatte?

Diese Formulierung von der Einwanderung nach Österreich, die nur aus dem Selbstverständnis der Wiener Bürokratie verständlich wurde, die Südtirol wie das übrige Tirol bereits eilfertig abgeschrieben hatte, mußte Hofer als Beleidigung betrachten. Oder aber er verstand sie gar nicht. Jedenfalls hatte er nicht einen Augenblick lang daran gedacht, seine Heimat, seine Kameraden und Freunde zu verlassen. Er konnte ja nicht ahnen, daß der Verrat Wiens an ihm so weit gehen würde, daß man ihm die Alleinschuld an seinem Schicksal anlastete, gerade so, als ob es nie eine österreichische Aufforderung gegeben hätte, Widerstand gegen Bayern und Franzosen zu leisten, als ob Kaiser Franz niemals seine pathetischen Versprechungen, das Schicksal und die Zukunft ganz Tirols betreffend, gemacht hätte.

Am 12. Februar 1810 diktierte der Kaiser allerdings eine Weisung an seinen Staatskanzler Metternich: »Der bekannte Sandwirt Andreas Hofer ist dem sicheren Vernehmen nach von den Franzosen gefangengenommen und abgeführt worden. Sie werden zu seiner Befreiung und Rettung vor dem Tode alle tunliche Verwendung eintreten lassen.«

Aber in Wien dachte man nicht daran, sich eines Südtiroler Rebellen wegen in diplomatische Schwierigkeiten zu begeben. Und zumindest eine gewisse Peinlichkeit wäre es schon gewesen, wenn man ausgerechnet jetzt, da in Paris die Verhandlungen um die verschiedenen Modalitäten des Ehekontrakts zwischen Napoleon und der österreichischen Erzherzogin Marie Louise stattfanden, für diesen gewesenen Schützenkommandanten und Aufrührer bei den Franzosen hätte intervenieren müssen. Man verfuhr mit des Kaisers Hinweis auf das Schicksal Andreas Hofers also auf eine in Wien altgewohnte und vielfach bewährte Art. Man schubladisierte das offizielle Schreiben, man legte es ab, überantwortete es einer ungemein sorgfältig und dadurch langsam arbeitenden Bürokratie, die dafür sorgte, das alles, was zur Rettung Hofers möglich gewesen wäre, zu spät passierte. Jedenfalls erreichte die kaiserliche Weisung den dafür in Frankreich zuständigen Mann, nämlich Österreichs Botschafter in Paris, den Fürsten Schwarzenberg, erst zwei Tage nach dem Tod Andreas Hofers.

Inzwischen war in Mantua, wo Hofer vom ersten Augenblick an nicht seine Verantwortung für alles Geschehene leugnete, innerhalb von knappen zweieinhalb Stunden alles erledigt. So lange dauerte die Verhandlung eines Militärgerichts gegen den Sandwirt, bis die französischen Militärrichter sich einstimmig auf den Tod Hofers durch Erschießen einigten. Die Rettungsversuche eines braven italienischen Advokaten namens Bassevi, der als Pflichtverteidiger auf verlorenem Posten stand, fruchteten gar nichts. Andreas Hofer wurde am 20. Februar 1810 auf der Bastei an der Porta Ceresa in Mantua hingerichtet. Aufrecht stehend und mit festem Blick die Schützen musternd, die ihre Gewehre auf ihn anlegten (eine Augenbinde hatte er abgelehnt), soll er selbst das Kommando zum Feuern gegeben haben. Zwölf Schüsse wurden auf ihn abgefeuert. Aber anscheinend waren die französischen Grenadiere, denen diese Hinrichtung übertragen worden war, nervös oder ungemein schlechte Schützen. Jedenfalls mußte der kommandierende Korporal noch einen Gnadenschuß aus nächster Nähe abfeuern, um Hofer wirklich zu töten. Es muß eine schaurige oder eigentlich widerliche Szene gewesen sein.

Und Österreich verhielt sich über den Tod Hofers hinaus seinen Erben und damit auch dem Land Südtirol gegenüber mehr als schäbig, wovon ich gleichfalls in meiner Biographie Andreas Hofers kurz Mitteilung gemacht habe. So war zum Beispiel die Witwe Hofers, Anna, gezwungen, sich in ihrer ganzen Not an das österreichische Kaiserhaus zu wenden. Es war ihr praktisch nichts geblieben. Der ehedem stattliche Sandhof, unter normalen Voraussetzungen und bei ordentlicher Bewirtschaftung wohl ausreichend für eine Großfamilie, war inzwischen völlig ruiniert. Irgendwelche Einkünfte besaß die Frau nicht. Also nahm sie im

Frühsommer 1810, unterstützt von Freunden ihres hingerichteten Mannes, die beschwerliche Reise nach Wien auf sich.

Im Kurort Baden, wo Kaiser Franz seinen Sommeraufenthalt nahm, wurde sie vom Monarchen dann auch tatsächlich empfangen. Aber alles, was er der völlig verarmten, so gut wie hoffnungslosen Frau zusichern konnte oder wollte, war die einmalige Gewährung einer Summe von 800 Gulden. Dazu überantwortete man der hilflosen Anna Hofer noch einige sogenannte Bankozettel, die an Geldes statt ausgegeben wurden, in der Tat aber kaum das Papier wert waren, auf dem sie gedruckt wurden. Mit diesem Bettel, der später noch durch eine äußerst bescheidene materielle Mithilfe bei der fällig werdenden Aussteuer der Töchter Anna Hofers aufgewertet wurde, schickte man die Frau wieder zurück nach Südtirol.

Dem Sohn Hofers, Johann, der die letzten Tage mit seinem Vater auf der Mähderalm verbracht hatte, erging es etwas besser. Er wurde 1810 nach Österreich gebracht, der Obhut der Mönche in Admont und später jener in Heiligenkreuz bei Wien übergeben, die ihn zu einem adretten und wohl auch aufgeweckten Mann erzogen. 1818 wandte sich Johann Hofer an den Kaiser, um nun die seinerzeitige Adelserhebung seines Vaters (Andreas Hofer war noch zu Lebzeiten tatsächlich in den Adelsstand versetzt worden) für sich selbst zu beanspruchen. Das war dann nur eine Formsache, kostete nichts und verursachte auch keine weitergehenden Verpflichtungen. Johann von Hofer blieb ungeachtet seines Aufstiegs ein bürgerlicher Mensch mit bescheidenen Ambitionen.

Auch um den Leichnam Andreas Hofers gab es später noch einige Geschichten, die nicht gerade rühmlich für das Ansehen des habsburgischen Österreich vor allem in Südtirol sein sollten. Dreizehn Jahre nach dem Tod des Tiroler Volkshelden, im Jahre 1823, in einer bitterkalten Jännernacht, erbrachen einige österreichische Patrioten (Offiziere, Soldaten, vornehmlich aus Bozen) das Grab in Mantua und verschleppten den Leichnam Hofers nach Südtirol. Kaiser Franz forderte, als die Sache ruchbar wurde, sogleich die strenge Bestrafung für das illegale Vorgehen dieser Männer. Das konnte auch nichts mehr daran ändern, daß die Gebeine Hofers nach Innsbruck in die Hofkirche gebracht wurden, wo man sie feierlich bestattete. 1834 wurde dort auch das inzwischen längst berühmt gewordene Denkmal Andreas Hofers errichtet.

Es wächst heute in Südtirol ein neues Selbstbewußtsein heran, das nicht mehr diese starke Bindung an Österreich braucht, wie sie bis 1918 bestanden hatte, um wirksam zu sein. Natürlich hat man in Bozen, Meran, Brixen, Bruneck oder Sterzing, im Eisack-, Etsch- und Pustertal, den Ausgang des Krieges 1918 und vor allem die Trennung von der zusammenbrechenden, eigentlich auseinanderfallenden habsburgischen Monarchie als eine Art Trauma empfunden, das in mancher Hinsicht heute noch existiert. Die sogenannten Herzstücke Südtirols haben nie auch nur den mindesten Bezug zur mittelmeerländischen Welt gehabt, waren dem Ansturm einer neu erwachten, selbstbewußten bis militanten Italianità vor allem in der Hauptphase des Faschismus völlig hilflos ausgesetzt. Und sie waren auch durch brutale Assimilierungsmethoden nie wirklich zu italianisieren.

In diesen schwierigen Jahren haben die Südtiroler zwangsläufig lernen müssen, nur noch sich selbst zu vertrauen, auf die eigene Tüchtigkeit zu bauen und aller patriotischen Sentimentalität zu entsagen, soweit sie eine Bindung an Österreich inkludierte. Natürlich gibt es heute wieder Stimmen, die eine Rückkehr des Landes nach Österreich fordern. Aber es ist nur eine Minderheit, die sich für einen, wie man es gern nennt, historischen Anschluß stark macht. Und es ist nicht einmal sicher, welches Österreich diese Heimkehrwilligen eigentlich meinen – das Österreich des Doppeladlers jedenfalls ganz bestimmt nicht. Denn dieses legendäre, fast schon zum Mythos gewordene Reich war in Südtirol bereits zu einem Zeitpunkt gestorben, als es als reale politische Macht noch existierte.

Das Drama von Solferino

Auf einigen wenigen Quadratkilometern südlich des Gardasees drängen sich mehr Dörfer, Städte und Märkte, deren Namen Generationen von gelangweilten Schülern in Frankreich, Italien und Österreich auswendig lernen mußten, als das irgendwo sonst auf diesem von Schlachtfeldern ohnedies übersäten Kontinent der Fall ist. Da wäre zum Beispiel Goito am Westufer des Mincio, oder die beiden hartumkämpften Dörfer Volta und Cavriana, die in jedem einzelnen der Feldzüge, in denen es im 19. Jahrhundert um die Existenz einer italienischen Nation oder um die Präsenz Österreichs in Italien gegangen ist, eine tragische Rolle spielten. Da drängt sich Solferino, dessen Name heute noch sowohl für die Ohnmacht als auch für den Triumph menschlicher Zivilisation und Humanität von grundsätzlicher Bedeutung ist, um einen steilen, dichtbewaldeten Burghügel, dessen Besitz oder Verlust an einem heißen Frühsommertag des Jahres 1859 eine Frage war, die drei Völker leidenschaftlich bewegt hat. Da dehnt sich in endloser Weite, unterbrochen durch kleine Hügelzüge und sanfte Täler, die Ebene von San Martino, ein fruchtbarer Garten Eden, wo es kaum einen Acker oder Weingarten gibt, der nicht blutgetränkt wäre. Da kann die uralte Brückenfestung der Skaliger und Visconti in Valeggio am Mincio den zweifelhaften Ruhm für sich beanspruchen, den jugendlichen Souverän Franz Joseph ratlos, fast verzweifelt aus ihren Mauern entlassen zu haben, nachdem er den schmählichen, erbarmungswürdigen Untergang seiner Armee nicht hatte verhindern können. Und da ist endlich Villafranca, diese schöne und für das alte Venetien so charakteristische Landstadt mit ihren romantischen Gutshöfen und dem zinnengeschmückten Kastell, dieses Villafranca südlich von Verona, wo jene legendäre Begegnung zwischen dem französischen und dem österreichischen Kaiser stattfand, zwischen Louis Napoleon und Franz

Joseph, deren Resultat ein Waffenstillstand war, der für annähernd vierzigtausend Gefallene zu spät kam. Und da ist schließlich auch Custoza, ein winziger Weiler, der 1848 und 1866 zwei dieser völlig nutzlosen österreichischen Siege miterlebte, die den Untergang der alten Monarchie weder verhindern noch wesentlich hinausgezögert haben.

Ich bin einmal im Spätherbst von San Martino (das heute den Zusatznamen della Battaglia trägt) hinüber nach Custoza gefahren. Es war knapp vor Sonnenuntergang. Das Licht der Sonne, die langsam in einem rauchigen, dunstverhüllten Himmel versank, lag wie ein honigfarbener Schimmer auf dem Land. Es war ein warmes Licht, ein intensives Leuchten, wie ich es in den Städten der Lombardei und Venetiens nur selten erlebt habe. Die Dörfer mit ihren efeuüberwachsenen Burgen und mächtigen Glokkentürmen hoben sich scharf akzentuiert vom Hintergrund der Landschaft ab. Und auf den rostroten Ziegeldächern lag plötzlich der allmählich verlöschende Glanz eines Zeitalters, das wohl auch dadurch geprägt war, daß sich die Diplomaten immer auf die Durchschlagskraft der Militärs verließen.

Es ist kein Wunder, wenn man auf diesen alten Schlachtfeldern, auf denen österreichische Armeen um die italienischen Besitzungen der Habsburger kämpften, zu solchen Überlegungen angeregt wird. Manchmal fragte ich mich sogar, ob nicht die bloße Existenz von Feldmarschällen und Generälen wie Radetzky oder Benedek, Baraguay, Mac-Mahon oder Canrobert so etwas wie einen Fluch hinterlassen hat, eine Verleumdung dieser schönen, stillen und ungemein friedfertigen Landschaft im Weichbild des Gardasees oder des Flusses Mincio. Denn wie sonst sollte man sich den merkwürdigen Umstand erklären, daß fast nur Militärschriftsteller und ehrgeizige Historiker sich dieser Region angenommen haben, während in den Büchern der Reiseschriftsteller und Poeten, die sich gelegentlich auch in die Gegend von Custoza, Solferino, San Martino verirren, nur nebensächliche und eher lustlose Anmerkungen zu finden sind! Erdrückt die Nähe der alten österreichischen Festungen von Verona, Peschiera und Mantua das Interesse der Zivilisten an dieser Region? Oder verhält es sich tatsächlich so, wie das ein italienischer Publizist unserer Tage, nämlich Indro Montanelli, einmal ausgedrückt hat? Daß nämlich die ständige Anwesenheit mehrerer Armeen, Feldherren und kaiserlich-königlicher Majestäten durch rund zwanzig Jahre jedem vernünftigen Autor die Lust an der Beschreibung sanfter Hügelkämme und stiller Bauerndörfer inmitten einer Flut von Weingärten und Obstplantagen nimmt?

Ich persönlich habe nie sehr viel anfangen können mit den prächtig herausgeputzten und kühn blickenden Männern, die mir auf den recht eindrucksvoll kolorierten Schlachtenbildern und vergilbten Drucken in den Museen von San Martino della Battaglia und Solferino entgegentreten. Im sogenannten Heiligen Bezirk von San Martino zum Beispiel, der seit einigen Jahrzehnten schon das durchaus verständliche Ruhmbedürfnis und ein wenig wohl auch die Sehnsucht nach nationaler Authentizität der Italiener befriedigt, verunsichern mich allein schon die kitschigen Allegorien, welche die Wände des Kuppelsaales des Museums bedecken, über das sich noch der hohe Turm von San Martino erhebt. Spätestens im ersten Schauraum des Kriegsmuseums, das in einem langgestreckten und von alten Kanonen bewachten Gebäude untergebracht ist, überfällt mich jedesmal von neuem ein Gefühl der Ratlosigkeit, das sich bis zur Panik steigern kann in den Beinhäusern San Martinos und Solferinos, die in den dortigen Kirchen untergebracht sind und wo Tausende von blankpolierten Schädeln in Reih und Glied liegen.

Der schreckliche Tag von Solferino kam keinesfalls aus dem Nichts. Er zeichnete sich schon Jahre vorher im hartnäckigen Widerstand der Italiener gegen die österreichische Herrschaft ab. Er war auch durchaus vorhersehbar, wenn man die Strategien der italienisch-französischen Diplomatie genau verfolgte, die nicht zuletzt auch mit der manchmal schon sträflichen Nachsichtigkeit und Leichtgläubigkeit der Österreicher spekulierte. Spätestens zu jenem Zeitpunkt, als an den Hauswänden der Lombardei und Venetiens der Name des ungemein populären Komponisten Giuseppe Verdi auftauchte, hätten die Österreicher wissen müssen, daß ihnen hier eine unmißverständliche politische Parole, eine Art Kampfansage angeboten wurde. Denn Verdi bedeutete auch »Vittorio Emmanuele re d'Italia«, also »König von Italien«, und das war so etwas wie der offizielle Schlachtruf des Risorgimento, der italienischen Freiheitsbewegung. Dieser Begriff bedeutete soviel wie »Wiedererstehung«, war ursprünglich der Titel einer patriotischen Zeitschrift und weitete sich allmählich auf die gesamte Freiheitsbewegung der Norditaliener aus.

Einzelfälle, die alarmierend hätten wirken sollen, gab es genügend, Beispiele für die unerhörte Renitenz der Lombarden und Venezianer existierten in hinlänglicher Menge und auch in beachtlicher Qualität. Im Jänner 1857, als Kaiser Franz Joseph der Hauptstadt seiner lombardo-venezianischen Provinzen, nämlich Mailand, einen Besuch abstattete und es zu diesem Anlaß auch zu einer Galavorstellung in der Mailänder Scala kam, delegierte der italienische Hochadel seine Dienerschaft, verkleidet als Aristokraten, in das Opernhaus. Es war ein unerhörter Affront gegen das habsburgische Kaiserhaus, gegen Österreich, der dennoch in Wien nicht als das begriffen wurde, was er tatsächlich war: eine letzte Warnung an die ungeliebten Österreicher, die italienischen Besitztümer wieder herauszugeben, aus Norditalien abzuziehen, die Italiener wieder Herren im eigenen Land sein zu lassen.

Das Zentrum der italienischen Widerstandsbewegung war Turin. Hier, in der Hauptstadt des kleinen, politisch wie militärisch reichlich unbedeutenden Königreiches Piemont-Sardinien, amtierte der Ministerpräsident Camillo Graf Benso di Cavour (1810 – 1861) als ebenso fanatischer wie ehrgeiziger, ebenso skrupelloser wie geschickter Agitator gegen die österreichische Vorherrschaft in Norditalien. Es war ihm gelungen, einen mächtigen Verbündeten für seine Sache zu gewinnen, nämlich das Frankreich Napoleons III., der ein Neffe des großen Korsen war, ein rücksichtsloser, jedoch nicht unbegabter Politiker. Diesen interessierte an den Intrigen Cavours vor allem, daß sich dabei die Gelegenheit ergab, einige der schönsten und fruchtbarsten Landstriche an der Riviera, darunter Nizza, für Frankreich zu gewinnen. Denn das war der Köder, den der kluge Cavour den Franzosen unter die Nase hielt, und zwar für den Fall, daß sie gegen Österreich losschlagen sollten.

Österreichs Diplomaten, von fast schon skandalöser Blindheit geschlagen, unfähig bis zur Selbstaufgabe, taten ohnedies fast alles, um den gegnerischen Verbündeten gefällig zu sein. Als beispielsweise der Geheimvertrag zwischen Napoleon und Cavour bekannt wurde, bei dem die Auslieferung Nizzas an Frankreich für den Fall französischer Militärhilfe gegen Österreich offiziell festgelegt wurde, reagierte man überhaupt nicht auf diese unmißverständliche Bedrohung. Auch andere Attacken, vor allem durch Napoleon, gingen in Wien völlig ins Leere. Man nahm nicht ernst, was aller Welt als Vorbereitungen für einen großangelegten Feldzug gegen Österreich bewußt geworden war. Und selbst die Vermittlungsversuche Englands und Rußlands, welche die drohende Katastrophe im letzten Augenblick noch unterbinden wollten, wurden von den überheblichen Politikern in Wien zurückgewiesen.

In dieser schwierigen oder eigentlich schon aussichtslosen Situation ergriff das österreichische Außenministerium die Flucht nach vorne, das heißt, man tappte blindlings in alle aufgestellten Fallen der Franzosen und Italiener hinein, ohne die mindeste Rückversicherung zu haben. Wien stellte am 23. April 1859 an Piemont-Sardinien ein Ultimatum, das auf drei Tage befristet war, gleichsam die völlige militärische Abrüstung des Königreiches forderte und im übrigen einer Kriegserklärung gleichkam. Es war in jedem Fall eine so eklatante Einmischung in die inneren Angelegenheiten eines fremden Staates, daß Turin gar nicht anders konnte, als dieses Ultimatum abzulehnen. Das wiederum zog die Kriegserklärung Wiens nach sich, was automatisch den Eintritt Frankreichs an der Seite der Italiener verursachte. Der Konflikt, den vor allem Cavour herbeigesehnt hatte, um dem Risorgimento eine neue Chance zu dessen Verwirklichung zu geben, war endlich da.

Nun gab es allerdings keinen Radetzky mehr in Norditalien (er war am 5. Jänner 1858 gestorben), der gegen den Aufmarsch der verbündeten Militärmächte Frankreich und Piemont-Sardinien, dem sich noch Tausende von italienischen Revolutionären aus dem ganzen Land angeschlossen hatten, eine brauchbare oder sogar erfolgversprechende Strategie gewußt hätte. An seiner Stelle befehligte der ungarische Feldzeugmeister Franz Graf von Gyulai die österreichischen Truppen. Diesem wurden von seinen eigenen Kameraden Unfähigkeit und Arroganz nachgesagt, und er brachte es auch fertig, Radetzkys großartiges Erbe auf eine Weise zu verschleudern, die selbst den verzopften Herren im Wiener Kriegsministerium die Schamröte ins Gesicht trieb. Nach einer Serie taktischer Manöver, die man nur als Dummheiten bezeichnen konnte und die ihren traurigen Höhepunkt in einer verlustreichen Schlacht nahe der Ortschaft Magenta in der Nähe des Flusses Ticino fanden (am 4. Juni 1859) und bei der die Österreicher das Feld räumen mußten, übernahm schließlich Kaiser Franz Joseph selbst das Kommando über alle an der lombardischen Front stehenden Soldaten. Er war damals noch keine dreißig Jahre alt und wie seine habsburgischen Vorfahren fest davon überzeugt, eine überdurchschnittliche Begabung für alles Militärische zu besitzen. Die Folgen dieser fatalen Selbsteinschätzung sollten sich innerhalb kurzer Zeit herausstellen und noch die schlimmsten Befürchtungen übertreffen, die zuvor schon von wohlmeinenden Militärs angestellt worden waren.

Eigentlich ist es heute nur schwer vorstellbar, daß die Gegend südlich des Gardasees (und auch im Umfeld Veronas und Mantuas) einmal österreichisch gewesen sein soll und daß hier über Jahre hinweg erbittert um den Verbleib der norditalienischen Provinzen bei Österreich gekämpft worden ist, wobei das Drama von Solferino eine der großen Entscheidungen in dieser Auseinandersetzung darstellte.

Tagsüber war es unerträglich schwül gewesen. In San Martino della Battaglia gleich neben der Autostrada Venedig – Mailand flüchteten die Besucher aufatmend in die kühlen Schauräume des Kriegsmuseums, in denen die triumphale Geste des Siegers ausführlich gezeigt wird. Auf dem Festungshügel von Solferino, ein paar Kilometer südöstlich von San Martino gelegen, wo heute das Mahnmal des Roten Kreuzes steht, war die Sonne, die sich hinter maßlos erhitztem Dunst verbarg, nahezu mörderisch.

Damals, am 24. Juni 1859, also nur zwanzig Tage nach der Niederlage von Magenta, als zwischen San Martino und Solferino auf breiter Front 138000 Franzosen und Piemonteser und 129000 Österreicher einander eine der verlustreichsten Schlachten des 19. Jahrhunderts lieferten (mit mehr als vierzigtausend Toten), war es vor allem auch der Durst, der die erschöpften Männer peinigte. Der österreichische Kaiser schrieb noch am Abend nach der verlorenen Schlacht an seine Frau Elisabeth, daß »da eine Konfusion von Blessierten, Flüchtlingen, Wagen und Pferden war«, die ihm wohl das Ende seiner hochfliegenden Träume signalisierte, ein erfolgreicher Feldherr zu sein.

Der Tag von Solferino hatte mit einer Reihe von Einzelgefechten begonnen, also eher zufällig, und es grenzte fast an ein Wunder, daß sich daraus eine regelrechte Schlacht entwickelte. »Anfangs gab es überhaupt keine Koordination«, schrieb der britische Historiker Edward Crankshaw. »Gegen acht Uhr morgens stießen die Franzosen und Piemonteser, die durch das Morgengrauen in den Sonnenaufgang marschiert und viel zu weit auseinandergerissen waren, um sich gegenseitig zu unterstützen, zuerst auf ein österreichisches Korps und dann auf ein zweites. Als sie aufeinandertrafen, waren die Franzosen bereits fünf Stunden weit marschiert, während der größte Teil der Österreicher gerade erst gefrühstückt hatte und sich auf einen weiteren Tag des vorsichtigen Vortastens vorbereitete. Napoleon war von den beiden Feldherren der erste, dem klar wurde, daß er in eine richtige Schlacht gestolpert war.«

Die Niederlage der Österreicher war komplett und demoralisierend. Franz Joseph hat aus dieser Niederlage brauchbare Konsequenzen gezogen. Er, dem bis dahin schneidiges Heldentum und Militarismus durchaus vertraute Begriffe waren, hatte einen schrecklichen Tag lang hautnah miterleben müssen, wie sich alle Illusionen von Glanz und Gloria einer angeblich unbesiegbaren Armee in ein Meer aus Schlamm, Blut und Kot verwandelten. Er würde nie mehr das Grauen vergessen können, das sich ihm auf diesem langgestreckten, weit auseinandergezogenen Schlachtfeld mitgeteilt hatte. Und seine Entwicklung zum legendären Friedenskaiser Europas begann möglicherweise am Abend dieses Tages, der Österreich die wohl bitterste, peinlichste Niederlage (zumindest vor Königgrätz) gebracht hatte.

Und mit diesem »Tag von Solferino«, wie er später in den Geschichtsbüchern genannt wurde, war das Elend der Menschen noch nicht beendet. Der Tod hielt auch in den darauffolgenden

Stunden und Tagen noch reiche Ernte, als Tausende von Verwundeten an ihren unversorgten Wunden elend zugrunde gingen oder in der Gluthitze des Frühsommers ganz einfach verdursteten. Der Sommer 1859, der gerade erst begonnen hatte, war nämlich der heißeste Sommer des Jahrhunderts. Temperaturen um die vierzig Grad waren in jenen Tagen nicht ungewöhnlich. Es gibt Berichte über verbrannte, völlig ausgedorrte Felder und verdurstete Bauernkinder in der ganzen Lombardei und auch in Venetien, erschütternde Berichte, die eine vage Vorstellung von den Qualen vermitteln, denen sowohl die Zivilbevölkerung als auch die hilflosen Verwundeten beider Armeen rund um Solferino und San Martino ausgesetzt waren. In den Reihen der Franzosen wütete zum Beispiel außerdem noch die Malaria, ohne daß es irgendeine ärztliche Versorgung gegeben hätte. Auch bei den Österreichern war es um die medizinische Versorgung miserabel bestellt.

So kam's dazu, daß Solferino nicht nur für den österreichischen Kaiser, sondern auch für den Genfer Kaufmann Henri Dunant zum Wendepunkt wurde. Er befand sich damals auf einer Geschäftsreise und wurde vom Ausbruch der Schlacht in dem kleinen Dorf Volta vollkommen überrascht. Am Abend, als ein schwerer Gewitterregen hereinbrach und für kurze Zeit die blutüberschwemmte, von den Spuren des mörderischen Kampfes gezeichnete Landschaft noch zusätzlich verheerte, erlebte er das ganze katastrophale Elend eines solchen Massenmordens. Dunant verschob spontan seine Weiterreise. Er begann sich um die Verwundeten zu kümmern und organisierte innerhalb weniger Stunden eine erste Hilfstruppe von Bauern und Einwohnern aus den umliegenden Ortschaften, die mit etwas Verbandszeug und vor allem mit Wasser die Ebene durchstreiften, um überlebende Opfer aufzusammeln und zu laben. Das war die Geburtsstunde des Roten Kreuzes.

Jahre später schrieb Dunant ein Buch über seine Eindrücke und Erfahrungen von Solferino, das in der ganzen zivilisierten Welt ein ungeheures Echo auslöste und die noch junge Institution des Roten Kreuzes entscheidend festigte. Auf den Schlachtfeldern Europas hat man freilich vergessen, dem Begründer des Roten Kreuzes die gebührende Reverenz zu erweisen. Lediglich auf dem

Burghügel von Solferino, der an jenem 24. Juni 1859 mit einer fast mörderischen Besessenheit umkämpft gewesen war und wo Tausende von Männern innerhalb weniger Stunden gestorben waren, enthüllte man ein Denkmal, das der Institution des Roten Kreuzes gewidmet ist. Und in Volta, das westlich des Mincio auf dem Weg nach Solferino liegt, erinnert eine heute kaum noch leserliche Gedenktafel an die Anwesenheit Dunants am Vorabend der Schlacht.

Wer heute die Wahrheit über diesen Schicksalstag der alten Monarchie erfahren will, sollte die vorzüglich ausgestatteten (und durch private Initiative entstandenen) Museen in San Martino und Solferino eher meiden. Sie erzählen nämlich nur Lesebuchgeschichten, die, auch wenn sie vorzüglich illustriert sind, den wesentlicheren Teil der Wahrheit verschweigen. Diese Wahrheit findet man schon eher in den Beinhäusern dieser Gegend, wo die skelettierten und teilweise auch verstümmelten Schädel der Opfer dieser Schlacht aufbewahrt werden. Das ist ein Blick auf die Wirklichkeit des Krieges, den man nicht wieder vergißt.

Solferino hatte so gut wie keine Folgen, was die politischen Auswirkungen angeht. Napoleon III. attackierte nämlich die zutiefst demoralisierte österreichische Armee nicht, ließ sie unbehelligt abziehen und bot dem österreichischen Kaiser sogar einen ehrenhaften Waffenstillstand an. Allerdings hat dabei das zaristische Rußland eine nicht unbedeutende Rolle gespielt, denn es war ein Adjutant des russischen Zaren Alexander II., der Napoleon in dessen Hauptquartier in Valeggio ein dringendes Schreiben seines Herren überreichte, mit welchem Alexander die Einstellung aller Feindseligkeiten forderte. Allem Anschein nach mißfiel dem Zaren der Triumph der französischen Armee, was unter Umständen ein neues Kräfteverhältnis in Europa hätte herbeiführen können, an dem Alexander nichts gelegen sein durfte.

Jedenfalls verstand Napoleon diesen Wink Rußlands und reagierte unverzüglich. In der Kleinstadt Villafranca, auf halbem Weg zwischen den beiden alten österreichischen Festungen Verona und Mantua gelegen, kam es sogar zu einer persönlichen Begegnung Napoleons mit Franz Joseph, und zwar am 8. Juli. Dabei wurde auch der vereinbarte Waffenstillstand unterzeichnet, der dann mit dem formellen Friedensschluß von Zürich im November 1859 seinen Abschluß fand: Österreich trat die Lombardei an Frankreich ab, das seinerseits sogleich auf alle Ansprüche verzichtete und die Lombardei an König Vittorio Emmanuele II. weitergab und dafür Nizza und Savoyen einsteckte.

Es war ein glattes Tauschgeschäft. Das Volk selbst wurde nur in einigen nebensächlichen Fällen um seine Meinung gefragt. So kamen die habsburgischen Herzogtümer Toskana, Parma und Modena an ein geeintes Italien, das aber erst im Entstehen begriffen war. Denn noch waren ganz Venetien, das Trentino, auch das istrianische Küstenland und natürlich Dalmatien habsburgisch. Es sollte noch unendlich viel Blut fließen, bis der Doppeladler endlich zerschmettert am Boden lag.

Auf überwachsenen Pfaden

Jeden Sommer bevölkern Tausende von erlebnishungrigen Touristen die Bergwelt der Julischen Alpen. Und über die zahlreichen Kehren und Serpentinen der Straße, die den Vršic überwindet und die einzige direkte Verbindung zwischen dem Save- und dem Isonzotal darstellt (und damit die kürzeste Distanz zwischen Österreich und dem ehemals österreichischen Görz ermöglicht), hängt an den Wochenenden ätzender Benzingeruch, gerade so als wär's Pulverdampf, der sich noch immer nicht verflüchtigt hat.

Dieses Interesse für eines der landschaftlich schönsten Gebiete südlich der Karawanken, diese heutzutage keineswegs mehr strapaziöse Fahrt über den Vršicpaß hinunter ins Isonzotal und nach Bovec (das früher einmal Flitsch geheißen hat), diese Begegnung mit einer imposanten Bergwelt hat freilich auch Ursachen, die jenseits der heutigen Zeit liegen. Damals, als das alles noch österreichisch war und diese völlig unberührte Bergwelt durch den unerwarteten Kriegseintritt Italiens im Mai 1915 plötzlich in den Mittelpunkt eines grausigen Geschehens rückte, damals waren es zuerst ungarische Honvéds, die hier eine reichlich unsichere Front aufbauten gegen die zahlenmäßig weit überlegenen Italiener (die außerdem über ein Vielfaches dessen an technischer Qualität verfügten, was den Österreichern zur Verfügung stand). Die Ungarn, Bewohner der Ebene, die ganz gewiß noch nie in ihrem Leben einen Berg bestiegen hatten, waren jedoch alles andere als brauchbare Gebirgssoldaten. Sie hatten mehr mit ihrer Angst vor den schwindelerregenden Abgründen als mit den Italienern zu kämpfen, denen es dennoch nicht gelang, über den Vršic ins militärisch völlig ungeschützte Savetal und in weiterer Folge über die Karawanken nach Kärnten vorzustoßen. Später kämpften hier auch tschechische Verbände, die sich im Gegensatz zu den Ungarn zumindest in Ansätzen als Gebirgsjäger tauglich zeigten.

Die Straße, um die sich damals alles drehte (inzwischen längst zu einer schönen und brauchbaren Alpen-Panoramastraße ausgebaut), wurde von russischen Kriegsgefangenen errichtet. Sie starben zu Hunderten in den eisigen, schneereichen Wintermonaten, auch durch Lawinenabgänge und vor allem durch Steinschlag. Bei der sogenannten Nordauffahrt (etwa in der Mitte zwischen Krajnska Gora und der Paßhöhe), im rauschenden Wald gelegen, flankiert von den felsigen Steilabstürzen der Berge, erinnert heute noch eine kleine russische Kapelle an diese tragischen Ereignisse. Im Verlauf der Zeit ist daraus so etwas wie ein bescheidener Wallfahrtsort geworden. Dutzende von beschriebenen Zetteln mit den rührendsten Wünschen und Bitten (und nicht nur in slowenischer Sprache) liegen auf dem winzigen Altar, daneben Geldscheine und Münzen. Auf einer vergilbten Photographie lassen die fröhlichen Gesichter der russischen Gefangenen und ihrer österreichischen Bewacher nichts vom Schrecken dieser weit zurückliegenden Kriegswinter ahnen, als hier buchstäblich die Hölle ausgebrochen war.

Jenseits des Vršic, wo immer noch gewaltige Lawinenstriche ihre vernichtenden Spuren in die Landschaft schlagen, erinnern Kavernen und halbverschüttete, überwachsene Unterstände an diese heute fast völlig vergessene Front aus dem Ersten Weltkrieg. Hier wurde mit beispielloser Erbitterung um jeden Felsvorsprung, um jede Geröllhalde und vor allem um diese Straße gekämpft, über die dann im Herbst 1917 als Vorbereitung auf die letzte große Offensive der alten Monarchie (die mit Unterstützung der Deutschen vorangetragen wurde, wobei ein gewisser Hauptmann Rommel eine nicht unwichtige Rolle spielte) der Nachschub an Mensch und Material rollte. Jene Giftgasgranaten, mit denen die italienischen Stellungen im Isonzotal sturmreif geschossen wurden, mußten auf Maultierrücken und Stück für Stück über die Straße gebracht werden. Österreichs Soldaten haben hier Unmenschliches geleistet, um die Monarchie zu retten. Es war vergeblich.

Anderthalb Autostunden südlich des Vršic, nur ein paar Kilometer vom seinerzeit vielumkämpften Görz entfernt, das über Jahrhunderte hinweg immer österreichisch gewesen ist, erhebt sich der Monte San Michele aus der ostfriaulischen Ebene. Auf diesem Berg, der eigentlich ein abgeflachter, zernarbter Hügel ist, gibt es ein Kriegsmuseum. Man kann dort auf verwischten Photographien noch gut die Esplanade von Gradisca d'Isonzo erkennen, wie sie damals ausgesehen hat, als die Österreicher hier in den Jahren 1915, 1916 dem Ansturm der italienischen 3. Armee standgehalten haben, bis dann der Monte San Michele doch aufgegeben und die Front südlich von Görz bis zum Plateau von Doberdó zurückgenommen werden mußte. Man kann es sich auch einfacher machen, indem man vor an den Rand der Balustrade tritt, die hier das Gelände des Kriegsmuseums zur Ebene hin abschließt. Dann blickt man nämlich direkt nach Gradisca hinab: eine kleine, blühende, lebhafte norditalienische Landstadt, unmittelbar am Isonzo gelegen. Und fast nichts (zumindest von hier oben) deutet darauf hin, daß dieser Ort in der Geschichte Habsburgs und Österreichs so oft eine so bedeutende Rolle gespielt hat.

Zuletzt, als Gradisca im Mittelpunkt der mörderischen Isonzoschlachten stand und hier die Italiener immer wieder zu ihren blutigen Sturmangriffen ansetzten, die ihnen dann doch nur ein paar Meter Geländegewinn einbrachten, war die Stadt längst nur mehr ein Trümmerhaufen. Und als es die Italiener endlich eroberten, zogen sie in eine restlos verwüstete Stadt ein. Ins mächtige Kastell, das die Venezianer seinerzeit nach Plänen Leonardo da Vincis gebaut hatten, wurden jetzt österreichische Kriegsgefangene gebracht. Dafür standen die Verliese leer, in denen während des sogenannten Risorgimento im 19. Jahrhundert italienische Freiheitskämpfer, darunter so berühmte wie die Grafen Pallavicini und Confalonieri, auf ihren Weitertransport nach Brünn und in die Kasematten des Spielbergs warteten. Im Theater von Gradisca, das die Österreicher noch Ende des 19. Jahrhunderts gemeinsam mit dem hübschen Stadtgarten eingerichtet hatten, befand sich nun ein Notlazarett der italienischen 3. Armee. Hierher wurden die Schwerstverwundeten vom Doberdó-Plateau gebracht und medizinisch so weit betreut, bis sie zurück ins Hinterland verlegt werden konnten. Und oben auf dem San Michele, der östlich von Gradisca und auch östlich des Isonzo das Friaul vom Triestiner Karst trennt, erlebten damals ungarische Honvéds, Laibacher

Schützen und Kärntner Feldjäger buchstäblich ihr Golgatha und gingen daran zugrunde.

Unten in Gradisca erinnert schon längst nichts mehr an diese schrecklichen Monate, als dieser südöstliche Teil des ehemals österreichischen Friaul endgültig an Italien verlorenging. Ursprünglich hatten die Venezianer hier eine Festung gegen Türken und Habsburger errichtet, wobei man nie genau wußte, wen sie als ihren gefährlicheren Gegner betrachteten. Leonardo da Vinci, an den am alten Görzer Tor in der wuchtigen Stadtmauer ein Denkmal erinnert, hat hier für Venedig eine Art Minenwerfer erfunden, was den Venezianern später in ihrer Auseinandersetzung mit den Habsburgern auch nicht viel nützte. Es ging damals um die räuberischen Uskoken in Zengg, die mit ihren kleinen, flinken Booten die ganze nördliche Adria unsicher machten und dabei mit besonderer Vorliebe die venezianischen Handelsgaleeren angriffen, die reich beladen aus der Levante heimkehrten. In Venedig machte man Habsburg für diese Überfälle verantwortlich, was schließlich zu einem mehrjährigen Krieg führte, der in der Hauptsache im östlichen Friaul ausgetragen wurde. Im Frieden von Madrid, 1617, wurde die Stadt schließlich habsburgisch.

Im Jahre 1647 gab Kaiser Ferdinand III. Gradisca dem steirischen Fürsten Eggenberg zum Lehen. 1717, als die Eggenberger ausstarben, ohne auf einen männlichen Erben verweisen zu können, fiel Gradisca an die Habsburger zurück, die es mit dem nahen Görz zu einer gefürsteten Grafschaft vereinten. Die Festung, an der einst so berühmte venezianische Architekten wie Enrico Gallo und Giacomo Contorin mitgebaut hatten und die neben der Görzer Burg und, allerdings etwas später, den Festungsanlagen von Palmanova zu den wichtigsten Fortifikationen des östlichen Friaul gehörte, wurde nun zu einer riesigen Kaserne. Seit 1818 verwendete man das eigentliche Kastell als Strafanstalt für politische Gefangene, denn Platz brauchte man im alten Österreich für solche Häftlinge immer. Und während man italienische Freiheitskämpfer nach Brünn, auch nach Peterwardein oder Theresienstadt brachte, saßen in Gradisca antihabsburgische Tschechen, Magyaren und Polen.

Das Stadtbild, vornehmlich unter der Herrschaft der Eggenberger und dann noch einmal gegen Ende des 19. Jahrhunderts österreichisch-venezianisch-friaulisch geprägt, war behäbig, jedoch weiträumig und großzügig und zeigte das Porträt einer altösterreichischen Garnisonsstadt (die immerhin rund dreihundert Jahre lang dem Doppeladler zugeordnet gewesen war) mit südländischem Einschlag.

Auf dem Monte San Michele, dem sogenannten Blutsberg, wurde zuletzt auch über das Schicksal von Gradisca d'Isonzo entschieden. In immer neuen Angriffswellen fluteten die Italiener hügelaufwärts, verbissen sich ins verwüstete, verbrannte Gelände und scheiterten lange Zeit am zähen Widerstand der Österreicher. Schließlich gewannen sie durch die überwältigende Übermacht ihrer Kanonen doch jenen entscheidenden Vorteil, der sie in den Besitz dieses Hügels brachte.

Die Stadt unten in der Ebene, längst zur gespenstischen Ruinenlandschaft geworden, verlor dabei ihr ehedem altösterreichisches Antlitz und wurde später wieder, was sie schon einmal gewesen war: eine friaulische Stadt mit venezianischem Charakter.

Dieser letzte große Krieg, den das alte Österreich führte und bei dem es tatsächlich um die Existenz dieser Monarchie ging, die in ihrer komplexen Vielfalt unter anderen Voraussetzungen ein Spiegelbild eines besseren, vereinigten Mitteleuropa hätte sein können, hinterließ Spuren, die nachdenklich machen. Ich meine damit nicht nur die alten Festungen, Unterstände, Geschützstellungen, Bastionen, längst überwachsen und vielfach wieder zum selbstverständlichen Bestandteil der jeweiligen Landschaft geworden, sondern auch jene vergessenen Friedhöfe, in denen dieses alte Österreich seine letzte Ruhestätte gefunden hat. Zwei signifikante Beispiele von vielen mögen Zeugnis ablegen für den unerhörten Blutzoll, der hier geleistet wurde, um das Haus Habsburg vielleicht doch noch am Leben zu erhalten.

Schwer und heiß füllte die Sonne, die immer wieder aus dem sommerlichen Dunst hervortrat, die kleine Mulde auf der karstigen Hochfläche oberhalb von Triest aus. Am Rand der Mulde, dort, wo sich die grüne, struppige Macchia etwas gelichtet hat, lag frisch gemähtes Gras und verbreitete einen scharfen Geruch.

Oben auf der ehemaligen Reichsstraße, die schon während der Monarchie (und als Triest also noch bei Österreich war) die wichtigste Landverbindung zum Friaul darstellte, einige hundert Meter hinter einer Ortschaft namens Prosecco in Richtung einer anderen Ortschaft, die Aurisina heißt, brauste der nachmittägliche Verkehr vorüber. Unten in der Tiefe des Golfes schimmerte Triest, die alte habsburgische und einstmals zutiefst österreichische Stadt mit ihrer anmutigen Mischung aus großbürgerlichen, merkwürdig verschnörkelten imperialen und ganz normalen küstenländischen Architekturformen. Wenn man vom Rand der Hochfläche hinabblickt in die dunsterfüllte Tiefe, kann man sich heute noch den ehemals belebten Hafen vorstellen, die Kais mit den dicken schweren Leibern der damaligen Luxusschiffe des Triester Lloyd, auf denen der größtmögliche Komfort eines zu Ende gehenden bürgerlichen Zeitalters zelebriert wurde, und später, 1915 bis 1918, die eher schmächtigen oder doch schlanken Konturen der k.u.k. Kriegsschiffe, die von übervorsichtigen Flottenkommandanten und asthmatischen k.u.k. Admirälen hartnäckig daran gehindert wurden, sich dem Feind auf offener See zu stellen. Andererseits wußte die österreichische Marineführung nur zu genau, daß man den vereinigten Schiffsverbänden der Italiener, Franzosen und Engländer hoffnungslos unterlegen war und jeder Vorstoß etwa in Richtung Venedig oder Ancona den Charakter eines Selbstmordunternehmens gehabt hätte. Außerdem wurde rund um Triest ohnedies genug gestorben.

Auf der Hochfläche sind viele Aufschriften zweisprachig. Früher einmal, als noch Franz Joseph über die Monarchie gebot, war das Land hier überhaupt so gut wie ausnahmslos in slowenischer Hand. Und viele Slowenen, aber auch Bosnier, Dalmatiner, Kroaten, Ungarn, Ruthenen, Tschechen, Rumänen, Deutsche kämpften drei Jahre lang, bis zum bitteren Ende von 1918, verzweifelt darum, daß dieses Triest mit seinem slowenischen Hinterland österreichisch blieb. Immer wieder stürmten die Italiener damals mit einer gewaltigen Übermacht gegen die Stellungen der Österreicher an. Drüben am Plateau von Doberdó starben auf beiden Seiten Hunderttausende. Und hier auf der Hochfläche brannte der Karst wochen-, monatelang und pflügten unzählige Granaten den steinigen Boden. Das alte Österreich krallte sich mit einer ebenso heroischen wie letztlich völlig nutzlosen Geste in dieser von der Sonne ausgeglühten Hochfläche fest, um Triest, dieses Kleinod der Monarchie, vor dem Untergang zu bewahren.

Geblieben sind halbverschüttete Erinnerungen, fragwürdiger Lesestoff in patriotisch eingefärbten Schulbüchern und die namenlosen Friedhöfe in Mulden wie dieser hier, die vom betäubenden Geruch des frisch gemähten Grases buchstäblich überschüttet wird. Ende der siebziger Jahre haben Jungfeuerwehrmänner aus Oberösterreich mit Unterstützung des Schwarzen Kreuzes diesen Friedhof wieder in Ordnung gebracht. Jetzt stehen die schlichten Kreuze in soldatischer Formation, als bestünde auch der Gevatter Tod noch auf militärischen Drill und patriotische Akkuratesse. Von Andro Johann bis Zivkovic Peter signalisieren die Namen der hier bestatteten Verteidiger Triests eine letzte schwermütige Erinnerung an den legendären Vielvölkerstaat Österreich. Und auf einigen verwitterten Grabsteinen am Rande des Totenackers kann man die Biographien einiger Opfer entziffern, deren Nachkommen sich heute resignierend fragen mögen, wozu ihre Großväter eigentlich gestorben sind. Es ist nicht der einzige österreichische Soldatenfriedhof aus jener Zeit, der sich in einer Mulde verbirgt, die von der Macchia umzingelt wird. Triest hat viele Opfer gefordert. Das alte Reich war nahezu unersättlich in seiner Gier danach, um jeden Preis zu überleben. Aber alle Opfer waren auf schreckliche Weise vergeblich. Und sie alle sind (wie übrigens auch die Friedhöfe) längst in Vergessenheit geraten.

Immerhin mußte das k.u.k. Kriegsministerium, als es am 6. November 1918 die bis dahin offiziell bekannten Verluste veröffentlichte, die damals unvorstellbare Zahl von 5.060.000 Mann eingestehen. Davon waren mehr als eine Million und zweihunderttausend Tote. Und diese Angaben waren natürlich noch unvollständig. Aber soviel wußte man damals schon, daß im Gebiet Österreich-Ungarns, das nun in etliche selbständige Republiken oder Königreiche zerfallen sollte, auf je sechsundvierzig Einwohner ein gefallener Soldat kam. Man war entsetzt. Man hatte zu jener Zeit ja noch keine Erfahrung mit den Verlustlisten des Zweiten Weltkrieges.

Eines Tages schrieb mir Andreas Reiter, Konsulent der oberösterreichischen Landesregierung und Landesgeschäftsführer des Schwarzen Kreuzes, einen Brief, in welchem er sich ausführlich zum Thema der alten Soldatenfriedhöfe aus dem Ersten Weltkrieg äußerte. Er habe bei seinen zahllosen Exkursionen zugunsten vergessener oder verwahrloster Soldatenfriedhöfe auch jenen von San Michele al Tagliamento »von der Feuerwehr renovieren lassen, weil ich gesehen habe, daß die Urlaubermassen aus Österreich wohl jedes Jahr nach Bibione fahren, das ja ein Teil von San Michele ist, daß aber niemand sich die Mühe macht, hineinzufahren [in den Ort] und den Friedhof mit den Gefallenen aufzusuchen, die dort zum Teil im Lazarett verstorben und zum Teil bei den Rückzugskämpfen und auch bei der Offensive über den Tagliamento gefallen sind«. Dieser Brief brachte mich auf die Idee, jenen österreichischen Totenacker von San Michele aufzuspüren.

Der Gemeindefriedhof von San Michele al Tagliamento (eine kleine, adrette friaulische Landgemeinde an der alten Staatsstraße Triest – Venedig) liegt tatsächlich an der Via Lazzaretto. Es ist eine verhältnismäßig kurze Straße, die in einen steinigen Feldweg mündet und ihren Namen allem Anschein nach immer noch vom ehemaligen k.u.k. Feldhospital hat, das hier bis in den Spätherbst 1918 existierte. »Man findet noch das ehemalige Hospital«, schreibt Reiter, »die Inschrift darauf ist halbwegs zu lesen.«

Hier also sind die jungen Menschen, achtzehn- bis zwanzigjährig die meisten, wie man auf den Grabsteinen nachlesen kann, gestorben, zugrunde gegangen für ein Vaterland, das ihnen dieses Opfer eigentlich nie gedankt hat. Die Enkel dieses Österreich von damals hasten heute jedenfalls an die Badestrände der Adria, ohne sich auch nur ein einziges Mal die geringe Mühe zu machen, die wenigen Meter von der Badestraße abzufahren und diesen Friedhof aufzusuchen. Ob viele Österreicher kämen, fragte ich einen Mann, der gerade ein Grab ausschaufelte und von dem sich später herausstellte, daß er ein Gemeindeangestellter San Micheles war. Er schüttelte energisch den Kopf. Nein, niemals, sagte er mit ernstem Gesicht. Und die Blumen auf manchen Gräbern stammten von Einheimischen. Gelegentlich, wenn bei einem Begräbnis zu viele Kränze, zu viele Blumen das frische Grab zu ersticken drohten, zweige man einfach ein paar Blumen für die Gräber der gefallenen Österreicher ab.

»Ai Caduti Austro-Ungarici« steht auf einem grauen Steinkreuz, auf dessen Sockel eine blumengefüllte Vase steht. Dahinter reihen sich in korrekter Ordnung die Gräber dieses kleinen Soldatenfriedhofs inmitten der italienischen Zivilgräber. Der Tod hat die Bauernsöhne aus der Bukowina, aus Ruthenien, Bosnien, Dalmatien, der Steiermark, Wien oder aus Böhmen und Mähren auf eine ganz unprätentiöse, selbstverständliche Weise mit ihren ehemaligen vermeintlichen Gegnern vereint. Der weiße Kies knirscht unter den Füßen. Ich sah einem Mädchen zu, wie es mit einer raschen, fast verstohlenen Geste ein Bündel frischgepflückter Wiesenblumen auf einen dieser verwitterten Namenssteine legte, aus denen man, wenn man will, das Schicksal der alten Monarchie herauslesen kann. Dann lächelte mir das Mädchen zu und lief rasch davon.

Es ist eine Idylle von fast schmerzhafter Intensität. Die Herbstsonne lag an diesem Tag unendlich schwer auf den weißen Grabsteinen. Draußen vor der Friedhofsmauer tuckerte ein Traktor langsam über die schmale Via Lazzaretto. Seinerzeit (bis in den Herbst 1918) rumpelten hier die Verwundetentransporte von der Front herein, bis alle Dämme brachen und die Ungarn, Tschechen ihre Stellungen verließen, weil sie genug hatten von diesem Krieg, an dessen erfolgreiches Ende sie schon längst nicht mehr glaubten, weil sie auch genug hatten von diesem Reich, dem sie sich nicht mehr verpflichtet fühlten, seit sie wußten, daß in ihrer Heimat selbständige Regierungen existierten und ein neues Zeitalter beginnen sollte. Sie verließen ihre Kameraden, um in ihre neuentstandenen Republiken heimzukehren. Zurück blieben die Toten. Zurück blieb die Idee von einem größeren Österreich, das damals schon seit Jahrzehnten nicht den Funken einer Chance gehabt hatte, seine schwerste Krise zu überwinden.

Was den kleinen österreichischen Soldatenfriedhof auf dem Gemeindefriedhof von San Michele al Tagliamento angeht, so wäre es schön, wenn wir uns manchmal dieser grauen, schmucklosen Namenssteine entsinnen würden. Das braucht nichts mit

Pflichtgefühl oder gar mit falschverstandenem Patriotismus zu tun zu haben. Es sollte einfach ein Ausdruck unserer Trauer, unseres Respektes vor dem sinnlosen Tod junger Menschen sein.

Österreich in Venedig

Das winterliche Sonnenlicht vergoldete die Spitzen und Kuppeln der Markuskirche und beleuchtete dieses grandiose Bauwerk mit einer Intensität, wie sie nur wirklich bedeutenden Schauplätzen zukommt. Sogar der Marmor des Dogenpalastes erglühte in einem zarten Rosa. Vereinzelt tauchten Masken aus der Tiefe des Markusplatzes auf. Aber da in diesem Jahr der angespannten weltpolitischen Lage wegen (Golfkrieg) die Stadt ihre Teilnahme am Karneval abgesagt hatte, was bedeutete, daß die übliche Lautsprechermusik nicht die bizarren Bilder der Masken unterstützen würde, wirkte der Auftritt der einzelnen »carnevalisti« ohnedies ein wenig trostlos.

Dabei hat man in Venedig stets auf die Zaubermacht der Musik gesetzt. Im Sommer 1849 zum Beispiel, als die österreichische Artillerie die belagerte Stadt mit einem wahren Geschoßhagel eindeckte, spielte täglich eine Musikkapelle auf der Piazza San Marco, begleitet vom begeisterten Beifall der Venezianer, die sich lange Zeit einbilden durften, den Angriffen, der Belagerung der Österreicher widerstehen zu können. Einige Jahre später, im Karneval 1851/52, war es dann die mitreißend gespielte Musik der österreichischen Militärmusikkapellen, welche die spröden Venezianer anlockte. Sie schienen dabei völlig zu vergessen, daß man der »gegenwärtigen politischen Ordnung ablehnend gegenüberstehen muß«, wie das ein venezianischer Patriot tadelnd darstellte. Die Venezianer strömten in Scharen auf die Piazza San Marco, ergötzten sich am buntfarbigen Anblick der österreichischen Militärmusiker und applaudierten freundlich zustimmend, als die Märsche erklangen, was sich schließlich zu frenetischem Beifall steigerte, als die ersten Klänge des Radetzkymarsches aufrauschten.

Auch Kaiserin Elisabeth verfiel dem morbiden Zauber des venezianischen Karnevals (1856/57) und dem süßen Schmelz einer

Musik, die vor den prachtvollen Kulissen der Piazza San Marco besonders vorteilhaft zur Geltung kam. Dreimal wöchentlich spielte »die Militärkapelle jene fabelhafte Musik, für die die Österreicher berühmt sind«, notierte damals der amerikanische Konsul, der zugleich ein genau beobachtender, klug formulierender Schriftsteller war, in sein Reisetagebuch. Er vergaß freilich nicht hinzuzufügen: »Sobald die Musik aufhört, verschwinden die Österreicher, und die Italiener betreten erneut die Piazza.« Das läßt den eher traurigen Schluß zu, daß ungeachtet der gemeinsamen Liebe zur Musik zwischen Italienern und Österreichern während der langen Jahre, in denen Venedig österreichisch war, es doch zwischen den beiden Völkern auch dann zu Spannungen kam, wenn nicht gerade eine Revolution oder gar ein Krieg die Situation unheilvoll verschärfte.

Österreich, das sich bis 1866 des Besitzes von Venedig erfreuen durfte (und es seinerzeit aus der napoleonischen Konkursmasse gemeinsam mit Istrien, Dalmatien und einigen montenegrinischen Stränden erhalten hatte), sorgte mit ehrgeiziger Hingabe für die Stadt und ihre schwierigen Bewohner und hatte es dennoch nicht immer ganz einfach mit den störrischen Venezianern, die es sich nun einmal in den Kopf gesetzt hatten, die besseren italienischen Patrioten zu sein. Das verschärfte sich vor allem nach der niedergeschlagenen Revolution von 1848/49, als die Stadt wie in einem Fiebertaumel ihrer erträumten Auferstehung entgegenwankte und dann tatsächlich durch die Bomben der Österreicher und durch Typhus, Malaria und andere Unannehmlichkeiten buchstäblich an den Rand des Abgrundes gedrängt wurde. Man mußte damals kapitulieren. Aber der Haß gegen alles Österreichische war jetzt endgültig und gehörte zu jenen verrückten Selbstverständlichkeiten, mit denen man in Venedig schon seit Jahrhunderten zu leben gelernt hatte.

Manchmal beschränkte sich die Opposition beispielsweise auf bloße Gesten. Dann zeigte man sich mit der verbotenen italienischen Kokarde, was regelmäßig zu handfesten Raufereien mit den Österreichern oder österreichfreundlichen Venezianern führte. Die verletzten Patrioten wurden ins »Gran Caffee Florian« gebracht, die blessierten Österreicher ins gegenüberliegende

»Gran Caffee Quadri«. Beide Kaffeehäuser genießen heute längst einen legendären Ruf, verleihen der Piazza einen Hauch verlorener Wiener Ringstraßenherrlichkeit (was natürlich nur eine Einbildung ist) und zeichnen sich durch exzellenten Service und unverschämte Preise aus. Wahrscheinlich läßt man sich jetzt noch die Hilfsbereitschaft bezahlen, die man seinerzeit den miteinander verfeindeten Raufbolden der österreichischen und italienischen Parteien angetan hat.

Wird der venezianische Karneval je wieder so werden, wie er einmal war, fragen alljährlich die besorgten Zeitungen und lassen sich eine Unzahl von Möglichkeiten einfallen, die das Ende dieser uralten und köstlichen venezianischen Tradition verursachen könnten. Unter den Österreichern war es der ständige Kleinkrieg der Vertreter des Risorgimento gegen die Staatsmacht, der ein nahes Ende des Karnevals als wahrscheinlich erscheinen ließ. Aber irgendwie ergab es sich, daß selbst die strengsten österreichischen Militärkommandanten, die vertrocknetsten Bürokraten allmählich dem Zauber dieser Stadt und ihres unvergleichlichen Karnevals verfielen – und alles so beließen, wie es immer gewesen war: ein wenig närrisch, ein wenig obszön, ein wenig märchenhaft und seinerzeit, als der Doppeladler noch über der Lagunenstadt kreiste, ein wenig frech herausfordernd gegen alles, was österreichisch war.

Venedigs legendäres Arsenal, zu Beginn des 12. Jahrhunderts auf zwei Inseln gegründet, die im Verlauf der Zeit durch Aufschüttungen miteinander verbunden und auch vergrößert wurden, war immer so etwas wie eine Stadt innerhalb der Stadt. Es war das industrielle, waffentechnische Zentrum der Serenissima. Der Name selbst kommt wahrscheinlich aus dem Arabischen und bedeutet soviel wie Arbeitsplatz. Während der Türkenkriege, als Venedig tatsächlich Gefahr lief, alle seine adriatischen Besitzungen an die Osmanen zu verlieren, soll hundert Tage lang hintereinander täglich eine kampfbereite Galeere das Arsenal verlassen haben. Mehr als sechzehntausend Menschen arbeiteten auf dem riesigen Gelände (rund zweiunddreißig Hektar), das heute von gespenstischer Leere ist, weitgehend verödet und dem unaufhaltsamen Verfall preisgegeben. Man kann sich kaum noch vorstellen, daß hier einmal anläßlich des Besuches eines französischen Königs in Venedig innerhalb weniger Nachtstunden eine Prunkgaleere gebaut wurde, mit der man am Morgen den hohen Gast überraschte. Und noch unter den Österreichern, also bis 1866, war das Arsenal der Hauptstützpunkt der kaiserlichen Flotte, deren Mannschaften vornehmlich aus Italienern, Dalmatinern und Istrianern bestanden. Übrigens war Venedig bis 1848, als auch hier die Revolution ausbrach, praktisch der einzige Kriegshafen der Monarchie, da Pola damals noch gänzlich bedeutungslos und Triest das Zentrum der Handelsschiffahrt war.

Aber 1848, im stürmischen Revolutionsjahr, als das Risorgimento energisch auch nach Venedig griff, wo sich der Advokat Manin als Volksredner und leidenschaftlicher Demokrat innerhalb kurzer Zeit einen Namen machte, 1848 also kam der Feind von innen, aus Venedig selbst, das zu jener Zeit von Kroaten aus Peterwardein, italienischen Grenadieren des Regiments Wimpffen, Infanteristen, Pionieren und Matrosen, insgesamt 8370 Mann, besetzt war. Militärgouverneur war ein Feldmarschalleutnant Graf Ferdinand Zichy, ein Ungar und angeheirateter Verwandter des Staatskanzlers Metternich (dessen Stunde im Revolutionsjahr 1848 endgültig schlagen sollte), ein gutmütiger, liebevoller Mensch, der nur zwei Leidenschaften hatte: jene, als großer Feinschmecker zu gelten, und eine Mailänder Tänzerin die seine Geliebte war. Sie hieß Gaetanina, war ihm nach Venedig gefolgt und schenkte ihm im Verlauf ihrer Verbindung mehrere Kinder.

Niemand kümmerte sich sonderlich um diese Verbindung. Die Ehefrau Zichys war wohlversorgt und wahrscheinlich heilfroh, der Welt keine Komödie gutbürgerlich-ärarischen Glückes vorspielen zu müssen. Außerdem waren solche Verhältnisse zu jener Zeit, als Norditalien noch zu Österreich gehörte, fast an der Tagesordnung. Das berühmteste war wohl jenes, das der von den Österreichern vergötterte Feldmarschall Radetzky mit einer Mailänder Wäscherin hatte, die ihrem hochrangigen Geliebten über Jahre hinweg treu ergeben war.

Im März 1848 kam es in Venedig zu Unruhen. Auf der Piazza San Marco gerieten kroatische Soldaten und italienische Patrioten einander in die Haare. Es gab zahlreiche Verletzte. Das »Quadri«,

Stammlokal der österreichischen Offiziere, wurde verwüstet. Und wieder einmal wurden im gegenüberliegenden »Florian« die italienischen Verwundeten verarztet. Später kam es zu Schießereien, die ersten Toten waren zu beklagen. Und draußen im Arsenal stieß der Schmied Giovanni Conforti dem österreichischen Kommandanten der Marinebasis, Kapitän zur See Marinovich, eine spitze Eisenstange in den Leib. Der Schwerverletzte versuchte sich noch zu retten, wurde aber von wütenden Werftarbeitern zu Tode geprügelt.

In diesem besonders grausamen Fall einer Lynchjustiz soll es sich nicht einmal um eine politische Affäre gehandelt haben. Marinovich war ganz einfach außerordentlich unbeliebt, weil er ein herrisches, herausforderndes Benehmen an den Tag legte, wie man ihm später nachsagte. Er soll Venezianer und Österreicher gleich schlecht behandelt haben und von beiden auch herzhaft verabscheut worden sein. Dennoch war sein Tod das Signal für die Patrioten, gegen die immer noch ahnungslosen Österreicher loszuschlagen.

Spätestens zu diesem Zeitpunkt hätte Graf Zichy die Artillerie einsetzen und mit seiner Infanterie dem ganzen revolutionären Spuk ein Ende bereiten müssen. Aber Zichy, der nicht nur seine Gaetanina, sondern auch Venedig über alles liebte, zögerte. Wertvolle Zeit verstrich, ohne daß die Österreicher irgendwelche Gegenmaßnahmen ergriffen. Später vor dem Kriegsgericht würde sich der Graf damit verantworten, daß er nicht als Barbar, der Venedig in Trümmer legen ließ, in die Geschichte eingehen wollte. Die Richter, die über ihn zu urteilen hatten, ließen Gnade vor Recht ergehen, erteilten ihm einen strengen Verweis und gaben ihm den wohlgemeinten Rat, um seinen Abschied von der Armee anzusuchen, was Zichy auch umgehend tat. Er blieb in Venedig, wo er, hoch angesehen und tief betrauert von den Venezianern, 1862 starb.

Manchmal liegt ein gleißendes Licht über der Großen Lagune, das die taubengraue Oberfläche des Wassers wie mit einer Fackel entzündet. Dann brennt das Wasser, das sich am Horizont im zitternden Dunst eines heißen Sommertages entzündet. Dunkelrote Dreieckssegel gleiten durch die Lagune, ein Motorkutter tuckert langsam heimwärts, Möwen erheben sich mit schwerem Flügelschlag aus dem Dickicht des Schilfs. Und in den Fischreusen, die wie eine Tausendschaft verwischter Beistriche über die lagunare Landkarte wandern, bewegt es sich rätselhaft und herausfordernd. Davor kauern Männer mit wettergegerbten Gesichtern und sortieren das kriechende, wimmelnde Getier, das noch am gleichen Tag in den Restaurants zwischen Rialto und San Marco angeboten wird.

Ist das nicht eine prachtvolle Kulisse für das Entstehen einer Flotte? Für das Wachsen, Werden und Vergehen einer Marine, die längst wieder in Vergessenheit geraten ist und deren Helden nur noch in Lesebüchern vorkommen? Immerhin taucht der Name des Siegers in der Seeschlacht von Lissa (das war im Jahre 1866, eine italienische Armada wurde vor der heute mitteldalmatinischen Insel Vis vernichtend geschlagen), Baron Wilhelm von Tegetthoff (der ein gebürtiger Marburger war), heute noch in den Registern des Collegio di Marina in Venedig als Gugliemo Tegetthoff auf. Und schon 1739 wurden die Schiffe der ersten österreichischen Marine (die in und bei Triest stationiert waren) ausgerechnet an die Republik von Venedig verkauft, weil Kaiser Karl VI. dringend Geld benötigte. Es waren das vor allem die beiden Linienschiffe »Kaiser Karl« und »Triest«; sie standen unter dem Kommando eines englischen Vizeadmirals und hatten 1733 vor Neapel ihre durchaus erfolgreiche Feuertaufe im Kampf gegen spanische Kriegsschiffe erlebt.

Es war dann Kaiser Joseph II., der nahezu ein halbes Jahrhundert später neuerlich den Plan einer österreichischen Flotte aufgriff. Er kaufte zwei holländische Kutter, ließ sie provisorisch umrüsten und schuf so die ersten Voraussetzungen dafür, daß sein jüngerer Bruder und Nachfolger, Kaiser Leopold II., eine sogenannte »Triester Marine« ins Leben rufen konnte. Dieser Flottenverband war jedoch von bestürzender Bescheidenheit. Er bestand aus den beiden bereits erwähnten holländischen Schiffen, einigen sogenannten Kanonenbooten, die nichts anderes als Küstensegler waren, denen man eine altersschwache Kanone aufs Vorderdeck gesetzt hatte, und ein paar Handelsgaleeren älteren Baudatums, die man gleichfalls provisorisch bewaffnet hatte.

Im Jahre 1797 dann, als Venedig erstmals an Österreich fiel, verlegte man alle diese Einheiten ins Arsenal nach Venedig und bezeichnete den bewaffneten Schiffsverband, über den man jetzt verfügte, als austro-venetische Marine, die »bestenfalls dazu taugte, den Seehandel gegen arabische Piraten oder französische Korsaren zu verteidigen«, wie das Alvise Zorzi nüchtern beschrieb, der sich in seinen Arbeiten als hervorragender Kenner des österreichischen Venedig ausweist.

Trotz alledem und ungeachtet der fast schon lächerlich bescheidenen Anfänge blieb Venedig von 1797 an ein Schlüsselpunkt für Österreichs maritime Hoffnungen. Schon wenige Jahre später, nämlich 1801, organisierte der zum Kriegs- und damit auch Marineminister ernannte Erzherzog Karl (der Sieger von Aspern) eine Art Miniflotte. Der Hauptstützpunkt war jetzt natürlich das Arsenal. Eine Kadettenschule wurde in Venedig gegründet und der französische Kapitän zur See L'Espine übernahm die Leitung des Arsenals und des sogenannten Korps der Dalmatiner (die meisten Seeleute dieser ersten österreichischen Kriegsmarine, die diesen Namen auch verdiente, stammten von den Küsten Dalmatiens). Lediglich die völlig zerrütteten Finanzen des Kaiserreiches verhinderten den raschen und wirkungsvollen Aufbau einer starken österreichischen Flotte. Immerhin brachte man acht Fregatten zusammen, vier Briggs, vier Schoner und vierzig kleinere Boote, die man recht optimistisch als Kanonenboote bezeichnete, die aber nichts weiter als kaum hochseetaugliche Fischkutter waren. Offiziersstab und Besatzungen setzten sich aus Venezianern oder auch Istrianern zusammen, wie das Alvise Zorzi einmal erläuterte, dazu kamen noch Dalmatiner, aber auch Korfioten und Bewohner anderer griechischer Inseln. Auf den Schiffen wurde, obgleich selbstverständlich das Deutsche erwünscht war, das Venezianische als Kommando- und Umgangssprache gesprochen. »Bis 1918«, schreibt Zorzi, »blieb der venetisch-dalmatinische Dialekt allgemeine Bordsprache. Vor 1848 trugen die Schiffe ausschließlich italienische Namen, und das Deutsche gebrauchte man einzig und allein für die Korrespondenz mit dem Wiener Ministerium.«

Die Revolution von 1848/49 bedeutete natürlich für die altösterreichische Flotte eine tiefgreifende Zäsur. Denn als die Lagunenstadt gegen Habsburg rebellierte, von den Truppen des Feldmarschalls Radetzky eingeschlossen und belagert wurde, sahen sich die österreichischen Kriegsschiffe plötzlich in der fatalen Lage, aus ihrem eigenen Hauptstützpunkt ausgeschlossen zu sein. Man schoß zwar ein paar Salven in die Stadt hinein, kreuzte auch vor der Großen Lagune eindrucksvoll auf und ab, probierte einige leichtere Seemanöver aus, war aber im übrigen heilfroh, daß der ganze Spuk bald wieder aufhörte und man wieder ins Arsenal zurückkehren konnte. Immerhin hatte man, was das eigentliche Kriegsgeschehen betraf, außerordentlich schlecht abgeschnitten, wobei man allerdings einen nicht unwesentlichen Punkt als Verteidigung anführen konnte: Eine Choleraepidemie hatte auf den Schiffen gewütet und die Mannschaften über Gebühr geschwächt und dezimiert.

Das alles änderte nichts daran, daß die verantwortlichen Stellen in Wien endlich zu erkennen begannen, daß Venedig möglicherweise doch nicht der richtige Ort war, um eine Kriegsflotte zu etablieren. Man begann sich ernsthaft nach einer Alternative umzusehen. Und man entdeckte Pola an der Südspitze Istriens.

Eine Erinnerung an diese vergessenen Anfänge altösterreichischer Marinepolitik (als man in Ermangelung eines anderen gleichwertigen Gegners Piraten vor den Küsten Marokkos und Algeriens bekämpfte) findet sich in Form von liebevoll restaurierten Bruchstücken im Museo Storico Navale am Eingang zum Arsenal. Es ist das, zumindest aus österreichischer Sicht, fraglos eines der sehenswertesten, interessantesten Museen Venedigs, aber soviel ich weiß, verirren sich nur selten auch Österreicher in die hohen, lichtdurchfluteten Säle, in denen Geschichte einmal unter einem ganz eigenartigen Aspekt abgehandelt wird.

Manche Historiker waren und sind der Meinung, daß die Ereignisse von 1848/49 für die weitere Entwicklung der altösterreichischen Marine nur günstig gewesen wären, weil dadurch, daß man die wichtigsten Schiffe und maritimen Einrichtungen jetzt allmählich von Venedig abzog, die kaiserlich-königliche Marine gewissermaßen austrianisiert wurde. Es hatte zwar der Oberbefehlshaber der Marine nach wie vor seinen Sitz in Venedig, was wohl damit zusammenhing, daß man im entfernten, rustikalen, erst im Aufbau begriffenen Pola, das am Anfang seiner Karriere als erster Flottenstützpunkt Altösterreichs kaum mehr als sechshundert Einwohner zählte, auf so gut wie jede Bequemlichkeit hätte verzichten müssen, ganz zu schweigen von der ästhetischen Ausstrahlung Venedigs, dieser aus Schlick und Schlamm gewachsenen Stadt, die so etwas wie ein Weltwunder darstellte und in der es alles das an Vergnügungsmöglichkeiten gab, wovon man in Pola wohl auch in fünfzig Jahren noch nicht einmal träumen konnte. Aber davon einmal abgesehen, was eigentlich nicht viel mehr als eine Marotte einiger älterer Generäle war, die es sich nicht mehr vorstellen konnten, anderswo als in Venedig ihren Lebensabend zu verbringen, gewann Pola auch in den Vorstellungen der mehr aufs Praktische ausgerichteten Überlegungen höchster Militärs zunehmend an Bedeutung.

Was die Marine anging, so konnte man sich nicht damit genugtun, sie immer wieder und immer neuen Veränderungen zu unterwerfen. Man hatte seinerzeit nach der Niederschlagung der Rebellion zwar einige fähige Offiziere aus der alten venetischen Kriegsmarine übernommen, »Männer von außerordentlich edler Gesinnung«, wie man in offiziellen Dekreten nach Wien mitteilte, aber das änderte nichts daran, daß den Österreichern die bösen Erfahrungen mit den rauflustigen, aufsässigen Venezianern noch lange in den Knochen steckten. Es war jetzt völlig undenkbar geworden, einen venezianischen Kapitän eine Karriere in der österreichischen Marine machen zu lassen.

Dementsprechend schwierig war die Auswahl der jeweiligen Marinekommandanten. Zuerst befehligte ein dänischer Admiral, Hans Birch von Dahlerup, die österreichischen Kriegsschiffe. Dahlerup war es auch, der zu Beginn des Aufstandes ein paar bedeutungs- und wirkungslose Salven gegen die belagerte Stadt abschießen ließ und sich bis zum Schluß des Aufstandes damit begnügte, die Schiffe ungenutzt vor Venedig an den Ankerketten zerren zu lassen. Dahlerups Nachfolger wurde dann ein alter Kriegsfreund des Marschalls Radetzky, nämlich General Baron Franz Wimpffen, der aber sein Leben lang den Krieg zu Lande ausgeübt hatte und alles andere als begeistert darüber war, daß er nun plötzlich auf schwankenden Schiffen Manöver abhalten sollte.

Wimpffen brauchte nur zwei Jahre lang zu leiden. Denn 1854 wurde er von einem Bruder des Kaisers abgelöst, vom Erzherzog Maximilian, dem späteren unglücklichen Kaiser von Mexiko, der für sich sogar eine gewisse Neigung für alles Maritime beanspruchen durfte. Zorzi urteilte über ihn und seine Anstrengungen, die Marine zu modernisieren: »Seine Begeisterung für die Seefahrt, sein Organisationstalent ebenso wie seine Hartnäckigkeit trugen entscheidend zur Wiederbelebung der österreichischen Marine bei, deren Schiffe und Bewaffnungen einer gründlichen Modernisierung unterzogen und deren Reihen auf nicht minder gründliche Weise auf mögliche Dissidenten hin überprüft wurden. Die Ausführung all dieser vom Erzherzog beschlossenen Maßnahmen zog sich bis zum Jahre 1862 hin, doch war das Ergebnis eine moderne, effiziente Kriegsflotte, die sich unter der kundigen Leitung Tegetthoffs zu einer hervorragenden Streitmacht entwickeln sollte.«

Es ist recht schmeichelhaft, was der Venezianer Alvise Zorzi hier über die kaiserlich-königliche Marine urteilt, die damals freilich nur noch wenige Jahre Zeit haben sollte (nämlich bis 1867, bis zum Ausgleich mit Ungarn), ihren Vorschußlorbeeren gerecht zu werden. Denn weder nützten die Erfolge der österreichischen Seestreitkräfte im preußisch-österreichisch-dänischen Krieg etwas, noch änderte der Triumph von Lissa die schier ausweglose Situation nach der katastrophalen Niederlage von Königgrätz auch nur im mindesten. Venedig aber ging ohnedies 1866 verloren, mit ihm das Arsenal, das jetzt von der jungen italienischen Kriegsmarine übernommen wurde. Österreich-Ungarns Kriegsschiffe, viele davon auf englischen oder deutschen Werften entstanden, verteilten sich vornehmlich auf Triest, Pola und die Bucht von Cattaro. Eine entscheidende Rolle sollte diese Flotte nie mehr spielen, was aber nicht die Schuld der Matrosen und deren Offiziere war.

Das verlorene Küstenland

Zähneknirschend lernen die Kinder italienischer Patrioten in Triest, daß es am 8. August 1382 zur Unterzeichnung eines Vertrages zugunsten Österreichs gekommen war, was bedeutete, daß die jahrzehntelangen akrobatischen Kunststücke der Republik, sich zwischen Venedig, Österreich und diversen lokalen Herrschaften ein hohes Maß an Unabhängigkeit zu bewahren, letzten Endes vergeblich gewesen waren. Dazu kam noch, daß eine der Voraussetzungen für den unbestreitbaren Wohlstand Triests, nämlich das Salz, auch der Anlaß für ein paar der schwierigsten Augenblicke in der Geschichte der Stadt war. Immerhin beanspruchte Venedig das Monopol des Salzhandels für sich, was zu blutigen Auseinandersetzungen mit Triest führte. Ein Teil der Bevölkerung drängte darauf, sich der Hilfe der Österreicher zu versichern. Das geschah auch, indem Friedrich III. die Stadt besetzte. Er ließ oben auf dem beherrschenden Hügel von San Giusto ein Kastell errichten, von dem aus der kaiserliche Statthalter Triest regieren oder beherrschen sollte, was auch immer darunter zu verstehen gewesen sein mag. Die Kinder lernen solche Geschichten, vergessen sie später wieder und ahnen nicht, daß sich die Geschichte immer wiederholt.

Das habsburgische Glück dauerte nicht lange. Denn schon im Mai 1508 schossen die Venezianer, die ihre Kriegsgaleeren in einem majestätischen Halbkreis draußen in der Bucht aufgestellt hatten, die eher ungenügend verteidigte Stadt sturmreif und eroberten sie innerhalb weniger Stunden. Das ließen sich wiederum die Österreicher nicht gefallen. Sie brachten eine starke Koalition gegen Venedig auf die Beine, und schon 1509 durften die ersten österreichischen Söldner wieder in das Kastell auf San Giusto einmarschieren. Es kam allerdings noch zu einem kurzen spanischen Zwischenspiel. Der angesehene Bischof Bonomo, ein bedeutender Humanist, spielte eine führende Rolle dabei. Ihm gelang es, Triest dem spanischen Reich Karls V. einzugliedern, was der Stadt manchen Vorteil einbrachte. Jedoch schon 1522 wurde sie endgültig habsburgisch und durfte nun darauf warten, auch wirtschaftlich sozusagen wachgeküßt zu werden. Das geschah wohl mit jenem Edikt des Kaisers Karl VI., der am 18. März 1719 Triest zum Freihafen machte.

Damit begann eine stürmische Entwicklung, die sich in keiner anderen europäischen Hafenstadt wiederholen sollte. Denn selbstverständlich übte dieser Freihafen eine eminente Anziehungskraft auch auf das Hinterland aus. Vor allem Maria Theresia unternahm durch einschneidende städtebauliche Maßnahmen alles, um das Bild dieses ersten und wichtigsten Hafens der habsburgischen Monarchie zu vervollkommnen. Wie stürmisch die Entwicklung tatsächlich war, kann allein schon aus dem Umstand ersichtlich werden, daß die Bevölkerungszahl von Triest innerhalb von knapp hundertfünfzig Jahren von viertausend auf mehr als einhundertachtzigtausend Einwohner emporschnellte.

Die für Triest, die Entwicklung der Stadt und den Freihafen zuständigen Behörden befleißigten sich allerdings einer ungemein geschickten Politik. Sie waren großzügig, das heißt, sie förderten die Zuwanderung aus allen Winkeln der mediterranen Welt, gewährten formale Freiheiten und geschäftliche Vergünstigungen, die anderswo in der Monarchie undenkbar gewesen wären, und unternahmen schlichtweg alles, um der Hafenstadt jene blühende Internationalität zu vermitteln, die man sich heute fast nicht mehr vorstellen kann. Es fällt ausgesprochen schwer, eine vernünftige Antwort auf die Frage zu geben, was eigentlich den Ruhm dieser widerspruchsvollen Stadt seinerzeit ausgemacht haben könnte. War es ihre Vielschichtigkeit? Immerhin lebten etliche tausend Slowenen, aber auch einige Hundertschaften Griechen, Albaner, Serben in ihren Mauern, ganz zu schweigen von den Deutschen, die als Beamte, Kaufleute oder Militärs hier Fuß gefaßt hatten. Natürlich gibt es Anekdoten, die uns ans alte Triest erinnern, seine Unverwechselbarkeit betonen, wie etwa jene von einem gewissen Joseph Ressel, den ängstliche k.k. Polizisten entsetzt daran hinderten, am 1. Juli 1829 mit einem Fischkutter namens »Civetta« im Hafenbecken Versuchsfahrten zu unternehmen. Die »Civetta« war nämlich mit einer Schiffsschraube versehen worden, und da befand man es als notwendig, daß man sie aufs offene Meer hinaus verbannte, damit sie den im Hafen ankernden Segelschiffen »keinen unzumutbaren Schaden zufügen« konnte, wie ein vorsichtiger Wachtmeister fürsorglich verordnete.

Die Menschen treten in diesem adriatischen Wetterwinkel irritiert ins harte Licht des Südens, haben vielleicht sogar noch die nebelverhangene Natur des Nordens im Blut, denn oben am Rande des Karstes, wo die gezackten Abbrüche der macchiabewachsenen Hügel wie Wundränder rund ums verschwimmende Meer stehen, vereinigen sich Nordwind und Schneesturm inmitten einer topographischen Situation, die im Grunde erst einen dicken Breitengrad nördlicher anfangen dürfte. Immer liegt in Triest Spannung zwischen diesem Oben und Unten, immer ist hier eine Grenze spürbar, von der man sich vorstellen kann, daß sie zwei völlig unterschiedliche Kulturbereiche trennt. Auch wenn dieses Amphitheater, das diese Stadt nun einmal ist, sich vielarmig und vielfarbig über die verschiedenen Buchten ergießt, die alle einen mittelmeerländischen Anspruch haben, so liegt doch eine Ahnung von Widerspenstigkeit über der Stadt. Die Spuren der Römer und Venezianer, Habsburger und Slawen haben nämlich nur wenig mit dieser befreienden Internationalität zu tun, für die Triest früher einmal berühmt war, sondern sind Chiffren wie aus einer anderen Welt. Triest ist eine Welt zwischen den Welten. Es ist kontinental und mediterran. Es spürt den Salzatem des Meeres auf seinen Dächern und duckt sich ängstlich unter der Bora, die oft wie ein Sturzbach von den Hügeln herabfällt.

Triest hat nicht sehr viel mit seinem friaulischen Hinterland zu tun, fast gar nichts mit Udine, das eindeutig venezianisch geprägt ist, auch nichts mit Görz, das seine altösterreichische Gesinnung schon längst verloren hat, und kaum etwas mit Cividale, das heute noch schwer an der Handschrift langobardischer Fürsten trägt. Triest besitzt einen anderen Charakter, verfügt über eine andere Physiognomie und hat zum Teil auch ganz andere historische Erinnerungen. Es war auch nie (bis in die jüngste Vergangenheit) dem Friaul zugeordnet, weder dem italienischen noch dem österreichischen, sondern beanspruchte hochmütig und ein wenig zerstreut stets einen eigenen Status. Es ließ sich auch nie in die Umarmung Venedigs ziehen, von der man nur zu genau wußte, daß man daran ersticken würde.

Triest lehnt mit seinem Rücken an nördlichen Hügelkämmen und starrt seit Jahrhunderten erwartungsvoll nach Süden, ohne daß man sich irgendwelchen übertriebenen Hoffnungen hingibt. Irgendwie ahnt man wohl, daß mit der Heimkehr der Stadt nach Italien die goldenen Jahre für immer beendet waren. Oder wer würde heute noch, wie das unter Maria Theresia der Fall war, die unsinnigsten Zollschranken errichten, nur damit die Fuhrleute nicht nach Venedig, sondern eben nach Triest kommen? Man hat hier auch keineswegs diesen sanften, steten Regen habsburgischer Privilegien vergessen, die der Stadt immer neues Blut und immer neue Möglichkeiten zur Heranbildung bedeutender Vermögen zuführten. Bereits im 18. Jahrhundert wurde ein wöchentlicher Frachtverkehr von Wien nach Triest eingerichtet. Und auch der Bau der legendären Südbahn mit ihren halsbrecherischen Abzweigungen von Divizza nach Pola oder von Pivka nach Fiume gehorchte nicht nur militärischen, sondern auch ökonomischen Gesetzen und war eine weitere Unterstützung dieser Stadt, deren Aufstieg so schwindelerregend war, wie ihre Dankbarkeit vor allem in den letzten Jahren ihrer Zugehörigkeit zur Monarchie eher jämmerlich genannt werden muß.

Da ist zum Beispiel Miramare, an dem man sich nie satt sehen kann, auch nach Jahrzehnten nicht, in denen man immer wieder neue Möglichkeiten der Bewunderung entdeckt, neue Perspektiven erkennt und sich unschwer ausrechnen kann, daß auch die nächsten Generationen noch ihre helle Freude an dieser Verschmelzung kleinbürgerlicher Sammelwut und erzherzoglicher Grandezza haben werden.

Ich erinnere mich an meinen letzten Besuch. Es war im Spätfrühling, ungewöhnlich kalt, mit heftigen Windböen, unter denen sich die grünen Pflanzen und Baumwipfel in den Parkanlagen von Miramare devot beugten. Einige italienische Schulklassen und Reisegruppen brachten die minuziöse Planung der Museumsleitung für die Besichtigung der Schauräume völlig durcheinander. Die Schlange der wartenden Besucher reichte bis weit über den Springbrunnen hinaus, der die kiesbestreute Auffahrt dekoriert. Die Italiener haben das altösterreichische Miramare längst in ihr Herz geschlossen, betrachten es als noble Erinnerung an eine gemeinsame Vergangenheit, die heute nicht selten glorifiziert wird. Draußen im Golf schimmerte hellblau, auch hellgrün das Meer. Der kalte Wind fiel von den karstigen Anhöhen auf die Stadt herab. Mit etwas Phantasie konnte man sich sogar einbilden, das weiße Mauerwerk des Schlosses unter den einzelnen Windstößen frösteln zu sehen. Nur im Schloßpark, den Erzherzog Maximilian seinerzeit mit ebensoviel Geduld wie mit der kostspieligen Unterstützung durch die besten Wiener Hofgärtner anlegen ließ und der, bevor er die ersten bewundernden Blicke rechtfertigte, ein Vermögen kostete, täuschte die harmonische Übereinstimmung von exotischen Pflanzen, Bäumen und Sträuchern mit dem ästhetischen Formwillen der habsburgischen Gartenarchitekten so etwas wie einen ewig andauernden Frühling vor.

Damals, als Maximilian (er war der jüngere Bruder Franz Josephs, diesem angeblich bei weitem an intellektuellen und schöngeistigen Möglichkeiten überlegen) den Bauunternehmern Gesseleth und Hauser den Auftrag gab, an der karstigen Felsenküste von Grignano unweit von Triest eine Art Traumschloß zu errichten, damals glaubte niemand so recht an die Verwirklichung dieses bizarren Einfalls, oder gar an die Möglichkeit, hier auch einen Garten von beispielhafter Schönheit und interessanter Exotik gestalten zu können. Tatsächlich mußte dann der felsige Boden mit Minen gesprengt und Erde aus Kärnten und der Steiermark herangekarrt werden, um wenigstens die grundsätzlichen Voraussetzungen für die Anlage eines Parks zu schaffen. Daß derlei Investitionen Unsummen verschlangen, versteht sich wohl von selbst. Möglicherweise wäre Miramare gar nicht zu jenem Kleinod geworden, als das es von seinen ersten Besitzern (dem Erzherzog Maximilian und seiner Gemahlin, der belgischen Prinzessin Charlotte) als Inbegriff eines geschmackvollen Luxus und der harmonischen Übereinstimmung baukünstlerischer und philosophischer Forderungen begriffen wurde, wenn nicht Maximilians

Schwiegervater, der immens reiche König Leopold von Belgien, den Bauplatz als Geschenk eingebracht und der Wiener Hof zusätzlich immer neue Beträge zur weiteren Ausgestaltung Miramares bewilligt hätte.

Das änderte nichts daran, daß das weiße Schloß letztlich doch ein Torso blieb. Denn als Maximilian am 14. April 1864 an Bord der Fregatte »Novara« sein Schloß Miramare verließ, um im fernen Mexiko eine neue Rolle als ungewollter, unerwünschter, ungeliebter Kaiser zu übernehmen, da war das Schloß noch immer nicht fertiggestellt und wurde auch noch an den Prachtgärten, am inzwischen im Entstehen begriffenen Park gearbeitet.

Der Park mit seinen seltenen Bäumen, die Ziergärten mit ihrer hübschen Ornamentik, diese gleichsam wie durch Zauberhand veredelte Küste mit ihrem einmaligen Ambiente waren und sind bis auf den heutigen Tag ein Beweis für die Möglichkeiten, die sich aus dem Zusammenspiel von materiellem und schöpferischem Reichtum ergeben.

Maximilian, der ewige Konkurrent seines älteren Bruders, von dem noch zu seinen Lebzeiten nicht wenige Paladine des Reiches insgeheim meinten, Franz Joseph hätte vielleicht doch zugunsten des jüngeren Bruders abdanken sollen, Maximilian war aber ein Leben lang zu wenig erfolgreich, um die Rolle eines kühnen Herausforderers spielen zu können. Er scheiterte auch in Mexiko auf exemplarische Weise. Er war vierunddreißig Jahre alt, als er am 19. Juni 1867 im mexikanischen Queretaro von Aufständischen erschossen wurde. Vier Jahre später meldeten die mit den Bauarbeiten an Miramare beschäftigten Architekten die endgültige Fertigstellung des Schlosses, das künftig als »weißer Traum« apostrophiert werden sollte. Nur im Park, an den Gärten wird heute noch gearbeitet. In einer Art Standardbroschüre zur Biographie der Stadt Triest – sie stammt von Laura Loseri Ruaro – heißt es in einer Zusammenfassung über Miramare unter anderem: »Diese [nämlich Maximilians] Räumlichkeiten geben uns am besten Auskunft über seine Persönlichkeit. Der Thronsaal und der Saal hingegen, wo er die Annahme der mexikanischen Krone unterzeichnete, werden vom Publikum bevorzugt.« Das bedeutet, daß Maximilian in jenem Teil dieses reichlich überladenen, mit manchem Kitsch und pompösem Schnörkelwerk verzierten Bauwerkes am glücklichsten war, wo er sich immer noch als Schiffsoffizier fühlen durfte. Anscheinend war diesem unglücklichen und auch, was seine politische Karriere betraf, recht ungeschickten Erzherzog der Zugang zu jenem privaten Glück verwehrt, das er an Bord eines Schiffes, bei der Beschäftigung mit maritimen Angelegenheiten fraglos empfunden haben dürfte. Dementsprechend sind auch seine privaten Räume eingerichtet, nämlich als Nachbildungen der Arbeitsräume auf jener Fregatte, auf der Maximilians maritimer Teil seiner Biographie begonnen hatte.

Es ist manches an diesem Schloß, das zu den Wundern mediterraner Lebensart und Architektur gehört, mit dem man sich nicht sogleich anfreunden kann. Das Schloß lebe heute weiter, und zwar als ein Traumbild, heißt es in einer erläuternden Broschüre, die man für ein paar Lire vor jeder Besichtigung kaufen kann, und das mag der ganzen Angelegenheit den richtigen Ausdruck geben – ein habsburgisches Traumbild, mit dem die heutigen Österreicher nicht viel mehr anzufangen wissen als mit jeder anderen beliebigen Traumkulisse aus dem riesigen Fundus ihrer Vielvölkermonarchie; und das die Italiener mit einer Mischung aus Stolz und scheuer Bewunderung zwar als ihr Eigentum betrachten, sich aber doch nie ganz sicher sein mögen, ob das alles auch wirklich der historischen Realität entspricht.

Da gibt's zum Beispiel den oft zitierten Felsen von Duino, nur ein paar Steinwürfe weit von Miramare entfernt in Richtung Monfalcone gelegen, der eigentlich kein Felsen, sondern der recht reale Schauplatz nahezu mythischer Vorgänge ist. Ein Fluß namens Timavo tritt hier nach einem längeren unterirdischen Verlauf (im Karst keine Seltenheit) kurz vor seiner endgültigen Mündung in die Adria noch einmal ans Licht des Tages. Er sprudelt heftig aus neue Quellen, was früher einmal einen solchen Lärm verursacht haben soll, daß der Dichter Vergil, dieses Phänomen beobachtend, lautmalerische Verse dazu schrieb. Später soll auch Dante hier gewesen sein und wieder einmal einen Eingang zur Unterwelt entdeckt haben, was aber keine besondere Sache war, denn Dante war ein halbes Leben lang damit beschäftigt, Abstiege zur Hölle zu finden.

Wirklich spektakulär an Duino war und ist, daß es im Eigentum eines uralten lombardischen Geschlechtes namens Torre e Tasso steht, aus dem unter den Habsburgern allmählich jenes Thurn und Taxis entstand, das als Firmennamen der ersten Posthalter und Briefträger Europas gleichsam unsterblich werden sollte. Sie waren in der Hauptsache hier und im nahen Görz ansässig, legten ihr kunstvoll gestricktes Netz aus Postverbindungen jedoch über ganz Europa und machten damit ein Vermögen. Selbstverständlich weint man ihnen in Italien, wo die Beförderung eines simplen Briefes ebenso zeitaufwendig wie kostspielig sein kann, heute noch bittere Tränen nach.

Aber das Geschlecht hat auch noch aus einem anderen Grund internationale Aufmerksamkeit auf sich gezogen. Und dieser Grund war der altösterreichische Dichter und Bohemien Rainer Maria Rilke, der nicht nur den unvergleichlichen Schweinsbraten mit den schweren Knödeln der böhmischen Köchin der Thurn und Taxis über alles zu schätzen wußte, sondern der in dieser idyllischen, auf suggestive Weise romantischen Landschaft so nachhaltig, so stürmisch wie niemals zuvor und auch nie danach von seinem Genius umarmt wurde. Was dabei herauskam, waren die berühmten »Duineser Elegien«, ein Werk, das nur herzlose Realisten oder zynische Intellektuelle als parfümiertes Glaubensbekenntnis törichter Backfische abtun.

Das alles wuchs aus einem geistigen Humus, dem Edward Crankshaw, der sich vielfach und mit außerordentlichem Einfühlungsvermögen um das alte Österreich und sein lang anhaltendes, tragisches Sterben publizistisch gekümmert hat, seine Anerkennung nicht versagte, als er vom neuen Lebensgefühl schrieb, das in den Todesstunden der alten Monarchie wirksam gewesen wäre: »Es beschäftigte Schriftsteller unterschiedlicher Art, wie Hofmannsthal und Kafka, die beide noch in der alten Gesellschaftsordnung verwurzelt waren. Es beunruhigte auch Rilke, der in materieller Hinsicht von einer Fürstin des alten Reiches erhalten wurde, nämlich Maria Thurn und Taxis . . .«

Man darf hier die Einschränkung machen, daß Rilke zwar durchaus wählerisch war bei der Auswahl seiner Gönnerinnen, aber nicht viel von absoluter Treue hielt, was ihn weit herumbrachte in den Ländern der ehemaligen Monarchie und auch darüber hinaus. Immerhin aber wurde durch ihn (und natürlich auch durch einen James Joyce, Theodor Däubler und einige andere signifikante Autoren, darunter vor allem der Deutschitaliener Italo Svevo) Triest seinerzeit auch zu einer Stadt von eminenter literarischer Bedeutung. Das war eine der Voraussetzungen dafür, was Crankshaw eine ungewöhnliche Regsamkeit des intellektuellen Lebens am Vorabend der Katastrophe des Habsburgerreiches nannte, woraus sich ein großer Sprung nach vorne ergab, dieser eine entscheidende Schritt, mit dem ein neues Zeitalter erobert werden konnte. Denn, so Crankshaw: »Der Mensch war daran, seine eigene Existenz zu verstehen und zu artikulieren, ohne sich wie bisher auf Bilder und Gleichnisse bei seinen Gedankenflügen ins Unbekannte stützen zu müssen. Erschöpft von dieser Anstrengung sank er zurück. Aber Neuland war beschritten worden, das bald wieder untergehen sollte, aber doch nicht mehr vergessen werden konnte, da es schon einmal erspäht worden war.«

Das ist eine durchaus edle Darstellung jener Gegebenheiten, die aus Triest weder eine deutsche noch eine italienische und erst recht keine levantinische Stadt gemacht haben. Man muß also immer alles, was man über Triest in Erfahrung bringen kann, gewissermaßen in eine eigene Sprache übersetzen. Und mir persönlich fällt es stets ein wenig schwer, ausgerechnet an dieser steilen Felsenküste, gegen die ein stahlfarbenes Meer hämmert, eine ebenso ästhetische wie verschmockte Schönheit zu begreifen, wie sie durch Rilkes Verse doch wohl repräsentiert wird, während in Aurisina und Sistiana, in San Croce und Prosecco und überall an dieser zerklüfteten Küste eine lautlose Auseinandersetzung stattfindet zwischen Slowenen und Italienern, zwischen zwei Volksgruppen, die sich als Erben der franzisco-josephinischen Welt begreifen würden.

Triest hat manches Wunder und viele Geheimnisse, die es noch zu entdecken gilt und die alle vor jenes goldene Zeitalter zurückführen, als man hier noch mit Marseille und Genua um die Vorherrschaft bei der Bewältigung von Tonnage und Passagieren wetteifern durfte und die Linienschiffe des Triester Lloyd, heimkehrend von allen sieben Weltmeeren, dem Hafen und damit der

Stadt ein unverwechselbares Gepräge gegeben haben. Das österreichische Triest ist älter als die Legende von seinem merkantilen Aufstieg. Auf dem längst aufgelassenen Friedhof gegenüber der Kathedrale von San Giusto, zwischen Akazienbüschen, Zypressen und verwitterten römischen Sarkophagen, zwischen Urnen, Amphoren und Statuen, alles verwittert, verstaubt, vergessen, irgendwie aus einer Zeit gefallen, ohne noch eine Spur, eine Erinnerung zu hinterlassen – dort oben auf dem Hügel, der Triest wie eine geballte Faust überragt, und inmitten dieses eher zufällig entstandenen Lapidariums befindet sich in einem kleinen Tempel ein leerer Steinsarg. Der Tempel ist selbstverständlich nicht wirklich ein Tempel, sondern allerhöchstens eine Andeutung davon, und der Steinsarg wäre, da der Leichnam daraus längst entfernt wurde, durchaus entbehrlich. Aber es handelt sich hier um eine Erinnerung an den deutschen Wissenschafter Johann Joachim Winckelmann, der seinem Zeitalter (es war das 18. Jahrhundert) die griechische Antike wiederentdeckt hatte, auf den Feldern vor Neapel, über den Umweg römischer Fundstücke und auf eine Art und Weise, wie man sie eigentlich nur in einem Abenteuerroman nacherzählen sollte. Und so ähnlich endete sein Leben dann auch im österreichischen Triest, wo er im Juni 1768 im zweiten Stockwerk eines Triestiner Gasthofes von einem übel beleumundeten Subjekt, mit dem Winckelmann allerdings seit Tagen schon eine nahe, ja intime Beziehung gehabt hatte, ermordet, beraubt wurde.

Auch das ist Triest, gehört zur Biographie dieser Stadt, die seit dem Augenblick, da ihr das österreichische Fahnentuch von den Schultern gezerrt wurde, nie wieder an ihre frühere Größe und Bedeutung anknüpfen konnte. Wie sagte doch der Triestiner Literat Scipio Slapater einmal? »Wo anders ist denn das Leben ein solch fruchtbares Aufeinanderstoßen entgegengesetzter Kräfte, ein Auf und Ab sehnsuchtsvoller Träume und grimmiger Kämpfe? Das alles ist Triest. Es besteht ganz und gar aus tragischem Geschehen. Und man muß auf seinen inneren Frieden verzichten, um dieser Stadt Ausdruck zu verleihen.«

Österreich hatte, als es in den Krieg von 1914/18 stolperte, weder ein Kriegsziel, das diesen ganzen ungeheuerlichen und kostspieligen Aufwand an militärischer Präsenz gelohnt hätte, noch besaß die Monarchie eine Führung, die vom ersten Augenblick an gewußt hätte, was da auf sie zukam.

Die überlieferten Stoßseufzer des greisen Monarchen waren, sofern sie nicht überhaupt in den Bereich der Fabel zu verweisen sind, nicht viel mehr als eine ganz natürliche Reaktion eines völlig von der Wirklichkeit überraschten alten Mannes. Franz Joseph war, als der Krieg ausbrach, vierundachtzig Jahre alt und sollte nur noch etwas mehr als zwei Jahre zu leben haben. Von ihm konnte, durfte man sich nichts mehr erwarten. Er war eine nach rückwärts gewandte Figur. Und das Reich, das er repräsentierte, existierte eigentlich gar nicht mehr.

Görz zum Beispiel war damals, als die ersten Kosakenverbände ins österreichische Galizien eindrangen, eine altmodische Stadt von hinreißendem Charme, die man aus unerfindlichen Gründen gern die Riviera Österreichs nannte. Der Blick von der Görzer Burg hinunter auf die rostbraunen Dächer der Altstadt und hinaus ins schimmernde Land muß für einen Altösterreicher damals schon einer der erhebendsten Augenblicke gewesen sein. Daran, daß man dieses uralte Juwel Österreichs an Italien verlieren könnte, dachte 1914 kaum jemand. Immerhin saßen in Görz einst österreichische Grafen, die nicht nur ein kleines Imperium regierten und die unsichtbare Grenze des deutschen Sprachraums nach Süden drückten, sondern die auch einige Generationen lang mit den bedeutendsten Herrscherhäusern Europas nahezu gleichrangig verschwägert waren. Man kann sich heute wie überall in diesen ehemaligen altösterreichischen Domänen nur noch schwer vorstellen, daß hier zwar nicht gerade eine der Nahtstellen altösterreichischen Schicksals existierte, aber doch ein wichtiger Vorposten jener Lebensart und Lebenskultur bestand, die ein Kompendium aus allen Möglichkeiten, Begabungen, Chancen jenes Mitteleuropa ermöglichten, dem heutzutage aus guten Gründen nachgetrauert wird.

Das Schicksal von Görz begann frühzeitig überschaubar zu werden. Das war genau an einem 18. April des Jahres 1001, als der deutsche Kaiser Otto III. einigen Besitz in der Gegend des Wippach- und Isonzotals (wo 1915 dann die Blutstürze der sogenannten Isonzoschlachten die Landschaft überschwemmen sollten) aufteilte zwischen dem Patriarchat von Aquileia und einem Grafen namens Werihen, einem treuen Parteigänger des Kaisers. Diese Schenkung hatte aber auch einen politischen Aspekt. Sie sollte der Absicherung der dürftig geschützten südöstlichen Flanke des Reiches dienen, war aber auch der Anlaß für zahllose Verwicklungen und handgreifliche Auseinandersetzungen zwischen der Kirche von Aquileia, die um nichts weniger weltlich dachte und handelte, und den Grafen von Görz.

Die Namen, die in den nächsten Jahrzehnten, Jahrhunderten in und rund um Görz auftauchten, waren so wenig italienisch oder wenigstens in irgendeinem friaulischen Sinne bodenständig, daß es nicht weiter erstaunt, wenn ein unbekannter Chronist im ausgehenden 16. Jahrhundert vom »deutschen Burghügel« sprach, der die Stadt Görz beherrschte. Da verheiratete sich ein Eppensteiner aus Kärnten mit einer Tochter des Grafen Werihen, da tauchte ein gewisser Aribo auf, ein Abkömmling der Pfalzgrafen von Bayern, der sich mit einer Erbtochter der Grafen aus dem Lurngau und Pustertal verheiratete, da drängte sich immer neues deutsches oder eigentlich alpenländisches Blut in eine Landschaft, die ihren slawisch-mediterranen und auch byzantinischen Hintergrund doch nie ganz aufgeben konnte. Aber seit dem Jahre 1122, als die Herrschaft, die oben auf dem Burghügel saß, sich auch in ihrem Namen zu Görz bekannte und die Grafen von Görz, selbst wenn sie nicht in Görz residierten, bis zum Jahre 1500 ein kleines, einträgliches Königreich beherrschten, wäre es undenkbar gewesen, Görz anders als eine deutsche Stadt zu empfinden.

Jetzt freilich, da Kaiser Maximilian I. als Erbe auftrat und das Haus Habsburg sich auch hier im Süden des Reiches eine Bastion um den günstigsten Preis erwerben wollte, traten Konkurrenten auf. Venedig erhob gleichfalls Anspruch auf die Ländereien des östlichen Friaul, plante hier eine Art Limes gegen die neue drohende Gefahr des vorrückenden Islam oder gebrauchte diese Bedrohung einfach als Ausrede, um die Terra ferma wieder einmal auszudehnen, um sich neues Land einzuverleiben und neue, bessere Positionen zu besetzen. Es kam zum Krieg. Am 26. März 1508 drangen die Venezianer erstmals in Görz ein, für vierzehn Monate diesmal, aber es sollte ja nicht der letzte Krieg gewesen sein, den Italiener gegen Österreicher um den Besitz der Stadt führten. Eine erste Ahnung dieser patriotischen Italianità, die dann im 19. und 20. Jahrhundert die Landkarten Europas so gründlich verändern sollte, war aufgekommen. Sie war vorerst noch venezianisch eingefärbt. Aber sie existierte und entwickelte sich zum gefräßigen Ungeheuer.

In diesem Zusammenhang kam es zu kuriosen Szenen und Entwicklungen. Es waren nämlich ausgerechnet die Jesuiten, die von der Republik Venedig verjagt und von den Habsburgern wenn schon nicht mit offenen Armen, so doch huldvoll aufgenommen wurden, als eine Fünfte Kolonne zugunsten der venezianischen Interessen. Und das erwies sich als durchaus wirkungsvoll im Sinne einer gesteigerten Italianisierung gerade im Bereich von Görz, wo diese venezianischen Jesuiten vielfach als Lehrer eingesetzt wurden. Sie, die den Österreichern zu jeder Form des Dankes verpflichtet gewesen wären, hintergingen diese ohne große Skrupel und betätigten sich eifrig als fromme Propagandisten einer antiösterreichischen Idee. Erst mit Maria Theresia, die den Jesuitenorden aufhob, den Jesuiten die Lehrerlaubnis an allen österreichischen Schulen entzog, änderte sich dieses eigenartige System. Aber da war es längst zu spät. Die Saat war auf fruchtbaren Boden gefallen. Und als die neuen Schulgesetze von 1867 den sogenannten muttersprachlichen Unterricht an den Volksschulen des österreichischen Friaul (und damit auch in Görz) garantierten, da redeten die Kinder, sofern sie nicht der starken slowenischen Minderheit angehörten, fast ausschließlich italienisch, und zwar das unverwechselbare Italienisch der alten Terra ferma Venedigs.

Görz selbst entwickelte sich seit dem 16. und dann vor allem im 18. Jahrhundert zu einer wohlhabenden Bürger- und Handelsstadt, deren wesentliche Impulse damals bereits weniger aus Wien als vielmehr aus Venedig kamen. Wien schickte die Beamten und Soldaten, Venedig die Kaufleute und Künstler. An diesem Unterschied wuchs die Stadt, wurde sie bedeutend in einem kosmopolitischen Sinne, wie er in der alten Monarchie vielfach vorkam.

Das Kastell, das machtvoll den Burghügel krönt, diente abwechselnd als Kaserne und Gefängnis: Hier wurden die ersten venezianischen Revolutionäre von 1797 eingekerkert, die es nicht wahrhaben wollten, daß sie nach dem Untergang der Serenissima von den Franzosen an die Österreicher ausgeliefert wurden; hier schmachteten in den Verliesen später auch jene unglücklichen Mitglieder der verschiedenen italienischen Geheimbünde, deren erklärtes gemeinsames Ziel die Vertreibung der Österreicher aus Italien war und die vielfach doch nichts anderes tun konnten, als ihr ganzes Leben in österreichischen Festungen zu verbringen und jene Märtyrerrolle zu übernehmen, die einer nachwachsenden Generation von italienischen Patrioten als Ansporn und Vorbild diente.

Auf diese Weise wurde die uralte deutsche Stadt Görz zu einem Symbol für eine neu entstandene Italianità, wurde Görz, wo österreichische Hofräte und Regimentskommandeure ihre Pensionen verzehrten und ein gehobenes österreichisches Bürgertum, das sich solchen Aufwand leisten konnte, die milden Winter genoß, zu jener österreichischen Stadt, die den ersten und höchsten Anspruch hatte, mit der goldenen Ehrenmedaille Italiens ausgezeichnet zu werden, was dann im Ersten Weltkrieg ja auch tatsächlich mehrfach der Fall war. Es war eine groteske Situation, aber sie war von aberwitziger Folgerichtigkeit. Und als die Italiener schließlich im Mai 1915 ihre Armeen gegen die Österreicher in Marsch setzten, war Görz neben Triest eines der bevorzugten Ziele der ersten Offensive, eine, wie man es damals im pathetischen Überschwang nannte, heilige Stadt des großen italienischen Vaterlandes.

Wenn man heute rund um Görz, das seit jenem schicksalhaften Mai 1915 eigentlich nie mehr zur Ruhe gekommen ist und nach dem Zweiten Weltkrieg sogar zur zweigeteilten Stadt wurde, auf überwachsenen Pfaden wandert und geduldig eindringt in diese Landschaft der sanften Hügel und verborgenen Täler, dann entdeckt man immer noch Spuren der Tragödie dieser Region. Denn überall verwittern die teils pompösen und manchmal nur noch lächerlichen oder eigentlich absurden Zeugnisse aus jenem großen vaterländischen Krieg, den die Italiener hier 1915/18 geführt haben und der sie Hunderttausende von Toten und Verstümmelten gekostet hat. War das nicht ein zu hoher, auch zu blutiger Preis für eine völlig verwüstete Stadt? Görz, diese alte Drehscheibe des Handels zwischen Österreich und Italien, zwischen Wien, Triest, Venedig, diese charmante k.u.k. Riviera mitten im friaulischen Binnenland war, nachdem es endlich von den Italienern erobert worden war, nur noch ein Schatten seiner selbst. Und es würde sich nie mehr von den schrecklichen Wunden erholen können, die ihm dieser Krieg geschlagen hatte. Die protzigen Mahnmale, Heldenfriedhöfe, Kriegsmuseen und Schlachtenpanoramen, die heute rings um Görz an diese Katastrophe erinnern, ändern nichts daran, daß die Stadt in dem Augenblick, als sie endlich italienisch wurde, viel von ihrer ursprünglichen Identität verloren hat.

Eine ähnliche, wenn auch nicht so dramatische und damit tragische Rolle spielte seinerzeit das Val Canale, das Kanaltal, das vom Grenzort Tarvis durch eine wildromantische, und heute allerdings hoffnungslos verbaute, zubetonierte Landschaft nach Italien führt. In dem vielbändigen Werk, das im zweiten Drittel des 19. Jahrhunderts erschienen ist (unter der Patronanz des damaligen Kronprinzen Rudolph) und die Landschaften der alten Monarchie darzustellen versuchte, heißt es im behäbigen Stil jener Zeit: »Wenn man bei der italienischen Grenzstation Pontebba die Fellabrücke überschreitet, befindet man sich in dem österreichischen Grenzorte Pontafel und hat gleich Gelegenheit, einen Gegensatz zu bewundern, wie wer sonst nur in den seltensten Fällen bemerkt werden kann: drüben italienisch, herüben slowenisch und deutsch, die Bauten, die Menschen, ihre Sitten und Gebräuche. Das kleine Dorf, durch einen mächtigen Steindamm vor den Ausbrüchen der Fella und der sich mit ihr vereinigenden Pontebbana geschützt, liegt in einem kleinen Talbecken, umrandet von einem Kranz bewaldeter Berge, die steil anstrebend ihre malerisch geformten Kuppen im blauen Äther baden.«

Längst schon, nämlich seit 1918, ist aus diesen beiden Ortschaften, die einst Grenzorte bildeten, eine gemeinsame kleine Gemeinde geworden, Pontebba. Und die beschriebene Brücke hat heute, wenn man von einem alten k.u.k Meilenstein absieht, der an ihrem nördlichen Ufer aufgestellt ist und ans frühere Herzogtum Kärnten erinnert, das hier begann, keine Bedeutung mehr. Und doch ist gerade dieses Tal ein Beispiel für die Anstrengungen des habsburgischen Vielvölkerreiches, seine eigene Bedeutung zu garantieren, seine Größe zu demonstrieren, seine Stärke auch in Stunden der Gefahr zu zeigen. Das war 1915 so, als die Kanonen zu beiden Seiten der Pontebbana losbrüllten und die altehrwürdige Pfarrkirche von Santa Maria Maggiore, die im Jahre 1504 entstanden war, schon in den ersten Kriegstagen genauso in Flammen aufging wie die Häuser zu beiden Seiten der alten Reichsstraße. Und das war auch 1809 so, ausgerechnet in der feierlichen Pfingstwoche, als im nahen Malborghet, nur ein paar Kilometer talaufwärts, ein wackerer Hauptmann namens Hensel mit einer kleinen Schar von Helden, wie das später bezeichnet wurde, der Übermacht der vordringenden Franzosen so lange den Weg versperrte, bis diese »sich ihren Weg über die Leichen der Tapferen zu bahnen vermochten«.

Das geschah am 17. Mai 1809. Niemand erinnert sich heute noch an die Bedeutung dieses Gefechtes, das um ein paar befestigte Blockhütten und um die Freigabe der Straße weiter nach Kärnten geführt wurde, wobei Hensels scheinbar wahnwitzige Heldentat es der österreichischen Armee des Erzherzogs Johann ermöglichte, unbehelligt zu entkommen. Längst vergessen ist wahrscheinlich auch die Bedeutung Malborghets (heute Malborghetto) als Zentrum der Eisenindustrie. Und niemand erinnert sich heute noch genau an die strategische Bedeutung dieses Marktes, dieser kleinen Festungswerke im grauen Felsgestein, die insgesamt viermal bei kriegerischen Aktionen eine Rolle gespielt haben: 1616, als venezianische Truppen diese habsburgische Festung vorübergehend eroberten; dann in der Zeit der Franzosenkriege, 1797 und 1805, wobei die französischen Generäle Massena und Eugène Beauharnais eine gewichtige Rolle spielten; und zuletzt 1809, als Österreich hier ein Heldentum demonstrierte, das der habsburgischen Monarchie später ein Denkmal wert war, das Kaiser Ferdinand seinem k.k. Ingenieur-Hauptmann Friedrich Hensel am Fuße jener Felswand stiftete, wo dieser Hauptmann mit seinen Männern starb.

Ein nahezu identisches Denkmal, eine ähnliche Situation findet sich, wenn man südwärts fährt über die alte Paßstraße, die den Berg Predil überquert und dann ins Isonzotal abfällt. Nur wenige

Kilometer nach der italienisch-jugoslawischen Grenzstation (oder, wie man heute sagen muß, nach der slowenischen Zollstelle) kommt man zu den Ruinen eines alten Festungsbaus, der daran erinnert, daß diese nicht sonderlich bequeme Straße einmal wichtig genug war, um durch eine ganze Reihe von Sperr- und Zollstationen bewacht zu werden. Immerhin war das noch unter Maria Theresias Herrschaft der direkte Weg nach Görz, Triest, wenn man venezianisches Gebiet und damit kostspielige Zollformalitäten vermeiden wollte. Und in dieser Festung, die heute nur noch aus Ruinen besteht, waren 1809 gleichfalls österreichische Soldaten stationiert, die sich genau wie in Malborghet lieber in Stücke hauen ließen, als die Straße einer französischen Militärkolonne freizugeben. Das Denkmal hier ist dem von Malborghet verblüffend ähnlich. Der schlafende Löwe auf beiden Denkmälern erinnert daran, daß auf diesen scheinbar völlig bedeutungslosen Nebenschauplätzen einer ehemals größeren Geschichte viel Blut geflossen ist.

Es gibt noch andere Schauplätze, Situationen, auch Gewohnheiten, die in diesem ehemaligen Küstenland und an der nördlichen Adria heute noch an die alte Monarchie erinnern. Halb Kärnten zum Beispiel, unterstützt von starken Abordnungen aus Wien und der Steiermark, pflegt alljährlich spätestens zu den Osterfeiertagen erstmals an die Strände der nördlichen Adria aufzubrechen, wo man sozusagen mit aller gebührenden Ernsthaftigkeit inspiziert, was man dann im Sommer frequentieren wird. Dabei spielt Grado mit seinem langgestreckten Molo, auf dem es sich herrlich flanieren läßt, eine besondere Rolle. Die Sonne wärmt schon den kalten winterlichen Stein, vom Meer herein kommt der unverwechselbare Geruch nach Tang und Salz. Und in den mittelalterlichen Kirchen der Altstadt (vor allem im prachtvollen Dom mit seinen syrischen und palästinensischen Anklängen, die noch vom antiken Aquileia übernommen worden waren) drängen sich Österreicher und Italiener, ganz so, als wäre noch die Zeit der Monarchie und Grado ein vielbesuchtes altösterreichisches Seebad mit großer Zukunft (und außerdem eine Insel, was es bis in die zwanziger Jahre hinein auch tatsächlich war), wohin man seinerzeit von Aquileia aus mit dem Dampfboot in einstündiger Fahrt kam. Damals wuchs am Nordufer der Lagune, in der Grado liegt, und zwar im Bereich eines Gutsbetriebes, aus dem inzwischen ein kleiner Weiler namens Belvedere geworden ist, ein schmackhafter Wein, der vornehmlich in den k.u.k. Offizierskasinos getrunken wurde. Aber das ist schon so lange her, daß sich heute fast niemand mehr daran erinnern kann.

Am 23. Mai 1915, als Italien den Österreichern den Krieg erklärte, ruderten am Abend dieses schicksalsschweren Tages von der Insel Portobusso, die weit draußen in der Lagune in Richtung Marano liegt (flach, sandig, ein dünner Strich im Wasser), zwei österreichische Zöllner (einer davon soll sogar aus Aquileia gebürtig gewesen sein) zur italienischen Nachbarinsel, um wie schon so oft zuvor mit den italienischen Finanzieri Karten zu spielen. Die Grenze verlief damals quer durch die Lagune, quer durch den verfilzten Dschungel mit seinen Kanälen, morastigen Böden und undurchdringlichen Schilfwänden. Als die beiden Österreicher, die vom Kriegsausbruch nichts wußten, ihr Boot am Ufer der italienischen Grenzinsel festmachen wollten, empfing sie Gewehrfeuer. Beide starben innerhalb von wenigen Augenblicken. Sie waren die ersten Opfer des nun ausbrechenden Krieges an der sogenannten Südfront.

Grado ging damals sehr bald an die Italiener verloren. Erst Ende Oktober 1917, im Verlauf der zwölften Isonzoschlacht (der berühmte oder eigentlich berüchtigte Fluß mündet nur wenige Kilometer östlich von Grado in die Adria), gelang es österreichischen Verbänden, die alte Fischerstadt wieder vorübergehend einzunehmen. Kurz danach, am 3. November, besuchte Kaiser Karl das befreite Grado. Er war gerührt vom überwältigenden Empfang, den die (wie er meinte) patriotische Bevölkerung den Österreichern bereitete. Was er nicht wußte, war der Umstand, daß zuvor König Viktor Emanuel von Italien mit ebensolcher Herzlichkeit begrüßt worden war. Die Leute aus Grado haben nie ein besonderes Augenmerk auf die nationale Herkunft ihrer Besucher gelegt. Ihnen waren alle gleich lieb und wert ...

Grado ist heute selbstverständlich eine italienische Stadt, war es auch unter der österreichischen Herrschaft, war eigentlich immer venezianisch und darüber hinaus auf eine besondere, unnachahmliche Weise autark mit seiner hoffnungslos verwinkelten Altstadt, die verschachtelt ist und erfüllt von zahlreichen Zeugnissen einer mediterran-levantinischen Kultur, wie sie auch im benachbarten Aquileia in grandioser Fülle vorhanden sind. Den Österreichern freilich, die Grado als mehr oder minder willkommene Erbschaft aus den Napoleonischen Kriegen gewonnen hatten, bleibt der Ruhm, die Insel (die seit der Ära Mussolinis durch einen Damm mit dem Festland verbunden ist) als Seebad und Luftkurort entdeckt zu haben. Das verbindet Österreich in gewisser Hinsicht heute noch besonders stark mit Grado, auch wenn viele Österreicher gar nicht mehr wissen, daß dieses bevorzugte Ziel ihrer sommerlichen Sehnsucht einst den Schatten des Doppeladlers auf sich ruhen fühlte.

Es waren, um auch das noch zu erwähnen, altösterreichische Offiziere der Grenztruppen, die hier nach 1815 stationiert waren, also nachdem Grado wiederum an Österreich gefallen war, welche die gesundheitlichen Vorteile der Schlammpackungen und Sandbäder entdeckten, die hier möglich waren. Später nutzten Beamte aus dem nahen Triest, auch aus Görz diese Möglichkeiten einer preiswerten Gesundheits- und Schönheitskur, bis es gegen Ende des 19. Jahrhunderts ganz allgemein üblich wurde, nach Grado »auf Kur zu gehen«. Der alte römische Hafen (Grado ist älter als Venedig und zählt neben dem römischen Ostia und dem ravennatischen Classe zu den großen Häfen des römischen Imperiums) wurde zu einem der ersten und beliebtesten Sommerbäder der österreichischen Monarchie.

Pula, heute kroatisch, seinerzeit als das italienische und österreichische Pola von beträchtlicher Bedeutung für die militärische Situation in der Adria, hat bis zum Ausbruch des unseligen Krieges zwischen Kroaten und Serben eine ähnliche Funktion erfüllt wie das friaulisch-venezianische Grado. Es war den Österreichern Anlaufstation und lebendiges Museum zugleich. Der überwiegende Teil der Besucher kam freilich aus touristischem Interesse und weniger aus historischer Neugier an die Südspitze Istriens. Harald Waitzbauer, ein Salzburger Publizist, der manches Erzählenswerte über Pola zusammengetragen hat, schrieb einmal: »Als Pola, das Krätzen- und Fiebernest, im Jahre 1814 endgültig an den

Kaiserstaat Österreich fiel, lebten in diesem Städtlein nicht mehr als 600 Einwohner. Seuchen jedweder Art hatten die Bevölkerung noch unter der Herrschaft Venedigs drastisch dezimiert. Kurz bevor die in besseren Zeiten stolze Seerepublik 1797 erstmals zu Österreich kam, bestand die Garnison der Stadt aus neun Mann, die den Hunger angeblich mehr fürchteten als den Feind. Nur ein kleiner Teil Polas war tatsächlich bewohnt . . . die Tore der Stadt waren noch die alten römischen, und auch der antike Leuchtturm stand noch da. Als Pola dann 1814 neuerlich ein Teil Österreichs wurde, waren viele der antiken Bauwerke von den Franzosen (die hier als Besatzer gewütet hatten) demoliert, und das Erscheinungsbild des Städtleins wirkte nach wie vor alles andere als besonders anziehend. Selbst im Jahre 1848 zählte Pola erst 1100 Einwohner, die in einem schmutzigen, von einer verfallenden Mauer umgebenen Ort mit engen Gassen und in kleinen, wenig ansehnlichen Gebäuden wohnten.«

Das, was Waitzbauer hier als »Städtlein« bezeichnet und das in seinen Anfängen als österreichischer Hauptkriegshafen an der nördlichen Adria tatsächlich eine eher kümmerliche Vorstellung bot, verfügte immerhin noch über ein antikes Amphitheater, das mehr als zwanzigtausend Zuschauern bequem Platz bot. Dieses steinerne Denkmal römischer Baukunst geht auf eine rührende Liebesgeschichte zurück. Es verliebte sich nämlich Kaiser Vespasian (er war auch für die Fertigstellung des Kolosseums in Rom verantwortlich) in eine hübsche Sklavin namens Antonia Cenida, die in Colonia Iulia Pollentia Herculanea lebte, wie Pola in römischer Zeit hieß. So wurden die Aufenthalte des Kaisers in dieser entfernten Siedlung immer länger, auch das Theater wurde immer größer und schöner. Später, als Antonia Cenida bereits die Gemahlin Vespasians geworden war, entschied sie mit ihrem Votum über Leben und Tod der Gladiatoren, die in der neuerrichteten Arena gegeneinander kämpften.

Für Österreich und das faschistische Italien hatte Pola eine andere als bloß eine historisch fundierte Bedeutung. Vor Jahren schrieb ich: »Immer wenn früher einmal in einer patriotischen altösterreichischen oder italienischen Familie von dieser Stadt die Rede war, hieß es hüben wie drüben übereinstimmend ›der wichtige Hafen, die strategische Lage, die feschen Offiziere«, und es flossen die Legenden, die man sich in den Bürgerhäusern des alten Österreich und des königlichen Italien beinahe emphatisch erzählte, wie zäher Leim über eine häßliche Wirklichkeit hinweg ...«

Pola, das 1848 dank der aufsässigen Venezianer damit beginnen konnte, eine österreichische Festung und ein Stützpunkt der altösterreichischen Kriegsmarine zu werden und das spätestens 1866 zum Hauptkriegshafen der Monarchie avancierte, besaß immer zwei Gesichter. In diesem Zusammenhang sollte man auf einen Umstand verweisen, der aus Pola beinahe ein Phänomen werden ließ. Manchmal wurde nämlich seinerzeit in Wien und nach 1918 auch in Rom eine Statistik veröffentlicht, in der hartnäckig behauptet wurde, daß Pola selbstverständlich eine »deutsche« oder, je nachdem, eine »italienische« Stadt wäre, weil die Mehrheit der Bevölkerung sich der deutschen oder italienischen Sache annehme. Das war, soweit es Österreich betraf, ein schrecklicher Trugschluß. Pola war stets eine italienisch-venezianische Stadt. Daran änderte auch der Umstand nichts, daß die Männer auf den altösterreichischen Kriegsschiffen, die hier stationiert waren, kroatisch oder slowenisch redeten und daß eine scheinbar allmächtige Beamtenschaft sowie die Offiziere sich stets nur des Deutschen bedienten. Die Österreicher haben allerdings ein paar Jahrzehnte lang alle möglichen Anstrengungen unternommen, um aus der völlig verarmten, verwahrlosten Stadt wenigstens ein brauchbares militärisches Zentrum zu machen. Immerhin wuchs die Bevölkerung nach 1866 verhältnismäßig rasch auf mehr als vierzigtausend Menschen an. »Ständig wurde in Pola gebaut, erweitert, vergrößert, pulsierendes Leben und verkehrsreiche Straßen, hervorgerufen in der Hauptsache durch die Dynamik eines sich ins 20. Jahrhundert begebenden Militärs«, wie das der Chronist Waitzbauer darstellte. Aber er konnte auch nachweisen, daß die im Jahre 1904 erstmals durch Pola rumpelnde elektrische Straßenbahn ganze achtzehn Minuten für die Radiallinie benötigte und dabei alle sehenswerten Punkte der Stadt berührte.

Über das altösterreichische Pola flogen Jahrzehnte voll Musik hinweg. Es waren vor allem die einschmeichelnden österreichischen Militärmusiken, die so erstaunlich zivil wirken konnten und die den Zuhörern das Gefühl vermittelten, die Panzerkreuzer im Hafen und die Geschütztürme auf den graugefleckten Felsen über der Stadt wären nur Dekorationen für einen riesigen Ballsaal. Später, nach 1918, musizierten die Italiener unter den schattigen Platanen und im Widerschein der römischen Arena auf eine so mitreißende, spektakuläre Art, daß man glauben mochte, der Triumphmarsch aus »Aida« hätte jeden zweiten Abend Premiere. Es war eine ganz besondere Art der musikalischen Kolonialisierung, die hier stattfand und die anscheinend nur aus gefühlvollen Walzern und sentimentalen Märschen bestand. Daß Pola im Grunde ganz anderen Zwecken diente, nahm man nur am Rande wahr und vor allem immer erst dann, wenn es für jede andere Unterhaltung schon längst zu spät war. Das Eindringen eines italienischen Unterseebootes in den Hafen oder eine geglückte österreichische Flottenparade löste jeweils Begeisterungsstürme aus, wobei man sich allerdings nie die Mühe machte, die in und rund um Pola ansässigen Kroaten nach ihrer Meinung zu fragen.

Dafür war der laute Jubel der italienischen Bevölkerung der Stadt unüberhörbar, als in den ersten Novembertagen des Jahres 1918 italienische Kriegsschiffe in den Hafen einliefen. Dreißig Jahre später hatten bereits mehr als zwei Drittel dieser italienischen Einwohner Polas die Stadt verlassen.

Polas Glück, sofern man überhaupt davon sprechen kann, begann 1866, als hier die Österreicher, desillusioniert durch die Niederlage von Königgrätz, die auch den Verlust Venetiens nach sich zog, ihren Hauptkriegshafen einrichteten. Das jugoslawische Pula ist dieser Tradition gefolgt. Jetzt verbringen die jungen Männer, die hier ihre Militärdienstzeit ableisten, ihre kärgliche Freizeit wie seinerzeit die österreichischen Rekruten an den langen Sommerabenden im Kreise ihrer besorgten Familienangehörigen, die aus allen Teilen des Landes kommen; oder früher einmal gekommen sind, wie man angesichts der katastrophalen Situation im auseinanderfallenden Jugoslawien feststellen muß, die auch die Situation in Pula verändert hat. Aber im Grunde hat sich seit dem vorigen Jahrhundert, seit dem Zeitalter des Doppeladlers nicht viel geändert. Denn auch damals waren es vornehmlich dalmatinische Seeleute, deren instinktive Begabung für alles Maritime außerordentlich groß ist, die auf den österreichischen Panzerkreuzern und Torpedobooten Dienst taten und deren junge, schmale Körper und eckige, ein wenig fremd gewordene Gesichter den prüfenden Blicken von besorgten Müttern und stolzen Vätern standhalten mußten.

Manchmal begegnet man einem dieser jungen Matrosen in den weitläufigen Hallen des ehemaligen »Rivierahotels«. Es war seinerzeit das nobelste, eleganteste Haus am Platz und zuerst natürlich den österreichischen Marineoffizieren vorbehalten, bis es allmählich verödete und herabsank zur kleinbürgerlichen Unterkunft. So diente es bis vor kurzem den Matrosen gelegentlich noch als Basis für eine vorübergehende private Existenz. Junge Frauen saßen dann mit leeren Augen am Frühstückstisch neben diesen jungen Männern in ihren zerknitterten Uniformen und wirkten fast ein wenig wie Fremdkörper. Die alten Hotelmauern knisterten. Von draußen drangen Verschubgeräusche herein. Der Hafen ist nur wenige Schritte entfernt. Manchmal zerriß das Aufheulen einer Schiffssirene die Stille. War es vor fünfzig, hundert Jahren anders? In den kleinen Wirtshäusern rund um den Hafen starrten die Familien, die von weit her gekommen waren, immer ein wenig erstaunt auf ihre herangewachsenen und plötzlich erschreckend erwachsenen Söhne.

Wahrscheinlich wird das alles auch nach diesem jüngsten Bürgerkrieg, der das Land in ein unvorstellbares Chaos gestürzt hat, seine Wiederholung finden. Wahrscheinlich wird dann statt der jugoslawischen Bundesfahne die kroatische Flagge über den Schiffen wehen. Wahrscheinlich wird die Uniform der Matrosen einen etwas anderen Schnitt haben. Aber sonst wird alles so sein, wie es immer gewesen ist.

Seinerzeit gehörte von den mehr als vierzigtausend Einwohnern Polas mehr als die Hälfte zur österreichischen Marine- und Militärbesatzung. Damals gab es auch noch die sogenannten Toleranzhäuser, was sich dann im ständig überfüllten Marinespital mit seinen zahlreichen Syphiliskranken niederschlug. Und es gab den vielbesuchten Kaiserwald draußen vor der Stadt, der eigentlich Eigentum eines Religionsfonds und an die Marine nur verpachtet war, deren Offiziere und Beamte es sich zur Gewohnheit machten, auf den hübsch angelegten Wegen dieses Kaiserwaldes zu promenieren, ihre Rendezvous zu vereinbaren oder mit der Frau Gemahlin und den Kindern den Sonntagnachmittag-Spaziergang zu absolvieren. Franz Lehár sorgte als Militärkapellmeister für den notwendigen musikalischen Schwung. Im Marinekasino, »situiert in einem Park mit seltenen exotischen Pflanzen«, unterhielten oder langweilten sich die Stabsoffiziere. Und im eher bescheidenen Politeama-Theater vergnügte sich ein reichlich gemischtes Publikum an kabarettistischen Einlagen und an den Gesangsübungen vazierender Soubretten, denen gelegentlich das fragwürdige Glück zuteil wurde, von einem feschen k.u.k. Leutnant zum Souper eingeladen zu werden.

Hat sich sehr viel seit damals geändert? Pula ist etwas gesichtslos geworden, hat manches von seiner Eigenart, von seinem Charme eingebüßt. Es ist heute unmißverständlich eine slawische Stadt, die ihre sentimentale Zugehörigkeit zum neuen Kroatien erst noch wird beweisen müssen. Alles Italienische und mehr noch alles Alt-österreichische ist bis auf einige wenige, winzige Spuren verschwunden. Den alten Marine- und Militärfriedhof hat man nach jahrelangen Bemühungen wieder renoviert, so daß man heute von den verwitterten Grabsteinen die österreichische Biographie dieser Stadt wenigstens in Bruchstücken ablesen kann. Aber es ist eine Täuschung. Dieses Österreich, das in diesem Friedhof repräsentiert wird, gibt es schon lange nicht mehr.

Österreich hat sich an den Küsten Istriens immer nur sporadisch behaupten können. Die Eisenbahnlinie zum Beispiel, die früher einmal von der Hauptlinie Divazza – Pola abzweigte, und zwar bei der Ortschaft Kanfanar, und dann an die Küste und ins rund zwanzig Kilometer entfernte Rovigno führte, ist heute so gut wie spurlos verschwunden. Nicht einmal mehr den Bahndamm dieser seinerzeit nicht unbedeutend gewesenen Flügelbahn kann man ausmachen. Die fruchtbare, blühende Wildnis des südlichen Istrien ist darüber hinweggegangen.

In Rovigno selbst, das seit 1948 Rovinj heißt, lebten um die Jahrhundertwende rund zwölftausend Einwohner (also mehr als heute), und eine k.k. Tabakfabrik sorgte dafür, daß einige hundert Arbeiter Beschäftigung fanden. Die Produkte, Zigarren, Zigaretten, aber auch Pfeifentabak, wurden dann mit der Bahn über Kanfanar, Mitterburg (das heute längst schon Pazin heißt) und Divazza weiter über die Südbahn nach Wien expediert. Und die altösterreichische Adelsfamilie Hüttenrodt gründete hier eine der interessantesten Kunstsammlungen der nördlichen Adria, was vielleicht mitgeholfen hat, aus Rovigno eine Art Montmartre Istriens zu machen.

In Labin wiederum, schon tief im Süden gelegen, im Widerschein des Kvarner, dieser großen, samtfarbenen Bucht, die sich vor Rijeka und Opatija dehnt, in Labin also, das seit den Tagen der Illyrer und Römer sich auf einem steil ansteigenden Hügel eingerichtet hat, waren es österreichische Ingenieure im Auftrag der Bankiers Rothschild, die hier das industrielle Zeitalter machtvoll beginnen ließen. Denn man hatte im Untergrund der Stadt und einiger umliegender Dörfer gewaltige Steinkohlenlager entdeckt. Bald waren hier mehr als tausend Bergleute damit beschäftigt, alljährlich jene Fördermengen aus der Tiefe der Erde heraufzuholen, die einen kontinuierlichen und vor allem auch gewinnbringenden Abbau durchaus rentabel machten. Eine Schmalspurbahn, gleichfalls von den Österreichern erbaut, brachte die geförderte Kohle ans nahe Meer, wo die Frachtschiffe darauf warteten, beladen und abgefertigt zu werden. Nach dem Zusammenbruch der Monarchie kam es hier übrigens zu blutigen Wirren, in deren Verlauf sich sogar eine anarchistische, frühkommunistische Republik von Labin konstituierte, die aber im Jahre 1921 nur wenige Wochen Bestand hatte. Dann übernahmen die Italiener die Macht, und alles, was österreichisch gewesen war, geriet rasch und nachdrücklich in Vergessenheit.

Im nahen Abbazia (von Labin nach Abbazia – oder, wie es heute heißt, Opatija – sind es mit dem Auto nicht viel mehr als dreißig, fünfunddreißig Minuten) konnte man bis in den Frühsommer 1991 hinein glauben, daß dieser Ort von den Wirren des Bürgerkrieges verschont bleiben würde. Dann tauchten auch hier die Kriegsschiffe der jugoslawischen Bundesarmee auf, gab es auch hier die ersten häßlichen Zwischenfälle, mußten die großen Hotels für die Flüchtlinge aus Slawonien und anderen Landesteilen Kroatiens geöffnet werden, die in ihrer Heimat alles verloren hatten. Die vielversprechenden Ansätze in den Jahren zuvor, als es den Anschein gehabt hatte, als ob die Deutschen, Österreicher und Italiener wieder scharenweise nach Abbazia kommen würden, um hier Heilung und Erholung zu finden, erstickten im Elend dieses Krieges, den niemand gewollt und der doch das ganze Land in Mitleidenschaft gezogen hat. Bis dahin war Abbazia jedenfalls eine wichtige Anlaufstation für Herzkranke, aber auch für romantische Ästheten, die sich einfach an der schönen landschaftlichen Kulisse erfreuten, die sich ihnen anbot, wenn man über den Lungomare spazierte, den kilometerlangen Flanierweg entlang des Meeres, wo nicht nur die Überlebenden nach Herzinfarkt und Bypass-Operation den Weg zurück in ein normales Dasein suchten. Dabei kam man zwangsläufig auch am schönen Stadtpark mit seinen exotischen Pflanzen und Bäumen, seinen historischen Erinnerungen und auch am ältesten Hotel der Stadt mit seiner dekorativen altösterreichischen Fassade vorbei.

Es war ein Großkaufmann namens Iginio Scarpa aus dem benachbarten Fiume (heute Rijeka), der um die Mitte des 19. Jahrhunderts seiner Frau zuliebe (sie war eine gebürtige Triestinerin) hier an der Küste eine Villa erbaute, der er den Namen Angiolina gab, den Namen seiner Frau. Rund um die Villa ließ der reiche Mann einen prachtvollen Park errichten, darin exotische Pflanzen und Bäume wachsen sollten, was angesichts des milden Klimas auch vorzüglich gelang, so daß dieser Park von Abbazia heute noch eine der Sehenswürdigkeiten Opatijas ist. Im Jahre 1860 stellte Scarpa die Villa der österreichischen Ex-Kaiserin Maria Anna, der Gemahlin des abgedankten Kaisers Ferdinand, zur Verfügung. Ferdinand hatte bekanntlich im Dezember 1848 im mährischen Olmütz einer habsburgischen Familienintrige weichen und sein hohes Amt zugunsten seines Neffen Franz, des nachmaligen Kaisers Franz Joseph, zur Verfügung stellen müssen. Jetzt lebte er völlig zurückgezogen auf dem Prager Hradschin, ein Staatspensionär, der von allen politischen Geschäften völlig ausgeschlossen war, was den alten Herrn aber weiter nicht kränkte. Dafür litt seine Frau an irgendeiner lästigen Krankheit, zu deren Heilung die Ärzte Maria Anna das milde Klima des mediterranen Südens und Bäder im Meerwasser verordnet hatten. So kam es, daß eine Abordnung aus Wien an den Küsten zwischen Triest und Fiume nach einem geeigneten Domizil für die kaiserliche Patientin suchte und dabei auf die Villa Angiolina in Abbazia stieß.

Auch andere österreichische und deutsche Ärzte, darunter der berühmte Theodor Billroth (an den heute auf dem Lungomare eine bronzene Gedenktafel erinnert) machten für Abbazia nachdrücklich Reklame. Die Wiener Südbahngesellschaft wiederum erweiterte ihre Bahnlinie durch eine Nebenbahn, die von Pivka bis nach Fiume führte und damit diesen Teil des Küstenlandes an das innerösterreichische Bahnnetz anschloß. Das war 1873. Man baute Erholungsheime für die Beamten der Südbahn, was für einen weiteren touristischen Aufschwung an dieser Küste sorgte. Scarpa zum Beispiel, der ein gerissener Geschäftsmann war, verkaufte seine Villa in Abbazia einem österreichischen Adeligen (wobei man annehmen sollte, daß der geforderte und bezahlte Preis ein Mehrfaches der ursprünglichen Baukosten ausmachte). Dieser Adelige ging alsbald unter die Hotelfachleute und vermietete das neuerworbene Haus an vermögende Touristen. Im Jahre 1884 wurde mit dem »Kvarner« das erste Hotel eröffnet. Es existiert, mehrfach revitalisiert, heute noch. Und 1888 verbrachte der damals dreißigjährige österreichische Thronfolger, Erzherzog Rudolf, anderthalb Jahre vor seinem tragischen Ende in Mayerling, als Gast des jüdischen Industriellen Kuranda einige Zeit in Abbazia.

Hier dürfte Rudolf in das, was man eine schlechte Gesellschaft nennt, geraten sein. Jedenfalls wurde bald darüber getuschelt, daß der Kronprinz ein Verhältnis mit der schönen und leidenschaftlichen Annie Kuranda hätte. Es gab auch häßliche Gerüchte, die davon sprachen, daß der Jude Kuranda diese Affäre begünstigte, weil sie ihm bei seinen Geschäften nützlich sein könnte. Der Skandal wurde nur mühsam vertuscht. Aber Abbazia wurde ein Ort, über den in der ganzen Monarchie geredet wurde. Franz Ferdinand zum Beispiel, der nachmalige Thronfolger, der gleichfalls in Abbazia zu kuren pflegte, schimpfte in aller Öffentlichkeit über das »ekelhafte Judenaquarium in Abbazia«, was aber weder ihn noch die sogenannte bessere Gesellschaft davon abhielt, sich des öfteren in diesem winterlichen Treffpunkt des mondänen Altösterreich einzuquartieren. Der Ort verdankte neben seinem angenehmen Klima und der Heilkraft seiner Luft auch solcher Propaganda seinen raschen Aufstieg zum Winter-Nobelbad der Monarchie. 1899 wurde er offiziell zum klimatischen Kurort erklärt. Hotels und Villen, Parkanlagen und neue Straßen entstanden, die Promenade längs des Meeres bis nach Lovran, der berühmte Lungomare, wurde angelegt. Könige, Prinzen, Herzöge und ein großbürgerliches Publikum kamen angereist, Kokotten beherrschten die gesellschaftliche Szene, kleine und größere Skandale sorgten für Abwechslung. Und auch die Geschäftigkeit der internationalen Diplomatie erstreckte sich immer wieder bis nach Abbazia, das von altösterreichischen Reiseschriftstellern gerne als eine Perle der Monarchie bezeichnet wurde.

Der Engländer Cuddon wiederum, ein Reisepublizist und Kenner Jugoslawiens, schrieb vor rund zwanzig Jahren eher skeptisch: »Am verhängnisvollsten war ohne Zweifel der Einfluß der Österreicher und Italiener während der letzten hundertfünfzig Jahre. Die Österreicher verstehen die Slawen wenig oder durften aus politischen Gründen kein Verständnis zeigen, aber die Italiener verstehen sie vielleicht noch weniger . . .«

Was Cuddon zu erwähnen vergessen hat, ist der Umstand, daß sich heute noch die Politiker darüber streiten, wer in Orten wie Labin, Opatija, Rijeka oder Rovinj sozusagen die Ur- oder Stammbevölkerung ausgemacht hat. Die Kroaten? Slowenen? Oder vielleicht doch die Italiener, die nach dem Zweiten Weltkrieg zu Zehntausenden Istrien verlassen mußten? Wobei der erste wirtschaftliche Aufschwung dieses Küstenlandes ohne Zweifel unter den Österreichern stattfand. Aber das ist schon wieder so lange her, daß man heutzutage ganz gern vergißt, auch darüber zu berichten.

Aufenthalt in Istrien

Istrien war einst österreichisch. Es war, wie etwa im Gebiet von Pazin, das früher Mitterburg geheißen hat, seit der Mitte des 14. Jahrhunderts habsburgisch. Oder es geriet, wie der größere Teil der Halbinsel mit den Küstengebieten, als Hinterlassenschaft des Napoleonischen Imperiums in österreichischen Besitz. Österreich hat in den meisten Fällen keine nachhaltigen Spuren hinterlassen, wenn man von der Eisenbahnlinie absieht, die vom nordistrianischen Divazza nach Pola und über eine Flügelbahn auch bis nach Rovigno führte. Auch die Hafenanlagen von Pula, dem altösterreichischen Pola, sind zum großen Teil österreichischen Ursprungs. Und dann natürlich auch noch das Wort »Težak«, das Eingang fand in die altösterreichische Militärsprache. Es meinte einen Tölpel, einen schwerfälligen Menschen, der nichts begreift, kein Kommando behält, zu dumm ist, um die einfachsten Übungen mitmachen zu können; und der dann dementsprechend verspottet und bestraft wird. »Einer ist immer der Teschak«, sagt man heute noch.

Wahrscheinlich ist es kein Zufall, daß dieses böse, auch bittere und vor allem zutiefst resignative Wort vom Teschak gerade aus Istrien kommt. Diese Region, ein Juwel an landschaftlicher Schönheit, durchtränkt von herber Poesie, wird wohl nur deshalb nicht als Schauplatz für versuchte Weltuntergänge und andere Katastrophen apostrophiert, weil sie zu sehr außerhalb aller gewohnten Betrachtungsweisen liegt. Obwohl sich gerade hier die großen Ströme der europäischen Geschichte immer wieder gekreuzt haben und in Istrien Begegnungen zwischen verschiedenen Kulturen stattfanden, die bedeutsam waren für das Wachsen und Werden des sogenannten Abendlandes. Aus illyrischen Wallburgen wurden römische Kastelle; an den Küsten siedelten griechische Kolonisten; Maurowlachen, Serben, Montenegriner,

Albaner fanden hier Zuflucht vor Piraten und Türken; und schon im frühen Mittelalter hatte Cassiodorus, Staatskanzler des legendären Gotenkönigs Theoderich, allen Ernstes gemeint, daß man im istrianischen Parentium (dem heutigen Poreć) das Leben von Göttern führe.

Aber rund anderthalbtausend Jahre später war es immer noch der Teschak, der den Kopf hinhalten mußte, wobei es gleichgültig war, welchen Dialekt er redete, aus welcher Gegend dieser großen, immer noch geheimnisvollen Halbinsel er kam. Noch im Zweiten Weltkrieg kam es in Istrien zu grauenhaften Zwischenfällen. Allein in Buzet wurde fast die gesamte männliche Bevölkerung ausgerottet. Im riesigen Karsttrichter von Pazin türmten sich die Leichen der Erschossenen, Erschlagenen, zu Tode Gefolterten. Aus Pola flüchteten innerhalb weniger Wochen fast dreißigtausend Italiener vor der Rache der Slawen, die unter dem italienischen Faschismus zu leiden gehabt hatten. Und in zahlreichen namenlosen Dolinen im kroatischen wie im slowenischen Istrien starben Tausende von Menschen unter den Kugeln kommunistischer Exekutionskommandos, wie sie zuvor unter den Kugeln faschistischer Exekutionskommandos gestorben waren. Es war immer der Težak, der mit seinem Leben für etwas bezahlen mußte, das ihn nicht interessierte, auch nichts anging, um das er sich nie gekümmert hatte und dessen Opfer er dann doch wurde. Er wurde immer für alles verantwortlich gemacht. Seine Haut war's, die zu Markte getragen wurde. Das war unter den Habsburgern so, die hier ihre Verwalter und Vögte einsetzten, die dafür sorgten, daß sich der Težak immer duckte (was er bis auf ein paar verzweifelte Rebellionen auch tatsächlich tat), aber auch unter den Italienern, die Istrien mit aller Macht und unter Zuhilfenahme von außerordentlicher Brutalität zu italianisieren versuchten. Und es änderte sich an dieser Situation letztlich auch nichts unter der Herrschaft Titos und seiner kommunistischen Paladine.

Ob jetzt, da Jugoslawien zerfallen und Istrien wohl endgültig kroatisch geworden ist, sich das alles ändern wird? Schon melden italienische Politiker Gebietsforderungen an. Schon rüsten sich rückwanderungswillige Italo-Istrianer in den Städten Italiens zur Rückkehr nach Istrien. Und ob Kroatien wirklich damit einverstanden sein wird, den nordwestlichen Teil der Halbinsel für alle Ewigkeit den Slowenen zu überlassen, ist auch mehr als fraglich. Neue Konflikte zeichnen sich ab. Es scheint so, als hätte der Težak noch manche Prüfung, die auf ihn zukommt, zu überstehen.

Aber er, den altösterreichische Feldwebel und die Kommandosprache der k.u.k. Armee sozusagen unsterblich gemacht haben, hat auch eine Art Kehrseite. Es manifestiert sich nämlich in den schönsten Kirchenfresken, die es an der nördlichen Adria überhaupt gibt, ist in den kleinen, dunklen Bauernkirchen von Hrastovlje und Beram zu entdecken und überlebt als Kunstwerk schon seit Jahrhunderten seine elende physische Existenz. Nehmen wir, um das zu erklären, als erstes Beispiel Hrastovlje.

Das Dorf ertrinkt fast im hellen Grün Istriens, duckt sich mit seinen schieferfarbenen Häusern hinter jungen Weingärten und alten Obstbäumen, während hügelaufwärts bis zu den geborstenen Felsen, die hier die mediterrane Welt nach Norden zu endgültig abschließen, die zottige, heillos verfilzte Macchia wuchert. Hrastovlje, nur ein paar kurvenreiche Kilometer unterhalb der Verbindungsstraße hinüber nach Opatija, hinunter nach Pula, liegt in einem langgestreckten und ungemein fruchtbaren Tal am Beginn des legendären Tschitschenboden. Es hat für die Welt, obgleich es zumindest für die Kunstwelt bedeutungsvoll ist, nie wirklich existiert.

Im 19. Jahrhundert, als die Österreicher hauptsächlich aus strategischen Gründen eine Eisenbahnlinie von Divazza nach Pola (über Pazin/Mitterburg) bauten, über die man der südistrianischen Hafenstadt in Notfällen Mannschaften, Proviant und Munition zuzuführen gedachte, damals verwehrte man dem Dorf sogar die Ehre eines eigenen Bahnhofes, obgleich die Eisenbahnlinie nur einige Steinwürfe weit entfernt vorbeiführt. Die Leute aus Hrastovlje mußten nach Podgorje gehen, wenn sie (was wohl selten genug vorkam) die Eisenbahnlinie benützen wollten, und das war dann immerhin eine gute Wegstunde entfernt. Hrastovlje war seit 1814, seit das Dorf endgültig an das österreichische Kaiserreich gefallen war, von jeder Entwicklung abgeschnitten. Doch zu diesem Zeitpunkt gab es längst schon die kleine Bauern- und Festungskirche, die dann allerdings erst im 20. Jahrhundert für den geheimen Ruhm Hrastovljes sorgen sollte, eines der bedeutenden Kunstbeispiele des südosteuropäischen Kulturraumes zu sein.

Die Kirche, die den Zauber, den Ruhm und die Legende von Hrastovlje ausmacht (und deren Turm man in den letzten Jahren auf fast exemplarische Weise falsch renoviert hat), erhebt sich festungsartig auf einer kleinen Anhöhe im Osten der dunklen, geduckten Bauernhäuser. Sie schließt das Dorf gleichsam endgültig ab. Und sie hat mit den grauen Wehrmauern, Stummeltürmen und Schießscharten (sie stammen aus dem 12. oder 13. Jahrhundert) eine martialische Pose eingenommen, die ein wenig lächerlich anmutet. Denn die ganze Anlage besitzt im Grunde etwas ungemein Graziöses, gerade so, als ob derlei altes Mauerwerk über dem Hügel, über der braunroten Erde zu schweben vermöchte. Und die Wandmalereien im Inneren der Kirche, die als ein Bilderbuch Gottes seinerzeit auch den analphabetischen Istrianern (die hier bis zum Ende der Napoleonischen Ära im Schatten der österreichischen Zollgrenze lebten, die in Podgorje einen Stützpunkt hatte) die Geheimnisse, die Magie der Religion beibrachten, stellen ein Kleinod mediterraner Kunst dar.

Es war ein Meister namens Ivan aus Kastav (oberhalb Rijekas gelegen), eigentlich Giovanni di Castua genannt, der mit seinen Gehilfen diese Wandmalereien um das Jahr 1490 vollendet hat. Sie beschreiben in der Hauptsache einen Totentanz von ästhetischer Brillanz und moralischer Schärfe, wie er in dieser perfekten Naivität, die auch eine Art von Vollendung ist, nur noch im nahen Beram (bei Pazin/Mitterburg) vorkommt, dort gleichfalls von einem Wandmaler aus Kastav geschaffen, der jedoch Vinzenz hieß. Außerdem datieren die Fresken von Beram aus dem Jahre 1447, sind also eine Generation älter als jene von Hrastovlje.

Aber um den Težak geht's in beiden Fällen. Auch hier in Hrastovlje kommt er vor, duckt er sich auf den Wandmalereien scheu und umschattet den Rand des Bildes oder geht er, wenn er aus dem 20. Jahrhundert kommt, immer noch seiner Gastarbeiterrolle nach, ohne die das Dorf wohl schon vor Jahrhunderten ausgestorben wäre. Früher war das Ziel der Bauern, Hirten und Keuschler von Hrastovlje das nahe Triest, wohin man mit riesigen Bündeln selbstgeschlägerten Holzes ging, um es an die feinen Stadtleute zu verkaufen. Heute zeigen die Nummernschilder der vor den kleinen Häusern abgestellten Autos, wohin die Leute auf Arbeitssuche gehen: Österreich, Deutschland, Belgien, Schweiz ... Das Paradies aber dürfte, wenn überhaupt, nur in den Farben und Figuren der Fresken in der Festungskirche zu entdecken sein.

Bald schlägt wieder der Regen ins wuchernde Gras. Manchmal erstickt Istrien in grüner Feuchtigkeit. Ein riesiger Hund zieht knurrend seine Kreise. Schaut so nicht auch der Tod aus, der an den Wänden in der Kirche Edelmann und Bettler, Hoffräulein und Ritter bedrängt? Ich sah zu, daß ich in meinen Wagen kam.

Man muß, wenn man die Fresken von Hrastovlje besichtigen will, den Kirchenschlüssel im Dorf abholen. Ein Schild mit einem primitiv gezeichneten Schlüssel weist den richtigen Weg. Wer will, kann dann, während er die Fresken betrachtet, wie in einem Spiegel lesen, darin einige unveränderliche Wahrheiten enthalten sind.

Von Hrastovlje hinüber nach Pazin, das im Zentrum Istriens liegt, fährt man vielleicht zwanzig Autominuten. Pazin, das früher einmal Pisino und, wie schon erwähnt noch früher Mitterburg geheißen hat, liegt zwischen den erdfarbenen Hügeln Inneristriens in einer kleinen Talsohle, an deren tiefstem Grund sich ein riesiges Loch in der Erde auftut, darin ein Fluß verschwindet. Jules Verne, der bedeutende französische Zukunftsschriftsteller des 19. Jahrhunderts, kam eines Tages auch nach Pazin, das in jenen Tagen österreichisch war, und ließ sich zu einem seiner abenteuerlichen Romane inspirieren. Es ging dabei um eine Reise zum Mittelpunkt der Erde. Ein paar Jahrhunderte zuvor hatte sich hier Dante angeblich zu seiner Beschreibung des Eingangs zur Hölle in seiner »Divina Commedia« animieren lassen.

Ganz in der Nähe von Mitterburg findet sich eine verschwiegene, halb ausgestorbene Ortschaft namens Lindar. Hier kam es im September des Jahres 1813 zu einem denkwürdigen Gefecht zwischen einer französischen Einheit und einer Handvoll Österreicher, die von den Bauern aus den umliegenden Dörfern unterstützt wurden. Die völlig überraschten Franzosen wähnten sich von einer Übermacht angegriffen, zogen sich zurück, waren völlig ratlos, wie sie dem unsichtbaren Feind begegnen sollten, feuerten immer wieder einige ziel- und nutzlose Gewehrsalven ins rauschende Grün der istrianischen Macchia ab und ergaben sich schließlich. Angeblich waren es rund tausend Mann, die hier vor einem Hauptmann namens Lazarich, einigen Husaren und Infanteristen und den knüppelbewehrten kroatischen Bauern kapitulieren mußten, was praktisch die Rückkehr Mitterburgs nach Österreich bedeutete. Harald Waitzbauer schreibt dazu recht nüchtern: »Istrien blieb bis zum Beginn des 20. Jahrhunderts Österreichs ärmste Provinz. Entvölkert von Pest und Malaria, verwüstet von Türken und Uskoken, abgeholzt von den Venezianern, ausgebeutet von den österreichischen Grundherren, lag das Land ausgeblutet und erschöpft darnieder.«

Den Österreichern sollte man zugute halten, daß sie im Gegensatz zu Waitzbauers düsterer Aufzählung den Türken nicht erlaubten, auch nur einen Fuß auf die Erde Istriens zu setzen. Außerdem sorgten sie dafür, daß einige sogenannte Poststraßen quer durch das Land gebaut wurden, auf denen die Durchführung eines regelmäßigen Waren- und Personenverkehrs möglich war. Schließlich folgte auch noch die Eisenbahn, die das bis dahin der Welt gegenüber ziemlich abgeschlossene Inneristrien öffnete und Mitterburg, das einige Zeit lang die Hauptstadt Istriens war, ans Bahnnetz der österreichischen Südbahn anschloß. Diese weltentlegene kleine Stadt, die seit dem Jahre 1347 habsburgisch gewesen war, hatte sich diese Erhöhung wohl verdient.

Neunmal täglich fährt heute noch ein Zug, der meistens aus einem Personen- und einem Güterwaggon besteht, hinauf nach Divača unweit von Lipizza (oder Lipica), dem slowenischen Stammgestüt der legendären weißen Lipizzaner, wo man auf die ehemals österreichische Südbahnstrecke nach Triest oder Laibach stößt. 1876, als die Istrien-Linie von Divača, das damals noch Divazza hieß, nach Pola fertiggestellt wurde, betrug die Fahrzeit fünfeinhalb Stunden. Drei Jahre lang hatten die Österreicher an dieser Eisenbahnlinie gearbeitet, die Pola, den Hauptkriegshafen der Monarchie, und Istrien, das Armenhaus der Monarchie, den Anschluß an die Südbahnstrecke und an die neue Zeit bringen sollte. Harald Waitzbauer hat sogar die genauen Daten der Eröffnungsfahrt nachrecherchiert: 20. September 1876, und der erste

Zug »erreichte den herausgeputzten Bahnhof in Pola um Punkt 11 Uhr 49«.

Aber die neue Zeit war nicht so freundlich, wie sie vielversprechend ausgesehen hatte, als man die ersten Schwellen gelegt und die ersten Stationshäuser gebaut hatte. Sie brachte den unseligen Nationalitätenkonflikt, der in Istrien, wo seinerzeit Kroaten und Slowenen, Italiener und Uskoken, Morlaken und Albaner seßhaft geworden waren, besonders schmerzhaft spürbar wurde. In Mitterburg zum Beispiel waren die Hauptschule und das Unterstufengymnasium zuerst deutschsprachig. Die führenden Gasthöfe der Stadt hießen zwar »Aquila nera« und »Narodni dom«, aber die Besitzer trugen so deutsche Namen wie Aloisia Gebertz oder Mathilde Langhammer. Um die Mitte des 19. Jahrhunderts, als die Italiener aus Mitterburg Pisino und die Kroaten daraus wiederum Pazin gemacht hatten, verschärften sich die nationalistischen Gegensätze. Manches von dem, was dann in den neunziger Jahren des 20. Jahrhunderts das Land zerfleischen sollte, zeigte sich damals bereits mit aller gefährlichen Deutlichkeit. Und die Österreicher standen den sich abzeichnenden chaotischen Verhältnissen so gut wie machtlos gegenüber.

Die Amtssprache unter der altösterreichischen Verwaltung mußte natürlich auf die zahlreichen Italiener Rücksicht nehmen, die auch in Mitterburg lebten. Aber das Kroatische setzte sich bald als gleichberechtigt durch. Dafür war der Gemeinderat ausschließlich mit Kroaten besetzt, was die italienischen und slowenischen Mitbürger nur murrend zur Kenntnis nahmen. Und mancher Stationsname an der Eisenbahnstrecke durch Inneristrien mußte damals sogar weggelassen werden, weil sich Slowenen wie Kroaten hartnäckig weigerten, die offiziellen italienischen Namen zu akzeptieren, die ohnedies mit den ursprünglichen Ortsnamen identisch waren. Ab 1899 waren alle höheren Schulen in Mitterburg-Pisino-Pazin endgültig mehrsprachig, nämlich italienisch und kroatisch, was aber die jeweils andere Minderheit oder Bevölkerungsgruppe als unerhörte Brüskierung empfand. Das Deutsche war selbstverständlich abgeschafft worden. Und das hatte weiter für keinerlei Aufregung gesorgt.

Gewissenhafte Chronisten haben einmal errechnet, daß Pazin

allein in den vier Jahrhunderten zwischen dem ausgehenden 14. und dem 18. Jahrhundert gezählte einundzwanzig verschiedene Herren hatte, darunter so bedeutende Familien der altösterreichischen Hocharistokratie wie die Herberstein, Attems, Khevenhüller oder Montecuccoli. Einmal, 1571, kam es zu einem verzweifelten Aufstand der rechtlosen und ausgebeuteten Bauern dieser Gegend, zu einer Art Nachbeben der großen und verheerenden Bauernrevolten in anderen Landesteilen Kroatiens und Sloweniens. Es endete mit einer vernichtenden Niederlage der Rebellen und neuen, noch härteren Steuern und bedrückenderen Verordnungen. Im 17. Jahrhundert spekulierte Kaiser Ferdinand III. mit dem Verkauf der Grafschaft Mitterburg ausgerechnet an den Erbfeind der Habsburger, an Venedig. Das konnte im letzten Augenblick durch die Landstände des Herzogtums Krain verhindert werden. Es wäre auch wirklich ein Treppenwitz der Geschichte gewesen, wenn ausgerechnet dieses arme, gleichsam namen- und gesichtslose Land in Inneristrien zur Abdeckung habsburgischer Schulden geopfert worden wäre.

Die Österreicher haben in dieser alten Hauptstadt Inneristriens auch manches Gute geleistet. Bereits 1825 wurde Mitterburg Sitz der k.k. Verwaltung und damit aller wesentlichen Behörden Istriens, was der Stadt bis zum Jahre 1861 einen gewissen Wohlstand bescherte. Dann freilich wurde die Verwaltung dezentralisiert, wanderte ein Teil der Ämter nach Pola, ein anderer und wesentlicher Teil jedoch nach Parenzo ab, das heute Poreć heißt und das 1861 zum Sitz des k.k. istrianischen Landtags und damit zum neuen Verwaltungszentrum wurde. Fast alle Deutschen, also so gut wie die gesamte Beamtenschaft, wanderte aus Mitterburg ab, das 1876 allerdings durch den Anschluß ans österreichische Eisenbahnnetz entschädigt wurde. 1899 wurde hier dann das erste kroatische Gymnasium Istriens eröffnet, nachdem der Bedarf für eine höhere deutsche Schule nicht mehr gegeben war und für eine italienische Lateinschule nicht erkannt wurde.

Die Österreicher taten sich in den erbitterten Auseinandersetzungen zwischen alteingesessenen Kroaten und Italienern reichlich schwer. Sie standen dem ganzen nationalistischen Chaos mehr oder weniger hilflos gegenüber. Manchmal verboten sie einen italienischen Verein, manchmal einen kroatischen. Die dünne deutsche Oberschicht, sofern sie überhaupt noch in Mitterburg vorhanden war, sorgte durch gutdotierte Stiftungen für die sozial Benachteiligten aller Nationalitäten und wurde von allen dafür schlecht belohnt. Im übrigen war die Slawisierung der Stadt unaufhaltsam. »Pisino präsentierte sich vordergründig als eine behäbige Provinzstadt mit jenem Anstrich von Wichtigkeit, der Bezirksmetropolen im allgemeinen zu eigen ist«, schreibt Harald Waitzbauer in seinem lesenswerten Büchlein »Durch Istrien«, um dann fortzufahren: »In Wirklichkeit war Pisino jedoch eine zerrissene Stadt, in der sich die Proponenten der italienischen und kroatischen Volksgruppen erbitterte Gefechte lieferten. Nirgendwo in Istrien trat der Nationalitätenkonflikt so stark zutage wie hier.«

Heute hat man hier ganz andere Sorgen. Die Italiener sind längst verschwunden; sie wurden nach 1944 entweder gewaltsam ausgesiedelt oder verließen später freiwillig Istrien, das ihnen keine Heimat mehr sein konnte. Von den Österreichern hatte sich zuvor schon jede Spur verflüchtigt, oder fast jede . . . Als ich vor Ausbruch des serbisch-kroatischen Bürgerkrieges, also im Winter 1990/91, wieder einmal über Pazin hinüber an die Küste des Kvarner fuhr, kam ich wie so oft zuvor durch die beiden kleinen, romantischen Ortschaften Pićan und Gračišće. Sie liegen hoch in den Hügeln östlich von Pazin und waren früher einmal, als sie noch Pedena und Galignana hießen, bedeutende und wohlhabende Gemeinden. Sie verfügten über eigene Bischöfe und eine Biographie, die bis in die Antike zurückreichte.

In Gračišće zum Beispiel versäumte ich es nie, den kleinen, verwilderten Friedhof im Schatten der gleichfalls schon baufälligen, aber immer noch großen, imposanten Pfarrkirche aufzusuchen. Dort gab es eine ganze Reihe von Grabsteinen mit deutschen Inschriften, die einiges über das österreichische Zeitalter aussagten, das ja auch hier wirksam gewesen war. Aber jetzt, in diesem Winter 1990/91, war gerade dieser Teil des Friedhofs spurlos verschwunden. Man hatte die Grabsteine entfernt, die Gräber eingeebnet und darüber Asphalt gelegt. Auf diese Weise entstand ein Park- oder auch ein kleiner Basketballplatz, der jede Erinnerung ans alte Österreich in Istrien tatsächlich kategorisch erstickte.

Ich könnte eine ganze Reihe solcher und ähnlicher Erlebnisse, Erfahrungen, Begegnungen erzählen, die alle in irgendeiner melancholischen Weise mit dem Doppeladler zu tun haben; und die alle bestätigen, daß dieser Doppeladler aus Istrien, auch aus dem Küstenland längst verschwunden ist. Das große, mächtige, einflußreiche Österreich in seiner vermeintlichen Glanzzeit, als es noch eine Vielvölker-Monarchie mit scheinbar großen Möglichkeiten war, scheint doch viel zu schwach gewesen zu sein, um sich gegen den simplen Težak durchzusetzen. Der Težak überdauerte den Doppeladler. Er wird wohl auch die Revolutionen und Umstürze von heute und morgen überleben.

Österreich in Slowenien

Marburg (Maribor), das aus einer sogenannten Marchburg entstanden ist, welche die deutsche Draumark gegen magyarische Angriffe vornehmlich im 12. Jahrhundert schützen sollte, ist nach Laibach (Ljubljana) die bedeutendste Stadt Sloweniens. Wenn man heute über die Kärntner Straße zum Hauptplatz mit dem hübschen Rathaus aus dem »16. Jahrhundert fährt, gerät man zu fast jeder Tageszeit in einen Verkehrsstau nahezu großstädtischen Ausmaßes. Die Silhouetten der neuen Hoch- und Wohnhäuser der längst sich über die Drau nach Süden zu ausdehnenden Stadt künden von einer durchaus modernen Baugesinnung und stehen in einem recht interessanten Kontrast zu den kleinen, adrett gegliederten Weingärten, die im Norden der Stadt eine kompakte Hügelkette bilden. An manchen Stellen stülpen sich die von Rebstöcken besetzten, stachelig aussehenden Hänge wie eine zweite Haut über das städtische Antlitz, das hier, wo noch Weinbau und Landwirtschaft dominieren, ein ländliches Aussehen annimmt. Wasserturm, Gerichtsturm und Judenturm am Drauufer und im Stadtzentrum erzählen gemeinsam mit der reich geschmückten Kathedrale, die erstmals 1189 erwähnt wurde, von einer stolzen Vergangenheit, in der ein selbstbewußtes und natürlich vorwiegend deutschsprachiges Bürgertum Wohlstand und Ansehen erwarb. Was den Umstand angeht, daß Marburg bis 1918 und in mancher Hinsicht auch später vorwiegend als deutsche Stadt apostrophiert wurde, so sollte vielleicht daran erinnert werden, daß noch im Jahre 1859 die Kathedrale zum Dom des damals noch existierenden Kärntner Bistums Lavant erhoben wurde.

Mit dem Zusammenbruch der Monarchie änderte sich auch das Schicksal Marburgs grundlegend. Am 12. Oktober 1918 hatten die slowenischen Abgeordneten des Österreichischen Reichsrates sich in Laibach als Volksrat konstituiert und sofort den Anschluß

Krains und der Untersteiermark an das neue »Königreich der Serben, Kroaten und Slowenen« gefordert. Dabei wurde die Forderung eher summarisch formuliert, nämlich dahingehend, daß alles Land, »wo seit Jahrhunderten Slowenen wohnten«, dem neuen slawischen Königreich eingegliedert werden müßte. Man tat damals in Laibach also gar nichts anderes, als dann 1990/91 in den vorwiegend serbisch besiedelten Gebieten Kroatiens und Bosniens sowie der Hercegovina wiederholt wurde. Dazu kam 1918 noch eine besondere List der Slowenen. Sie beanspruchten auch die alten deutschen Städte Marburg, Cilli, Pettau als unverzichtbaren Bestandteil Sloweniens und damit des neuen slawischen Königreiches, weil sie (die Städte) in ländlichen Gebieten lagen, die vorwiegend von Slowenen bewohnt wurden.

In dieser Situation kam den slowenischen Abgeordneten und ihren Gehilfen die damalige militärische Lage vor allem in der südlichen Steiermark zu Hilfe. Während sich in Kärnten sofort Widerstand gegen die maßlosen Forderungen regte (hier wurde von den Slowenen alles Land südlich der Drau, aber auch die Landeshauptstadt selbst beansprucht), war Marburg zum Beispiel so gut wie schutzlos jedem Angriff ausgeliefert. Es bildete sich zwar eine Art Schutzwehr, die aus abgemusterten Offizieren und Soldaten bestand, deren Wirksamkeit aber doch bescheiden bleiben mußte angesichts des Umstandes, daß man weder über Waffen noch über Munition verfügte.

Hier war ein ehemaliger Verpflegungsoffizier der aufgelösten k.u.k. Armee glücklicher oder auch geschickter. Er hieß Rudolf Majster, war ein notorischer Deutschenhasser oder auch bloß ein glühender slawischer Patriot. Außerdem war er Oberstleutnant beim Landsturm-Ergänzungskommando in Marburg. Die Südslawen beförderten ihn später zum General.

Majster übernahm kurzerhand das Kommando über Marburg. Er sammelte alle slowenischen Soldaten um sich, derer er habhaft werden konnte (und die ihm vielfach auch freudig zuliefen, begeistert von der Aussicht, ihrem neuen jungen Vaterland einen patriotischen Dienst leisten zu dürfen). Vor allem erreichte er es innerhalb kurzer Zeit, daß er von den völlig verwirrten und kopflosen Österreichern zum Stadtkommandanten von Marburg ernannt wurde. Wahrscheinlich hatte damals kein einziger österreichischer Beamter (die Ernennung wurde von Graz aus verfügt) eine Ahnung, wer dieser energische Oberstleutnant war und welche Pläne er hatte.

Inzwischen waren die Alliierten auf die chaotischen Verhältnisse an den neuen, völlig unübersichtlichen Grenzen des eingeschrumpften, zerfallenden Österreich aufmerksam geworden. Die Österreicher wiederum versagten kläglich bei ihren halbherzigen Versuchen, zumindest Marburg vor jedem alliierten Entscheidungs- und Schiedsspruch Österreich zu erhalten. Alle Pläne, die Marburger Schutzwehr wenigstens notdürftig mit Waffen, Proviant und Munition auszurüsten, scheiterten. Dabei wäre Majster zu diesem Zeitpunkt noch ohne besondere Schwierigkeiten zu vertreiben gewesen. Und die Vorräte, die er mit seiner slowenischen Garde bewachte (die am Anfang noch aus einer Handvoll eher kriegsmüder Soldaten bestand), hätten das Kräfteverhältnis im Herbst 1918 eindeutig zugunsten der Österreicher entschieden, wenn man sich bloß zu einem energischen Vorgehen hätte entschließen können.

So aber geschah die längste Zeit nichts. Immer neue slawische Truppen trafen in Marburg ein, vor allem Kroaten, die sich als Herren der Stadt aufführten. Die deutschen Beamten wurden aus ihren Ämtern entfernt. An ihre Stelle kamen Slowenen, die zum Teil aus dem ehemaligen Küstenland geholt werden mußten. Schließlich wurde auch die deutsche Schutzwehr offiziell aufgelöst. Dabei kam es zu schweren Übergriffen. Ein Leutnant sowie ein Abgeordneter der deutschen Partei wurden getötet. »Es ist kein Ruhmesblatt in der steirischen Geschichte«, heißt es in einer Dokumentation dieser Ereignisse, »daß die verantwortlichen Männer in Graz damals weder Weitblick noch Tatkraft aufbrachten, um wenigstens einen Teil des bedrohten Unterlandes zu retten.«

Am 27. Jänner 1919 kam erstmals eine internationale Kommission unter dem Kommando des amerikanischen Oberstleutnants Miles in die umstrittenen Gebiete. Die Bevölkerung von Mureck und Radkersburg, von Städten also, die nach dem Wunsch der Slowenen zum Königreich der Südslawen geschlagen werden sollten, legte ein stürmisches Bekenntnis zu Deutsch-Österreich ab – und das ungeachtet der Tatsache, daß Majster bereits dafür gesorgt hatte, daß beispielsweise in Radkersburg ein slowenisches Wachkommando eingesetzt wurde, während in Gemeinden wie Mureck oder Spielfeld kroatische Verbände aufmarschiert waren.

In den Vormittagsstunden des 27. Jänner schienen die Verhältnisse in Marburg noch eindeutig zu sein. An die zehntausend Menschen erwarteten Miles auf dem Hauptplatz, der prachtvoll mit Blumen und Fahnen dekoriert war. Es bestand kein Zweifel daran, auf welche Weise die alliierte Kommission über die wahren Verhältnisse in Marburg unterrichtet werden sollte. Deutsche vaterländische Lieder wurden gesungen, immer wieder hielten altösterreichische Patrioten kleinere Ansprachen. Ein Beobachter, der für Wiener Zeitungen schrieb (wo dann über die nachfolgenden Ereignisse nur ein paar dürftige Zeilen erschienen), brachte die Stimmung der Menschen auf den Punkt: »Tausende Marburger strömten zum Hauptplatz, versammelten sich vor dem Rathaus zu einer großen Kundgebung, auf der sie leidenschaftlich für den Verbleib ihrer Heimat bei Österreich demonstrierten.«

Da ließ Majster, der die Vorgänge auf dem Hauptplatz genau verfolgt hatte, seine slowenische Garde aufmarschieren. Ohne jede Vorwarnung schossen die Gardisten in die Menge. Das Ergebnis war ein Blutbad. Dreizehn Tote, rund sechzig Verletzte blieben zurück. Die Demonstranten flohen in wilder Panik. Innerhalb von wenigen Augenblicken war der Platz menschenleer. Nur die Toten und ein paar Schwerverletzte lagen auf dem blutüberströmten Pflaster. Auch sie wurden rasch entfernt. Ebenso riß man die Fahnen von den Stangen und entfernte die Blumengirlanden.

Miles, der sich an diesem Vormittag im sogenannten Volkshaus befand, im »Narodni dom«, nahm die Nachricht von diesem Gemetzel eher gleichgültig entgegen. Ohne sich noch länger in Marburg aufzuhalten, über dessen Schicksal die Entscheidung der Kommission wohl schon gefallen war, »fuhr er über den leeren Hauptplatz durch das festlich mit deutschen Fahnen geschmückte Drautal nach Kärnten weiter«, wie es in Oswald Werthers Darstellung dieser Ereignisse lakonisch heißt.

Selbstverständlich übte die Nachricht von den Vorfällen in Marburg eine ungeheuere Wirkung auf die österreichische Öffentlichkeit vornehmlich in Graz und im benachbarten Kärnten aus. Aber die Politiker sahen sich außerstande, dagegen jene militärischen Schritte einzuleiten, die unter Umständen die Situation noch hätten ändern können. Der Landtag in Graz befand in einer Sondersitzung, daß man von sich aus nichts unternehmen dürfe, sondern die Entscheidungen der Alliierten abwarten müsse. Im übrigen vertraute man auf das neu entstandene Schlagwort vom Selbstbestimmungsrecht der Völker, das der amerikanische Präsident Wilson in Umlauf gebracht hatte, und auf den zukünftigen Friedensvertrag, der alle offenen Fragen objektiv lösen würde.

Man gab sich also jener blinden und lebensgefährlichen Ahnungslosigkeit hin, die aus Besiegten schließlich auch noch Gedemütigte macht. Und abgesehen von einigen halsbrecherischen militärischen Unternehmungen, die vom Anfang an zum Scheitern verurteilt waren, geschah in Marburg und in der Südsteiermark nichts mehr, um diese Region für Österreich zu erhalten. Auch hier waren es vor allem die Politiker in Graz und Wien, die jede patriotische Aktivität zugunsten Österreichs untersagten. So zum Beispiel wurde einem jungen Oberleutnant namens Mickl, der noch als k.u.k. Offizier seine ersten militärischen Erfahrungen gemacht hatte und der von Radkersburg aus an eine Zurückeroberung der bereits verlorenen untersteirischen Gebiete dachte, von Graz aus jede Waffenhilfe oder Unterstützung bewußt vorenthalten. Selbst ein Waggon mit Munition, der von den Kärntner Abwehrkämpfern an Mickl abgesandt wurde, erreichte nicht sein Ziel – Beamte der steirischen Landesregierung beschlagnahmten ihn. Auch Studenten der Grazer Universität und Bauern von der Soboth, einem Hügel- und Bergland im heutigen steirisch-slowenischen Grenzgebiet, sowie aus dem unteren Murtal waren bereit, gegen die eingedrungenen Slowenen und Kroaten zu kämpfen. Aber ohne von offizieller Seite irgendeine Hilfe zu erfahren, mußten sie vorzeitig resignieren. Einen letzten Versuch zu einem koordinierten, erfolgversprechenden Abwehrkampf unternahmen Kärntner Schützen und Studenten aus Leoben und Graz in den ersten Maitagen 1919. Und wieder waren es die ängstlichen oder auch bloß allzu gutgläubigen Politiker der steirischen Landesregierung, die im Gegensatz zu ihren Kärntner Kollegen jeden Widerstand untersagten und sogenannten Freiheitskämpfern mit drakonischen Strafen drohten.

Man verließ sich in Graz und Wien völlig auf die Ergebnisse der Beratungen einer alliierten Kommission und auf die Friedenskonferenz. Es kam dann, zumindest außerhalb Kärntens, nirgends zu einer Volksabstimmung, wie sie von Politikern und Bevölkerung so sehnlich herbeigewünscht worden war. Und das alte deutsche Marburg wurde wie die ganze Südsteiermark mit den deutschen Städten Pettau und Cilli slowenisch.

In Slowenien ging man nach diesem leicht errungenen Sieg, der nur durch die Niederlage bei der legendären Kärntner Volksabstimmung 1920 (die den Verbleib Kärntens bei Österreich garantieren sollte) etwas getrübt wurde, mit der ganzen Kraft und dem ungestümen Enthusiasmus eines jungen Staatenvolkes daran, die neuen Verhältnisse sozusagen einzuzementieren. Die Menschen, bewegt von blindem Nationalismus, sind im Taumel ihres leidenschaftlichen Patriotismus ja immer von der Unvergänglichkeit dessen überzeugt, woran sie gerade glauben; und daß sie das, woran sie so heftig glauben, für ewig zu bewahren imstande sind, wenn sie bloß die Zeichen und Symbole des Gegners zerstören. Es ist das ein Aberglaube, der viel von falscher Magie an sich hat und doch fähig ist, die Völker immer wieder von neuem ins Elend zu stürzen.

Die Slowenen machten jedenfalls, was das alte Österreich betraf, reinen Tisch. Sie begingen dabei alle jene Fehler, die Sieger im Übermaß ihres Glückes stets leichten Herzens zu begehen imstande sind und die dadurch irreparabel werden, daß man sie mit einem gewissen Zynismus begeht. In Laibach begnügte man sich also nicht damit, daß man die Statue des alten, verstorbenen Kaisers Franz Joseph vom Sockel holte, sondern man begleitete diesen Akt der vermeintlichen Selbstfindung und Nationwerdung mit wüsten Schmähungen des besiegten Gegners. Daß dieser Gegner in Wahrheit jenes alte Österreich war, unter dessen bürokratischem Schutz Handel und Wandel auch in Slowenien nicht so schlecht gediehen waren und daß gerade die Slowenen den Österreichern auch in intellektueller, geistiger Hinsicht unendlich viel zu verdanken hatten, ging im nationalistischen Taumel dieser Jahre völlig unter. Man verbrüderte sich mit den ins Land gekommenen Serben, die man um nichts in der Welt einer möglichen zukünftigen Bedrohung Sloweniens verdächtigt hätte und von denen selbst die größten Skeptiker nicht anzunehmen bereit waren, daß sie eines Tages die Existenz Sloweniens gefährden könnten.

Dafür tilgte man mit fast fanatischer Begeisterung alles an deutschen Spuren, wessen man habhaft werden konnte. Man begann mit der Übertünchung der alten Straßenschilder und Neubenennung der Straßen, setzte mit der Fortschaffung oder Zerstörung aller Denkmäler, die ans k.u.k. Österreich erinnerten, fort und landete schließlich – aber da raste die ganze Geschichte ohnedies bereits dem Abgrund zu – bei der Ausrottung der deutschen Menschen auf nunmehr slowenischem Territorium.

Es war allerdings mit dem Frieden von St. Germain, der Österreichs Lebensfähigkeit auf ein kaum noch vorstellbares Minimum herabgedrückt hatte, auch ein sogenannter Minderheiten-Schutzvertrag in Kraft getreten. Aber wie so oft, wenn eine Minderheit einer Mehrheit im Wege steht, war auch hier die Einhaltung des Vertrages eine Frage der Beliebigkeit. Und es beliebte den Slowenen nun einmal nicht, sich so etwas wie eine deutsche Intelligenzija im Lande zu halten. Also wurden alle altösterreichischen Lehrer, Beamten, Instrukteure und später sogar die an sich unentbehrlichen Arbeiter der Werkstätten der einstmals legendären k.u.k. Südbahn entlassen, die sich zum Deutschtum bekannten, auf die Einhaltung des Minderheiten Schutzvertrages beharrten oder sich sonstwie einer antislowenischen Gesinnung verdächtig machten. Dabei begnügte man sich auf slowenischer Seite nicht nur mit der existentiellen Bedrohung dieser Gruppe (es waren immerhin einige tausend von gut ausgebildeten, erfahrenen und weitgehend loyalen Mitarbeitern), sondern man würgte ihnen gewissermaßen alle Möglichkeiten ab, überhaupt zu überleben. Wer zum Beispiel in einer öffentlichen Wohnung saß (und das waren unter den Beamten, Lehrern und höheren technischen Angestellten der Südbahn naturgemäß viele), verlor diese jetzt von einem Tag auf den anderen.

Aber auch gegen das freie Gewerbe ging man ohne jede Schonung vor. Altösterreichische Gewerbebetriebe wurden mit einem öffentlichen Boykott belegt. In der Frage der Gewerbeberechtigungen und Betriebsgenehmigungen entdeckte man eine weitere, fast legale Möglichkeit der Auslöschung altösterreichischen Potentials. Und daß einstmals österreichische Geldinstitute nunmehr slawisiert wurden, verstand sich fast von selbst.

So wurde die Frage der Auswanderung fast zu einer Frage des Überlebens der deutschen Volksgruppe. Ein Beispiel soll das bestätigen. Von rund fünfundsiebzigtausend deutschsprachigen Untersteirern wanderten in den ersten Jahren nach dem Zusammenbruch der Monarchie und vor allem nach dem Friedensschluß von St. Germain, der auch noch die letzten Hoffnungen oder Illusionen auf österreichischer Seite zerstört hatte, mehr als fünfunddreißigtausend nach Österreich ab. Und jene, die zurückblieben, durften sich keine allzu großen Hoffnungen machen. Das waren in der Hauptsache Bauern, die sich nicht entschließen konnten, ihren erarbeiteten oder ererbten Besitz einfach aufzugeben, zurückzulassen, und Arbeiter. Aber auch sie, die auf eine Art Waffenstillstand oder sogar Verbrüderung mit den Slowenen hofften, wurden bitter enttäuscht. Einige Hinweise mögen das verdeutlichen. So wurde zum Beispiel das Schulwesen radikal slowenisiert. Lediglich in Marburg und Pettau, wo auch nach der ersten dramatischen Abwanderungswelle der Altösterreicher jeweils eine starke deutschsprachige Minderheit lebte, wurden Klassen zugelassen, in denen der Unterricht in deutscher Sprache zumindest theoretisch möglich war; theoretisch deshalb, weil es nur slowenische Lehrer gab; deutsche Lehrkräfte wurden nicht zugelassen. Und aus Erzählungen von Zeitzeugen weiß man, daß die Deutschkenntnisse der slowenischen Lehrer nicht immer die allerbesten waren.

Besonders verhängnisvoll war die Entwicklung in Marburg, das jetzt Maribor genannt wurde und wo die zurückgebliebenen, auf eine Normalisierung der Verhältnisse hoffenden Altösterreicher den Schock von jenem 27. Jänner 1919 natürlich nicht vergessen konnten, als die Gardisten des selbsternannten (und dann ausgerechnet von Graz aus bestätigten) Stadtkommandanten Majster dreizehn Demonstranten totgeschossen hatten. Die Auflösung so gut wie aller deutschen Kultur- und Traditionsvereine wirkte sich dabei ebenso verhängnisvoll für den Zustand der Minderheit aus wie die aus nationalistischen Gründen durchgeführte Reorganisation des Pfarrwesens. Abgesehen von einigen evangelischen Pastoren durfte nämlich kein einziger altösterreichischer oder deutschsprechender Priester seinen frommen Dienst versehen. Alle alten, über Generationen hinweg entstandenen und vielfach bewährten Strukturen wurden zerschlagen.

Selbstverständlich wurde auch das ehemals deutschsprachige Pressewesen von diesen Veränderungen betroffen. In Marburg mußte die seit dem Jahre 1862 erscheinende »Marburger Zeitung« ihren Titel dem neuen slowenischen Stadtnamen anpassen. Sie hieß fortan »Mariboer Zeitung«, hatte einen empfindlichen Leserschwund zu verzeichnen, erhielt fast kaum noch Inserate und dämmerte als sogenanntes Sprachrohr der Minderheit dahin. Die »Volksstimme«, das Organ der Sozialdemokraten Marburgs und der Untersteiermark, das noch in den letzten Jahren der Monarchie für manche publizistische Aufregung gesorgt hatte, mußte überhaupt das Erscheinen einstellen.

Oswald Werther, der eine sorgfältig recherchierte Arbeit über diese Zeit geschrieben hat, und auch andere Autoren, die sich dieses Themas angenommen haben, sind sich in der Feststellung einig, »daß die Zahl der Deutschen zwar auf die Hälfte gesunken« war, »aber wer im Lande geblieben war, war sich seiner deutschen Eigenart umso klarer bewußt«, wie das Werther formulierte. Vielleicht sollte man, um Mißverständnisse zu vermeiden, unmißverständlich erklären, daß hier noch nicht jener später so verhängnisvolle Nationalismus von deutscher Seite zu wirken begonnen hatte, der dann als Nationalsozialismus alle bestehenden moralischen Gesetze ignorieren sollte. Die in Slowenien lebenden Deutschen hatten zumindest in den zwanziger und noch in den beginnenden dreißiger Jahren ganz gewiß nicht jenes martialische Großdeutschland im Sinn, das dann auf so verhängnisvolle Weise die Landkarte Europas verändern, verstümmeln würde, als sie nach der Zeit ungemein schwerer Rückschläge und Diskriminierungen durch das offizielle Slowenien einen neuerlichen Versuch wagten, sich selbst ins Wirtschaftsleben, aber auch ins öffentliche Leben des neuen Staates einzubringen.

»Die wirtschaftliche Bedeutung dieser Minderheit war allerdings sehr groß«, schreibt Werther. »In den Städten blieb ein großer Teil des Haus- und Grundbesitzes in deutscher Hand. Die deutschen Kaufleute und Gewerbetreibenden erholten sich mit der Zeit. Das Zutrauen zu ihnen wuchs auch bei den slowenischen Mitbürgern. Die deutsche Industrie der Untersteiermark erlebte einen stürmischen Aufschwung, war doch Slowenien im vorwiegend agrarischen Königreich Jugoslawien der am stärksten industrialisierte Landesteil.«

Das alles waren Entwicklungen, Möglichkeiten, Gegebenheiten, deren Wurzeln noch in der k.u.k. Monarchie lagen. Sie, wie es die rabiate kommunistische Propaganda unter Tito oder auch eine neue, betont nationalistische slowenische Geschichtsschreibung zu tun versucht, in irgendeine Nähe zu nationalsozialistischen, faschistischen Aktivitäten zu bringen, ist völlig verfehlt. Ein solches Vorgehen verfälscht ganz einfach die historische Wahrheit. So war in Marburg zum Beispiel ein deutscher Männergesangsverein ins Leben gerufen worden, der in den dreißiger Jahren die Pflege des deutschen Liedgutes und wohl auch einen Rest jener romantischen Sentimentalität ermöglichen sollte, die man ohne weiteres auch als eine altösterreichische Tradition begreifen konnte. Immerhin war dieser von neuem gegründete Gesangsverein lediglich der Erbe jenes »Marburger Männergesangsvereines«, der bereits im Jahre 1846 gegründet worden war. Ähnlich verhielt es sich mit dem deutschen Sportklub »Rapid«, der eine lupenreine altösterreichische Vergangenheit aufweisen konnte. Und auch die »Eisenbahnerkapelle« unter der Leitung des bekannten österreichischen Komponisten Max Schönherr war lediglich eine Wiederaufnahme, eine Kopie der gleichnamigen Musikkapelle, die bereits vor dem Ersten Weltkrieg aus Mitarbeitern der k.u.k. Südbahn gebildet worden war.

Jeder Versuch, diese an sich eher zaghafte Renaissance Altösterreichs in Slowenien (und hier vornehmlich in der sogenannten Untersteiermark) als ein erstes Anzeichen faschistischer Politik, als ein Heranwachsen des Nationalsozialismus zu interpretieren, ist also zumindest bis zum Jahre 1933 eine glatte Unterstellung. Die deutschsprachigen Slowenen, wie man sie wohl bezeichnen sollte, wollten nichts anderes als die Erhaltung ihrer wirtschaftlichen Solidität und die Bewahrung jener selbstverständlichen Traditionen, ohne die auch eine Minderheit nicht auskommen kann. Mit Hitler hatten sie, zumindest am Anfang, nichts im Sinn.

Der endgültige Untergang Österreichs in Slowenien begann wohl mit dem Jahre 1933, dem Jahr der Machtübernahme Hitlers in Deutschland, als vor allem die klerikalen Slowenen, die eine gewichtige politische Rolle spielten, eine Reihe von restriktiven Maßnahmen gegen das sogenannte Deutschtum in Slowenien durchsetzten. Es war der slowenische Pfarrer Korošec, der 1935, als er zum Innenminister des Königreiches ernannt wurde, eine Reihe von Verfügungen erließ, die das Kulturleben der Minderheit drastisch einschränkte. So zum Beispiel mußten alle Ortsgruppen des populären Schwäbisch-deutschen Kulturbundes in Slowenien aufgelöst werden. Drei Jahre später wurde aus nichtigem Anlaß die Vereinigung »Deutscher Hochschüler Marburgs« verboten. Und als besonders gravierende Maßnahme empfand man das Verbot, im Grenzgebiet Bodenbesitz zu erwerben, wobei diese verbotene Zone mit fünfzig Kilometern verhältnismäßig groß war und eigentlich alle wesentlichen Gebiete der deutschsprechenden Minderheit betraf.

Die Situation verschärfte sich dann noch durch den Anschluß Österreichs an das Deutsche Reich. In Jugoslawien selbst wurden die Spannungen zwischen den Befürwortern einer Annäherung an das Dritte Reich und den Gegnern immer größer. Aber das hatte nur noch in sekundärer Hinsicht mit dem Verschwinden Altösterreichs zu tun. Es wäre eine glatte Lüge, wollte man die Begeisterung vieler Volksdeutscher (wie sie jetzt genannt wurden) für den Nationalsozialismus darauf zurückführen, daß sich ihnen durch Hitler die Chance auf eine Wiedereingliederung in den deutschen Sprach- und Kulturbereich bot, der in vieler Hinsicht identisch war mit dem alten Österreich der Vielvölker-Monarchie. Daran dachte so gut wie niemand. Das k.u.k Österreich war tot. Es existierte vielleicht noch in den Erinnerungen sogenannter

Kameradschaftsverbände (soweit es diese Vereine überhaupt gab), aber es war bar jeder Realität. Der Jubel der deutschen Minderheit wie auch vieler Slowenen, der am 7. April 1941 den einmarschierenden deutschen Truppen vielfach entgegenschlug, galt nicht diesem vergessenen Mythos, sondern der brutalen, aber geschickten und allem Anschein nach überaus erfolgreichen Strategie Hitlers. »Die nationalslowenische Intelligenz stand abseits und beobachtete fassungslos die Begeisterung ihrer slowenischen Landsleute«, heißt es in einer Darstellung dieser Ereignisse.

Was dann kam, war eine Mischung aus Haß, politischer Kurzsichtigkeit und arroganter Dummheit. Man ging gegen die Slowenen, von denen doch viele ihre Bereitschaft gezeigt hatten, mit den Deutschen zusammenzuarbeiten, so vor, als wären es gefährliche Feinde, die sie in Wahrheit dann freilich auch bald wurden. Vor allem die Aussiedlung von rund dreißigtausend Slowenen durch einen »Kommissar zur Festigung des deutschen Volkstums«, die durch die brutale Art des Vorgehens der daran beteiligten Polizei- und Gestapoverbände für riesiges Aufsehen sorgte, ernüchterte die Bevölkerung, darunter auch viele Deutsche oder Altösterreicher, die jetzt mit Entsetzen feststellen mußten, daß den Slowenen nun ein ähnliches, wenn nicht schlimmeres Schicksal bevorstand, als es den Österreichern nach 1918 zugemutet worden war.

Die Spirale des Hasses, der Gewalt drehte sich. Und die ohnedies schon blasse, fast chimärenhafte Idee von einem Altösterreich, das noch einmal den verschiedenen Nationalitäten eine Heimat sein könnte, ging endgültig verloren. Nicht einmal unverbesserliche Monarchisten und politische Romantiker wagten es jetzt noch, einen Gedanken an das untergegangene Reich zu verschwenden, dessen letzte Wurzeln von seinen deutschen Erben zerstört wurden. Der Mensch wurde zum Objekt einer rücksichtslosen Eroberungspolitik. Er zählte als Individuum so gut wie nichts mehr. Und mit jedem Schritt, den das nationalsozialistische Deutschland mit seiner Politik der Unmenschlichkeit (denn es blieb beispielsweise in Slowenien nicht bei den Aussiedlungen, es folgten bald die gezielten Deportationen ganzer Bezirke) in Richtung einer absoluten Barbarei unternahm, radikalisierte sich auch die Wut der Opfer. Schon 1942 kam es immer wieder zu

Zusammenstößen mit Partisanen, die in der Untersteiermark und auch in Krain genügend Zulauf fanden, um für die Deutschen eine ernsthafte Belästigung bis Bedrohung darzustellen.

Die Reaktion der Besatzungsmacht darauf war dementsprechend heftig. Sie reichte von blindwütigen Geiselerschießungen bis zum Niederbrennen ganzer Ortschaften, wenn bloß der Verdacht bestand, daß dort Partisanen organisiert gewesen wären oder daß ihnen von der Bevölkerung Unterstützung zuteil geworden wäre. Jedenfalls wurden die freundlichen Annäherungsversuche eines großen Teiles der slowenischen Bevölkerung, die zu Beginn der deutschen Okkupation noch feststellbar gewesen waren, innerhalb kurzer Zeit nicht nur energisch zurückgewiesen, sondern durch die Art und Weise, wie man jetzt gegen die Slowenen vorging, in blanken Haß verwandelt. Vom alten Österreich war in dieser Phase der Entwicklung der Dinge jedenfalls nichts mehr zu spüren.

Man brauchte kein Prophet zu sein, um zu wissen, daß den Deutschen in Slowenien für den Fall des Unterganges der nationalsozialistischen Ideologie und des daraus gewachsenen sogenannten Dritten Reiches Schreckliches bevorstand. Schon im November 1944 hatten Titos politische Kommissare in der bosnischen Stadt Jajce ein Papier erarbeitet, das die Richtlinien für die Behandlung der Deutschen auf jugoslawischem Territorium festlegte. Und da hieß es unter anderem: »Alle in Jugoslawien lebenden Personen deutscher Abstammung verlieren automatisch die jugoslawische Staatsbürgerschaft und alle bürgerlichen und staatsbürgerlichen Rechte.«

Der Haß, der vom ersten Tag des deutschen Einmarsches in Jugoslawien an gesät worden war, sollte also grausame Früchte tragen. Und wieder war es das alte Österreich, war es das Zeugnis einer untergegangenen Epoche, das dabei Schaden nahm, dessen letzte Spuren jetzt zerstört wurden. Die Stadt Cilli mit dem ehemaligen kommunistischen Konzentrationslager Tüchern ist ein markantes Beispiel dafür.

Cilli, seit 1945 Celje, ungefähr auf halber Strecke zwischen Marburg und Laibach gelegen, muß einmal eine dieser schönen, auf altmodische Weise anheimelnden österreichischen Provinzstädte gewesen sein, in denen das Leben einen gemächlicheren Gang einlegte und die Leidenschaften doch eher von der Vernunft kontrolliert wurden. Hier residierten die Grafen von Cilli (von ihrer einst mächtigen Burg auf einem Hügel oberhalb der Stadt haben sich einige beachtenswerte Ruinen erhalten), die bis in die Mitte des 15. Jahrhunderts eines der einflußreichsten Feudalgeschlechter Mitteleuropas darstellten. Dann kamen die Habsburger und mit ihnen die Casa d'Austria. Österreichisch blieb Cilli bis zum Ende des Ersten Weltkrieges, dessen für Österreich kläglicher Ausgang die Stadt jugoslawisch werden ließ.

Heute hat Cilli zweifellos ein anderes, moderneres, aber auch härteres Aussehen erhalten. Es scheinen sich alle häßlichen Geschichten der Zwischenkriegszeit, des danach folgenden Anschlusses an die Steiermark und der Nachkriegszeit mit ihren Pogromen gegen die Deutschen tatsächlich ins Antlitz der Stadt eingegraben zu haben, obgleich man auch hier längst schon wieder auf Ausgleich und Versöhnung setzt. Die provinzielle Idylle von früher, unterstützt durch die liebliche Landschaft der Südsteiermark mit der wohlgeordneten Sanftheit der Weinhänge und Hopfengärten, wirkt in der industriellen Umklammerung, der man sich aus angeblich ökonomischen Wachstumsgründen untergeordnet hat, ein wenig hilflos und auch unzeitgemäß. Das ehemalige »Deutsche Haus«, ein Zeugnis altösterreichischer Vereinskultur und eines Selbstbehauptungswillens, wie er an dieser damaligen Sprachgrenze unerläßlich war, ist längst zu einem Denkmal der früheren kommunistischen »Befreiungsfront« geworden. Davor schon war den Deutschen in Cilli, die 1906 dieses »Deutsche Haus« ausschließlich aus privaten Spenden erbaut hatten, ihr Vereinshaus nach einem aufsehenerregenden Prozeß einfach weggenommen worden. Das war in den dreißiger Jahren, und in der Urteilsbegründung für diese Enteignung hieß es, daß das »Deutsche Haus« eindeutig unmoralischen Zwecken gedient hätte, nämlich der Zusammenkunft von Deutschen. Der Wahnsinn hatte damals bereits Methode. Und Recht war dazu da, um nach Belieben gebeugt zu werden – was für beide Seiten in diesem Konflikt zutraf.

Minoritenkirche, Kapuzinerkloster, Altes Schloß (heute ist darin das Landesmuseum untergebracht) und der altehrwürdige Bau der St. Danielskirche erinnern nur noch in Fragmenten daran, daß hier ein überwiegend deutschsprachiges Bürgertum seinen eigenen, vielleicht etwas romantischen Vorstellungen vom Leben in der Provinz gehorchte. Man war wohlhabend. Man verstand es, die angenehmen Seiten des Lebens in zumutbarer Dosierung zu genießen. Vielleicht war man auch ein wenig arrogant, allzu hochmütig angesichts des Glücks, in einer gesegneten Landschaft leben zu dürfen und von keinen größeren Problemen belästigt zu werden.

Den sich abzeichnenden, bereits in der Zeit vor dem Ersten Weltkrieg denkbaren, auch schon spürbaren Nationalitätenkonflikt nahm man auf die leichte Schulter. Denn was sollten, wollten auch schon die slowenischen Kleinbauern, dieses hilflose, beinahe rechtlose ländliche Proletariat gegen ein solides Bürgertum und dessen Wertvorstellungen ausrichten? An den Haß, an den Neid, an diese schrecklichen Triebfedern aller Katastrophen, die später von den Beteiligten, den Tätern wie den Opfern, kaum noch verstanden werden, dachte niemand.

Dabei war für das nachfolgende Elend gewiß auch der Neid ein Anlaß, ein auslösendes Moment dafür, daß aus guten Nachbarn plötzlich Todfeinde wurden. Dazu kam natürlich das Motiv der Rache. Das begann schon in den ersten Maitagen des Jahres 1945, als Partisanenverbände auf Cilli vorrückten und die Stadt schließlich, ohne daß es noch eine nennenswerte Gegenwehr gegeben hätte, in ihren Besitz brachten. Sogleich begann man, wie das damals genannt wurde, mit den Vergeltungsmaßnahmen für die Opfer der faschistischen Okkupation. Und es war nicht immer genau ersichtlich, wieweit es sich dabei um politisch motivierte Aktionen oder ganz einfach um die Erledigung auch privater Rachegefühle handelte.

Spätestens Ende Juni waren alle Deutschen, soweit sie nicht schon in den ersten Tagen nach der sogenannten Befreiung mehr oder minder wahllos exekutiert worden waren, registriert, in die örtlichen Gefängnisse eingeliefert oder in rasch errichteten Sonderlagern untergebracht. Solche Lager gab es in dem kleinen Ort Tüchern bei Cilli, der heute mit der Stadt fast schon zusammengewachsen ist, ferner auf Schloß Herberstein bei Marburg. Und dann gab es vor allem das gefürchtete, berüchtigte und von allen Zeitzeugen und Überlebenden als eine »Hölle auf Erden« bezeichnete Lager Sterntal unweit von Pettau. Eine der Überlebenden dieses organisierten Vernichtungsfeldzuges gegen die Deutschen in der Untersteiermark und im Krainischen, Frau von Preradovich, berichtete darüber in einem Augenzeugenbericht: »In Sterntal gab es eigene Abteilungen für Männer, Frauen und Kinder. Die eingelieferten Männer, gleichgültig welchen Alters, wurden meistens sofort nach der Einlieferung auf das schwerste mißhandelt. Oft wurden sie dabei zu Boden geworfen und von Partisanen mit Ochsenziemern geprügelt. Besonders grausam und rücksichtslos waren ganz junge Burschen, häufig nicht älter als 14 oder 15 Jahre, die vom Lagerkommandanten dazu freie Hand erhalten hatten. Es gab einen Bunker, in welchen auch Frauen eingewiesen worden sind. Allerdings soll auch betont werden, daß die Partisanen weibliche Wesen im allgemeinen schonten ... Das Lager war jeweils mit ungefähr 8000 bis 10 000 Häftlingen belegt. Tausende sind hier gestorben, teils aufgrund der Mißhandlungen, vor allem aber an Hunger, Typhus und Ruhr, die schon nach kürzester Zeit ausgebrochen waren. Die Verpflegung bestand aus einer Wassersuppe am Morgen, einer dünnen Bohnensuppe zu Mittag und wieder einer Wassersuppe am Abend. Ein kleiner Laib Gerstenbrot mußte für mehrere Tage reichen.«

Ähnlich waren die Verhältnisse auch in Tüchern, das an der Straße von Cilli nach Rogaška Slatina liegt und wo heute direkt neben einer riesigen Mülldeponie ein kleines, gerade wegen seiner Schlichtheit ergreifendes Mahnmal an die Opfer von 1945 erinnert. Man hat es hier nicht sonderlich gern, wenn Besucher kommen, um vor den kleinen symbolischen Urnen, die halbkreisförmig zusammengefügt sind, ein nachdenkliches Gebet zu sprechen. Mir erklärten Müllarbeiter noch im Herbst 1991 allen Ernstes, daß es sich dabei um eine Gedenkstätte für Slowenen handle, die in deutschen Konzentrationslagern umgekommen wären. Auf meine Frage nach einem Friedhof oder nach einer Erinnerungsstätte für die Deutschen Cillis antwortete man mir durchaus freundlich, daß es nie Deutsche in dieser Gegend gegeben hätte.

Ich könnte mir vorstellen, daß die Müllarbeiter, ausnahmslos junge Burschen, von der Wahrheit dessen, was sie sagten, aufrichtig überzeugt waren. Schließlich gibt es heute schon längst keinen Haß mehr zwischen Deutschen und Slowenen, haben beide Völker unzählige Opfer für das Gewahrwerden von Demokratie gebracht und kann man sich heute diesseits und jenseits der Grenzen kaum noch vorstellen, daß man hier einmal einander aus eigentlich nichtigem Anlaß viehisch umgebracht hat. Und doch war es so!

Mir liegt neben vielen anderen beglaubigten Berichten auch die Aussage einer Frau Olga Kottowitz aus Cilli vor, die sie der »Dokumentation zur Vertreibung der Deutschen aus Mitteleuropa« zur Verfügung stellte und in der es von diesem Internierungslager Tüchern, das hauptsächlich als Durchgangslager gedacht war, unter anderem heißt: »Gehungert haben wir schrecklich, man kann sich das gar nicht vorstellen ... Dörrgemüse auf Wasser gekocht, durch fünf Wochen täglich, oder, und das war schon sehr gut, ein paar Stäubchen Polentagries auf Wasser gekocht. Brot nur sehr, sehr wenig. Alles war krank an einer Art Ruhr, und viele starben ... Dieses Inferno dauerte für mich sieben Monate: mit 76 kg Körpergewicht kam ich ins Lager, nach sieben Monaten wog ich nur mehr 52 kg, war skorbut- und nierenkrank, und fast die ganzen Kopfhaare waren mir ausgegangen.«

Auch über die Art und Weise, wie mit besonders mißliebigen Gefangenen umgegangen wurde, gibt es beglaubigte Berichte. Stellte sich bei den Verhören, die hauptsächlich von juristisch gänzlich ungeschulten, vielfach auch ortsfremden Partisanen durchgeführt wurden, eine vermeintliche oder gar tatsächliche Schuld der »Angeklagten« heraus, so wurde mit ihnen kurzer Prozeß gemacht. Sehr oft waren nicht einmal solche Pseudoverhandlungen und Inszenierungen einer vorgetäuschten juridischen Korrektheit notwendig, um Menschen vor die Flinten der Exekutionskommandos zu bringen. Aus einem Bericht zitiere ich wörtlich: »Täglich fuhr man in Lastautos aus den Cillier Gefängnissen diese armen Menschen in die Koschnitza, das ist ein Bergland in der Umgebung Cillis, wo nur wenige Bauernhäuser anzutreffen sind. Diese wenigen mußten vorschriftsmäßig verschlossen bleiben, es durfte sich niemand an den Fenstern zeigen . . . Es gab dort Panzergräben, ringsherum mußten sich die armen Opfer aufstellen, mit dem Rücken zur Grube, die Kleider ausziehen, vor sich hinlegen, und die vorher alkoholisierten Partisanen schossen mit Maschinengewehren auf die Unglücklichen. Dann warfen sie in die Grube Erde nach. Manche waren noch gar nicht tot und fanden so ein qualvolles Ende. «

Man darf freilich nicht vergessen zu erwähnen, daß diese Art des Mordens nicht von den Partisanen erfunden worden war. Sie hatten in den willfährigen Naziscchergen Hitlerdeutschlands schreckliche Vorbilder gehabt und wiederholten jetzt das, was ihnen in den Jahren zuvor immer wieder angetan worden war.

Ein paar Kilometer außerhalb Cillis also (in Richtung Rogaška Slatina) liegt dieses Tüchern, das heute Teharje heißt. Es ist ein kleiner Ort, der sich über einen Hügel zieht. Eine Fabrik demonstriert, daß es hier Arbeitsplätze gibt. Ein ehemals schloßähnliches Gutsgebäude erinnert ans alte Österreich. Die große Pfarrkirche ist meistens versperrt. Sie wirkt renovierungsbedürftig.

Hier wurden 1945 auch viele Weißgardisten gefangengehalten. Das waren Slowenen, die gegen die kommunistischen Partisanen gekämpft hatten. Sie wurden abgesondert von den übrigen Gefangenen gehalten und unmenschlich behandelt, wie von den Augenzeugen übereinstimmend berichtet wird. Angeblich soll niemand von diesen Weißgardisten das Lager lebend verlassen haben. Annähernd zweitausend Slowenen wurden dabei buchstäblich massakriert. Könnte es sein, daß die kleine, fast anonyme Gedenkstätte am Rand der großen Mülldeponie in Bukovžlak (das ein Teil Teharjes ist) eine schüchterne Erinnerung auch an diese Opfer von damals ist?

Alle diese Dinge gehören schon wieder der Geschichte an, sind Teil der Biographie des Zusammenlebens jener Völker, die sich nach dem Zusammenbruch der altösterreichischen Monarchie auf unterschiedliche Weise entwickelt haben und in gewisser Hinsicht ebenso energisch wie allerdings auch ziellos in eine jeweils andere Richtung gegangen sind. Immerhin gab es bei der Volkszählung von 1910 in Slowenien nicht ganz eine Million Slowenen (nämlich 927 000), denen eine deutsche Minderheit in der Größenordnung von 106 000 Menschen gegenüberstand. Dieses Verhältnis hatte sich ein Jahrzehnt später drastisch verändert. Der Zusammenbruch der Monarchie, die Gründung eines eigenständigen Königreiches der Serben, Kroaten und Slowenen und die teilweise katastrophalen Auswirkungen des Nationalitätenkonfliktes, der von den Österreichern niemals wirklich gebändigt oder gar gelöst werden konnte, das alles sollte jetzt eine für die deutsche Minderheit verheerende Wirkung zeigen. Denn 1921 gab es bei dem slowenischen Anteil von 985 000 Menschen nur noch 39 000, die sich in Slowenien zur deutschen Minderheit bekannten.

Nicht uninteressant ist in diesem Zusammenhang die Erinnerung an die zahlenmäßige Stärke der deutschen Minderheit in ganz Jugoslawien. Im alten Österreich gab es bei der Volkszählung von 1910 immerhin mehr als eine halbe Million, nämlich 577 000, die in den Gebieten Nordserbiens, Bosniens und der Hercegovina, Dalmatiens, Kroatiens, des Banat, der Batschka, der Baranja und schließlich auch Sloweniens als deutschsprachig geführt wurden. Zehn Jahre später war diese Zahl im Königreich der Serben, Kroaten und Slowenen nur um einige zehntausend gesunken, nämlich auf 513 000, was bedeutet, daß der Rückgang der deutschen Minderheit hauptsächlich in Slowenien stattgefunden hatte. In den anderen Gebieten, die bis 1918 zur ungarischen Reichshälfte der Doppelmonarchie gehört hatten, war der Bevölkerungsschwund der jeweiligen deutschen Minderheit fast unerheblich. Hier sollte erst die Zeit nach 1945 jene große, vernichtende Veränderung herbeiführen, die mit der fast völligen Ausrottung des Deutschtums auf dem Balkan endete.

Österreich hat in diesem Gebiet über Jahrhunderte hinweg eine großartige zivilisatorische Funktion erfüllt. Es bestritt nach der endgültigen Niederlage der Ungarn bei Mohács einen blutigen, verlustreichen Abwehrkampf gegen den andrängenden Islam, widerstand letzten Endes allen Türkeneinfällen und konnte schließlich aus der gesicherten Position seiner Militärgrenze, in die auch das südliche Slowenien miteinbezogen war, jene große Gegenoffensive inszenieren, die mit den Siegen des legendären Prinzen Eugen die Türken aus den meisten Gebieten des Balkan zurückdrängte. Was Slowenien betraf, so war es bereits Jahrhunderte vor diesen Ereignissen österreichisch gewesen, war es ein fixer Bestandteil der habsburgischen Hausmacht, wobei allerdings frühzeitig schon Unabhängigkeitsbestrebungen im Gange waren. Im übrigen war es gar keine Frage, daß sich die junge, rebellische Intelligenzija Sloweniens im ausgehenden 19. und im beginnenden 20. Jahrhundert geistig in der Hauptsache an Wien orientierte; und daß die Bindungen Sloweniens ans österreichische Kulturgut stärker waren als an jede andere Nachbarkultur. Slowenien wuchs an und mit Österreich, woran auch die Haß- und Vernichtungsorgien nach 1918 und 1945 nichts geändert haben.

Das alles ist Teil einer abgeschlossenen Geschichte. Slowenien ist heute selbständig, zum ersten Mal in seiner bisher eher dürftigen Biographie. Der Weg, den es vor sich hat, ist beschwerlich. Österreich sollte dabei ein verläßlicher Partner sein. Die Opfer aber, die beide Völker gebracht haben, um endlich als korrekte und selbstbewußte Nachbarn zueinanderzufinden, sollten deshalb nicht vergessen werden.

Die Schüsse von Sarajewo

Die Erinnerungen, die ich an Sarajewo habe, sind eher zwiespältiger Natur. Selbstverständlich ist die Lage dieser längst schon zur Großstadt herangewachsenen ehemaligen türkischen Festung und altösterreichischen Garnisonsstadt am Fuße der Trebević-Berge recht reizvoll. Das trifft vor allem auf die Sommermonate zu, wenn der Nebel und der Qualm des Winters und auch die letzten graugefleckten, schmutzigen Schneehaufen verschwunden sind und die Ebene, die sich trichterförmig nach Westen zu öffnet, mit frischem Grün prunkt. Allerdings ist die Stadt in den letzten Jahren so rasch und auch unkontrolliert gewachsen, daß dieses Grün heute vielfach nur noch zwischen himmelwärts ragenden Wohnhochhäusern sprießt. Sarajewo befindet sich auf dem besten Wege, eine moderne, also eine weitgehend gesichtslose Großstadt zu werden, die sich in ihren Neubauvierteln nicht entschließen konnte, etwas von der reizvollen osmanischen Baukultur vergangener Generationen zu übernehmen.

Dabei waren die Türken seit dem Jahre 1435 die Herren des Miljacka-Tals, wo sie noch im 15. Jahrhundert neben der alten slawisch-magyarischen Stadt eine neue Siedlung errichteten, die heutige Altstadt, und diese Ansiedlung zum größten, reichsten wirtschaftlichen und handwerklichen Mittelpunkt Bosniens machten. Sarajewo, dem die Osmanen eine ganze Reihe von bewundernswerten Profan- und Sakralbauten widmeten, wurde zum Ausgangspunkt oder auch zur Endstation der reich beladenen Handelskarawanen aus Istanbul. Damit wurde es der westlichste Vorposten osmanischer Kultur, und es überraschte Kenner der Situation nicht im mindesten, daß 1878, als Österreich mit Billigung vor allem Rußlands und Deutschlands in Bosnien einmarschierte, die an sich eher friedfertigen Muselmanen zu den Waffen griffen und den Österreichern erbitterten Widerstand leisteten. Was als Spaziergang gedacht gewesen war, als eine nützliche Gelegenheit, um im Verlauf eines Manövers Ausrüstung und Ausbildungsstand der Truppen zu überprüfen, erwies sich bald als ebenso strapaziös wie verlustreich. Die Österreicher mußten mehrere blutige Gefechte überstehen und waren gezwungen, nach und nach mehrere Armeekorps ins unzugängliche Bergland Bosniens und vor allem der Hercegovina zu werfen. Mehr als einmal waren sie nahe daran, das ganze Abenteuer wieder abzublasen.

Sie hätten's auch getan, wäre die Furcht vor einer internationalen Blamage nicht so groß gewesen. So aber eroberten die österreichischen Regimenter im Verlauf eines fast zweijährigen Kleinkrieges, der von den Verteidigern mit großer Zähigkeit geführt wurde, allmählich ganz Bosnien und die Hercegovina, ohne daß sie dann sicher sein konnten, diese Region tatsächlich befriedet zu haben. Die Türken zogen sich zwar zurück und Österreich überhäufte Bosnien und etwas weniger die Hercegovina mit den vermeintlichen oder wirklichen Segnungen der modernen Zivilisation. Es baute Krankenhäuser, Schulen, Straßen, aber auch Kasernen sowie eine Eisenbahnlinie von Sarajewo bis zur Küste. Doch Österreich durfte nie sicher sein, Bosnien und die Hercegovina wirklich für sich gewonnen zu haben. Daran änderte auch die endgültige Einverleibung der beiden Provinzen im Jahre 1908 nur wenig. Und das hatte mehrere Gründe.

Einer davon war die eklatante Unfähigkeit der österreichischen Kolonisatoren, bei der Entwicklung der Infrastruktur des Landes auch die Menschen mit einzubeziehen. Das Land werde ordentlich, jedoch ohne das mindeste Einfühlungsvermögen verwaltet, berichtete ein britischer Journalist Jahre vor dem Ersten Weltkrieg seiner Zeitung nach London. Man befleißigte sich eines Kolonialstils, wie man ihn von anderen Großmächten abgeschaut hatte. Man dachte in Wien wohl, daß das, was in Afrika oder Indien funktioniert hatte, auch auf dem Balkan funktionieren mußte. Die Österreicher taten alles, um sich beliebt zu machen, aber sie taten das Falsche. Sie bauten Schulen und Krankenhäuser, aber sie änderten nichts an der Sozialstruktur. Sie ließen die Großgrundbesitzer ungeschoren, und der Wohlstand, den sie ins Land brachten, floß wieder nur in die Taschen der Wohlhabenden oder Reichen.

Der andere Grund hieß Serbien. Der ehrgeizige Nachbar wurde durch die Tatsache, daß sich die Österreicher Bosniens bemächtigt hatten, seines erhofften Zugangs zum Meer beraubt; Montenegro, das sich erst viel später als Tor zur Adria anbieten sollte, kam damals aus verschiedenen Gründen noch nicht in Frage. Außerdem betrachteten die Serben das mächtige Österreich-Ungarn von Haus aus als Gegner, als den Feind, der ihren Hegemoniebestrebungen auf dem Balkan hinderlich sein würde. Es war also für Konfliktstoff gesorgt.

Man könnte die Serben eine Nation stolzer, eigenwilliger, leidenschaftlicher Individuen nennen, mit einem ausgeprägten Sinn für alles Heroische, was natürlich ebensogut Grausamkeit und Hinterhältigkeit miteinschließt. Aber sie, die jahrhundertelang unter dem Druck der Türken gelitten und möglicherweise mehr Opfer als irgendeine andere europäische Nation im Kampf Europas gegen den Islam gebracht hatten, sahen sich jetzt außerstande, mit nichts als nobler Zurückhaltung und dem Stolz des Bettlers auf den Vormarsch Österreich-Ungarns in den verschiedenen Regionen des Balkan zu reagieren. Die endgültige Annexion Bosniens und der Hercegovina durch die österreichische Diplomatie war gleichsam der Tropfen, der das Faß zum Überlaufen brachte. Bereits drei Jahre nach dieser Enteignung serbischen Einfluß- und Stammesgebietes (so sah man es zumindest in Belgrad), also im Jahre 1911, entwickelte sich unter den vielen kleineren und größeren Geheimbünden, ohne die der Balkanstaat dem Anschein nach nicht zu existieren imstande war, mit einer Terrororganisation, die sich selbst den dramatischen Namen »Vereinigung oder Tod« geben sollte und die später unter dem Namen »Schwarze Hand« weltweit Aufsehen erregen würde, ein gefährliches Instrument, das ausschließlich gegen die Interessen der habsburgischen Monarchie gerichtet war.

Die Männer, die diese »Schwarze Hand« organisierten oder führten, wobei beide Bezeichnungen eher euphemistisch klingen angesichts des Dilettantismus und der Zerstreutheit, mit der hier die Verschwörung geübt wurde, diese Männer verstanden nichts von Außenpolitik oder überhaupt von Politik. Aber sie waren Meister in der fragwürdigen Kunst der Konspiration. Das Material, mit dem sie operierten, war die Rabiatheit der Menschen und Verhältnisse, die ihnen zur Verfügung standen. Und ihre reichlich vagen oder utopischen Ziele erschöpften sich in der möglichen Ausrottung der habsburgischen Familie, des habsburgischen Anhanges und des habsburgischen Einflusses auf dem Balkan. Sie waren weder Anhänger noch Exekutivorgane der offiziellen serbischen Politik. Wahrscheinlich wären sie auf eine ziemlich peinliche Weise ratlos gewesen, wenn sich alle ihre düsteren, rachsüchtigen Absichten mit einem Schlag verwirklicht hätten. Im Grunde waren sie unwissende, hilflose, vom Zufall abhängige Verschwörer, die sich zwar selbst ungemein effektvoll zu inszenieren verstanden, die aber tatsächlich außerstande waren, irgend etwas von einiger politischer Bedeutung in Bewegung zu setzen. Daß diese Männer indirekt den Ersten Weltkrieg auslösten, ist eine dieser grausamen Merkwürdigkeiten, die sich als roter Faden durch die Geschichte der Menschheit ziehen.

Anführer oder Chef dieser »Schwarzen Hand« war ein serbischer Oberst namens Dragutin Dimitrijević, auch »Apis« genannt. Er war zwar nur eines von zehn Mitgliedern des sogenannten Zentralkomitees, aber dank seiner Persönlichkeit und seines Ehrgeizes zweifellos der führende Mann, bei dem alle Fäden zusammenliefen. Er war noch jung (als das Thronfolgerpaar in Sarajewo ermordet wurde, war Dimitrijević gerade sechsunddreißigjährig), zweifellos intelligent, ein berechnender Typ, der als Berufssoldat schon in jungen Jahren Beweise für seine ungewöhnliche Tapferkeit oder für seine Neigung zur Grausamkeit geliefert hatte. Beides hängt ja bekanntlich eng zusammen. Und bei diesem Mann konnte man nie sicher sein, ob er tapfer war, weil er dadurch seine Grausamkeit ausleben durfte, oder ob es sich umgekehrt verhielt. Jedenfalls hatte er schon bei der Ermordung des Königs Alexander und der Königin Draga eine aktive Rolle gespielt. Dabei war er verwundet worden, was seinen Ruf, ein rücksichtsloser Draufgänger zu sein, nur noch verstärkte. Später übernahm er die Nachrichtenabteilung des serbischen Generalstabs, hatte einige Erfolge, ohne jedoch den ganz großen Durchbruch und die glänzende Karriere zu schaffen, von der er gewiß träumte. Daß er ein glühender Patriot war, steht außer Frage.

Auch seine enge Zusammenarbeit mit dem russischen Militärattaché Oberst Artamanov ist einwandfrei belegt.

Natürlich brauchte auch ein Dragutin Dimitrijević, wenn er irgendeinen Erfolg vorweisen wollte, Handlanger, Gehilfen, sozusagen Henkersknechte, die ihm die schmutzige Arbeit des Tötens abnahmen. Das setzte eine umfangreiche Agitationstätigkeit voraus, die dem Oberst in diesem besonderen Fall ziemlich leicht gemacht wurde. Zum einen erfreuten sich die Österreicher in den besetzten, seit 1908 annektierten Gebieten keiner besonders großen Beliebtheit. Es fanden sich vor allem unter den jungen Menschen genügend leidenschaftliche, patriotisch bewegte Charaktere, die bereit waren, sich auf ein fragwürdiges Heldentum einzulassen, oder denen es einfach Spaß machte, am Abenteuer einer geheimnisvollen Konspiration teilnehmen zu dürfen. Und zum anderen erleichterten die Österreicher selbst einem serbischen Obristen und seinen Mitarbeitern die Arbeit. Denn ausgerechnet zu einem Zeitpunkt, als die Beziehungen zwischen den beiden Staaten wieder einmal außerordentlich gespannt waren und die üblichen Morddrohungen gegen Mitglieder des österreichischen Kaiserhauses auf alarmierende Weise zunahmen, setzte man für den 26. und 27. Juni 1914 Manöver in Bosnien fest. Und man delegierte zu allem Überfluß den Thronfolger, Erzherzog Franz Ferdinand, ins Manövergebiet, der wiederum nicht daran dachte, ohne seine geliebte Frau Sophie diese an sich nur lästige, mit Mühen und Strapazen verbundene Verpflichtung einzulösen.

Es war die serbische Regierung, die auf geheimen Kanälen dem k.u.k Außenministerium in Wien eine dringende Warnung zugehen ließ, von der Teilnahme des Thronfolgers an den Manövern in Bosnien abzusehen. Denn selbstverständlich war man in Belgrad ziemlich genau über die Pläne der »Schwarzen Hand« unterrichtet, hatte doch sogar im fernen Amerika eine serbische Auswandererzeitung ein Pamphlet veröffentlicht, das mit folgenden Worten begann: »Der österreichische Thronfolger hat für das Frühjahr seinen Besuch in Serbien angesagt. Jeder Serbe möge sich das merken. Wenn der Thronfolger nach Bosnien will, bestreiten wir die Kosten. Serben, ergreift alles, was Ihr könnt, Messer, Gewehre, Bomben und Dynamit. Nehmt heilige Rache! Tod der Habsburgerdynastie! Ewiges Andenken jenen Helden, die gegen sie die Hände erheben.«

Was an diesem Text, der in Chicago erschien, so besonders war, hatte mit dem Datum seines Erscheinens zu tun. Und das war immerhin der 3. Dezember 1913.

Jedermann wußte also, daß Franz Ferdinand in Bosnien erscheinen würde. Und jedermann, der sich nur einigermaßen für Politik interessierte, wußte auch, daß dieses Erscheinen diesmal Konsequenzen haben mußte. Es war so, als wollte man mit bloßen Händen in ein bereits explodierendes Pulverfaß greifen, um das Ärgste noch zu verhüten.

Oberst Dragutin Dimitrijević hatte längst schon alle notwendigen Vorbereitungen getroffen. Jene drei Verschwörer, die er persönlich ausgesucht und darauf vorbereitet hatte, den Thronfolger zu ermorden, befanden sich bereits vierzehn Tage vor Beginn der Manöver in Bosnien, und zwar in der Nähe Sarajewos. Es waren drei neunzehnjährige Bosnier, Princip, Čabrinovič und Grabež, die über Monate hinweg von der »Schwarzen Hand« für den Terrorkrieg (oder was man damals darunter verstand) ausgebildet worden waren und jetzt nichts anderes zu tun hatten, als die ihnen mitgeteilten Instruktionen blindlings zu befolgen.

Die offizielle Diplomatie in Belgrad befand sich in einer schwierigen Situation. Einerseits hätte man gar nichts dagegen gehabt, wenn ein paar Verschwörer den verhaßten Österreichern in Bosnien einen blutigen Streich spielten, andererseits fürchtete man die daraus resultierenden Folgen. Es stand also außer Frage, daß man Wien warnen mußte, wobei die Schwierigkeit darin bestand, einen möglichst harmlosen Weg zu finden, diese Warnung zwar unmißverständlich erscheinen zu lassen, sie aber auf eine Art und Weise zu übermitteln, die kein Aufsehen erregte. Vor allem aber durfte Belgrad nicht kompromittiert werden.

Am einfachsten wäre es natürlich gewesen, wenn die Belgrader Regierung die »Schwarze Hand« ausgehoben und vorübergehend kaltgestellt hätte. Aber das wäre nicht ohne größeres Aufsehen vor sich gegangen, hätte unter Umständen einen innenpolitischen Tumult verursacht und vor allem wäre die Regierung in den

Augen der Öffentlichkeit als Handlanger des verhaßten Österreich dagestanden.

Die Lage war also außerordentlich schwierig, und Belgrad konnte nichts anderes tun, als seiner letzten Warnung an Wien einen fast tragischen Unterton zu verleihen. Jedenfalls überbrachte der serbische Geschäftsträger in Wien, Jovanović, dem Ballhausplatz folgende letzte Nachricht: ». . . ich kann Eurer Exzellenz nur versichern, daß Manöver in solchem Umfang und unter solchem Oberbefehl in Serbien die größte Beunruhigung auslösen werden. Die serbische Bevölkerung . . . wird diese Manöver als eine schwere Provokation betrachten. Unter der serbischen Jugend – ich meine, unter der serbischen Jugend Bosniens – kann sich leicht irgendein Hitzkopf finden. Unter den serbischen Soldaten – ich meine, unter den in österreichisch-ungarischen Regimentern dienenden serbischen Soldaten – kann irgendein Mann statt einer Platzpatrone scharfe Munition laden. Eure Exzellenz werden verstehen, warum ich zur Erwägung stelle, ob es nicht zweckmäßiger wäre, wenn Seine kaiserliche Hoheit [gemeint war damit Erzherzog Franz Ferdinand] nicht nach Sarajewo gehe . . .«

Deutlicher und eindringlicher konnte eine Warnung nicht mehr ausfallen. Belgrad ging damit an die Grenze seiner Möglichkeiten. Mehr auszusagen, mehr zu verraten hätte geheißen, die eigene politische Position aufzugeben. Das konnte man von den serbischen Politikern schwerlich verlangen. Sie riskierten ohnedies, indem sie sich den Österreichern auf diese Weise offenbarten, einen hohen Einsatz.

Aber in Wien begriff man nichts, oder man wollte nicht begreifen. Man nahm alle Warnungen und Drohungen auf die leichte Schulter, tat sie als Phantastereien nervöser Agenten ab oder als das Produkt gelangweilter außenpolitischer Beamter, die keine Ahnung hatten von den Erfordernissen des Militärs, von den Plänen des Generalstabs, für den diese Manöver am 26. und 27. Juni plötzlich zu einer unverzichtbaren Angelegenheit wurden. Daß man dadurch die Gefühle aller Serben verletzte, überlegte niemand. In Wien wußte man wahrscheinlich gar nicht, daß es sich beim 28. Juni um den sogenannten St. Veits-Tag handelte, um jenen Tag also, an dem vor Jahrhunderten (1389) eine serbische Armee und mit ihr die Blüte des serbischen Adels auf dem Amselfeld im südlichen Serbien in einer mörderischen Schlacht gegen die Türken buchstäblich verblutet war.

Solche Gefühle eines ohnedies geringgeschätzten Volkes, mit dem man seit Jahren nichts als Schwierigkeiten hatte und dessen Politiker sich immer wieder als lästig und unzuverlässig erwiesen hatten, interessierten Österreichs Politiker und Militärs nicht im mindesten. Man bestand auf der Abhaltung dieser Manöver. Man bestand auf dem Datum. Und man tat nichts, um wenigstens dem Thronfolger die Reise nach Bosnien auszureden.

Alles Nachfolgende geschah mit tödlicher Folgerichtigkeit. Der Thronfolger, begleitet von seiner Frau Sophie, kam nach Bosnien und nahm an den Manövern teil, die übrigens ohne jeden nennenswerten Zwischenfall vorübergingen. Die Verschwörer wiederum, die sich in und um Sarajewo versteckt hielten, erhielten Verstärkung, so daß das Mordkommando letztlich aus acht Personen bestand. Es waren alle blutjunge Burschen, völlig unerfahren im Umgang mit Waffen, auch psychologisch vollkommen ungeschult, aber von jenem hemmungslosen Fanatismus besessen, der sie ungeachtet ihrer Schwächen und Fehler zu geeigneten Werkzeugen der »Schwarzen Hand« machte.

Dazu kam noch ein Umstand, daß es selbst so hoffnungslosen Dilettanten wie ihnen ganz einfach gelingen mußte, ihr mörderisches Vorhaben auszuführen: Die Sicherheitsvorkehrungen, die schon während des Manövers mehr als unzureichend gewesen waren, existierten jetzt überhaupt nicht mehr. Man hat später immer wieder versucht, die tieferen Ursachen dieser rätselhaften, aber typisch österreichischen Schlamperei herauszuarbeiten, die es den Attentätern so leichtmachten, ihr blutiges Geschäft zu erledigen. Dutzende Bücher und wissenschaftliche Abhandlungen wurden geschrieben, die gewagtesten Theorien aufgestellt, nur um zu beweisen, daß die Tragödie von Sarajewo kaum zu verhindern gewesen wäre, oder aber um nachzuweisen, wie einfach es gewesen wäre, die tödlichen Schüsse vom 28. Juni 1914 – es war ein Sonntag – doch zu verhindern.

Tatsächlich dürfte der Sachverhalt ganz einfach gewesen sein.

Er hatte mit bodenlosem Leichtsinn zu tun, mit der Arroganz österreichischer Generäle und einer Bürokratie, die heillos überfordert war, und mit der Eigenwilligkeit Franz Ferdinands selbst ... Denn er bestand nach einem ersten, gottlob mißglückten Anschlag am frühen Vormittag des 28. Juni, bei welchem er selbst nicht, aber ein Adjutant des Gefolges schwer verletzt worden war, hartnäckig darauf, das ausgearbeitete Programm einzuhalten. Der Verschwörer Čabrinović hatte eine Handgranate auf die vorbeifahrende Kolonne geworfen, wobei es der Erzherzog selbst war, der das explosive Stück, das auf seinem Auto gelandet war, fortschleuderte.

Diese düstere Erfahrung hinderte Franz Ferdinand nicht daran, nach einem kurzen Aufenthalt im Rathaus seine Fahrt fortzusetzen, um vor allem die bei dem Anschlag Verwundeten im Garnisonsspital aufzusuchen und ihnen Trost zuzusprechen. Niemand des Begleitkommandos, kein Offizier, kein Beamter dachte daran oder wagte es, dem Erzherzog zu widersprechen.

Und so kam es zur letzten, verhängnisvollen Fahrt durch Sarajewo. Sie war eine Kette von grotesken Irrtümern, unglaublichen Zufällen und dramatischen Ereignissen. Zuerst änderte man die ursprünglich geplante Route. Dann verfuhr man sich. Als man bei einem der Attentäter vorbeikam, bei Grabež, verließ diesen jeder Mut – er wandte sich ab. Schließlich entdeckte man, daß man eine falsche Richtung eingeschlagen hatte. Die Kolonne mußte halten. Der Chauffeur des erzherzoglichen Autos wurde angewiesen umzukehren. Er mußte reversieren. Das hätte nur ein paar Augenblicke gedauert. Aber es war genau jene Stelle, an der der damals zwanzigjährige Gavrilo Princip stand, die Hand in der Tasche um den Pistolenknauf geklammert ... Der Rest dauerte nur Sekunden, gerade so lange, wie es brauchte, um zweimal zu feuern.

Aber in diesen paar Sekunden zerbrach alles: ein Reich; ein Mythos; die Kraft, die Macht und die Herrlichkeit einer Dynastie, die fast siebenhundert Jahre lang über ein Reich geherrscht hatte, in dem gelegentlich die Sonne nicht mehr untergegangen war. Was jetzt begann, da die Schüsse in Sarajewo noch gar nicht richtig verhallt waren, würde ein Zeitalter der unaufhörlichen Sonnenfinsternis sein. Und vom Reich, das im prachtvollen Schatten des

Doppeladlers so lange existiert hatte, würden nur noch ein paar kümmerliche Reste bleiben, von denen lange Zeit niemand glauben wollte, daß sie überhaupt eine Daseinsberechtigung hätten.

Personenregister

Die k. und k. Monarchie im 19. Jahrhundert